한국의 명가
현대편

대한민국을 만든 165인의 인생 이야기

한국의 명가
현대편

김덕형 지음

21세기북스

개정판 서문

『한국의 명가』「근대편」은 필자가 올챙이 신문기자 시절 개항 이래 100년간 100여 한국의 대표적 인물을 그 후예와 자취로 추적해 쓴 책이었다. 따라서 이 책은 필자의 미진한 필력에도 불구하고 수록된 인물들의 걸출한 비중 탓으로 근대한국 인물 탐구에 빠질 수 없는 주요 자료로 인식되어 온 것이 사실이다.

한국과 공산권의 교류가 꽉 막혀 있던 1970년대 냉전체제 시절 모스크바 주재 일본 《마이니치신문》 요시오카 특파원이 필자를 찾아와 모스크바 국립도서관에서 『한국의 명가』를 찾아내 한국 인물 취재 자료로 삼았다고 감회 어린 소식을 알려주기도 했다. 또 어느 한국계 미국인 한국학 연구자가 이 책을 들고 찾아와 담론을 나눈 일도 잊지 못할 추억거리다.

이런 특이한 인연 탓인지 30여 년간 신문기자 생활을 하면서 틈틈이 낸 책 중에서도 『한국의 명가』는 특별한 애착을 지닌 저서로 꼽게 된다. 그러는 사이 1972년 『한국의 명가』 집필을 시작한 지 어느덧 한 세대를 훌쩍 지나 당시 30세이던 필자의 나이도 칠순을 맞게 되었으며, 『한국의 명가』「현대편」을 이어서 집필하게 된 2011년이 바로 광복 66주년을 맞는 해이기도 했다.

이제는 근대에 살았던 『한국의 명가』 주역들에 더해 광복 이후의 현대

인물들로 그 맥을 이어가야 할 시점이라고 생각하여 《주간조선》에 집필을 자청, 다시금 1년간 『한국의 명가』 「현대편」을 연재하는 행운을 누리게 된 셈이다. 초년기자 시절 2년간 집필했던 연재물을 한 세대가 훨씬 지나 똑같은 제목의 기획물로 같은 매체에 다시 연재하게 된 경우도 아마 국내외 언론계에 전무한 사례로 꼽힐 것이다.

「현대편」을 집필하면서 그 사이 우선 한글맞춤법부터 적지 않게 바뀐 사실을 새삼 알게 되었으며, 세로쓰기에서 가로쓰기로 보편화되었는가 하면, 한자도 거의 쓰지 않는 시대로 변천한 현실도 깨닫게 되었다. 이러한 급격한 변천 과정 탓에 장구한 세월에 걸쳐 집필되어 온 대하소설 『토지』(작가 박경리는 『한국의 명가』 「현대편」에 수록된 주역 인물이기도 하다)도 근래에 10년간 누락 문장 복원, 표기법 통일 등 대대적인 작업을 통해 오류 2000개를 잡고 『토지』 정본으로 출간되었다.

따라서 이번에 새 시대 추세에 맞춰 『한국의 명가』 「근대편」을 현대 맞춤법, 가로쓰기, 한자 괄호 넣기에다 그 내용도 대폭 수정 보완하여 1, 2권 두 권으로 나눠 내는 데다 「현대편」 1권을 보태 모두 세 권으로 내기로 했다. 다만 당시 취재 상황 자체가 역사적으로 보존할 가치가 있다는 생각으로 당시에 썼던 기사 자체(예컨대 주역 인물의 생가 모습이나 등장 인물들의 나이)는 그대로 살리기로 했고, 대신 인물 개개인의 달라진 상황에는 '속보(續報)'를 붙여 넣었으며, 앞으로도 계속 관련 사실들을 취재해 보태기로 했다. 특히 이 '속보'는 책 속의 오프라인으로 수록할 뿐 아니라 책 밖의 온라인으로도 계속 연결해 살려 가도록 했다. 이처럼 온라인과 오프라인이 연결된, 살아 생동하면서 끊임없이 이어지는 매체는 아마도 IT시스템이 비로소 가능하게 한 획기적인 뉴미디어의 탄생으로 볼 수 있을 것이다.

『한국의 명가』(책)와 속속 이어지는 온라인의 '속보'는 앞으로 필자가 발행하는 인물 전문 인터넷신문 《People Today》(도메인 등록 완료)에 계속 취재해 수록해갈 계획이다. 온라인 '속보'를 통해 『한국의 명가』는 시시각각 새로운 내용을 다양하게 담아가면서 전 세계에 산재한 독자들에게까지 시공을 초월해 인물 소식을 유감없이 전달하는 유니크한 증보(增補)된 매체로 커나가게 될 것이다.

『한국의 명가』「현대편」(제3권)의 인물 선정 등 집필 방향도 민주주의와 민족주의 기조로 나라와 겨레를 지키고자 한 「근대편」 인물의 틀을 이었으나 이에 더하여 시대 추세에 걸맞은 세계인의 시야로 크게 넓혔다. 아울러 인물 주역은 물론 이들과 관련되는 친지, 가족, 후손들의 증언, 인터뷰, 취재 등 『한국의 명가』 「근대편」과 「현대편」에 수록된 실명 인물이 2000여 명에 달해 아마도 인명사전을 제외하면 이 분야에서도 기록적인 저작물로 등재될 수 있을 것이다.

이 책이 나오기까지 애써주신 여러분의 노고가 있었음을 밝힌다. 그 중에도 특히 집필 초기부터 끊임없는 격려와 성원을 해주신 《조선일보》 방우영 고문과 방상훈 사장, 변용식 발행인과 필자의 취재 반려로서 함께한 사진작가 이수완 박사(전 홍익대학교 교수), 출판을 결정하신 21세기북스 김영곤 사장과 출판을 진행해온 양으녕 기획팀원, 그리고 원고의 한자 교열과 IT 집필작업을 도운 아내 윤인희, 두 아들 인태·예진 내외와 인성·나연 내외에게 사의를 표한다.

지은이 김덕형

서문

 격동과 충격으로 점철된 근대 한국 100년의 주역, 100여 인을 접하는 2년 동안 필자 역시 근대 한국 100년을 함께 살아온 듯한 긴박한 느낌이었다. 근대사의 특성을 여러 분야, 여러 각도로 규정할 수 있겠으나, 인물사의 관점으로는 케케묵은 '양반(兩班)의 시대'가 무너지고 자유와 평등의 지반 위에 다원화해가는 사회구조의 변동 추세에 따라 '다반(多班)의 시대'를 형성해가는 것이 그 요체가 아닐까 생각한다.

 벼슬길을 따라 '한양(漢陽)의 궁성'으로만 가물가물 이어지던 문무 양반의 단조로운 인물 판도(版圖)가 새 시대에 툭 터진 개화의 소용돌이에 휩싸이면서 정치인·혁명가·군인·학자·문필인 등 다반의 인물평전으로 변혁되었으니, 기껏 왕후장상(王侯將相)의 좁은 테두리로 국한되어 온 인물 그룹이 백가쟁명(百家爭鳴)하는 '인물광장(人物廣場)'으로 뒤바뀐 것이다.

 '왕과 나'로 이어지던 고리타분한 사색당쟁의 인맥이 세계를 향한 거대한 인물박물관으로 확산되는 통쾌한 근대의 장(場)에서 장사꾼의 아들이, 또 가난한 농군이나 벼슬길이 막힌 서생의 아들이 바로 자신을 기점으로 한 새로운 족보의 '독립선언'을 외쳐대고 있는 모습을 산견할 수 있을 것이다.

 대충 이처럼 근대사의 정신으로 근대사의 축을 이뤄온 이즘, 민주―민족주의를 바탕 삼아 살아온 근대 한국 인물, 100여 인을 그 후예와 자취로 살펴본 것이 이 기획물의 실상이다.

바꿔 말하면 단순한 이력서적인 인물전이 아니라 자식으로서의 인물됨, 어버이로서의 인물됨, 친구로서의 인물됨 등 인물의 평가를 상황론적으로 접근함으로써 보다 구체적인 인물상을 떠올려보고자 시도한 것이다.

어린 시절의 개구쟁이로서, 혹은 장성하여 한 가정을 이끌어가는 가장으로서, 동시에 국사에 참여하고 이름을 빛내는 인물들의 공생활과 사생활을 조화시키는 과정을 조명해본 것이다. 이를 위해 필자는 관련 인물의 후예·친지를 소개하고, 그들과의 인터뷰를 통해 인물평을 얻어내는 한편 전국 방방곡곡에 흩어진 인물들의 자취를 직접 취재하기도 했다. 한 시대의 표본으로 살아온 주역들도 역시 우리와 별다름 없이, 울고 웃고 고뇌하고 번민하는 인간이며, 오직 인내와 성실로써 스스로의 격을 부단히 다져온 결과로 '우리도 저런 인물이 될 수 있겠구나' 하는 자신감을 가질 수 있도록 우리 생활 속에 함께하는 구체적인 인물 실상을 떠올려본 것이다.

대충 이러한 테두리에서 대원군 이하응을 근대 한국 인물의 일번주자(一番走者)로 삼은 것은 그의 인물됨이 근대사와 전근대사의 갈림길에서 우뚝 치솟으리만큼 두드러진다고 생각한 때문이다. 그 이후의 인물로서는 자연 개화운동의 주축을 이뤘거나 항일 반독재 투쟁 등 난세의 한국을 구하기 위해 힘쓴 분들인데, 2년간(1972년 11월~1974년 11월)에 걸쳐 《주간조선》에 연재한 당시, 기획에 앞서 각종 문헌·자료에 의해 대충 미리 선정한 인물로 메워왔으며, 선정 범위에 절대성의 오만을 필자 스스로 지워버리고자 100가(家)에 한정하지 않고 101가를 다뤘다.

관련 사학자들의 도움을 받아 현장취재를 하는 동안 각 인물의 새로운 활동상황, 새 사실(史實) 등을 발굴하는 기쁨도 맛보았으며, 관련 인물들과 직접 기거를 함께했거나, 배우고 접촉했던 생존 원로들의 생생한 인물평, 증언 등은 필자에게도 적지 않은 가르침이 되었으며, 앞으로 관심을 가지고 연구하는 분들에게도 좋은 자료가 되었으면 한다.

'양반의 시대'에서 '다반의 시대'로 이미 뒤바뀐 민주주의 시대에 이러한 보편 이념을 더욱 힘써 개화(開化)시키는 각 분야의 인물들이 속출하여 세계사의 주역으로 부상하는 한국으로 발전시켜 가기를 바라마지 않는다.

끝으로 이 기획물을 연재하는 동안 질의, 정정 요청 등 많은 관심을 보여준 《조선일보》 독자 여러분과 이를 책으로 펴내신 일지사 김성재 사장님, 그리고 편집실 여러분에게 심심한 사의를 표한다.

1976년 11월 김덕형

| 차례 |

개정판 서문 ··· 4
서문 ··· 7

01 해석 손정도, 수향 손원일 ·· 13
02 열운 장지영 ·· 26
03 육당 최남선 ·· 38
04 용재 백낙준 ·· 50
05 일석 이희승 ·· 62
06 두계 이병도 ·· 72
07 애산 이인 ··· 84
08 원봉 유봉영 ·· 95
09 해위 윤보선 ·· 107
10 월봉 한기악 ·· 119
11 해암 박순천 ·· 130
12 성재 이관구 ·· 141
13 백인제 ·· 152
14 운석 장면 ··· 164
15 죽산 조봉암 ·· 176
16 철기 이범석 ·· 188
17 신천 함석헌 ·· 198
18 장공 김재준 ·· 210
19 학천 이태규 ·· 222
20 박열 ··· 233
21 정지용 ·· 242
22 추양 한경직 ·· 254
23 홍종인 ·· 265
24 금연 정일형, 이태영 ··· 277

25 추계 최은희 …………………………………………… 292
26 화강 최대교 …………………………………………… 303
27 현민 유진오 …………………………………………… 315
28 여당 김재원 …………………………………………… 326
29 일가 김용기 …………………………………………… 338
30 심당 이병린 …………………………………………… 348
31 성산 장기려 …………………………………………… 359
32 김동진 ………………………………………………… 371
33 동리 김시종 …………………………………………… 382
34 단암 이필석 …………………………………………… 394
35 미석 박수근 …………………………………………… 405
36 월송 유기천 …………………………………………… 417
37 김홍섭 ………………………………………………… 429
38 해강 김수근 …………………………………………… 440
39 대향 이중섭 …………………………………………… 451
40 유민 홍진기 …………………………………………… 462
41 장준하 ………………………………………………… 474
42 김순엽 ………………………………………………… 484
43 지훈 조동탁 …………………………………………… 496
44 후석 천관우 …………………………………………… 507
45 경리 박금이 …………………………………………… 521
46 백남준 ………………………………………………… 534
47 이휘소 ………………………………………………… 544
48 이종욱 ………………………………………………… 556

01
해석 손정도, 수향 손원일

해석(海石) 손정도(孫貞道)는 3·1운동을 계획했다가 상하이로 망명, 대한민국 임시의정원 의장에 선출된 독립운동가이다. 해석의 맏아들 수향(水鄕) 손원일(孫元一)도 일제에 고문을 당하는 등 핍박을 받다가 광복 후 해군을 창설하여 초대 해군참모총장에 이어 국방부장관을 지냈다.

해석은 1882년 7월 28일 평남 강서군 증산면 오흥리 446번지에서 지방 재력가 유림인 손형준과 오신도 사이에 5형제 중 맏아들로 태어났다. 오흥리는 넓은 벌판과 강을 낀 주위에 나지막한 야산들이 오밀조밀 펼쳐진 전형적인 한국의 농촌 마을이었다. 마을 서쪽 끝에 있는 산 너머 황해의 푸른 파도가 해석에게 큰 뜻을 심어준 마음의 고향이기도 했던 셈이다(그의 아호는 여기서 유래한 듯하다).

해석은 1895년 두 살 위인 박신일과 결혼했다. 22살 때 그는 향시를 보러 평양으로 가던 중 묵게 된 목사 집에서 기독교 교리와 서구 문명에 관한 이야기를 듣고 충격을 받아 과거도 포기한 채 귀향한다. 그는 상투를 자른 데 이어 조상의 위패를 모시는 사당마저 때려 부쉈다.

평소 괄괄하고 열정적인 성품이던 청년은 당장에 몸을 떠는 감동을 맛보았다. 불과 하룻밤도 안 되는 사이에 청년 손정도는 기독교에 몸을 맡기는 변신을 이룬 것이다. (「나의 이력서」, 손원일, 《한국일보》, 1976년 9월 29일)

해석은 이 때문에 가문에서 쫓겨나 평양으로 올라온다. 그는 미국 감리교 선교사로 조선에 파견된 문요한(존 무어) 목사의 목사관에서 일하면서 숭실중학·전문학교를 다닌다. 문중의 눈총을 받으면서 힘겨운 나날을 보내던 부인도 평양으로 뒤쫓아와서 기독병원(기흘병원)에서 잡역부로 일하면서 남편을 뒷바라지한다. 1909년 서울 협성신학당(현 감리교신학대학)에 입학한 해석은 상동교회에 다니면서 이승만, 이동녕, 이시영, 최남선 등 당시 한국을 대표하는 선각자들과 친분을 쌓으며, 도산 안창호와도 대면한다.

1910년 그는 목사가 되어 평양 감리교 선교부에서 1년간 시무하다 만주 파견 선교사로 선정된다. 1912년 안동, 지린(吉林), 간도 지방을 순회하며 선교활동에 몰두하던 중 가쓰라(桂) 수상 암살 모의로 체포된다. 전기고문과 불로 몸을 지지는 등 일제의 혹독한 고문은 그의 얼굴 곳곳에 흉터를 남겨 그 후유증은 평생을 따라다녔다.

"시어머님은 천천히 말씀하셨습니다. 어느 겨울밤 시아버지께서 곤히 주무시다 갑자기 깨어 일어나시더니 급히 온 방을 헤매시더래요. 그래서 '왜 그러세요?' 하고 물으니까 '일본 경찰이 시뻘겋게 달군 쇠꼬챙이를 가지고 내 얼굴과 몸을 지지니 너무 뜨거워서요'라고 대답하셨대요. 그 후에 그 꿈대로 감옥에 가두고 불 젓가락으로 얼굴을 지지면서 독립 일 하는 동지들의 이름을 대라고 했으나, 끝까지 한 사람의 이름도 말하지 않으시고, 준수한 그분의 얼굴에는 불에 지진 흉터만 남아 있었다고 해요."

맏며느리 홍은혜 씨의 말이다.

해석뿐만 아니라 부인, 아버지, 어머니, 아들, 손자 모두 8명이 옥살이를 했으며, 특히 장남인 원일은 일제 경찰이 머리털을 휘감아서 잡아 뽑아 머리카락이 하나도 없는 대머리로 출옥했다고 한다.

해석은 모진 고문을 당한 끝에 1년 후 일단 무혐의로 풀려난다. 일제는 '북간도에 독립무장학교를 세우기 위해 황해도의 금광을 습격하려 했다'는 혐의를 씌워 또다시 체포한다. 이번에도 무혐의로 판명되었으나, 일제는 전남 진도로 어이없는 귀양을 보낸다. 2년 만에 가석방된 해석은 동대문교회, 정동교회에서 시무한다.

동대문교회는 손정도의 설교에 매료된 교인들이 점점 늘어 발 디딜 틈이 없었다. 동대문교회에서의 생활이 1년도 되지 않은 1915년 4월, 그는 현순 목사의 뒤를 이어 정동교회 제6대 담임목사로 임명됐다. …… 손정도의 설교는 청년 학생들에게 민족의식과 독립정신을 고취시키는 내용이 대부분을 차지했다. 그의 설교로 정동교회에도 교인들이 대거 몰려들었고, 손정도를 추종하는 청년 학생들이 많아졌다. 그러자 일본 경찰은 서서히 정동교회를 압박했다. (『손원일 제독』, 오진근·임성채)

해석은 1918년 일제를 속이기 위해 평양으로 '위장 이사'를 한다. 그의 독립운동이 본격 가동된 것은 이때부터였다. 그는 독립운동단체인 신한청년단에 입당하며, 기흘병원에 입원 중인 이승훈과도 자주 만나 독립운동에 대해 협의하곤 했다. 이듬해 해석은 상하이로 탈출, 임시정부 수립에 참여하고, 의정원 의장(지금의 국회의장, 부의장은 김규식)에 선출된다.

이때 손정도의 생활은 다른 독립운동가들과 마찬가지로 몹시 궁핍했다. 1919년 말, 공부를 위해 상하이에 온 두 딸, 진실과 성실의 학비와 생활비도 대기 힘든 생활을 하고 있었다. 그런 처지에서도 손정도는 힘없이 떠도는 동포들을 도와주었다. 그중 하나가 안중근 의사의 유족들을 자기 집에 함께 살도록 한 일이다. 안중근 의사는 유족으로 부인 김마리아와 딸 현생, 아들 준생을 남겼다. 이들이 상하이에 살고 있다는 사실을 안 손정도는 곧장 그들을 자기 집으로 데려와 함께 살았다. (『해석 손정도의 생애와 사상 연구』, 김창수·김승일)

1921년 8월 임정 국무원 교통총장에 임명되어 각파 위원들을 모아 태평양회의 참가를 위한 필요성을 강조하는 강연회를 연다. 상하이 임정과 이승만 중심의 독립운동 진영을 연합시키고자 한 노력이었던 셈이다. 이해 10월 해석은 독립군 양성과 군자금 조성을 위해 김구, 여운형, 엄상섭, 김인전, 이유필, 양기탁 등과 함께 한국노병회를 조직한다. 또 그는 '독립운동을 위해서는 장기적인 계획과 실천이 필요하다'는 데 대해 안창호와 의견을 모으고 오랫동안 생각해왔던 이상촌, 즉 농민합작사를 설립하기로 한다. 이 계획은 만주와 상하이 지역에 대규모 한인 정착지를 조성해 동포들의 생활근거를 마련하고 힘을 길러 조국 광복운동의 기지로 삼는 것이었다.

1921년 늦가을 상하이 임시정부를 떠나 본업인 목사로 되돌아간 해석은 만주 동포들과 새로운 출발을 위해 지린으로 거처를 옮겼다. 이어 평양에 있던 아내와 아들 원일, 원태 그리고 딸 인실을 불러들였다. 그는 지린성 밖에다 50평쯤 되는 벽돌 건물의 교회와 목사관을 세워 의지할 곳 없는 동포 사회의 구심점 역할을 했다. 그들은 너나없이 가난에 찌들어 있었다. 해석은 그들보다는 형편이 나은 편이어서 동포들이 도움을 청할 때마다 기꺼이 도와주었고, 그들에게 억울한 사정이 있을 때는 그들 대신 관청을 출입하며 변호사 역할도 했다. 때로는 독립군 수십 명이 찾아오기도 했다. 그때마다 그들에게 식사를 대접하고, 어떤 때는 노자까지 쥐어서 보내곤 했다.

이즈음 해석은 자녀들에게 '걸레의 삶'을 강조하고, 이를 실천해나갔다.

"비단옷은 있으면 좋지만 없어도 그만이다. 그러나 걸레는 하루만 없어도 집 안이 엉망이 되므로 없어서는 안 된다. 나는 걸레와 같은 삶을 택해 불쌍한 우리 동포들을 도우며 살겠다."

조부로부터 고모(인실)를 통해 장손에게 전해진 '걸레 철학'을 명원 씨는 이렇게 이해했다.

"저는 그저 솔선수범해서 '더러운 것 치우기' 정도로만 생각했으나 철저히 나를 숨기고 남을 내세우라는 것이었지요. 영광은 국민에게 돌리라는 것이니 자기만을 나타내려는 요즘의 정치인들이 본받아야 할 것입니다."

해석은 숙원이던 농업공사를 본격적으로 추진한다. 지린에서 간도 쪽으로 약간 떨어진 어무셴에 3000일경(日耕)이 되는 농토를 샀다. 일경은 농부 한 사람이 하루갈이를 할 수 있는 땅의 넓이. 이 땅을 사기 위해 그는 고향에 있던 막대한 유산을 모두 처분했다. 이렇게 산 땅을 동포들에게 나눠 줘서 농사를 짓게 했다. 그러나 농업공사의 조성으로 독립운동의 근거지를 마련하겠다는 그의 포부는 일제의 탄압으로 위기에 직면했다. 일제가 만주 침략을 노골화하면서 만주의 군벌들과 손잡고, 독립운동가들을 억압하고 체포 구금하게 되자 모든 독립운동가는 이 지역을 떠나 쫓기는 몸이 되었다.

가족의 안전을 걱정한 해석은 지린성 밖에서 성문 안 뉴마제 거리로 이사했다가 둘째 딸 성실의 신병 치료를 위해 1930년 베이징으로 이사했다. 그 후 그는 농업공사 일을 마무리 짓기 위해 혼자서 지린으로 왔다. 그러나 그의 건강은 고문 후유증으로 급속히 나빠졌다. 해석은 1931년 2월 19일 지린의 동양병원에서 별세, 지린성 밖 베이산 동쪽 기슭에 묻혔다. 임종한 유족은 아무도 없었으나 그를 따르던 동포들이 성대한 장례식을 치러줬다. 1963년 3월 대한민국건국공로훈장을 추서받았다.

평소 자녀들에게 "천대받지 말아야 한다. 앞으로는 과학사회와 산업사회가 될 텐데, 그때는 개인의 실력과 능력이 가장 중요하게 될 것이니, 어떤 분야에서건 최고의 실력자가 되어야 한다"고 가르쳤다. 해석은 부인 박신일과 사이에 2남 3녀를 뒀다.

장남 원일은 1909년 5월 5일(음력) 평양에서 태어났다. 이때 부친은 서울에서 협성신학당에 다니고 있었고, 모친은 평양에서 여섯 살 난 진실과 네 살 난 성실 두 딸을 키우고 있었다. 모친은 세 자식을 혼자 키울 정도로 생활력이 강하고 의지가 굳은 여인이었다. 원일의 아호 수향은 해군 시절 '바다의 사나이'에게 노산 이은상이 지어준 선물이다.

수향의 가족은 1918년 평양으로 이사하나 부친이 망명길에 나서 어려움에 직면한다.

손정도의 상하이 망명을 눈치챈 일본 경찰은 어머니 박신일을 끌고 가 무수한 매질과 함께 협박했다. 그러나 그녀는 남편의 망명을 모르는 일이라고 딱 잡아뗐다. 결국 그녀는 풀려났지만 형사들의 감시의 눈빛은 더욱 날카로워졌다. 원일은 그날 밤새도록 신음하는 어머니의 이마에 물수건을 갈아 드리는 누나들을 열심히 도왔다. (『손원일 제독』)

1919년 초 수향은 광성소학교 2학년에 편입했다. 어느 날 담임선생님이 수향을 불러 "머지않아 독립운동이 시작된다. 3월 1일을 기해 평양에서도 만세를 부르게 돼 있는데, 그때 사용할 태극기를 함께 만들자"고 말했다. 수향은 문요한 목사의 집 으슥한 구석방에서 함께 태극기를 만들었다.

평양에서도 만세시위의 날이 밝자 학생과 시민들이 대동문 앞 네거리로 모여들기 시작했다. 정오가 되자 네거리는 이미 사람들로 꽉 차 있었다. 원일은 품에 감춘 태극기를 사람들에게 나누어 주었다. …… 그때 군중의 맨 앞줄에 섰던 원일과 어린 학생들은 물벼락을 뒤집어쓰고 골목으로 도망쳤다. 만세는 늦은 밤까지 계속됐다. 만세운동은 어린 원일의 마음에 후련한 느낌을 안겨줬다. (『손원일 제독』)

어린 수향은 장난도 좋아했다. 친구들과 포도서리도 했다. 중국인 채소밭에서 무를 뽑아 먹고 도망치다가 똥통에 빠진 적도 있었다. 표면이 바싹 말라 그냥 밭인 줄 알고 뛰어들었던 것이다. 그는 어머니의 화난 얼굴을 떠올리며 인적 드문 청룡산으로 달려가 옷을 벗어 흐르는 냇물에 빨아 널고는, 다 마를 때까지 숲 속에 숨어 있다가 한밤중에야 집으로 돌아왔다. 그는 특히 운동에 남다른 소질이 있었다. 배구, 농구, 야구, 축구 등 모두 잘했다.

1921년 수향은 아버지를 따라 지린으로 이주, 유문중학을 다니다가 원광중으로 옮겨 졸업한다. 김일성도 이 학교에서 공부했다고 한다.

원일은 김일성보다 세 살 위여서 그때는 이미 학교가 달라 김일성을 보지 못

인천상륙작전시 미 피카웨이함에 동승하여 한국군 최고지휘관으로서 작전을 지원한 손원일 제독(왼쪽).

했다. 하지만 동생인 원태와 인실은 김일성의 당시 모습을 기억하고 있었다. 키 크고 뚱뚱한 모습의 김일성은 어디서 들었는지 혁명이 어떻고 하며 으스대기를 잘했다고 한다. 그 당시의 이름은 김성주였다고 한다. 손정도는 동포들을 위한 일이라면 무슨 일이든 발 벗고 나서서 도와주었다. 그중에는 김일성도 있었다. 손정도는 자신의 친구인 김형직이 사망하자 어려움에 처하게 된 그의 아들 김일성을 물심양면으로 도왔다. (『손원일 제독』)

수향은 1930년 중국 국립중앙대학 항해과를 졸업한 후 중국 해군의 원양항해사 시험에 합격하여 독일 상선을 타고 세계일주를 한다. 그는 상선 근무를 끝내고 상하이에 머무는 동안 큰누이(진실)가 살고 있는 서울에 다니러 왔다가 붙잡혀 1개월 넘게 고문을 받는 등 곤욕을 치른다.

갑자기 형사가 악을 썼다. "평양에서 네놈의 체포를 의뢰해 왔다. 너 같은 악질이 경성에 침입했다는 걸 알지 못했다는 것이 창피하다." 형사들은 그의 아버지 손정도를 봐도 능히 그럴 만한 사람이라며 사실을 자백하라고 원일을 족쳐댔다. 종로경찰서에서의 심문은 1주일간 계속되었다. 똑같은 심문과 똑같은 고문이 되풀이됐지만 하지 않은 일을 했다고 할 수는 없었다. 1주일이 지나자 원일은 평양에서 온 형사들에게 넘겨졌다.

…… 평양의 형사들도 역시 경찰서의 지하실에 원일을 처넣었다. 잠시 후 일본인 형사와 조선인 형사가 들어와 옷부터 벗겼다. 12월의 추운 날씨였지만 춥다는 느낌은 잠시뿐이었다. 몽둥이와 가죽채찍이 번갈아가며 몸을 휘감았다. …… 정신을 잃으면 알몸 그대로 수돗가로 끌고 가 물을 부었다. 정신이 들면 이번에는 물을 먹였다. 물이 더 이상 들어가지 않으면 한 놈이 발로 배를 딛고 굴렀다. 그러면 뱃속에 들었던 물이 펌프처럼 입에서 쏟아져 나왔다. 그런 후 또다시 물을 먹였다. (『손원일 제독』)

수향은 출감 후 큰 자형 윤치창과 동업으로 남계양행이라는 상점을 5년간 경영한다. 1940년 동화양행 상하이지점장으로 나갔다가 해방되던 날 귀국하자 정긍모, 민병증, 김일병 등과 해군 창설에 앞장선다. 그는 1945년 11월 11일 11시 서울 관훈동 옛 충훈부 터에서 해방병단(海防兵團)을 창립, 대한민국 해군의 요람을 일군다. '해군은 신사여야 한다'고 믿는 그는 한자 '十一'을 세로로 쓰면 '선비 사(士)' 자가 된다는 점에 착안하여 창설일을 '士' 자가 2개 계속되는 11월 11일로 정했다. 또 육·공군에 앞서 가장 먼저 창군한 기록을 보이기도 했다. 1948년 정부 수립 후 초대 해군참모총장에 임명된다.

6·25전쟁 중에는 해병대로 하여금 통영탈환작전을 성사시켜 '귀신 잡는 해병'이란 별명을 달게 하기도 했다.

1950년 8월 23일, 통영상륙작전을 취재하러 왔던 미국 《뉴욕타임스》지의 마거릿 히긴즈 종군기자는 소련제 무기로 무장한 적군을 기습적인 양동작전으로 공격해 적의 점령지를 탈환한 한국 해병대의 전공을 '귀신 잡는 해병'이라는 제목으로 보도했다. (『손원일 제독』)

뒤이어 인천상륙작전 때 수향은 한국 해병대원들과 함께 9·28서울수복 때까지 적탄 속을 뚫고 고락을 같이했다.

노도와 같이 진격하는 상륙군의 한가운데에는 해병대 얼룩무늬 전투복에 철모를 눌러쓰고 안경을 낀 마흔한 살 중년의 해군 총수가 있었다. 그는 20세 전후의 새파란 젊은 해병 용사들과 함께 최전선에서 적진을 향해 달리고 또 달렸다. (『손원일 제독』)

1953년 국방장관이 되어서는 미국을 여러 차례 오가며 7억 달러의 원조를 받아내 10개의 예비사단을 창설하는 등 국군 현대화의 초석을 다진다. 정일권은 회고록에서 "7억 달러의 군원을 얻어낸 데는 손 제독님의 원만한 성품과 인간적 매력에 흥미를 느낀 닉슨 부통령과 윌슨 국방장관의 도움이 컸다"고 밝혔다.

수향은 1957년 초대 서독 대사를 지내며, 1963년에는 국민의당에 참여하여 제5대 대통령선거 당시 허정을 지지하기도 했다. 군인은 절대로 정치에 관여해서는 안 된다는 것이 그의 기본철학이었다. 수향은 1980년 2월 15일 국군통합병원에서 별세, 서울 동작동 국립묘지에 안장되었다.

수향은 1939년 홍두영과 김인재 사이 8남매 중 다섯째인 홍은혜(이화여전 음악과 졸)와 결혼하여 5남매를 낳았다. 막내 시누이인 손인실(YWCA 회장 역임)과 대학 동기동창이기도 하다. 마침 취재 간 사진기자가 어머니(김경현, 재미, 전 중앙여고 교사) 얘기를 꺼내자 "경현이가 붙임성 있고 참 똑똑했던 친구였다"면서 손을 꼭 잡았다. 홍은혜(95) 씨는 해군 초창기에 해군 간부 부인들을 중심으로 군함 구입을 위한 범국민적인 성금활동을 벌이는가 하면, 「바다로 가자」나 해사 교가 등 작곡도 해 '해군의 어머니'로 불려오고 있다. 서울 신길동 해군회관 바다의마을 아파트에 살고 있다. 맏아들 명원(70·오션라크 회장) 씨는 김동조 전 외무부장관 3녀인 김영숙(65·이화여대 졸) 씨와 결혼하여 허광수(한국나이키 회장), 정몽준(현대중공업 회장) 씨와 동서가 됐다. 명원 씨의 맏딸 숙희 씨는 존 오코넬(미국인) 씨와 결혼했으며, 둘째 딸 정희 씨는 홍정욱(국회의원) 씨와 결혼했다. 수향의 차남 동원(68·미 가톨릭대학 건축과 졸) 씨는 서동선(의사, 이화여대 졸) 씨와 결혼했다. 수향의 3남 창원(58·연세대 졸) 씨는 박용덕 씨와 결혼했다.

해석의 차남 원태(상하이 교통대, 세브란스의전) 씨는 미국으로 이민, 네브래스카 주립대학 병원 교수를 역임했다. 그는 1991년과 1994년 두 차례에 걸쳐 유문중 동창인 김일성의 초청을 받아 국빈 대접을 받기도 했다. 이유신(이화여대 졸) 씨와 결혼하여 2남 1녀를 뒀다. 해석의 장녀 진실(시카고대학 가정과 졸) 씨는 윤치호의 아우인 치창(주 터키 대사 역임) 씨와 결혼, 2남 2녀를 뒀다. 해석의 차녀 성실(이화학당 졸) 씨는 신국권(상하이 교통대학 졸) 씨와 결혼했다. 그의 본명은 신기준이었으나 중국 천지를 휩쓰는 그의 축구 솜씨에 반한 임어당(철학자)이 '나라를 되찾는 사람이 되라'는 뜻으로 개명해주었다. 해석의 3녀 인실(이화여전 영문과 졸) 씨는 문병기(세브란스의전, 미 일리노이대학 졸) 씨와 결혼, 1남 1녀를 뒀다. 문 씨는 1983년 72세의 고령에도 불구하고 아프리카 말라위에 지원 파견되어 2년간 봉사활동을 펴 '한국판 슈바이처'로 추앙받기도 했다.

내가 본 해석

해석은 기독교 신앙에 바탕을 두고 독립운동을 벌인 의로운 선각자이다. 본래 유림 집안에서 태어났으나, 스스로 체험에 의해 '서구적 가치에 의해 세상이 바뀌고 있는 과정'을 기독교가 주도하고 있음을 실감한 것이다. 때문에 그는 도탄에 빠진 민족을 구제하는 것이야말로 기독교 신앙의 사명이라고 파악했다. 그의 선교사업은 사실상 독립운동이나 다름없었다. 그는 설교 때마다 하나님의 사랑과 나라 사랑을 외치며 일제의 조선 침략을 비판했다. 이러한 설교로 교인들의 수는 나날이 늘어갔으며 그는 일제의 요시찰 인물이 될 수밖에 없었다.

이덕주(감리교신학대 교수)

내가 본 수향

수향은 바로 우리 해군을 위해 태어나신 분이라고 생각한다. 일찍이 망명 시절 중국 상하이에서 중앙대학 항해학과를 다닐 때부터 그분은 해양보국의 꿈을 착실히 키워오신 것이니 해군 창설을 위한 '준비된 인물'처럼 보인다. 광복이 되자마자 독립운동에 헌신한 그분의 집안 인맥은 일사천리로 해군을 창설하는 데 밑바탕 역할을 했을뿐더러 그분은 항상 장병들의 선두에서 솔선수범하는 자세로 고락을 함께하여 큰 감명을 주기도 했다. 인천상륙작전 때도 해군의 총수임에도 해병대원들과 함께 선두에 나선 그분의 전투 자세가 이번에 성공한 청해작전에도 그 맥이 연면하게 이어지고 있다고 할 수 있다.

임성채(해군역사기록관리단 편찬과장)

해석

1882년	7월 28일, 평남 강서군 증산면 오흥리에서 태어남
1895년	박신일과 결혼
1909년	협성신학당에 입학
1912년	가쓰라 수상 암살 모의로 체포됨
1915년	정동교회 제6대 담임목사로 임명됨
1919년	대한민국 임시의정원 의장에 선출됨
1921년	국무원 교통총장에 임명됨
1922년	지린에서 농업공사(이상촌) 설립 진행
1931년	2월 19일, 지린의 동양병원에서 별세

수향

1909년	5월 5일 평양에서 태어남
1919년	3·1만세운동에 참여
1925년	지린 원광중학 졸업
1930년	상하이 중앙대학 항해과 졸업
1945년	귀국, 해군 창설
1948년	초대 해군총참모장
1950년	인천상륙작전 참가
1953년	제5대 국방부장관
1958년	초대 주 서독 대사
1963년	국민의당 중앙위원회 위원장
1980년	2월 15일, 국군수도통합병원에서 별세, 동작동 국립묘지에 안장

02
열운 장지영

열운(洌雲) 장지영(張志暎)은 일제 식민통치 하 물산장려운동과 3·1만세운동을 선도한 애국지사이다. 그는 《조선일보》 편집인으로 문자보급운동에 앞장섰고, 국어학자로 일제 말 조선어학회사건에 연루되어 2년간의 옥고를 치르기도 했다. 열운이란 아호는 '열수: 한강(漢江) 위에 뜬 구름'이란 뜻으로 스스로 지었다.

열운은 1887년 4월 22일 서울 서대문구 교남동 132번지에서 장은상과 영해 박씨 사이에 차남으로 태어났다. 그는 1891년부터 가숙에서 한문을 배운다.

나는 매우 완고하고 한학을 숭상하던 가정에서 태어났기 때문에 가정교육을 받은 것은 순전히 유교사상과 한문학뿐이었다. 이것이 내 생각이나 성격과도 맞아서 어려서부터 남에게 고루하다는 평을 들었다. (「내가 걸어온 길」, 《월간중앙》 1973년 3월호)

열운은 1905년 을사보호조약이 강제 체결되었을 때 충정공 민영환의 자결에 큰 충격을 받는다. 그는 당시 민충정공의 유서까지 직접 확인해 그 내용도 다음과 같이 기억하고 있다.

"자기 역사가 있고 문화가 있는 우리나라로서 지금 역신들이 있어 왜족에게 국권을 넘겼으니 우리 국민은 앞으로 모든 종족이 환난 속에서 있게 될 것이다. 내 힘으로 뒤집어 회복할 수 없어 먼저 가니 국민은 자강자립하여 국권을 회복하라."

민충정공이 별세하자 조정과 백성들이 발칵 뒤집혀서 야단이었다. 장례는 시민장이나 다름없이 모든 시민들에 의하여 치러졌다. 열운도 그들 속에 있었다.

상여를 청진동에서 모셔 나가는데 상행을 보호하기 위하여 앞뒤로 무명줄을 매어 가지고 전국 각지에서 모인 수많은 사람들이 줄을 붙잡고 갔다. 종로로부터 서소문으로 나가는데 나도 집불(執拂)하는 사람 중에 끼었다. …… 상여를 모시고 가던 사람 모두가 통곡을 했다. 눈물이 저절로 흘러내렸다. 나는 그 속에서 새로운 전환기를 맞이하고 있었다. 예전엔 완고하고 중국을 사모하는 마음이 두터웠는데, 그것이 변해서 우리는 언제까지나 역사적으로 남의 종 노릇밖에 못하느냐? 그리고 그 결과는 어떠냐? 오늘날 이 지경을 당하지 않았느냐? 하는 생각이 일어났다. 우리도 자주독립을 해야겠다는 생각이 팽배해졌다. (《나라사랑》 제29집, 1978년)

관립 한성외국어학교 한어과 재학생이던 열운은 자주독립의식을 다져간다. 이듬해(1906년) 졸업한 열운은 그 학교의 부교관으로 있다가 애국지사들이 많이 모이는 상동예배당을 드나들며 독립의지를 굳혀간다.

상동예배당은 지금의 남대문시장 새로나백화점 자리에 있었으며, '상동(尙洞)'이란 상정승이 살았다는 유래가 있는 동네이다. 감리교회인 상동예배당은 전덕기 목사가 주관하던 곳으로 이회영, 이상재, 이갑, 이준, 안창호, 김구 등 애국지사들이 많이 드나들었다. 열운은 상동예배당 사랑방에서 평생의 스승으로 모시게 된 주시경을 만나 그의 문하에서 국어를 전공한다.

> 내가 주시경 선생을 뵈었을 때는 그가 문법체계를 완성하고 여러 학교에서 국어를 가르치는 한편 강습소를 차리고 국어학도를 양성했는데, 내가 중학 과정을 다시 거칠 수도 없어 1911년 8월까지 그의 사제에서 3년 동안 다니면서 국어를 전공했다. 《나라사랑》 제29집)

주시경 문하에서 국어학을 연구하는 동안에도 열운은 근대 신학문인 과학에의 지적 향상을 위하여 이일(도쿄 물리학교에서 수학과 물리학을 전공하고 귀국) 씨가 설립한 창동 정리사(精理舍) 전문학교에 입학하여(1908년) 수학을 전공하고 졸업한다(1911년).

상동 청년학원의 하기국어강습소는 1907년에 제1회 졸업생 25명을, 이듬해 제2회 졸업생을 낸다. 1907년 헤이그밀사사건이 일어났을 때 이준이 상동교회와 기독교청년회를 왕래했다 하여 상동교회에 대한 일본 경찰의 감시가 심하여 1907년 7월 15일에는 청년학원 강습소를 박동 보성학교로 옮겼다. 이때 주시경은 소장이 되고, 열운은 강사가 된다. 이즈음 열운은 이상재, 현준, 유일선, 이동녕 등 선배 어른들의 청에 따라 남강 이승훈이 설립한 오산학교 선생으로 간다. 당시 오산은 민족정신 교육이 투철한 학교인지라 왜경은 불온한 학교라 하여 폐쇄시킬 목적으

열운 장지영이 청년 시절 활동하며 독립의식을 키우던 상동교회.

로 남강을 제주도로 귀양 보냈다. 따라서 주인 없는 오산이 문을 닫아야 할 때(1911년 7월) 열운이 오게 된 것이다.

　그러나 열운이 온 얼마 후 남강은 데라우치 총독 암살음모를 꾸몄다는 105인 사건에 연루되어 투옥된다. 학교 문을 닫게 되니 열운도 더 이상 버틸 수 없어 오산을 떠난다. 열운은 다시 상동교회 청년학원의 국어와 수학 교사가 된다. 하지만 왜경의 탄압이 날로 심해 선배 동지들이 만주, 상하이, 블라디보스토크 등지로 망명하므로 열운은 남궁억을 원장으로 모시고 자신은 학감이 된다. 열운은 김윤경, 윤복영 등과 함께 근무하다 1914년 8월 이 학원이 폐쇄되면서 이곳을 떠나게 된다. 이보다 한 달 앞서 주시경이 갑자기 별세한다. 그는 바쁜 몸을 쪼개어 여러 학교에서 국어교육을 담당하고 있었다. 열운은 다음과 같이 스승을 추억했다.

주 선생 혼자서 도맡아 가르치던 국어교육을…… 제자인 우리들이 나눠 맡기로 결의하고 각 학교의 교장(휘문학교 임경재, 중앙학교 최두선, 보성학교 이규방, 배재학당 신흥우, 경신학교 미국 선교사 쿤즈)을 찾아 상의하니, 이를 반겨 쾌락했다. 그리하여 김두봉은 휘문, 권덕규는 중앙, 신명균은 보성, 그리고 나는 경신에 나가게 되어 국어교육을 정상적으로 이어지게 했다. (『내가 걸어온 길』)

한편 열운은 청년학원 교사 시절 간디의 비폭력 무저항 자활운동에 자극을 받아 유진태, 임경재, 김덕창 등 동지와 함께 경제 자립과 문화 독립을 위하여 1912년에 물산장려회를 만든다. 그리고 간디를 본받아 직접 무명옷을 짜 입기로 하고, 고양·통진·김포 등지로 다니며 목화를 모아서 시골 부인들에게 목화실을 뽑게 하고, 이를 덕창직물공장에 가져가 옷감을 짜게 한다. 열운은 물산장려운동에 더해 보다 적극적인 독립운동 방안을 모색한다. 이듬해 열운은 이수삼, 백남일, 조규수, 김정섭, 정범진, 노대규, 이원행, 오의선, 홍덕규, 김용철 등과 혈서동맹을 하여 비밀결사대인 '흰얼모'를 조직한다. 그 활동을 상하이 임정과 연계하기 위해 흰얼모 이름을 백영사(白英社)라 하여 해외 독립운동 동지들과 긴밀한 연락을 취한다.

흰얼모 동지들은 3·1운동이 일어나기 전날 전 민족의 운동이 되도록 하자는 결의를 다지고, 고종황제가 왜인의 책동과 매국노의 손에 피살되었음을 백일하에 폭로함으로써 온 국민의 의분을 격동시키기로 했다. 열운은 조규수, 김정섭, 신경우, 노대규 등과 그의 자택인 중림동 132번지에 모여 당시 《조선일보》 정치부장이던 조규수로 하여금 포고문을 짓도록 합의한다. 다음은 그 포고문의 내용이다.

우리가 문화라든가 역사가 남에게 뒤떨어지지 않는데, 웬 억짓손에 의하여 간악한 일국에 눌려 국권을 잃어버리니 이럴 수가 있느냐? 세계의 대의에서도 그냥 볼 수 없는 일이다. 지금 강화회의가 파리에서 열리는데, 거기에 특사를 보내려고 하니까 먼저 고종황제를 없앨 양으로 독약을 바쳤는데, 거기 앞장선 놈이 윤덕영이고 그 독약 심부름을 한 놈이 한창수로 식혜에다 독약을 타서 드렸다. (『내가 걸어온 길』)

고종 승하 경위에 대해 열운은 일본 총독 하세가와의 사주를 받은 윤덕영 일당이 저지른 것으로 확신한다. 당시 내시이던 이병정이 눈물을 흘리며 열운에게 전한 이야기다.

열운 일행이 만든 포고문은 '대한국민회'의 포고문이라 하고, 2000장을 등사하여 그날 밤중에 남대문-을지로-동대문 방면, 서소문-종로-동대문 방면, 서대문 일대에 붙이고, 여관에도 투입한다. 이들은 이튿날 민족대표 33인이 주동한 독립선언에 직접 가담하지는 않았으나 온 민족이 봉기하도록 불을 질렀고, 또한 각 지방으로 빠르게 파급하도록 하는 불쏘시개 역할을 한 셈이다.

3·1운동 이후 경신학교에서 국어와 수학을 가르치던 열운은 1921년 휘문의숙에서 조선어연구회를 창설한다. 발기인은 열운과 임경재(휘문학교 교장), 최두선(중앙학교 교장), 이규방(보성학교 교두), 이승규(보성학교 교사), 신명균(보성학교 교사) 등 7명이었다. 초대 간사장은 임경재가 맡고, 열운은 최두선과 함께 간사를 맡는다. 열운은 1926년에 제2대 간사장이 된다. 조선어연구회는 1931년 1월 10일에 조선어학회로 바뀌고, 1949년 9월 5일에 한글학회로 바뀐다.

열운은 1926년 4월 12년간 근무하던 경신학교를 그만두고, 거기에 실직한 권덕규를 가게 한다. 열운은 중앙학교로 가나 경신에서 권덕규를 받지 않아 친구 의리를 생각하여 중앙을 그만두고 1926년 10월에 《조선일보》 기자가 된다.

중앙의 최두선 교장의 권으로 다시 중앙으로 갔으나 교직 생활이 너무 평범하고 갑갑하여 그만두고 조선일보사에 입사했다. 그 당시 조선일보사의 사장은 월남 이상재 선생이었고, 부사장은 나와 가까운 신석우 씨였다. 처음에는 견습기자로 교정부에 있었는데 하루는 신석우 씨가 말했다. "교정부에 있는 것이 창피하지 않아?" "창피하긴 뭐가 창피해"라고 대답했다. 그랬더니 얼마 후 나를 지방부장으로 올려놓고는 신문 제호 밑에 발행인 신석우로, 편집인은 나로 바꾸어놓았다(1928년 9월~1929년 11월). 그런데 때가 때인 만큼 편집인 행세가 도무지 수월치가 않았다. 당시 왜놈들에게 붙어 날뛰던 각 지방의 도평의원이니 시협의원이니 하는 사람들의 행패가 심해서 그 사실을 그대로 보도하면 곧 경찰서에서 잡아갔다. 《나라사랑》 제29집)

열운은 편집인으로 재직하는 동안 종로경찰서 사찰계와 검찰국을 제 집 드나들 듯 하다가 '전과 4범'이 된다. 열운은 입사 직후인 1927년 2월 발족한 민족운동단체 신간회에 이상재, 신석우, 한기악 등과 함께 발기인 27명 중 한 사람으로 참여한다. 그는 문자보급운동을 펼치면서도 지방부장으로서의 역할도 함께해 지면에 '신간회 고정란'을 두고 본부와 지부 사이의 활동 상황을 자세히 보도한다.

1929년 7월 《조선일보》가 시작한 문자보급운동은 열운이 편집인으로서 직접 주도한 운동이었다. 그는 이해 신년호에 '새해에는 우리 말과 글에 힘을 들이자'는 글을 실어 문자보급운동의 필요성을 역설한다. '아는 것이 힘, 배워야 산다'는 표어 아래 3년간 이 운동의 총책으로 지면과 강연을 통해 열성적으로 활동한다. 1931년에는 문자보급운동을 주도하는, 신설된 문화부 부장이 된다.

직접 가르치는 일은 학생들이 맡고, 나는 그들을 동원하여 파견하는 일, 현지에 나가 그 학생들을 지도하고 독려하는 일, 시·도 등에 강습소를 설치하는 일 등을 맡아 했다. 이렇게 3년 동안 우리나라 전국에 안 간 곳이 없이 다니게 되었으며, 글을 깨쳐 신문을 읽을 수 있게 된 사람이 30만여 명이 되었다는 보고가 들어왔다. (『내가 걸어온 길』)

1930년에는 '한글 철자법 강좌'를 55회에 걸쳐 장기 연재하기도 한다. 문자보급운동은 방학을 맞아 귀향하는 남녀 학생들이 농촌의 문맹자에게 한글을 가르치자는 운동으로 일제강점기 최대의 민중계몽운동으로 평가되고 있다. 당시 2000만 인구 중 1700만 명이 문맹이었다.

1929년부터 3년간 실시된 문자보급운동은 임경래에게 판권이 넘어간 1932년과 1933년 두 해 중단됐고 방응모가 《조선일보》를 인수한 후인 1934년 재개됐으나 이듬해 총독부의 압력으로 다시 중단됐다. 《동아일보》는 1931년 '브나르도(민중 속으로) 운동'이란 이름으로 문맹퇴치운동을 펼쳤다. 문자보급운동에 학생들은 열성적으로 참여했다. 1934년 6월 29일 서울 공회당에서 열린 '동원식'에는 92개 중학교와 32개 전문학교 및 일본 유학생을 포함한 대학생 5078명이 참가했다. 이때 준비한 문자보급 교재는 100만 부였다. 당시 《조선일보》 부수가 3만 8000부였음을 감안하면 엄청난 규모다. (『조선일보 사람들』, 조선일보 사료연구실)

1932년 평양 숭실중학 학생이던 14세의 장준하(사상계사 사장 역임)는 이 운동을 펼치던 《조선》·《동아》 양대 민간지에 대해 '온 겨레를 지도하고 있는 존재' '캄캄한 우리 조국을 비춰주던 유일한 등불'(『민족의 자유와 언론』)이라고 표현했다.

열운은 1931년 《조선일보》를 그만둔 뒤 양정중학에서 국어와 중국어를 가르친다. 그는 일제강점기 내내 국어학 운동을 주도하다 1942년 조선어학회사건으로 2년간 투옥된다. 함남 홍원경찰서에서 함께 고초를 겪은 일석 이희승의 증언이다.

누구나와 마찬가지로 열운도 이런 악형을 몇 번이고 당했다. 그러나 나는 열운만이 당하는 기막힌 꼴을 보았다. 때는 1943년 양력 1월, 엄동설한으로 가장 추운 때였다. …… 우리 동지 일행을 문초하는 무덕전이란 넓은 방에서 다른 사람들이 중시하는 가운데, 열운은 실오리 하나 걸친 것 없이 발가벗겨서 팔 다리 네 공상으로 엎드리게 하고, 주전자에 담은 얼음 같은 냉수를 머리에서부터 등허리를 통하여 엉덩이에 이르기까지 물세례를 주는 것이었다. 이와 같이 몇 번 거듭하면 사람은 별수 없이 동태 모양으로 되지 않을 수가 없다. 이것은 육체적 고통뿐만 아니라 정신적인 고통까지 곁들이는 실로 야만적인 폭행이었다. 《나라사랑》 제29집)

열운은 광복 후에는 연희대, 이화여대 교수를 지내며 국어 연구에 헌신하다가 1976년 3월 15일 서울 동교동 자택에서 별세하며, 경기도 고양군 벽제면 선유리 가족묘지에 안장된다.

4남 세경(전 한양대 국문학과 교수) 씨가 부친의 뒤를 이어 국어학을 연구하면서 부친의 유고를 보완해 1976년 부친과 공저인 『이두사전』을 냈다. 손자 경현(서울대 교수) 씨도 국어학을 전공해 3대째 국어 연구에 매진하고 있다.

열운은 지명희(작고·배화여고 졸) 씨와 사이에 4남 2녀를 두었다. 장남 세헌(88·경성대 졸, 미국 유타대학 이학박사, 서울대 교수 역임) 씨는 정현식(작고·경성여의전 졸) 씨와 결혼하여 2남 2녀를 두었다. 세헌 씨의 장남 직현(61·서울대 수학과 졸, 미네소타대학 박사) 씨는 서강대 교수로 이행우(60·이화여대 가정과 졸) 씨와 결혼했으며, 차남 태현(58·서울대 화학과 졸, 위스콘신대학 박사) 씨는 포항공대 교수로 김신조(59·서울대 국사학과 졸) 씨와 결혼했다. 세헌 씨의 장녀 백경(64·서울대 가정교육과 졸, 서울대 박사) 씨는 윤승렬(작고·서울공대 졸, 유타대학 공학박사, 한양대 교수 역임) 씨와 결혼했으며, 차녀 숙경(55·연세대 도서관학과 졸) 씨는 김원곤(서울의대 졸, 서울의대 교수) 씨와 결혼했다.

열운의 차남 세희(작고·서울대 화학과 졸, 텍사스대학 이학박사, 서울대 교수 역임) 씨는 김옥(81·서울대 화학교육과 졸) 씨와 결혼하여 아들 택현(54·서울대 화학과 졸) 씨와 화경(56·성심여대 졸), 진경(47·숙명여대 졸) 씨 자매를 두었다.

열운의 3남 세원(작고·연세대 상경대 졸) 씨는 송정자(74) 씨와 결혼하여 2남을 두었다. 장남 재현(50·한양대 공대 졸) 씨는 이용희(48·연세대 아동교육과 졸) 씨와 결혼했으며, 차남 방현(47·고려대 전기과 졸) 씨는 이재희(47·성신여대 졸) 씨와 결혼했다.

열운의 4남 세경(79·연세대 국문과 졸, 동국대 박사, 한양대 명예교수) 씨는 이숙영(73·이화여대 가정과 졸) 씨와 결혼하여 2남 1녀를 두었다. 장남 상현(47·서울대 물리학과 졸, 서울대 박사) 씨는 건국대 교수로 임성실(42·고려대 법대 졸, 서울동부지법 판사) 씨와 결혼했으며, 차남 경현(43·서울대 국문과 졸, 서울대 박사) 씨는 서울대 교수로 이경희(38·한국교원대 졸, 초등학교 교사) 씨와 결혼했고, 장녀 효경(48·서울대 미대 졸) 씨는 화가로 활동 중이다. 열운의 장녀 영록(작고) 씨는 이석주(작고) 씨와 결혼하여 우상, 우형, 우중, 우강, 선경 씨 등 4남 1녀를 두었다. 열운의 차녀 영호(73·이화여대 가정과 졸) 씨는 정주영(79·서울대 기계과 졸) 씨와 결혼하여 상진, 사원 씨 자매를 두었다.

내가 본 열운 장지영

나는 1932년 손기정 선수와 한 반으로 양정고보에 다닐 무렵 열운 선생에게 국어를 배웠다. 광채가 나는 눈매며, 꼭 다문 입매며, 다부지면서도 다재다능하신 분이었다. 언제나 조용히 조리 있게 말씀하시는 것이 선생님의 특징이기도 했다. 그리고 언제나 '규모 있게 해라' '질서 있게 해라'를 입버릇처럼 되새기셔서 우리 귀에 못이 박힐 지경이었다. 그만큼 선생님께서는 옷매무새부터 단정하셨고, 머리 한 올 흩트리지 않으셨다.

이처럼 단정하고 근엄하시면서도 정말 시대에 앞서 가시는 탁 트이신 지적인 멋쟁이셨다. 뿐만 아니라 한의학에도 조예가 깊으셔서 당시 폐병으로 고생하는 제자 여러 명에게 손수 약방문을 써주셔서 구제하기도 하셨다. 선생님은 실로 신(新)과 구(舊)를 겸하신 분이었다.

문제안(전 수도여사대 교수)

열운 장지영

1887년	4월 22일, 서울 서대문구 교남동 132번지에서 태어남
1906년	한성외국어학원 한어과 졸업
1908년	주시경의 문하에서 국어를 전공
1911년	오산학교 교사가 됨
1912년	물산장려회를 설립
1919년	3·1운동에 참여, 전날 밤 포고문을 살포
1926년	《조선일보》입사
1927년	이상재, 신석우, 한기악과 신간회 창설
1929년	《조선일보》편집인으로 문자보급운동을 주도
1942년	조선어학회사건에 연루되어 2년간 옥고를 치름
1976년	3월 15일, 서울 동교동 자택에서 별세

03
육당 최남선

육당(六堂) 최남선(崔南善)은 한국 근대 애국계몽운동의 선구자이다. 3·1만세 독립선언서의 작성자로 3년간 옥고를 치른 육당은 1908년에 한국 최초의 종합잡지 《소년》의 창간인으로 어문일치의 글을 써서 현대 글의 기초를 닦았다. 또 조선광문회(朝鮮光文會)를 설립하여 우리 문헌의 보존·간행 작업에 앞장서 한국학 탄생의 터전을 마련했으며, 일제 학자들의 어용 '단군신화'에 맞서 동북아 문화사를 아우르는 육당 특유의 '단군론'을 내세워 식민사관에 도전했다.

육당의 아우 각천 최두선은 중앙고교 교장, 경성방직 사장을 거쳐 해방 후 유엔총회 한국 대표로 국가유공자가 되었다. 이후 《동아일보》 사장에서 제3공화정 첫 국무총리로 발탁되어 정치안정에 힘썼으며, 대한적십자사 총재로 1000만 이산가족 찾기 운동을 북한 적십자사에 제의하여 성사시켰다.

육당은 1890년 4월 26일 서울 중구 을지로2가 22번지에서 관상감(현 기상대)의 기감을 지낸 최헌규(崔獻圭)와 진주(晋州) 강씨 사이에 3남3녀 중 차남으로 태어났다. 그의 집안은 동주(東州) 최씨이며, 육당은 고려시대의 팔군도통사 최영 장군의 20대손으로, 중인 계급에 속해 있었다. 중인은 지금의 사무관, 기술관 같은 정부 각 기관의 실무를 맡아보는 사람들이다. 육당의 부친 헌규는 집안 형편이 어려워 늦장가를 갔다.

강원도 철원 근교로 낙향한 무관 통진부사 강위영이 과년한 딸에게 들어온 청혼을 거절했을 만큼 우리 집안은 어려웠다. 내 증조모가 된 그 딸의 "신랑집의 가난이 어떻게 어린 신랑의 잘못인가?"라는 항변에 결국 허혼을 하긴 했지만, 혼례 후 새 내외가 서울 시집으로 떠나고서야 신랑이 놓고 간 빈 함을 열어 본 장모는 울음을 감추지 못했다. 집안에 전해오는 이야기로는 신랑감 내외가 동네 어귀 언덕에서 장모의 그 통곡소리를 들었다 하고, 덩달아 우는 신부의 손을 잡고 증조부는 재산을 모으겠다는 결심을 더 굳혔다고 한다. (『육당 최남선』, 육당의 손자 학주 씨)

23세 때 시년시(과거)에 운과(雲科) 지리학 전공으로 합격한 헌규는 관상감 기사를 거쳐 시종원(侍從院) 부경(副卿)에 이르렀고, 관직 외에 농력(農曆) 출판과 당초재 무역으로 재산을 크게 일궜다.

출사(出仕) 30여 년 후 망해가는 나라를 일으키기 위해 어린 두 아들에게 구국출판과 문장보국(文章報國)을 허락한 무렵에는 부의 규모가 기호(畿湖)에 만 석거리 전답과 서울 사대문 안에 80채가량의 집과 가대(家垈)를 소유했을 정도다. (『육당 최남선』)

헌규가 근무하던 관상감은 중국 천자가 보내는 황력(皇曆: 태양력)을 누구보다 먼저 볼 수 있는 자리였다. 황력을 농사에 맞게 농력으로 바꿔 목판 간행을 하면 저절로 돈이 되는 시대였다. 이렇게 해서 모은 종잣돈으로 중국 상인들에게서 약재를 받아놓으면, 운 좋게 그 약이 필요한 역병이 돌아 그 약재 값이 자꾸 뛰어 이문이 컸다. 그는 인품과 평판이 좋아 까탈 많은 중국 상인들도 그에게 많은 물건을 맡겼다. 무역을 통해 국제 정세에 눈뜨게 된 헌규는 같은 중인 출신 오경석과 유대치의 개화 사업을 적극 지지하게 되었고, 자신의 자식들도 그런 일을 해주기를 바랐다.

헌규는 자녀들에게 농산물을 농부에게서 살 때는 반드시 값을 더해 사라고 일렀다. 며느리들에게는 음식 찌꺼기 하나도 하수구로 나가지 않도록 각별히 주의하라고 했다. 당시 서울 장안에서 몇천 석 정도 하는 큰 부잣집은 으레 걸인들 치다꺼리를 해야 하는 줄로 알고 있었다.

> 조부께서는 엄동설한에 길을 가시다 옷도 제대로 못 입고 덜덜 떨고 있는 걸인을 보시면, 거지의 손목을 잡고 집으로 데려오시어 손발을 씻으라고 대야에 물을 따라 주시고, 헌 옷가지라도 내주시며, 내일 아침부터라도 집의 대문채에서 하는 아침 대접을 받으러 오라고 하시는 것이었다. …… 그런데 이 걸인 대접도 큰 보답을 가져왔으니, 다름 아닌 기미독립운동 때였다. 그들도 이 주인집에서 하고자 하는 일을 이해하고 있었고, 연락 기타 물품의 운반 등 큰 활약을 하여주었다. (『용헌잡기』, 육당의 차남 한웅 씨)

육당은 서당에서 글을 익히면서 12세 때 《황성신문》 등에 투고하기 시작하며, 역관 현정운(玄晶運)의 7자매 중 6녀 현영채(玄永埰)와 결혼한다. 개화기 소설가 빙허 현진건의 조카이다. 육당(六堂)이란 아호의 유래에 관해서는 「육당 연구」를 학위논문으로 쓴 홍일식 전 고려대 총장이 생전에 들은 것을 전했다.

"그분의 이름자 중에서 성과 항렬을 빼면 남는 것은 '남(南)' 자뿐 아닙니까? 북두칠성의 반대쪽에는 남두육성이 있으니까, 남쪽에서 가장 귀한 것을 택해 육당으로 하셨다고 해요. 서재필 선생은 독립운동 자금과 애국계몽운동에 가산을 모두 쾌척한 이회영과 최남선 집안에 국권을 회복한 정부는 마땅히 그 재산을 보상해줘야 한다고 말씀하셨지요."

육당은 이듬해 경성학당에 입학하여 일어를 배워 석 달 뒤부터 《대판조일신문》을 구독하여 일어를 익힌다. 1904년에 황실 유학생으로 뽑혀 소년 반장으로 일본으로 가서 도쿄부립 제1중학교에 입학한다. 그러나 유학 석 달 만에 자진퇴학하고 귀국한다. 이어 《황성신문》에 일화(日貨) 배척 투고로 필화를 입어 일본군 헌병대에 끌려가 민병도와 함께 한 달 구류된다.

1906년에 다시 일본 유학길에 올라 와세다대학 고등사범부 지리역사과에 입학하여 《대한유학생회보》를 편집한다. 이해 6월에 열린 모의국회에서 경술국치 문제가 의제로 되자 자퇴하고 귀국한다.

유학 중에 일본의 근대적 발전에 놀라움을 금치 못했던 할아버지는 당신의 공부보다 국민 계몽이 먼저라고 생각했다. 풍전등화와 같았던 조국을 살리는 길은 국민을 계몽시켜 근대적 국민으로 새롭게 태어나게 하는 것이었다. 그 국민 계몽은 출판사업을 통해서 가능하다고 생각한 할아버지는 엄친 최헌규에게 자신의 뜻을 말씀했고, 내 증조부 최헌규는 이를 흔쾌히 허락했다. 17세에 지나지 않은 아들의 사업을 허락했던 것은 평소 갑신정변의 실패를 안타까워해서였다. …… 증조부 최헌규는 그의 아들이 하겠다는 출판을 통한 계몽구국운동으로 혁명에 필요한 인적 기반이 창출되면 갑신정변의 뼈아픈 실패를 되풀이하지 않을 것으로 기대했다. (『육당 최남선』)

부친에게서 거액의 자금을 받은 육당은 일본에서 인쇄기와 기술자를 들여와 상리동 21번지 맞은편, 지금의 을지로2가 외환은행 본점 터에 있던 집 두 채에 인쇄공장과 사무실을 차린다. 한 채에는 1층에 사무실, 2층에 편집실을, 다른 한 채에는 인쇄공장을 두었다. 1907년 여름에 출판사 신문관(新文館)이 문을 열었다. 육당의 집안 전체가 이 사업에 참여한다. 부친은 이익이라고는 거의 없는 신문관 사업에 16년 동안 계속 자금을 댔고, 장자 창선이 신문관 사주로 경영을 맡는다.

신문관에서 이듬해 창간된 《소년》은 우리나라 최초의 종합잡지다. 제호 '소년'은 요즘의 10대 소년이 아닌, 새로운 사상을 가진 새로운 세대를 뜻했다. 《소년》은 근대 문물을 소개하는 잡지만이 아니었다. 도산 안창호와 육당이 설립한 청년학우회의 기관지이기도 했다. 때문에 《소년》은 4년 남짓 나오다 폐간된다. 육당이 도산을 처음 만난 것은 1907년 일본에서였다.

도산 선생과 청년학우회를 조직한 시기의 역사적 배경은 독립 한국이 일본의 보호국이 되고, 마지막 명운이 끊어지려는 위기에 처한 때였다. 당시 근대적 민족 자각으로서 진실한 독립국가를 찾자는 것이었다. 그리고 이러한 청년운동의 기운을 촉진시키는 일대 모범은 '청년 이탈리아' 운동이 우리의 모범이 되었었다. 이러한 이상과 목적을 위하여 우리는 미국에서 돌아오신 도산 선생을 도쿄에서 만나서 그의 지도 하에 상의했다. (『진실정신』, 최남선, 1954년)

1936년 효제동 시절의 육당 가족. 아랫줄 가운데가 육당. 뒷줄 좌로 부터 사위 강건하, 장남 한인, 차남 한웅, 삼남 한검.

이후 도산이 먼저 귀국해 윤치호, 이상재, 양기탁 등과 신민회를 결성한다. 신문관이 설립된 해로 '신민'(新民)과 '신문'(新文)은 같은 이상을 지향하고 있었다. 신민회는 교육 진흥, 민족사업 육성, 청년운동을 추진하여 청년운동 담당 단체로 1909년 청년학우회가 출범했다. 청년학우회 결성에는 윤치호, 차리석, 이승훈, 안태국과 함께 육당이 참여하는데, 그는 다른 발기인에 비해 확연히 차이가 나는 약관의 젊은이였다. 육당은 도산의 부탁으로 청년학우회의 취지문을 작성한다.

한번은 청년운동에 대한 슬로건, 즉 청년학우회의 취지서를 꾸며보라는 분부였다. 그 내용의 말씀은 '우리 국가와 민족이 이렇게 쇠망한 근본 이유가 진실한 국민적 자각, 역사적 자각, 사회적 자각을 못 가진 데 있다. …… 그러므로 우리가 하는 청년운동(국민운동)은 어디까지나 진실을 숭상해야 한다. 언변보다는 실행을, 형용보다는 내용을 존중해야 한다. 그것이 무실역행(務實力行)이다.' 그런 내용으로 청년학우회의 취지서를 초안하라는 명령을 하셨다. (『진실정신』)

'거짓말 말자'로 압축되는 무실역행 정신을 실천하는 청년학우회는 청년운동을 통해 근대 국민을 형성하고자 했다. 육당은 《소년》을 통해 청년학우회의 취지, 강령, 동향 등을 알렸고, 전국을 다니면서 순회강연을 할 때 도산은 젊은 육당을 단상에 세우고 소개했다. "20세밖에 안 된 젊은이가 혼자서 잡지를 간행해 민족의 계몽과 새 문화 창조에 전력을 바치고 있다"고 소개했다. 육당은 소년 명사로 전국적 인물로 떴지만 수난도 덮쳐왔다.

한일합병 이듬해 1911년 일제는 데라우치 총독 암살사건을 조작한 '105인 사건'으로 신민회 회원 다수를 검거했다. 이 과정에서 청년학우회도 해체됐고, 《소년》도 절간됐다. 《소년》이 폐간된 후 육당은 어린이잡지 《붉은 저고리》, 《아이들보이》를 발행하다가 1914년부터는 《청춘》을 발간한다. 문예 중심으로 편집하는 성년 대상 잡지였다. 필진도 다양해져 이광수, 홍명희, 현상윤, 권상로, 이상협, 진학문, 민태원이 썼다.

신문관 시절 육당은 근대적 글쓰기로 문장혁명을 일으킨다. '국주한종(國主漢從)' '언주문종(言主文從)'으로 요약되는 육당의 '신문장 건립' 운동은 《소년》부터 일관되게 추진되어 왔다.

그는 《소년》에 우리나라 첫 신체시 「해에게서 소년에게」를 발표했다. 우리말을 '한글'이라고 이름 붙인 육당은 '어린이'라는 순우리말을 처음으로 창안해 쓰기도 했다. 1914년 《청춘》에 「어린이의 꿈」이란 시를 발표하는데, 방정환이 1920년 《개벽》에 발표한 「어린이 노래」보다 6년이나 앞선 것이다. 또 《아이들보이》 제2호 10월호에서 쓴 '한글'이란 표현도 최초로 책에 쓴 것이다. 육당은 『조선상식문답』에서 그 경위를 밝히고 있다.

당시 사람들은 저마다 '우리말' '국문' '언문' '반절' '조선글' '배달글' '정음' 등 다르게 부르고 있었는데, 조선광문회에서는 조선의 고유한 문자에 새 이름을 주는 문제를 토의했다고 한다. 이때 육당이 '한글'이라는 이름을 사용할 것을 제의했다. '한글'의 '한'은 '크다'와 '나라(韓)'를 같이 의미한다. 육당의 제안에 조선광문회 소속 어문학자들이 동의했다. 주시경 사후 '한글모(조선어학회)'의 회장을 맡게 된 육당은 '한글'이라는 새 이름이 널리 보급되도록 노력했다. 육당은 한글 쓰는 법의 한 예로 가로 풀어쓰기를 창안하여 후일 발명되는 한글 타자기 원리에 맥을 잇는 선견지명도 보인다.

육당은 1910년 12월 살림집을 삼각동 굽은다리(曲橋)로 옮기고, 부친의 사랑채 2층에 조선광문회를 창립한다. 그는 일제에 의한 약탈 반출로 인해 희귀한 고서적이 없어질 것을 염려해 우리 문헌과 고전을 쉽게 풀어 간행하며 『동국통감』, 『열하일기』 등의 한문 고전도 간행한다. 육당은 이곳에서 당시의 지성인들과 다양한 문예활동을 벌인다. 박은식, 장지연, 유근, 이인승, 김교헌, 현채 등과 사라져가는 고전을 간행하며 주시경, 권덕규, 김두봉, 임규 등과 우리말 사전의 편찬에 착수한다.

안창호, 윤치호, 최광옥, 옥관빈 등과 청년학우회를 설립하고 이광수, 진학문, 심우섭, 이상협 등과 문장보국과 언론사업을 함께 한다. 박한영 스님과는 조선의 불교를 토론하며 최린, 송진우, 현상윤 등과는 3·1운동을 계획해 독립거사를 주도한다. 조선광문회는 전국의 문화인, 학자,

애국지사들의 연락처, 안식처, 피난처가 되는 당시 '조선의 양산박이자 아카데미' 구실을 한다.

육당은 1919년 3·1운동 때에는 독립선언서를 작성하고, 자신이 경영하는 신문관에서 직접 독립선언서의 판을 짠다. 3월 3일 일제에 체포되어 2년 6개월의 징역을 언도받았고 1921년 10월 가출옥되었다.

할아버지는 밤에는 임규의 일본인 부인 고사와의 집에 숨어 독립선언서를 준비하고, 낮에는 동지들에게 연락하는 일을 맡았다. 할아버지는 기독교 측과 교섭해 정주 오산학교의 설립자이자 기독교계 지도자인 남강 이승훈을 운동에 참여시켰다. 할아버지가 김도태를 정주로 보냈을 때 이승훈은 105인 사건으로 감옥살이를 하다 나온 지가 얼마 되지 않아 건강이 좋지 않았는데도, 기독교계를 대표해 참가할 것을 쾌락했다. (『육당 최남선』)

출옥 후 신문관을 해산하고 동명사를 창립한다. 그리고 1922년 9월 주간지 《동명(東明)》을 창간한다. 《동명》에는 육당이 3·1운동 후 민족운동의 방향을 모색하는 일뿐만 아니라 '조선' 정체성의 정립을 향한 조선학의 수립에 진력하는 모습도 보인다. 그는 《동명》 제3호부터 「조선역사강화」를 20회에 걸쳐 연재한다. 여기서 '조선인의 손으로 조선학을 세울 것'을 제창한다.

1924년 3월 일간지로 《시대일보》를 창간하나 경영난으로 곧 물러난다. 이즈음 육당은 민족주의와 사회주의 진영을 아우르는 단체로서 신간회의 창립을 주도한다.

할아버지가 민족주의 경향의 신석우와 사회주의 경향의 홍명희를 연결시켜 신간회 창립을 주도하게 했다고 생각한다. 거기에는 충분한 이유와 명분이 있다. 당신은 두 사람이 주도하는 것만으로도 신간회가 모든 민족운동의 구심점이 될 것으로 믿었던 것이다. (『육당 최남선』)

이후 저술활동에 힘을 쏟아 『불함문화론(不咸文化論)』, 『심춘순례』, 『단군론』, 『아시조선』, 『백두산근참기』, 『백팔번뇌』, 『삼국유사해제』, 『시조유취』, 『조선유람가』 등 역저들을 낸다.

1928년에는 조선사편수회 위원이 되며, 1939년에는 만주 건국대학의 교수가 되어 후일 친일 논쟁의 빌미가 된다. 이후에도 우리 역사와 문화에 관한 많은 글을 쓴다. 광복 후에는 일제하 친일 인물의 대표적 표적이 되었으며 대한민국 정부 수립 후 1949년 2월 반민족행위처단법에 의해 서대문형무소에 수감되었다가 자열서(自列書)를 특별재판소에 제출하고 한 달 만에 보석 석방된다.

그 이후에도 국사사전 집필과 강의활동을 벌이다가 1955년 천주교에 귀의힌다. 육당은 1955년 10월 10일 서울 종로구 묘동 자택에서 별세하며, 경기도 양주군 온수리 선영에 안장된다.

육당은 현영채와 사이에 4남 1녀를 두었다. 맏아들 한인(장손 승계로 출계) 씨는 이선영 씨와 결혼하여 형제를 두었다. 장남 학주 씨는 김여애 씨와 결혼했으며, 차녀 동주 씨는 김영열 씨와 결혼했다. 육당의 차남 한웅 씨는 이무희 씨와 결혼하여 4남 3녀를 두었다. 성주, 명주, 국주, 득주 4형제 중 국주 씨는 이은주 씨와 결혼했다. 한웅 씨의 장녀 기주 씨는 이주룡 씨와 결혼했으며, 차녀 명주 씨는 이민문(전 조달청 국장) 씨와 결혼했고, 3녀 혜주 씨는 김중원(전 한일합섬 회장) 씨와 결혼했다. 육당의 3남 한검(재북) 씨는 이영자 씨와 결혼했다. 육당의 장녀 한옥 씨는 강건하 씨와 결혼했으며, 사남 한혁 씨는 연주, 정윤 자매를 두었다. 장남 강호 씨는 하버드대학 의대를 수석졸업하고, 테네시대학 내과 교수로 호암의학상을 받은 통증학의 권위자이다.

내가 본 육당 최남선

내가 대학에 입학한 해는 1941년 봄이었다. 내가 만주 건국대학에 진학한 이유의 하나가 그곳에 기미독립선언문을 기초한 육당 선생님이 계셨기 때문이었다. 그분은 우리에게 이런 말씀을 하셨다.

"우리들이 어디로 보나 조선 사람이란 것은 어쩔 수 없는 엄연한 사실이다. 일인이나 우리나라 사람 중에도 동조동근이니 내선일체니 하여 그 엄연한 사실을 왜곡강변하는 사람들이 있지만 그것은 잘못된 일이다. 너희들은 조선 사람이라는 사실을 언제 어디서나 잊지 말기를 바란다."

그 같은 말씀을 듣고 벅찬 감격의 가슴을 안았다. 육당은 항상 웃음을 잃지 않는 낙관적 생활 태도를 견지하면서, 주어진 기회를 어떤 것이든 간에 최대한으로 우리 민족의 장래를 위해 활용하고자 하는 자세를 지니셨다. 제자들 눈에 비친 육당 선생님은 철두철미한 민족정신의 고취자였으며 애국애족의 지사였다. 나는 선생님의 진의가 반드시 이해되는 날이 올 것을 믿는다.

강영훈(전 국무총리)

육당 최남선

1890년	4월 26일, 서울 중구 을지로2가 22번지에서 태어남
1904년	대한제국 황실 유학생으로 도쿄부립 제1중학교에 입학
1906년	와세다대학 고등사범부 지리역사과에 입학
1907년	신문관 창립
1908년	최초의 종합잡지《소년》을 창간
1910년	조선광문회 창립
1919년	3·1독립선언서를 쓰고 3년간 옥고를 치름
1924년	《시대일보》창간
1928년	조선사편수회 위원이 됨
1939년	만주 건국대학 교수에 취임
1949년	반민족행위처단법으로 서대문형무소에 수감. 한 달 후 보석 석방
1955년	10월 10일, 서울 종로구 묘동 자택에서 별세, 경기도 양주군 온수리 선영에 안장

04
용재 백낙준

용재(庸齋) 백낙준(白樂濬)은 한국 교육계의 대들보로 평가받고 있다. 그는 연세대 진흥에 생애를 바쳐 한국의 대표적 명문 사학으로 키웠는가 하면, 광복 후 홍익인간(弘益人間)의 건국이념을 한국의 교육이념으로 정착시킨 주인공이기도 하다. 6·25전쟁 때는 문교부장관으로, 세계 교육사상 유례없는 '전시 하 노천수업'을 실시하여 내외의 주목을 받기도 했다. 또 4·19 후에는 참의원 의장으로 잠시 대통령 권한대행을 하기도 했다.

용재는 1895년 3월 9일 평북 정주군 관주면 관삼동에서 백영순(白永淳)과 경주 김씨 사이에 4형제 중 막내로 태어났다. 아버지는 한때 풍헌(지금의 면장)을 지낸 일이 있으나 순박한 농부였다. 어머니는 총명했고 특히 사람을 사귀고 대하는 데 능했다고 한다.

"내가 출생한 곳은 구한국 행정구역에 따르면 대한제국 평안북도 곽산군 우면 삽꽃리라고 하는 곳이었다. 그곳에 백촌이라고 하는 작은 부락이 있었는데, 거기가 내가 출생한 장소이다. 일제강점기에 행정구역을 변경하면서 곽산을 다시 정주군에다 합군해놓고 내가 살던 곳은 정주군 관주면 관삼동이라고 했다. …… 그곳은 북으로는 산이 있고 남으로는 바다를 면하고 있는, 마른 땅을 갈아 밭을 만들고 또한 간석지가 많은데 이를 막아서 논을 만들어 농사를 지었다."

3남 관익 씨와 4남 창익 씨에게 남긴 음성녹취다.

용재는 4~5세 때부터 아버지에게 『천자문』을 배우며, 6세 때부터는 서당에 다니면서 『동몽선습』, 『사략』, 사서 등을 익힌다. 당시 일제의 침략 야욕이 본격화함에 따라 최익현, 송병선, 곽면우 같은 우국지사들은 나라와 시국을 바로잡기 위한 상소문을 계속 올리고 있었다. 서당의 선생 가운데 이들의 제자가 있어 그 상소문을 얻어다가 가르치기도 했다. 용재는 1906년 신학문을 가르치는 미션스쿨 영창학교에 입학하여 성경, 산수, 지리, 창가 등을 배운다.

서당에서 한문을 배웠던 터라 공부하기는 수월했지요. 무엇을 외우는 데는 나를 따를 아이가 없었어요. 특히 재미있고도 지금 생각하면 우습기 짝이 없었던 과목은 체조였습니다. (『백낙준 전집』, 「회고록」)

을사보호조약 이후 해산당한 군인들이 일부는 의병으로, 또 일부는 학교 선생으로 풀려 군대식 체조를 가르친 것이다. 나무총을 깎아 어깨에 메고 발맞추어 행진하는 일, 또는 편을 갈라 총싸움이나 칼싸움을 하는 것이 '병식 체조'였다.

여러 학교가 모여 대운동회를 할 때면 더욱 볼 만했다. 각 학교별로 나무총을 메고 성경, 찬송가 등을 넣은 배낭을 짊어지고, 각반 차고 읍내 큰 운동장에 모인다. 운동회는 총쏘기, 총 메고 멀리 걷기 같은 종목 외에 '지도 그리기'라는 경연이 있어 특히 이채로웠다. 우리나라 지도를 누가 빨리, 더 잘 그리는가 하는 내기였다.

> 어린 마음에도 망해가는 나라의 운명을 생각하면 분을 참을 수가 없었어요. '지도 그리기'를 열심히 해서 이겨야겠다는 생각을 문득문득 하곤 했던 일이 생각나는군요. 이 밖에 우리나라 역사 알아내기 경연도 있었습니다. …… 그때 남강 이승훈 선생의 피 끓는 연설과 정성에 찬 깨우침이 준 감동은 필경 나를 오늘까지도 민주주의의 신봉자로 만든 원동력이 된 셈이지요. (『백낙준 전집』, 「회고록」)

1909년 영창학교를 졸업한 용재는 중학에 진학하려 하나 가세가 어려워 고민한다. 아홉 살 나던 해 어머니를 잃은 데 이어 열세 살 되던 1907년에는 아버지마저 잃어 맏형네 집에 살던 때였다. 그러나 1년간 집에서 중학 1년 과정을 혼자서 공부하던 용재는 어머니가 장사 밑천으로 마련해 남겼던 피륙, 가구 등을 팔아 70원의 학자금을 마련하여 선천으로 간다. 용재는 미션스쿨인 신성학교의 교장 맥큔(한국명: 윤산온) 선교사를 찾아가 딱한 사정을 얘기했다. 맥큔 교장은 용재가 선교사들의 집에서 일을 하며 학비를 마련할 수 있게 해주었다.

그러나 용재가 고학하면서 신성중학에 다니던 1911년 10월 이른바 '조선 초대 총독 데라우치 암살미수사건(105인 사건)'이 터져 이 학교의 교원들과 학생들이 다수 체포되자 그는 검거의 위험을 피해 다니다가 겨우 1913년 졸업하면서 중국으로 망명길을 떠난다.

1년 동안을 산골로 숨어 다니던 끝에 윤 교장의 소개로 1912년 가을 서울에 올라와 숨었지요. …… 선교사들의 집에 머물며 한국말을 가르치면서 한 반 년 숨어 있었지요. 그러다가 이듬해 봄 사건이 완전히 끝나 다시 고향으로 돌아가 신성중학을 졸업했습니다. (『백낙준 전집』, 「회고록」)

용재는 톈진에서 신학서원에 적을 두고 영어와 중국어 등을 공부한다. 『맹자』 등 중국 고전을 익히는 한편 당시 중국의 정세도 면밀히 살폈다. 그러면서 그의 아호도 가지게 된다.

"양계초가 사법대신을 하다가 원세개 아래서 퇴직을 하고 문필사업을 계속했는데, 내가 거기 있는 동안에 그가 발행하는 《용언(庸言)》이란 잡지가 있었다. …… 그 잡지를 영어로 Justice라고 한 것이 생각난다. 내가 나중에 호를 용재(庸齋)라고 한 것도 역시 그때 양계초의 《용언》의 개념을 포함한 것이다." (앞의 음성녹취)

또 「한국인의 목소리: 겨레 앞에 미리 쓰는 나의 유언장」(《월간조선》, 1980년 5월)에서는 다음과 같이 풀이하고 있다.

평소 나는 내 생활을 중국 시절에 자작해낸 내 아호처럼 살고자 노력한다. 실학자 정약용의 저서에서 얻어낸 용재란 말은 ① 바꾸지 않으며 ② 보통이며 ③ 실용적, 응용해서 쓰인다는 뜻이며, 용렬하다는 뜻도 포함된다.

1916년 용재는 미국 유학을 가기 위해 상하이에서 기선을 탔다. 이 배가 도중에 석탄을 공급받기 위해 일본 나가사키 항에 들러 12시간쯤 머물렀다. 중국인 노동자 옷을 입고 밑창의 짐칸에 타고 있던 용재는 이곳에서 일인 순사들의 심문을 받아야 했다. 순사들은 용재에게 일본말로 여권을 내보이라고 요구했다. 중국인 행세를 하던 중이어서 "무슨 말인지 모르겠으니 중국말로 물으라"고 했다. 순사들이 중국말을 몰랐기 때문에 기묘한 필담이 시작되었다.

여권을 내보이라기에 여권은 내가 상륙하는 나라의 관리들에게 보이면 되는 것이지 당신들에게는 보일 필요가 없다고 대답했지요. …… 그랬는데 뒤에 있던 순사 놈이 "야 이놈아. 너 조선 사람이지" 하고 우리말로 소리를 지르는 것이었어요. 아찔했지요. 그러나 정신을 바짝 차리고 역시 중국말로 '무슨 말인지 못 알아듣겠다'고 시치미를 뗐습니다. 참 아슬아슬했지요. 그때 얼결에 우리말이 튀어나왔더라면 미국에도 못 갔을 것이고 본국으로 송환됐을 테니 내 인생에 큰 변화가 생겼을 것 아니겠어요. (『백낙준 전집』, 「회고록」)

그해 7월 샌프란시스코에 도착한 용재는 맥큔의 권고로 미주리 주의 파크대학에 입학하여 역사학을 전공한다. 이 대학을 1922년에 졸업하고, 1925년에는 프린스턴 신학교를 졸업한다.

이때 그는 연희전문학교에서 안식년에 일시 귀국하여 프린스턴 신학교에 머물게 된 노 해리(Harry Rhodes) 선교사를 만나게 되었다. 용재에게 호감을 갖게 된 노 박사는 그에게 연희전문학교에서 자기와 함께 기독교 교육을 맡아줄 것을 청했다. …… 이로써 용재는 '연세'와의 긴 인연을 맺게 된 것이다. (「용재의 삶, 사상 그리고 학문」, 김찬국)

그 사이에 용재는 펜실베니아대학에서 정치외교학과 도서관학을 수학했다. 그는 신학교에 다니면서 역사학 석사학위도 취득하며, 1927년에는 예일대학에서 「한국개신교회사 연구」로 '한국인 제1호 박사학위'를 받는다. 그때의 지도교수 라두렐은 한국 교회사를 쓰도록 권고했고, 늘 "당신과 같은 제자를 둔 것이 내겐 영광이다"라고 칭찬해 마지않았다.

이해 8월 23일 14년간의 유학 생활을 마치고 귀국한 그는 연희전문 성경 교수가 되며, 그리고 이듬해 문과 과장에 취임한다. 그 후 그의 영문 이름도 '조지 백'으로 한다.

그는 과학자라기보다는 철학자이다. 이상주의적이라기보다는 실천적이고 박식하며 예의가 바르고 근실하며 겸허하다는 평판을 받았다. 그는 실로 국어, 영어, 일본어, 중국어에 통달했고 희랍어와 라틴어 및 몇 개의 유럽어를 해득하고 있어서 그의 고국 귀환은 실로 새로운 바람과 감격을 불러일으켜 암울한 일제 치하의 조국에 밝아오는 새날을 약속하는 듯했다. 더구나 그는 서구적인 역사방법론에 깊은 조예를 가지고 그것을 한국학 연구에 적용하는 문제에 대허어 끝없이 힘을 기울였다. 그렇게 형성되는 국학 연구를 위해 우리나라는 처음으로 대학 수준의 교육기관에서 체계적인 한국학 강의를 몇 개 신설할 수 있었다. (「백낙준, 대한민국의 교육이념을 정립하다」, 민경배)

용재는 연희전문 문과과정 안에 최현배의 '조선어'를 선택과목으로 설정했고, 자신의 동양사 과목 안에 한국사를 포함했으며, 정인보의 한문 시간에 국문학을 강의하게 했다. 온갖 위험을 무릅쓰고 일제에 반하는 민족교육을 실시한 것이다.

1930년 4월 5일 용재는 그의 제자 최이권(崔以權)과 결혼한다.

1942년 조선어학회 사건 생존자들이 1946년 6월 자리를 함께 했다. 가운데 왼쪽에서 두 번째가 백낙준.

내가 결혼한 것은 내 나이 서른여섯 살 때였습니다. 보통 노총각이 아니었지요. 아내는 한글학자이며 교육자로 내가 어렸을 때 주위의 어른들로부터 많은 말씀을 들을 수 있었던 개화기의 선각자 최광옥 선생의 둘째 딸이었어요. 동시에 이화전문에서 내 강의를 잠시 들은 제자이기도 했지요. (『백낙준 전집』, 「회고록」)

그녀는 이화여전 영문과 출신으로 YWCA 회장 등 여성 지도자로 많은 활약을 했으며, 동생 이순 씨도 연세대 가정대 학장 등을 지냈다.

용재는 조선기독교서회, 조선 YMCA, 조선기독교연합공의회 등에 깊이 관여했다. 1934년에는 민속학회, 진단학회 등을 발기하고 그들 학회의 운영에 정력을 쏟았으며, 영국 왕립아세아학회 이사로도 활약했다.

그는 1937년 4월 영국 옥스퍼드에서 열린 '교회와 국가' 세계대회에 참석한다. 그러나 그해 7월 일본이 중일전쟁을 일으켰고, 국내에서는 수양동우회사건으로 대대적인 검거 선풍이 불었기 때문에 귀국할 수 없었다. 그는 미국으로 향했다. 이듬해 2월에는 모교인 파크대학에서 국제관계사를 강의했다.

일제의 포악은 결국 그를 연희전문학교 교수직에서 물러나게 했다. 수양동우회사건이 마무리된 소식을 듣고 1939년 귀국한 백낙준은 서울역에 도착하자마자 종로경찰서에 끌려가서 교수 사직서를 써야만 했다. 그리고 금족령이었다. 1942년 9월에는 조선어학회사건에 연루되어 함경도 홍원에까지 소환되었다가 풀려났다. 그 이후로는 잠시 일하던 도서관에서조차 추방당했다. (「백낙준, 대한민국의 교육이념을 정립하다」, 민경배)

해방이 되자 용재는 교육계에서 눈부신 활약을 벌인다. 미군정 때 발족한 한국교육심의회에서는 용재가 제안한 '홍익인간'이 한국 교육이념으로 채택된다. 홍익인간 이념은 대한민국 정부가 수립되면서 바로 건국이념으로 정착된다.

용재는 1950년 5월 문교부장관에 취임하고 6·25전쟁을 맞게 된다. 그는 전쟁 직후의 노천 잿더미 위에서도 중단 없는 학교 수업을 받게 한 '교육 기적'을 낳았다.

6·25 직후 교육자치제와 의무교육 실시는 그의 경륜이 아니고서는 시행하기 어려웠을 것이라고 평가된다. 당시 이승만의 절대적 신임을 받고 있던 그는 오랫동안 미국에서 교육받은 경험을 토대로 일찍이 교육자치제를 실시했고, 초등학교 의무교육을 철저히 시행했다. 특히 한시라도 고등교육의 공백이나 중단을 막아야 한다는 일념에서 전시연합대학을 각도 지역마다 설치,

국공립·사립을 막론하고 모든 대학교육을 전시연합대학에서 받도록 긴급 조치한 것은 훌륭한 업적이었다. 전쟁 중 도미, 한국 교육의 어려움을 각계에 호소하고 교과서 용지를 원조받아 전시 중 국정교과서를 만들어 적기에 보급한 것도 그의 공헌으로 꼽힌다. 또 지방 국공립대학을 설치, 대학교육의 평준화를 도모했다. (『광복 50년 한국을 바꾼 100인』, 《월간중앙》 1995년 신년호 별책부록)

용재는 또 한국 사학의 명문 연세대의 분신으로 총장직을 1945년에서부터 무려 16년간 맡아 숱한 인재를 배출했다. 그는 연세대에서 자신의 교육이념을 실천했다. 국학 연구의 전통에 따라 실사구시(實事求是)의 전인교육을 그 학풍으로 심었다. 실사구시는 사실의 옳고 그름을 구하는 것이다. 이러한 신념 때문에 용재는 우리나라에서 처음으로 남녀공학제를 도입했다. 대학 자율화도 철저히 실시하여 그 자신이 문교부 장관을 그만두고 연세대 총장 재직 시 특차시험을 실시하고, 고교 내신 성적 전형제를 솔선수범했다.

4·19혁명 후 용재는 우리나라 최초의, 그것도 단 한 번에 그쳤던 참의원 의장을 맡아 정치인으로서 현저한 공헌을 하기도 했다. 1960년 제2공화국 때 그는 서울 시민 4분의 1의 지지를 얻어 전국 최다 득점으로 참의원에 당선, 초대 의장이 됐고 잠시 대통령 권한대행도 맡았었다. 그러나 5·16군사정변과 함께 참의원이 폐원되는 바람에 그의 정치무대도 사라지고 말았다. 그는 1967년 윤보선, 허정, 유진오와 야당 통합 4자회담에 참석하여 대통령 후보에 윤보선, 당대표에 유진오로 결정하는 원로 역할도 했다.

용재는 1985년 1월 13일 서울 서대문구 연희동 세브란스병원에서 별세하여 사회장으로 서울 동작동 국립묘지 국가유공자 묘역에 안장되었다.

용재는 최이권과 사이에 4형제를 두었다. 장남 순익(작고) 씨는 작곡가 현제명의 딸 한혜옥(성악가, 줄리아드음대 졸) 씨와 결혼했다. 용재의 차남 성익(77) 씨의 2남 1녀도 미국에 살고 있다. 장남 인기(53·하버드·펜실베이니아대학 MBA) 씨는 커네디컷 주 은행 임원, 차남 정기(51·브라운대학·미네소타 로스쿨 졸) 씨는 보스턴의 도시계획회사에 근무하고 있으며, 딸 가영(48·하버드 로스쿨 졸) 씨는 프리랜서다. 용재의 3남 관익(작고) 씨는 생전에《볼티모어선》지 사진작가로 활동했으며, 아들 웬디(42·메릴랜드대학 졸, 엔지니어링) 씨와 딸 엔지(40·컬럼비아대학 신문학과 졸) 씨, 부인 김수경(70·이화여대 사회학과 졸) 씨는 미국에 살고 있다.

용재의 4남 창익(68·타키오대학 MBA) 씨는 IBM에 근무하다가 현재 악토사 공동사장직을 맡고 있다. 연세대 의무부총장을 역임한 외과의 민광식 씨의 셋째 딸 경숙(66·이화여대 가정과 졸) 씨와 결혼했으며, 김영삼 대통령 시절 정무차관을 지낸 정성철(68·서울법대 졸) 변호사가 아랫동서이다. 장남 기민(40·다트머스대학 동양사 전공) 씨는 경영 컨설턴트, 차남 기욱(38·컬럼비아대학 MBA) 씨는 커리큘럼사 부사장, 딸 기윤(41·시카고대학 MBA) 씨는 뉴욕에 살고 있다.

"부친께서는 자상하시면서도 엄격하게 우리를 키우셨지요. 대한소년단 총재 시절 제가 막 고교를 졸업하고 미국에 가서 유학 생활을 시작하려니, 일단 귀국해서 군복무를 마치고 가라고 하셔서 명령에 따랐지요. 워낙 바쁘게 사셔서 저는 어린 시절 아버님을 빼앗긴 듯한 생각을 하곤 했지요. 솔직히 친구들 아버지가 부럽기도 했으니까요."

4남 창익 씨의 말이다.

내가 본 용재 백낙준

　나는 1955년 연세대에 입학하여 《연세춘추》 편집장과 주간을 맡아 용재 선생님의 문집을 정리하면서 그분을 본격적으로 모시게 됐다. 4·19 이후 참의원 의장으로 계시다가 5·16 후 정쟁법에 묶여 장충동 자택에 연금되어 계실 때에는 아예 저녁이면 그곳으로 출근(?)하여 저녁식사도 함께 하면서 문집 일을 거들었다.
　그분은 우선 연세대의 분신으로 살아오시면서 세계와 겨루는 오늘의 연세로 일궈내셨다. "진리가 너희를 자유케 하리라"라는 성경에서 따온 '진리와 자유'로 교훈을 삼았으며, 일제의 탄압을 무릅쓰고 정인보, 최현배 선생님과 함께 연세대를 '국학의 본산'으로 가꾸셨다.
　미국 유학에서 귀국하셔서는 동서양을 두루 통달하는 학식과 능숙한 영어, 중국어 실력으로 빼어난 통역 실력을 발휘하여 전국 강연회장 곳곳에서 '백박사'라는 닉네임으로 통했다. 일제에 추방당했던 스코필드 박사가 해방 후 내한해서는 '백박사'가 통역을 맡아야만 강연하겠다고 단서를 달기도 했다.

최기준(성공회대 이사장)

용재 백낙준

1895년	3월 9일, 평북 정주군 관주면 관삼동에서 농사짓던 백영순과 경주 김씨의 4형제 중 막내아들로 태어남
1906년	영창학교에 입학
1910년	선천 신성중학에 입학
1912년	105인 사건에 관련, 일시 상경하여 피신
1922년	미국 파크대학 졸업

1925년	프린스턴 대학원 졸업
1927년	예일 대학원에서 박사학위 받음, 귀국하여 연희전문 교수 취임
1930년	4월 5일, 최광옥의 딸 이권과 결혼
1946년	연희대 총장 취임
1950년	문교부장관 취임
1960년	초대 참의원 의장
1985년	1월 13일, 서울 연희동 세브란스병원에서 별세. 사회장으로 동작동 국립묘지 국가유공자 묘역에 안장

05
일석 이희승

자그마한 체구, 온화한 표정, 단아한 선비의 전형으로 생전의 일석(一石) 이희승(李熙昇)이 떠오른다. 아호 일석이나 별명 '대추씨'에 담긴 대로 그분의 삶은 지조(志操) 그 자체였다. 일제가 날조한 조선어학회사건으로 온갖 고문과 옥고를 치르면서도 일석은 우리 국어를 지켜냈다. 1960년 4·26 교수단 시위 때는 노구에도 불구하고 자유당 독재정권을 허무는 데 앞장섰다. 5·16군사정변 뒤 《동아일보》 사장 때는 군정을 거부하고, 유신체제 아래서는 '민주회복국민회의'의 고문으로 독재와 결연히 맞섰다. 또 1980년대 5공 때도 시국선언에 앞장서는 등 일석의 생애는 정도(正道) 그 자체였다.

필자가 '광복 40주년 원로와의 대담' 때(《조선일보》, 1985년 8월 17일) 일석이 90대 고령에도 쩡쩡 울리는 듯한 목소리로 특유의 고담준론을 토해냈던 바로 그때 그 집 안뜰. 아마도 일석이 가장 오래 몸담고 살았을 호젓하고 그윽한 느낌마저 주던, 서울 동숭동 교수사택 동네는 번화한 대학로의 한 축(軸)으로 변모해 있었다. 그나마 일석의 자택이 있던 자리에는 6층 높이의 일석학술재단 건물이 들어서 후예와 제자들이 그분의 유지(遺志)를 기리고 있었다.

"선친께서는 생전에 정리하고 남은 재산이 있으면 국어학 연구에 힘쓴 후진들을 돕는 데 써달라고 저와 제자들에게 당부하셨지요. 그래 함께 모여서 사시던 집터에 건물을 짓고 학술재단도 만들었지요. 6층에 자료실, 회의실 등을 마련해 저서, 일기장, 원고 등 유품들을 전시·보관하고 있으며, 제가 5층에서 기거하고 있지요. 그동안 재단도 자리를 잡아가 작년에 8번째 일석국어학상 시상(연구비 3000만 원)을 했고, 또 작년부터는 젊은 세대를 대상으로 한 일석국어학위논문상(500만 원)도 신설했습니다."

아들 교웅 씨의 말이다.

일석은 1896년 6월 9일 경기도 광주군 의곡면 포일리(지금의 의왕시 포일1동) 양지편 마을에서 전의(全義) 이씨 종식(宗植)과 모친 박원양(朴元陽) 사이에 5형제 중 맏아들로 태어났다.

일석은 5살부터 『천자문』에 이어 『동몽선습』을 배우고 경서(經書)까지 마쳤다. 13살 때 경주 이씨 정옥(貞玉)과 결혼하고, 곧 상경하여 관립 한성외국어학교 영어부에 입학하여 신익희(초대 국회의장), 정구영(변호사, 공화당 의장 역임) 등과 함께 공부했다. 이어 경성고보(현 경기고) 2학년에 편입했다가 일어를 모르는 학생들에게 차별대우가 심해 3학년 1학기 때 자퇴한다. 이듬해(1912년) 양정의숙에 입학했으나, 그 후 가세가 기울어 전 가족이 낙향했다. 당시 겨울방학에 친척 학생의 교과서들을 빌려 보게 되었는데, 그중의 하나가 교재용 프린트물인 주시경의 '국어문법'이었다.

"처음 호기심에서 책을 읽어가는 동안 나는 '이런 학문도 있었구나' 하는 경이를 맛보았다. 재독, 삼독을 하고 5~6회를 거듭 읽는 동안 '나도 국어 공부를 해야겠다'는 결심을 굳히게 되었다. 내 인생의 길은 이렇게 시작이 됐으니 참으로 기연이라 할 것이다."

1916년 일석은 다시 상경하여 중앙학교 3학년에 편입했다. 당시 인촌 김성수가 학교를 경영하면서 학생들에게 민족의식을 일깨워주었다. 윤치영(초대 내무부장관)은 일석보다 한 학년 위였고, 동급생인 정문기, 서항석, 최순주 등은 후에 각 분야에서 크게 활동했던 분들이다. 일석은 1918년 평균 98점으로 1등 졸업을 했다. 졸업 후 희망란에 '언어학'이라고 써넣었으나, 선생님도 잘 모르는 분야라 '문학'으로 바꿔 적었다고 한다. 진학할 형편이 여의치 않아 일석은 인촌이 인수한 경성방직에 취직했다. 월급 15원(당시 하숙비 6원)으로 괜찮은 편이어서 일석은 대학에 가겠다는 일념으로 숙직실에서 자취를 하면서 저축했다. 이즈음 겪은 3월 1일을 일석은 이렇게 회고했다.

나는 급히 탑골공원으로 달려갔다. 수많은 학생들이 '대한독립만세'를 부르짖으며 공원문을 밀려 나오고 있었다. 콧잔등이 시큰하면서 눈시울이 뜨거워왔다. 나도 모르는 사이에 그들의 틈바구니에 끼어들어 정신없이 만세를 외쳐댔다. …… 2일 밤, 중동(中東) 때부터의 친구인 이병직 군의 집에서 태극기를 그렸다. 3일이 되자 밤새워 만든 태극기 50여 개를 가슴에 품고 아침 일찍 서울역 앞으로 나갔다. 우리는 품속에서 태극기를 꺼내어 행인들에게 나누어 주었다. …… 우리는 숙의를 거듭한 끝에 지하신문을 만들자는 뜻을 모았다. …… 우리는 밤새도록 수천 장을 프린트해서는 다음 날 저녁 두루마기에 감추어 집집마다 배달을 했다. (『다시 태어나도 이 길을』, 이희승)

일석은 지하신문을 만들기 위해 등사기를 회사에서 훔쳐 오고, 4개월 동안 일경의 눈을 피하기 위해 이곳저곳 옮겨 다니며 밤에만 지하신문을 만들어 해외의 독립운동 소식과 국제 정세를 국민에게 알려주었다.

1925년 일석은 30세의 나이로 경성제대 법문학부 예과에 입학했다. 2년 후 일석은 조선어·문학부에 진학한다.

일석은 그 무렵 다섯 자가 될까 말까 하는 작은 키에 사각모자를 눌러쓰고 무거운 책가방을 든 채 동숭동학부를 분주하게 들락날락했다. 그 무렵 문과 B의 학생 총수 50명 중 많아야 15명 정도밖에 되지 않았으므로 이들이 여러 학과로 분산되다 보니 어떤 과에는 한국인 학생이 한 사람도 없는 과도 있었다. 일석이 속한 조선문학과도 1회에 조윤제 한 사람뿐이고 2회에도 이희승 한사람⋯⋯. (『한국언론인물사화』, 일석의 경성제대 후배 조용만)

일석은 1930년 경성제대를 졸업한 후 이듬해 조선어문학회를 창립하며, 1932년에 이화여전 교수로 취임한다. 조선어문학회는 조선어학회로 개칭하여 사전 편찬을 가장 중요한 업무로 선정한다. 그 선행작업으로 맞춤법통일안 제정을 위한 수정작업을 하다가 일경에 정보가 새어 간사장인 일석이 경위서를 쓰기도 한다. 외래어표기법도 1931년 정인섭, 이극로, 이희승 3명의 책임위원이 기초작업에 착수하여 최종안을 확정한 것이 1938년이었다. 이러한 일련의 우리말 다듬기 업적들은 우리말을 지키겠다는 투철한 민족의식과 강한 의욕이 뒷받침된 것이다. 그러나 이즈음 일석의 살림 형편은 어려웠던 모양이다.

"그때 우리는 서대문 밖 금화산 밑 동네에 살았는데, 아버지는 자주 늦게 들어오셨지요. 약주도 안 드시는 분이 아마도 요즘 식으로 하면 '과

외 선생'을 하셨던 듯해요. 저는 일찍 잠자리에 들어 뵙기 힘들었으니까요. 월급쟁이 평범한 가정이었지요. 근검절약하셔 출판사에서 원고청탁서를 보내오면, 그 뒷면에 원고 구상을 깨알같이 쓰시기도 하고⋯⋯ 아마 나름대로 금전출납부도 작성하신 것 같아요."

아들 교웅 씨의 말이다.

1942년 10월 일석은 조선어학회사건으로 피검되어 함남 홍원경찰서와 함흥형무소에서 3년간 복역한다. 일제는 온갖 고문과 협박을 통해 조선어학회가 민족주의자들의 단체라는 억지 자백을 받고, 어학회 간부 회원 사전 편찬 지원자까지도 검거했다. 당시 고문에는 육전(陸戰), 해전(海戰), 공전(空戰)이 있었다고 한다.

육전이란 각목이나 목총이나 무엇이든 닥치는 대로 집어 아무 데나 마구 후려치는 것이었다. 목총이 뎅겅뎅겅 부려져 달아났고, 머리가 터져 피가 흘러내렸다. 처음 몇 대를 맞을 땐 견디기 어려울 정도로 고통스러웠지만 나중에는 별 감각이 없어진다. 그러면 그들은 해전이나 공전으로 들어간다. 기다란 나무 판때기 걸상에 반듯하게 뉘고 묶은 뒤에 커다란 주전자로 콧구멍에 물을 붓는 것이 이른바 해전인 것이다. 콧구멍으로 들어간 물은 기관을 따라 폐부에 스며들고, 입으로 들어간 물은 위로 들어가 삽시간에 만삭의 여자처럼 배가 불러지면 누구든 기절하고 만다. 그러면 감방에다 처넣고 주사를 주고 약을 먹여 정신이 들면 공전에 내보낸다. 두 팔을 뒤로 묶어 팔 사이에 작대기를 지르고는 양쪽 끝을 밧줄로 묶어 천장에 달아맨다. 처음에는 짚단을 발밑에 괴어주지만 저들이 지어낸 물음에 '모른다'고 대답하면 짚단을 빼버린다. 그러고는 달아맨 두 줄을 마치 그네줄 꼬듯 한참 꼬았다간 풀어놓는다. 팔이 떨어져 나갈 듯한 고통과 심한 어지러움으로 누구든

10분도 못 되어 혀를 빼물고 기절을 하고야 만다. (『다시 태어나도 이 길을』)

예심은 1944년 9월 30일에 종결되어 장지영, 정영소는 면소가 되었고 이윤재, 한징 등은 옥중 원혼이 됐다. 당시 함흥형무소에서는 270여 명의 동사자가 났다. 일석의 옥중기는 이어진다.

그해 겨울은 유난히도 추웠다. 게다가 전황이 날로 급박해가고 있었기 때문에 식량난 등 각종 물자난도 심해갔다. 귀리, 옥수수, 감자, 수수, 피, 기장 등 잡곡을 쪄서 뭉친 주먹밥만으로, 혹은 썩은 콩깻묵 한 덩이씩으로 연명해야 하는 우리는 극도의 영양실조와 운동부족으로 건강이 말이 아니었다. 많은 수인들이 죽어 나갔다. 한밤중 나막신 소리가 저벅저벅 울려오고 옆 감방 문이 덜컥 열리는 소리가 들린 뒤 다시 나막신 소리가 멀어져 가는 소리는 예외 없이 기한(飢寒)으로 죽은 시체를 실어내는 것이었는데……. (『다시 태어나도 이 길을』)

이때 일석은 콩깻묵 주먹밥 한 덩이를, 밥풀 한 톨씩 백 번 씹어 허기와 설사로 희생된 동료와는 달리 생존이 가능했다고 한다. 어려서부터 약골이어서 늘 오래 씹는 습관이 그를 살린 셈이다. 당장의 허기만을 극복했을 뿐 아니라 밥풀 한 알씩을 몰래 모아 작은 성냥갑 크기로 뭉쳐 장차 탈옥하게 될 때의 비상식량으로 만들기도 했다니 '빠삐용 작전'도 세웠던 셈이다.

1945년 1월 18일 함흥지방법원은 조선어학회사건으로 기소된 12명에 모두 유죄판결을 내려 이극로 징역 12년, 최현배 4년, 이희승 3년 6개월 등으로 선고되었다. 이들은 경성고등법원에 상고했으나 기각되었다. 이

1947년 이희승이 편찬한 『한글맞춤법통일안강의』.

해 4월 중학 3학년 때 아들 교웅 씨는 함흥형무소로 면회를 갔다. 그때 초췌한 모습에 허름한 수의(囚衣)를 입고 계신 부친의 모습을 보니 눈물이 나더라고 했다.

8·15해방을 맞아 일석은 8월 17일 함흥형무소에서 출옥한다. 일석은 우선 조선어학회 회원들과 우리말사전 편찬을 서두르는 한편, 교과서 편찬에도 힘써 『한글 첫걸음』, 『초등 국어 교본』, 『중등 국어 교본』 등 7종의 교과서와 공민교과서를 낸다. 또 백낙준, 이상백, 이병도 등과 서울대 설립 작업도 벌여 1946년 10월에 서울대 문리대 교수에 취임한다.

6·25전쟁 때 미처 피난을 못 떠난 일석은 치질 칭병으로 겨우 납북을 면했고, 인민군 징집 신체검사에서 연령(55세)과 신체 허약으로 불합격되기도 했다. 생계를 위해 한때 단팥죽 장사도 해야 했다. 부인과 며느리가 단팥죽을 만들었고 일석은 떡집에서 찹쌀떡을 받아 왔다. 10원을 주면 두 개씩을 더 주었고 10원어치를 팔면 2원 남는 장사였다고 한다.

1960년 4월 3·15부정선거를 규탄하는 데모가 한창이던 때 일석은 교수단 데모에 참가했다. 그는 당시의 상황을 다음과 같이 술회하고 있다.

많은 피가 뿌려지고 계엄령이 내려진 가운데 '25일 상오 10시에 구내 교수회관에서 모이자'는 통지가 날아들었다. …… 50~60명 정도의 교수들이 모였다. 좌중의 의견은 '학생의 피에 보답하자'는 쪽으로 쉽게 모아졌다. 의사표시 방법은 시국선언을 발표하는 것이었다. 그 자리에서 선언문 기초위원을 뽑았는데 나도 그중의 한 사람이었다. '학생의 피에 보답하라'는 플래카드를 만들었다. 의대 정문을 나서 가두행진을 시작한 것은 하오 늦게였다. (『다시 태어나도 이 길을』)

1961년 일석은 서울대 문리대 학장을 정년으로 퇴임하고 2년 후 1963년 8월 1일 《동아일보》 사장직을 맡는다. 전공과 관계가 없는 외도의 길이어서 계속 사양을 했으나 세 번이나 사람을 보내와 수락하게 됐다는 것이다. 일석의 대학 제자로 사장 비서 일을 했던 이종석(전 《동아일보》 논설주간) 씨의 회고이다.

"저는 그때 고교 선생으로 있다가 갑자기 부르셔서 모시게 됐지요. 대학 스승인 데다 원로이시고 깐깐하신 분이라 실수할까 봐 늘 조심스러웠지요. 교수 하시던 분이 우리나라 대표적인 신문사를 어떻게 운영하실지…… 솔직히 걱정도 됐고요. 하지만 선생은 매일 아침 논설회의를 직접 주재하는 등 예상을 뒤엎고 취임 벽두부터 친정체제를 펴기 시작했지요. 경리부에서 올리는 주요 재무관계 서류도 일일이 점검하셨는데, 젊은 시절 경성방직 경리과에 근무하신 실력도 발휘하신 셈이지요.

선생은 '쿠데타로 정권을 탈취한 군사정부는 정통성이 없는 정부이므로 이에 대한 비판이나 반대를 위해 《동아일보》가 앞장서야 한다'는 것이었지요. 1965년 한일회담 반대로 정부와 맞섰을 때 선생께서 당시 김종필 중앙정보부장을 조선호텔에서 만나서는, 동아방송 출력 증강 건을 부탁해야 하는 자리였는데도…… 김 부장이 《동아일보》 보도에 대해 항의하자 물러서지 않으셔요. 고성이 밖에까지 들려오고, 그렇게 신문을 지켜냈지요."

일석은 1971년 단국대 동양학연구소장에 취임하여 『한한(漢韓)대사

전』을 편찬하며 현정회(顯正會) 이사장, 광복회 고문 등으로 활약하다 1989년 11월 27일 94세로 별세, 경기도 고양군 벽제면 문봉리 선영에 안장된다.

"선친께서 생전에 국립묘지 애국자 묘역에 묻히는 것을 사양하셔 조촐히 가족장으로 모셨지요. '공것을 바라지 말며, 남에게 억울한 짓을 하지 말라. 아무리 걱정을 하여도 애당초부터 아무 효과도 없을 걱정은 하지 말라. 성실하라. 정직하라. 그리고 겸손하여라.' 이런 가훈을 적어 남겨주셨지요."

아들 교웅 씨의 말이다.

일석은 남매를 두었다. 아들 교웅(84·서울의대 졸) 씨는 서울 명륜동에 산부인과 병원을 개업했으며, 오채희(작고) 씨와 결혼하여 4남매를 두었다. 맏딸 옥경(60·워싱턴대학 심리학박사) 씨는 성신여대 심리학과 교수로, 민경환(61·워싱턴대학 심리학박사)서울대 심리학과 교수와 결혼했다. 둘째 딸 은경(57·이화여대 졸) 씨는 이화여대 영문과 교수로, 최병인(60) 서울의대 교수와 결혼했다. 맏아들 동호(56·서울의대 졸) 씨는 경희의대 교수로, 서울대 정명환 교수(불문과)의 딸인 혜영(51·이화여대 불문과 졸) 씨와 결혼했다. 둘째 아들 경호(54·미 브라운대학 경박) 씨는 아주대 경제학과 교수로, 박경화(54·이화여대 불문과 졸) 씨와 결혼했다.

일석의 딸 교순(82·배화여고 졸) 씨는 김민수(84) 고려대 국문학과 교수와 결혼하여 아들 용철(의사·작고) 씨와 소담(56·이화여대 화학과 졸), 소영(52·단국대 미술과 졸) 두 딸을 두었다. 증손녀 경은(25) 씨가 서울대 대학원에서 국문과 박사과정 중이어서 일석의 뒤를 잇고 있는 셈이다.

대학 다닐 때부터 나는 일석 선생을 거인 같은 분으로 한결같이 존경해왔고, 그 후 단국대 동양학연구소장으로 오셔 또 10년을 모시게 되었다. 《동아일보》 사장으로 가셨을 때도 임기가 1년 더 남았는데도 처음 약속하신 대로 2년 만에 어김없이 물러나시더니, 단국대에서도 더 모시고자 했으나 역시 10년 만에 퇴임하셨다. 이처럼 매사에 분명하고 특히 공사(公私)에 철저하셔서 아마도 사모님이 힘드셨을 것 같다.

주례를 맡거나 친구 분들을 만날 때 절대로 학장 차를 타지 않았다. 선생은 월급을 더 드린다고 해도 꼭 규정대로만 받아 가셨고, 그러면서도 저축해서 사 모으신 은행주를 만년에 거액의 장학기금으로 내놓아 후진들을 감동시키기도 했다. 인내심도 대단하셔서 서울대병원에서 탈장수술을 받으실 때 마취를 하지 않아 의사들이 당혹해했던 일도 있다. 『삼국지』에 나오는 관우의 경우는 있었어도 실제로는 처음 겪는 일이었을 것이다.

전광현(73·단국대 명예교수)

일석 이희승

1896년	6월 9일, 경기도 광주군 의곡면(현 의왕시) 포일리에서 출생
1930년	경성제대 조선어문학과 졸업
1932년	이화여전 교수, 조선어학회 간사
1942-1945년	조선어학회사건으로 복역
1945-1961년	경성제대, 서울대 교수
1957년	서울대 문리대 학장
1963년 8월-1965년 7월	《동아일보》 사장
1971년	단국대 동양학연구소장
1989년	11월 27일, 별세하여 경기도 고양군 벽제면 문봉리에 안장

06
두계 이병도

두계(斗溪) 이병도(李丙燾)는 한국 사학계의 태두(泰斗)이다. 그는 일제하 진단학회(震壇學會)를 창설하여 일제에 맞서는 '한국학의 독립선언'을 주도했으며, 광복 후에는 문교부장관, 학술원 회장, 민족문화추진회 이사장 등의 중책을 맡아 대한민국의 교육·학술·문화의 기틀을 다지는 데 기여했다. 특히 문헌과 사료를 바탕 삼는 실증사학을 정립하여 그의 학맥(學脈)을 잇고 있는 우리나라 역사학자의 대다수가 그의 제자라고 해도 과언이 아니다.

두계는 1896년 8월 14일(음력) 경기도 용인군 이동면 천리노곡에서 충청도 수군절도사 이봉구(鳳九)와 경주 김씨 사이에 5남 3녀 중 막내아들로 태어났다. 두계는 우봉(牛峰) 이씨로 고려 명종 때 문하시중을 지낸 이공정(李公靖)이 시조이며, 조선 숙종 때 이조·형조판서를 지낸 농재공(農齋公) 이익(李翊)의 후손이 번성했다. 두계는 농재공의 10세손이다. 두계의 맏형 병묵(丙默)은 영천군수와 승지를 지냈으며, 그 아들 재령(宰寧)의 부인이 윤보선 전 대통령의 동생 계경(桂卿)이다. 둘째 형 병훈(丙

薰)은 구한말 부위(副尉)로, 그의 딸 인남(寅男)이 민복기 전 대법원장의 부인이다. 셋째 형 병희(丙熙)는 명필가로 유명하며, 넷째 형 병열(丙烈)과 함께 이왕직의 예절을 맡아보는 전사(典祀) 벼슬을 지냈다. 두계의 누이동생이 윤치영의 첫 부인이다.

두계는 10대 중반까지 집에서 한문 공부를 하다가 15세에 부인 조남숙(趙南淑)과 결혼한다. 처가는 평양 조씨로 장인 조성근(趙性根)은 구한말에 육군참장을 지낸 무관이었다. 부인은 진명학교에서 선교사로부터 영어를 배워 영어회화에 능통했다. 두계는 영어를 잘하는 부인과 신식 공부를 하는 처남에게 자극을 받아 신학문에 접한다. 그는 가족 몰래 보광학교, 중동학교, 일본강습소 등에 다닌다.

1910년 한 가을날 15세의 소년 이병도 씨가 우리 집에 와서 나의 누나와 혼례의 예식을 올렸다. 이로써 그이는 나의 매부가 된 것이다. 그때 우리 집에 드나드는 사람들은 거의가 다 머리를 깎았는데, 내 주먹만 한 상투를 하고 관을 쓴 새신랑의 머리는 좀 서툴러 보이기만 했다. …… 혼인 후 어른들의 신랑 평은 양호했다. 나이 어린데도 인사성이 바르고 행동거지가 숙성하다고 칭찬이 대단했다. 일찍이 한문 공부를 많이 했고, 또 엄격한 구식 가정에서 훈육을 잘 받아 어른이 되기도 전에 이미 유감없는 구식 박사가 된 것이다. (『두계 이병도 선생 추모문집』, 조백현 학술원 회원)

1915년 보성전문을 나와 와세다대학으로 진학한 두계는 일본사 교수인 요시다 도고(吉田東伍) 박사가 쓴 『일한고사단(日韓古史斷)』이라는 책을 읽고, '한국인에 의한 한국사' 전공의 길을 택한다.

그는 보전(普專)에서 만국공법에 흥미를 느꼈고, 그것이 통신강의록 입시 준비를 통한 일본대학 유학으로 이어져, 당초 서양사를 공부하려 했었다. 그러나 한국인으로서 한국사 연구의 중요성을 깨닫고, 일인 교수로부터도 자극을 받아 결국 한국사 쪽으로 방향을 바꾸었다. …… 그는 「고구려 대수당(對隨唐)전쟁에 대한 연구」를 졸업논문으로 제출하고 대학을 졸업했는데, 23세 때였다. (『앞서 가신 회원의 발자취, 이병도 선생』, 대한민국학술원, 2004)

1919년 졸업 후 귀국한 두계는 와세다 1년 선배인 최두선 중앙고보 교장의 알선으로 그곳의 교원이 되어 역사와 지리를 담당하고 영어도 가르친다. 이즈음 안서 김억(김소월의 스승)의 요청으로 문학 동인지 《폐허》에도 참여한다. 또 중동학교에까지 야간 강사로 출강했는데, 격무로 건강을 해쳐 요양을 하기도 한다.

선생은 일찍이 일제하의 암흑기에 비록 빈한한 환경은 아니었지만, 그래도 항시 냉돌과 빈대를 벗 삼아 학구에 전념하여야 했고, 시종 내 나라 역사 연구를 일인에게 맡길쏘냐며 민족적 항쟁심과 소명감에 투철했으며, 30대 중반에 한때 중병을 이겨낸 후로는, 평생 주(酒)·연(煙)에 조심함은 물론 아침 세수 시 전신마찰과 시간 반 정도의 조조(早朝)산책을 게을리하지 않는 등 오로지 극기와 절제의 노력으로써 일관했음을 알아야 한다. (『역사가의 유향』, 진단학회 편)

두계는 젊은 시절 늑막염을 앓은 후부터 평생 한겨울에도 하루도 거르지 않고 냉수마찰을 하는 의지와 집념을 보여주었다. 그의 아호의 유래에 대해 제자 허선도 교수가 『추념문집』에서 밝히고 있다.

선생의 아호 두계(斗溪)는 처음 두계(杜桂: 桂洞에서 杜居하는 學人)에서 출발하여 삼청동으로 이사한 후 그곳(三淸洞, 서울 북쪽, 北은 北斗와 通)에 두거(杜居)한다는 뜻에서 동음이의의 '斗溪'로 정하셨다 한다. 그러나 우리 후학들은 모두가 이를 '두고계장(斗高溪長)', 즉 북두(北斗)와 같이 높고 장강(長江)과 같이 길다는 뜻에서 그 의의를 찾고 있다.

두계는 1925년 조선사편수회가 설치되자 도쿄제대 조선사 교수였던 이케우치(池內宏)의 추천으로 직장을 옮긴다.

그는 교원의 자리를 벗어나 연구자로서의 지위와 기회를 얻은 셈인데, 당시 한국사 연구 자료가 거의 일제 관변 측에 독점되어 있는 현실도 영향을 미쳤을 것이다. 그러나 이병도는 전임자인 수사관보(修史官補)의 자리에서 22개월 만에 물러났다. 건강이 좋지 않았고 일본인들 틈새에서 연구와 편찬 업무도 힘겹고 불편했을 것이다. 다만 무급촉탁으로서 자료 이용의 길은 열어두었다. (『대한민국을 세운 사람들』, 일조각)

두계는 일인들만 볼 수 있던 규장각 도서를 많이 접해 한국사 연구에 큰 도움을 받았다. 하지만 이 경력은 후일 식민사관 논쟁의 빌미가 된다.
이후 두계는 계몽사학자인 이능화, 안확, 황의돈, 권덕규, 문일평, 이중화 등과 학문적 토론을 하며, 스스로 '7인 그룹'으로 불렀다.
두계는 1934년 진단학회 설립을 주도하며, 국내 최초로 본격적인 학술지를 발간하여 일제 학계에 당당하게 맞선다. 황국사관에 젖어 있던 일본 사학자들에게 대항하기 위해 우리 고유의 국명인 '진(震)'과 단군의 '단(檀)'을 합해 '진단학회'로 한 것이다.

진단학회는 3·1운동 이후 고조된 한국의 역사와 문화에 대한 학문적 관심의 결실로 세워졌다. 이 무렵 한국인으로서 그 방면에 뜻을 두고 일본의 대학에 유학하거나 서울의 경성제국대학에서 수학한 젊은 학자들이 점차 등장하면서 학술 연구의 분위기가 무르익고 있었다. (『대한민국을 만든 사람들』)

우선 일본 와세다대학에서 수학한 손진태, 김상기, 이상백, 이선근 등이 두계의 후배로서 한국사 연구에 뜻을 둔 사람들이었다. 한편 경성제대 출신으로는 조윤제, 이희승, 이숭녕, 방종현 등이 한국어·문학을 전공했으며, 한국사 분야의 신석호, 미학·미술사 방면의 고유섭, 농업 경제를 연구하는 박문규도 있었다. 또 연희전문 문과 교수로 백낙준, 최현배, 김윤경, 이윤재도 참여하여 실로 당시 한국학 분야를 망라한 걸출한 학회였다. 찬조회원으로는 '7인 그룹'의 선배 계몽사학자와 조만식, 김성수, 송진우, 윤치호, 이광수 등 사회적 명망가 26명이 참여했다. 두계는 창설 당시부터 진단학회를 국제적 시야에서 폭넓게 운영하여 주목을 받는다.

광복된 다음 날 1945년 8월 16일 진단학회는 총회를 열고 재건에 착수한다. 정치단체도 아닌 학술단체의 이처럼 빠른 순발력이 놀랍다고 할 것이다. 일제하를 동면해온 한국 학자들의 학구 의욕이 얼마나 절실했던지를 실감시켜 주는 구체적 사례인 것이다. 두계가 그 핵심 역할을 담당한다.

두계는 또 국사 강의에 큰 힘을 쏟는다. 일제는 일찍부터 교육과정에서 한국사를 배제했고, 말기에 이르러서는 그 연구조차 금지시켜 해방 후 한국인의 대부분은 한국사에 까막눈이었다. 그러므로 진단학회에는 국어와 국사 강의 요청이 폭주하여 두계는 김상기, 신석호와 함께 여러 차례 국사 강의에 나선다. 특히 국사를 가르칠 교수 요원을 양성하기 위한 강습회도 수개월 동안 개최한다.

두계는 서울대 문리과대학 사학과의 창설에도 힘쓴다. 해방과 더불어 거의 일본인 일색이었던 교수들 전부와 일본인 학생이 사라지면서 경성제대는 폐쇄되어 경성대학—서울대가 그 뒤를 잇는다. 문리과대학에 사학과가 설치되어 두계가 주임교수로 이끌어간다. 교수진은 두계를 비롯하여 손진태, 이인영이 한국사를 맡았으며, 뒤에 유홍렬과 강대량이 추가되었다. 동양사는 김상기와 김종무, 김성칠, 김일출이 담당했으며, 서양사는 김재룡이 전임을 맡았다.

두계는 1947년에 서울대 중앙도서관장을 맡아 대학이 연구와 학습의 기반을 다지는 데 힘쓴다. 그는 서지학에도 깊은 식견을 지녀 그전에 이미 서지학회를 조직하여 학술잡지 《서지》를 간행한다. 특히 서울대 중앙도서관은 경성제대가 소장했던 규장각 도서라는 큰 보물을 이어받아 관리했기 때문에 그 소임은 막중했다. 그는 6·25전쟁을 맞아 1·4후퇴 때 『조선왕조실록』, 『비변사등록』, 『승정원일기』 등을 부산으로 소개하여 안전하게 보존했다.

"병인양요 때 프랑스군이 약탈해 갔던 외규장각 의궤가 145년 만에 돌아와 이번에 실물이 공개되지 않았습니까? 그동안 파리 도서관에 가서 귀환에 애써온 박병선 박사가 선친 생전에 출국 신고차 오셨어요. 그 자리에서 선친께서는 외규장각의 중요성을 일깨워주시고 그 반환전략

두계 이병도의 『조선사대관』

도 상세히 일러주셨지요. 그런 인연 때문에 최근 와병 중인 박병선 박사 살리기 모금운동을 《조선일보》가 벌였을 때 우리 형제 가족들도 발 벗고 나섰지요."

3남 태녕 씨의 말이다.

두계는 1949년 연구서로 『고려시대의 연구』(을유문화사)와 『조선사대관』(동지사)을 낸다. 『고려시대의 연구』는 두계가 오랫동안 쌓아온 고려의 지리·도참사상에 대한 역사적 연구를 종합·발전시켜 체계화한 것이다. 이 연구는 독창적인 문제의식을 가지고 광범한 문헌 검토와 현지 조사를 거듭한 노작으로 평가되고 있다. 『조선사대관』은 두계 자신이 쌓아온 연구성과를 바탕으로 한국사의 발전 과정을 체계화한 개설서이다.

두계는 1954년 서울대 대학원장이 되며 1960년에 초대 학술원 회장이 된다. 이해 4·19혁명 뒤에는 문교부장관이 되어 사태 수습에 힘쓴다. 당시 고위 공무원을 모두 교수직에 발탁하여 화제가 된다. 차관에 이항녕 고려대 교수, 고등교육국장에 김증한 서울법대 교수, 편수국장에 전해종 서울대 문리대 교수, 문화국장에 김은우 이화여대 교수, 과학교육국장에 최상업 서울대 문리대 교수, 사회교육국장에 조병욱 서울사대 교수를 임명하여 마치 '교수내각' 같다는 평을 받았다.

> 그때 허수반은 당시 고대 총장으로 있던 유진오 선생에게 4·19학생혁명이 고대생들의 주도로 이루어진 것을 들어서 문교부장관을 맡아달라고 요청했다. 유 총장은 학교를 떠나기 어렵다고 사의를 표했다. 그래서 허수반의 보성전문 동기동창인 두계 선생에게 문교부장관을 맡겼다. 강경하게 사양하시다가 할 수 없이 문교부장관이 된 두계 선생은 유진오 선생에게 당신이 맡아야 할 직책을 내가 맡게 되었으니 그 대신 차관을 고대에서 보내라고 요청하셨다. 유 총장은 나를 불러 그동안의 경과를 말하고 차관으로 가라고 했다. …… 두계 장관의 시정방침은 철저한 민주화였다. 우선 학생들을 통제하던 학도호국단을 해체하고 학생단체를 자율화시켰다. (『역사가의 유향』, 이항녕)

두계의 제자로는 전해종, 고병익, 한우근, 민석홍, 김원룡, 이기백, 김철준, 윤무병, 노명식, 조항래, 김재만, 차하순, 민두기, 이태진, 최몽룡, 민현구 등이 있으며, 모두 학계의 중진들이다. 두계는 27권짜리 『한국사대관』 등 100여 권의 저서와 논문을 남겼다. 이 중에도 『한국유학사략』은 90세에 출간한 역저로 꼽힌다. 중국의 호적 박사에 이어 아시아인에게 단 한 자리만 배정된 미국역사학회의 회원으로 선임되기도 한다. 두계가 이처럼 방대한 연구업적을 낼 수 있었던 것은 순수 학구적 입장에서 70년에 걸쳐 오로지 한국사 연구에 전념했기 때문이다. 이른바 재야 사학자들의 모함과 눈총을 받으면서도, 끈질기게 실증사학의 방법을 고

수하여 정통사학의 기틀을 다지고 고수해온 두계의 집념이 열매를 맺은 셈이다.

그는 평생 엄격한 학문의 길을 다지고 가르쳤다.

두계 선생께서는 늘 말씀하셨다. "주간지나 일간지를 읽지 않는 것이 좋겠네. 그런 것을 읽으면 사고력의 저하를 가져와서 좋지 않네." 그리고 또 말씀하셨다. "학생 시절에는 어려운 전공서적을 읽도록 해야 하네. 한 권을 정독하는 데 1년이 걸리더라도, 이렇게 힘들여 읽은 책의 내용이 일생 동안 머리에 간직되는 것일세."(『역사가의 유향』, 강신항)

두계는 1989년 8월 14일 서울 한국병원에서 별세하며, 경기도 용인 선산에 안장된다.

두계는 조남숙과 사이에 5남 4녀를 두었다. 두계의 장남 기녕(작고·경성의전, 일본 나가사키의대 졸, 소르본대학 의학박사) 씨는 핵산 연구의 선각자로 서울의대 교수, 대한생화학회 회장을 지냈다. 모수미(85·숙명여대, 매사추세츠 대학원, 서울대 응용영양학 박사, 서울대 가정대 교수 역임) 씨와 결혼하여 2남 1녀를 두었다. 맏아들 영무(67·미시건대학 교수, 이학박사) 씨는 강일희(64·의학박사, 캘리포니아의대 외래교수) 씨와 결혼했으며, 차남 웅무(65·이학박사, 아주대 교수 역임, 팝스 대표이사) 씨는 김웅수 장군(전 6군단장, 예비역 육군소장)의 딸인 김미영(61·미국에서 석사학위) 씨와 결혼했으며, 딸 인혜(70·서울대 문리대, 미 와이오밍대학 생물학박사) 씨는 지태화(71·서울대 생물학과, 와이오밍대학 교수) 씨와 결혼했다.

두계의 차남 춘녕(95·일본 규슈제국대학 농화학과 졸, 서울농대 학장 역임) 씨는 임옥순(87) 씨와 사이에 2남 1녀를 두었다. 장인 임명재는 경성의전 교수와 대한의학협회 회장을 지냈다. 장남 장무(66·서울공대 기계공학과 졸, 미 아이오와 주립대학 공학박사) 씨는 서울대 총장을 지냈으며, 이옥희(서울대 졸) 씨와 결혼했다. 차남 건무(64·서울대 고고학과 졸) 씨는 중앙박물관장을 지냈으며, 박명숙(홍익대 졸) 씨와 결혼했다. 딸 영주(54·숙명여대, 연세대 대학원 졸, 사회과학도서관 실장 역임) 씨는 부남철(외국어대 정치학박사, 외국어대 교수) 씨와 결혼했다.

두계의 3남 태녕(87·서울대 화학과 졸, 이학박사) 씨는 서울대 교수, 문화재 위원으로 팔만대장경의 보존작업에 참여했다. 권하자(79·이화여대 약학과 졸) 씨와 사이에 1남 3녀가 있다. 아들 경무(53·서울의대 졸) 씨는 충북의대 교수이며, 장녀 미경(54·서울농대 농학과, 농학박사), 2녀 선경(서울음대, 보스턴대학 음악학박사), 3녀 희경(이화여대 영어교육과, 런던대학 미술학박사) 씨가 있다.

두계의 4남 동녕(84·서울대 물리학과 졸, 런던대학 플라즈마 물리학박사) 씨는 포항대 교수를 지냈으며, 김용우 전 국방장관의 딸 김미희 씨와 결혼, 2남 1녀가 있다. 장남 명무(48·밴더빌트대학, 노스웨스턴대학 의대 졸), 차남 진무(46·미 코넬대학 의대 졸) 씨와 딸 은규(50·메릴랜드대학 졸, 의학박사) 씨가 있다.

두계의 5남 본녕(76·하버드대학 물리학박사) 씨는 MIT 교수를 역임했으며, 이유한(MIT 석사) 씨와 사이에 2남이 있다. 장남 계무(MIT 졸, 시카고대학 경제학박사) 씨는 미 라이스대학 교수, 차남 도무 씨는 MIT 분자생물학 박사이다.

두계의 장녀 순경(91·경기여고 졸) 씨는 화가 장욱진 씨와 결혼했으며, 차녀 운경(서울여의전 졸, 한국병원 부원장 역임) 씨는 박정희 대통령 주치의를 지낸 민헌기 씨와 결혼했다. 3녀 승희(73·세종대 졸) 씨는 임종도 씨와 결혼했으며, 4녀 계희(70·서울대 졸) 씨는 황천봉(서울대 정치학과 졸) 씨와 결혼했다.

내가 본 두계 이병도

두계 선생을 처음 뵌 것은 대학에 입학하여 국사개설을 수강하면서이다. 두 번째 시간을 마치자 곧 4·19혁명이 발생했고, 선생님께서는 뒤이어 과도내각의 문교부장관으로 입각하셨기 때문에 우리 학년이 선생님의 강의를 본격적으로 접할 수 있었던 것은 다음 학기부터였다. 문리대(서울대) 7강의실은 넓은 교실이었지만 다른 과 학생들이 많이 몰려와 늘 붐볐다. 그러나 노대가였던 선생님은 우리와 너무 먼 거리에 계셨고, 당신의 저서인 『국사대관』을 불러주시고 보충설명을 하시는 강의 내용도 우리에게는 너무 어렵고 궁벽진 것으로 여겨졌다. 우리 선생님이라기보다는 멀고 높은 데에 계시는 외경스러운 존재이셨고, 접근이 불가능한 거인이셨다.

몇 해 뒤에 나는 선생님의 주례로 혼인을 했고, 다시금 여러 해 뒤에는 두계학술상을 수상함으로써 선생님의 커다란 은덕을 입게 되었다. 두계 선생님은 진단학회를 늘 분신처럼 여기셔서 당신의 사재를 진단학회에 내놓고 가셨다.

민현구(고려대 명예교수)

두계 이병도

| 1896년   8월 14일(음력), 경기도 용인군 이동면 천리노곡에서 태어남

1910년	조성근의 딸 남숙과 결혼
1915년	보성전문 졸업, 와세다대학 입학
1919년	와세다대학 사학 및 사회학과 졸업. 중앙학교 교원이 됨
1925년	조선사편수회 수사관보가 됨
1934년	진단학회 설립 주도
1947년	서울대 중앙도서관장
1954년	서울대 대학원장
1960년	학술원 회장, 문교부장관
1989년	8월 14일, 서울 한국병원에서 별세, 경기도 용인 선영에 안장됨

07
애산 이인

애산(愛山) 이인(李仁)은 일제강점기 때 변론을 통한 항일구국운동에 앞장섰던 '사상 변호사'이다. 그 스스로 조선어학회사건에 연루되어 4년간의 옥고를 견뎌낸 독립투사이기도 하다. 광복 후에는 대법관·대법원장서리, 검찰총장, 법무부장관을 역임했다.

님은 법을 배우고, 법을 만들고, 법을 집행하고, 법을 응용하고, 심지어 법에 걸리면서도 법의 정신을 밝히고 조문에 얽매이지 아니한 법조인이었습니다. (백낙준 전 연세대 총장의 헌사)

애산은 1896년 10월 26일 대구 사일동(현 중구 동성동)에서 이종영(李宗榮)과 연일 정씨 복희(福姬) 사이에 장남으로 태어났다. 본관은 경주로, 그의 선조는 고려 중엽의 조선 주자학 개척자로 알려진 이익재이다. 대대로 경주 내산면에서 살아오다가 애산이 태어나기 60여 년 전 조부 대에 달성군 효목동으로 이주했다. 애산이 태어나기 바로 전해에 대구로 나와 살게 되었다.

애산의 조부 만당 이관준은 성리학자요, 서예가였고, 부친 학포 이종영은 시문과 서예로 일가를 이루었다. 학포는 이조 말기 국운이 기울어 감을 좌시할 수가 없어서 일찍이 '자강회'와 '대한협회'의 중심인물로서 활약했고, 한때는 보성소학과 보성사, 보성관의 교주 대리로서 이들 단체의 경영을 맡기도 했다. 그리고 나중에 보성전문의 경영까지 맡기도 했다. (『얼음장 밑에서도 물은 흘러』, 정범석)

애산의 부친은 일제 통감부와 헌병대의 수사를 자주 받는다. 또한 숙부 우재 이시영도 독립운동가로 계속 일경의 호된 추궁을 받곤 했다. 이분은 초대 부통령을 지낸 성재 이시영과 이름이 같고 또한 족친이므로 독립운동가들은 서울의 '성재'를 '북시영', 대구의 '우재'를 '남시영'이라고 구별했다고 한다. 애산의 부친은 이준 열사와도 친교가 있어 그가 헤이그평화회의로 출발한 후 그 집안을 계속 돌봐주었다.

애산은 다섯 살 때부터 조부에게 사략, 통감, 사서삼경과 한시 작법을 배운다. 3년 후에는 신석우(《조선일보》 사장 역임)의 선친 신태휴가 설립한 달동 심상소학교에 입학하여 신학문에 접한다. 그는 성적이 뛰어나 선생들이 '신동'이란 별호까지 붙여주었다고 한다.

이 학교에서 처음으로 익힌 것은 책 읽는 자세였다. 모두가 서당에서 책 읽던 대로 어른은 좌우로, 어린이는 상하로 몸을 흔드는 버릇이 남아 있어 선생은 학생들의 자세를 바로잡느라 애를 쓴 것이다. …… 이 시절 어린 나이로 지금 생각해도 당돌했던 것은 치렁치렁 꼬아 내렸던 내 뒷머리를 부모와는 상의도 없이 잘라버린 것이었다. 내 생각에 머리를 깎고 다니는 사람들이 시원해 보이고 편해 보여서 나도 그리했을 뿐인데……. (『애산 이인』, 최영희·김호일)

애산은 1913년 도쿄로 유학하여 세이소쿠(正則)중학에 입학한다. 부모 몰래 나와서 출판사의 교정 일로 학비를 마련한다. 이때까지도 집을 나올 때의 검은 두루마기 한복과 밀짚모자 차림 그대로였다. 이듬해 일본대학 법과 야간부에 입학하며, 이어 메이지대학 전문부 법과 2학년에 편입하여 낮과 밤으로 한꺼번에 두 대학을 다니게 된다. 애산이 법률을 전공하게 된 것은 일제의 질곡에 신음하는 동포를 위하고, 독립투사의 변호를 전담하는 등 합법적인 항일투쟁의 수단을 마련하기 위해서였다.

이즈음 애산은 일본의 인기잡지였던 《제3제국》에 「조선인의 고정(苦情)을 세계에 호소한다」라는 논문을 기고하여 일제 총독정치가 착취와 기만으로 우리 민족을 노예화시키려는 포악성을 폭로했다. 때문에 이 잡지가 발매금지 됐음은 물론 애산도 일본 경시청에 매일 호출되어 가혹한 문초를 받았다. 당시 김성수, 안재홍, 장덕수, 유억겸, 신석우, 최남선, 서춘, 홍성하, 신익희, 변희용, 이광수 등 많은 분들과 교유했다. 애산이라는 아호는 부친이 지어준 것이다. 애산이 방학 중에 일시 귀국했을 때 부친이 "옛글에 인자는 애산(愛山)이요, 지자는 요수(樂水)라 했으니 호를 '애산'이라 하라"고 했다.

그는 1917년 귀국 후 조선상업은행에서 근무하다가 곧 그만두고, 3·1운동 때는 숙부인 우재의 항일운동을 돕기도 한다. 이때 애산은 지도를 가지고 다니며 삼남의 유림들과 연락을 취하다가 일경에 잡혀 매를 맞았다. 그러다가 수배를 당하자 다시 도쿄로 건너갔다. 그곳 사법성에서 실시하는 일본 변호사시험에 27세 때 합격했다. 당시 일본 전국에서 4000명이 응시했으나 합격자는 70명이었고, 그중 한국인은 애산 혼자였다.

애산이 한국인 최연소자로서 변호사 사무실을 차린 것은 1923년 5월이었다. 이후 민족운동가, 독립지사들이 투옥된 이른바 '사상사건'이면 발 벗고 무료 변호에 나섰다.

1942년 일본의 소위 진주만 폭격 때까지 24~25년 동안 13도를 다니며 각 법정에서 일제 판검사와 대항하여 싸웠으니 그 수는 무려 매년 80~90건, 모두 1500여 건에 달하며 사건 관련자만도 만여 명이 되었다.

애산이 변론한 주요 사건은 의열단 제1·2사건, 신의주민족투쟁사건, 광주학생사건, 고려혁명당사건, 안창호사건, 수양동우회사건, 송진우·안재홍·여운형·신일용 등 필화사건, 서울민중대회사건, 칠산혁명당사건, 원산노동쟁의사건, 형평사(衡平社)사건, 6·10만세사건, 수원고농(高農)학생사건, 대전신간회사건, 이동수의 이완용 암살계획사건, 사이토 총독 암살미수사건 등이다.

이런 일로 해서 애산은 세칭 '사상 변호사' 혹은 '혁명 변호사'로 명망을 쌓아 1931년에는 일인 변호사들과는 별도로 조직된 조선변호사협회의 회장이 되었다. 이해에 유명한 원산부두노동쟁의사건이 일어났다. 1000명의 부두 노동자 대 일제 자본가의 노동쟁의가 달아올랐다. 그는 조선변협에서 이 사건의 조사위원으로 파견되었다. 원산에 도착한 그는 즉시 행동을 개시했다. 수천 명의 노동자들은 원산역 구내에서 농성하면서 그들의 정당한 노임을 요구했다. 그는 이들 앞에 나서 '일제 자본가 타도'를 절규하는 격려연설을 한바탕 하여 박수갈채를 받았다.

인간이 산다는 것은 엄숙하고도 존귀한 것이다. 그러므로 누구도 우리의 생존권 보호를 침해할 수는 없다. …… 우리 노동자들의 요구는 가장 당연할 뿐 아니라 누구라도 이를 거부할 수 없는 일이오. 만일 이를 막기 위해 인권유린이 있을 경우 전체 변호사들은 이를 묵과 않겠다. (『애산여적』 제1집)

이 노동쟁의는 세계 여러 나라 노조에서 격려의 전문이 답지하는 등 굉장한 여론을 일으킨 사건이었다. 그는 변호사의 입장에서 많은 노동자의 투지를 북돋아주었으며, 일제의 인권유린을 통박했다. 그때부터 왜경은 그를 더욱 가열한 요시찰인으로 낙인찍었다.

이보다 앞서 애산은 1926년 6월에 광주지법에서 열린 형평사사건 공판에 김병로, 이창휘 변호사 등과 함께 가서 변론했다. 이 사건은 특정 직업(백정)을 천시하는 계급타파사상을 부르짖으며 민족해방운동을 벌이던 이 단체의 회원 600여 명이 검거되고, 이 중 40여 명이 구속 기소된 사건이었다. 법정에서 기록을 뒤적이던 그는 피고인들의 조서가 모두 같은 날짜로 작성되어 있고, 한 경찰관이 하루에 작성할 수 있는 분량이 50장 정도인데도 850장까지 작성한 사실을 발견했다. 사건을 급히 날조하느라 기록을 고치도록 지시한 부정지까지 조서 사이에 그대로 남겨놓기도 했다. 변호인단은 날조된 사건의 확증을 들이대 피고인들은 결국 모두 무죄선고를 받았다.

이듬해 여름 대구은행 파괴모의사건 공판 때는 일제의 고문 사실을 들이대 궁지로 몰아넣기도 했다. 이 사건은 상하이 임시정부의 독립운동 자금을 마련하기 위해 대구 조선은행의 금고를 깨뜨리려 했다는 것으로, 관련 피고인이 30여 명이나 되었다. 애산은 자리가 비좁아 피고인석 옆에 붙어 앉아 있던 중 피고인들의 몸에 이상한 상처 자국이 있는 것을 발견했다. 손가락 사이가 모두 반질반질한데 마치 종기를 앓고 나서 딱지가 떨어진 자리처럼 보였다. 목덜미에서 멍든 흔적이 있는 것을 보고, 한 피고인에게 꼬치꼬치 캐물으니 검사와 경찰관으로부터 모진 고문을 당했다고 실토했다. 애산은 공판 도중 일어나 '고문당한 사실이 분명하니 피고인들의 옷을 벗겨 검진해보자'고 재판부에 요구했다. 재판장은 공판을 계속하려 했으나 한 피고인이 용기를 내 웃옷을 훌렁 벗어 버리자 다른 피고인들도 다투어 옷을 벗는 바람에 공판장은 순식간에 '나체쇼장'으로 돌변하고 말았다. 얼굴이 창백해진 검사는 휴정 후 애산에게 "눈감아주면 알아서 잘 처리해주겠다"고 사정했으나, 애산은 끝까지 고문 사실을 따지고 넘어가야 한다고 주장했다. 재판장의 중재로 가까스로 대폭 낮춰 2~7년을 구형했다.

애산은 민족의 수난 속에서는 우선 후진들을 제대로 키우는 것이 급선무라고 생각하여 교육사업에도 힘썼다. 1924년 동덕여학교 학감이던 이상수가 애산을 찾아와 여학교를 창설하려 하나 마땅한 장소가 없다고 했다. 마침 이 무렵 보성고교가 이전하고 그 자리가 비어 있었다. 애산은 이 집을 50원에 빌려 이상수와 함께 경성실천여학교를 공동설립했다. 1926년에는 인력거꾼들을 위해 계동 산비탈에 조그마한 집을 빌려 글방을 차린 일도 있었다. 이에 감동한 고창환이 재산을 털어 오늘의 대동상업학교를 세우게 되었다.

"구한말 참정대신을 지낸 한규설 선생께서 선친에게 별세하기 1년 전 (1930년)에 유언장 작성을 의뢰해 오셨대요. 그분의 재산은 1000석쯤 됐는데, 부친께서는 그중 3분의 1은 부채 정리에, 3분의 1은 가족 생활비로 남기고, 나머지는 교육사업에 쓰도록 권유하셨대요. 그 재산을 경성여상에 희사하여 오늘의 서울여상으로 이어지고 있는 것이지요. 바로

대한민국 초대 내각 사진. 윗줄 가운데가 이승만 대통령. 가운뎃줄 네 번째가 초대 법무장관인 애산 이인이다.

우리 아파트에 인접한 무악재에 자리 잡았었지요."

넷째 아들 정 씨의 말이다.

이즈음 애산은 고당 조만식의 맥을 이어 조선물산장려회장직을 맡아 《신흥조선》이란 일간지도 발행하면서 국산품애용운동을 활발하게 벌인다. 1932년에는 김용관의 제의로 조선발명가협회를 창설하여 '과학입국'의 초석을 다진다. 이 밖에도 조선양서관 등을 설립하여 우리 문화의 연구와 조사, 저술, 출판 진흥에 힘썼다.

1942년 10월 조선어학회사건이 터져 애산도 12월 23일 새벽 경기도 경찰부로 끌려갔다. 그는 한글학자는 아니지만 그 회원으로 학회 비용을 지원해오다 연행되어 함흥경찰서로 이송되었다. 일제가 날조한 그의 죄상은 그동안의 교육·문화·학술 지원 등 모든 사회활동을 엮은 것이었다. 브뤼셀에서 열린 전 세계 약소민족대회에 김법린을 파견한 것까지 포함시켰다. 일제의 고문은 처절했다.

형사들은 조금만 말이 엇갈리면 무조건 달려들어 마구 때리는데, 한 번 맞고 나면 한 보름씩 말을 못했다. 이때 앞니 두 개가 빠지고 나머지 어금니는 온통 욱신거리고 흔들렸다. 몽둥이건, 죽도건, 손에 잡히는 대로 후려갈기니 양쪽 귓가가 찢어졌다. 한번은 엄지손가락을 뒤로 젖히는 바람에 엄지와 검지 손가락 사이가 쭉 찢어져 이후로 귀는 쪽박귀가 되고 손가락은 완전히 펼 수 없게 되었다. …… 그중에서 견디기 어려웠던 것으로 '아사가제'라는 것과 비행기 태우기가 있었다. 사지를 묶은 사이로 목총을 가로질러 꿰넣은 다음, 목총 양 끝을 천장에 매달아놓고 비틀거나 저며 돌게 하는 것이 비행기 타기다. 두 다리를 뻗은 채 앉혀놓고, 목총을 두 다리 사이에 넣어 비틀어대는 것이 '아사가제'라는 것이다. 이 두 가지 중에 더욱 괴로운 것이 '아사가제'로, 나는 이로 인해 평생 보행이 부자유스러울 만큼 다리를 상했던 것이다. (『애산여적』)

애산은 1945년 1월 16일 함흥지법에서 징역 2년, 집행유예 4년을 선고받았다. 그러나 선고 전에 이미 폐에 이상이 생겨 함흥도립병원에 나와 있다가 집행유예로 풀려나 경기도 양주에서 정양하다 해방을 맞는다.

8·15광복과 더불어 애산은 대법관이 되어 대법원장 직무대리를 역임하고, 이듬해 검찰총장이 된다. 1948년 정부 수립 때 초대 법무부장관으로 발탁되어 내각회의 의장으로 회의를 주관하는 등 많은 일을 하나, 이승만 대통령과의 불화로 퇴임한다. 이듬해 국회의원에 당선되어 반민특위위원장으로 활동한다.

1954년에 제3대 민의원에 당선되어 반독재 투쟁을 벌인다. 1960년 4·19혁명이 터지자 애산은 각계 인사 68명과 함께 '이승만 대통령의 하야와 체포 학생 석방'을 요구하는 경고문을 발표한 뒤, 서상일과 함께 이를 내각에 전달하기도 한다. 그는 이어 참의원으로 당선된다. 5·16군사정변 후에는 야당 원로로서 야당 통합을 위해 힘쓰기도 한다. 또 유언을 통해 집을 포함한 전 재산을 한글학회에 기증하여 한글회관을 건립하게 한다.

애산은 1979년 4월 5일 서울 논현동 자택에서 별세, 사회장으로 경기도 화성군 남양면 북양리 선영에 안장된다.

애산은 제주 고씨 고경희와 사이에 6남 2녀를 두었다. 맏아들 옥(玉, 작고) 씨는 파리대학 교수로, 글로벌한 시각으로 고구려사를 조명해 학계의 주목을 받았다. 옥 씨는 3남매를 두었다. 맏아들 홍(53·파리대학 졸) 씨는 인하대 교수이며, 차남 준(46·파리대학 졸) 씨는 국제변호사(김&장로펌)로 조부의 맥을 잇고 있으며 한불상공회의소 소장을 역임했다. 딸 귀령(43) 씨는 프랑스에 살고 있다.

애산의 차남 춘(작고) 씨는 아들 만(41·사업) 씨와 맏딸 미령(50·재미), 차녀 미현(38·주부) 자매를 두었다. 애산의 3남 영(작고·포항제철 전무 역임) 씨는 3형제를 두었다. 장남 관(43) 씨는 제일기획 팀장이고, 차남 담(41) 씨는 클라디 사장, 3남 찬(40) 씨는 선덴스컴 사장이다.

애산의 4남 정(76·연세대 불문과 명예교수) 씨는 3남매를 두었다. 아들 황(43) 씨는 삼성SDI 과장이며, 맏딸 애령(45) 씨는 민속박물관 학예관, 차녀 선령(39) 씨는 선주어리공예 대표이다. 애산의 5남 강(74·사업) 씨는 아들 원(41·세종대 교수, 음악) 씨, 애산의 6남 균(72·사업) 씨는 순령(41·현대미술관 학예사) 씨와 단(39·경인냉장 이사) 씨 남매를 두었다. 애산의 맏딸 혜경(작고) 씨의 남편은 이태구 씨로 신한민주당 부총재를 역임했다.

"가정교육이 엄해서 15살 때까지 잘못을 저지르면 경위서를 쓰게 하셨고, 경위서가 여러 장 쌓이면 종아리도 맞았지요. 근검절약이 몸에 배어 크리스마스카드도 속을 뜯어내고는 종이를 붙여서 다시 사용하게 하셨고, 봉투도 뒤집어서 다시 쓰셨지요."

아들 정 씨와 손자 준, 관 씨의 말의 말이다.

내가 본 애산 이인

애산 선생은 투옥된 독립지사나 민족운동가가 관련된 사건에 무료 변론을 자청하여 일제 판검사와 맞서 싸웠던 분이다. 또 해방이 되어서는 대법관, 검찰총장이 되어 치안 유지와 좌익분자 소탕에 전념했고, 법전편찬위원장을 맡아 법전 편찬에 주력했다.

그분은 제헌국회의원, 3대 민의원, 초대 참의원을 두루 역임하면서 민주주의 수호와 민권 회복운동을 펼치기도 했다. 경제, 사회, 문화 면에도 조예가 깊어 약관 때부터 수많은 논문, 평론, 수필 등 각종 글을 발표해왔다.

40여 년의 법률가 생활을 해오면서 일제강점기 때는 항일 법정투쟁에 앞장섰고, 일제 말에는 조선어학회사건에 연루되어 모진 고문을 받아 그 후 평생 보행이 어려울 정도로 다리를 상하기도 했다. 이승만 정권 때는 반독재 투쟁을 하며 정직, 청렴, 결백으로 시종일관한 정치가이자 지도자의 한 분이셨다.

최종고(서울법대 교수)

애산 이인

| 1896년   10월 26일, 대구 사일동(현 중구 동성동)에서 태어남

1903년	달동 심상소학교에 입학
1913년	도쿄 유학, 세이소쿠중학에 입학. 이어 일본대학과 메이지대학에서 법률 공부
1923년	변호사 개업, 이후 독립투사 무료 변론
1942년	조선어학회사건에 연루되어 투옥
1945년	대법관 · 대법원장 직무대리 취임
1946년	검찰총장에 취임
1948년	대한민국 초대 법무부장관에 취임
1949년	제헌국회의원에 당선. 반민특위위원장으로 활동
1954년	제3대 민의원에 당선
1960년	초대 참의원에 당선
1979년	4월 5일, 서울 논현동 자택에서 별세, 사회장으로 경기도 화성군 남양면 북양리 선영에 안장

08
원봉 유봉영

　원봉(圓峯) 유봉영(劉鳳榮)은 고향에서 3·1만세운동을 벌이다가 옥고를 치렀고 상하이 임시정부에 참여하여 대한적십자사를 창설했다. 이후《조선일보》폐간과 복간을 함께하며 주필·부사장으로 공화당 정권의 언론 통제에 맞서 언론 자유를 지켜내려 했다. 그는 최남선, 김도태, 이병도, 김상기 등 역사학자와 교유하며 간도 등 북방 영토에 대한 연구모임인 백산학회를 창설하여 중국의 '동북공정(東北工程)'에 일찍이 대비해온 선각자이기도 하다. '동북공정'이란 중국이 최근 고구려사를 중국사의 일부로 편입시키기 위한 일련의 국가사업으로, 역사를 왜곡시킨 침략행위라고 할 수 있다.

　원봉은 1897년 1월 27일(음력) 평북 철산군 고성면 동부동 230번지에서 강릉 유씨 유학요(劉學堯)와 하동 정씨 사이에 1남 5녀 중 외아들로 태어났다. 그의 아호는 "고향의 산 이름에서 따온 것이나, 그분의 원만한 성격과도 잘 어울린다"고 장손 동선(72·전《문화일보》제작국장) 씨가 전했다.

"저는 장손이라 진지 드실 때도 함께 모시곤 했는데 말씀을 잘 하시지 않는 분이셨지요. 집안 형편은 넉넉하셔서 조부께서는 어린 시절 독선생을 두고 공부하셨다고 들었고…… 아마도 몇백 마지기 전답은 됐었던 듯해요. 한문뿐만 아니라 영어, 지리, 역사 등 신학문도 학교에 입학하시기 전에 이미 독선생을 통해 배우셨다니까요."

원봉은 1902년부터 동네 서당에서 한문을 배우다가 1907년에 철산읍내 신명학교에 입학한다. 그는 1909년 3월에 탁영련(卓濚鍊)의 3녀, 탁윤소(卓潤昭)와 결혼한다.

1910년 신명학교를 졸업하고 이웃 박천군 육영학교에 입학했으나, 이듬해 '105인 사건'의 여파로 육영학교가 문을 닫아 원봉도 학업을 중단한다. 원봉은 이듬해 상경하여 YMCA 학관 영어과에 입학하며, 1916년 고향의 명흥학교 교사가 되어 영어와 역사, 지리를 가르친다.

1919년 3·1만세운동이 일어나자 원봉은 고향에서 8~9명의 동지들과 수차례 모의하여 철산읍 장날을 기해 시위를 벌인다. 9명의 사망자를 포함한 100여 명의 부상자를 낸 시위 주동자로 수배된 원봉은 상하이로 망명하여 선우혁 등 독립지사에게 국내 정세를 보고한다. 이어 5월에는 지린으로 가 여준(呂準)이 주재한 재만주 독립운동가회의에 임시정부 대표로 참석하며, 서간도 동지들과 같이 만주 곳곳을 순방하면서 한족회 간부들과 독립운동에 관한 협의를 한다. 8월에는 상하이로 돌아와 프랑스 조계에 머물면서 이희경 등과 협의하여 대한적십자사를 창설한다. 이해 11월 만주 안동현으로 가서 부인을 만나 고향의 토지를 처분하게 하여 5000원을 마련하여 상하이 《독립신문》의 평판인쇄 기계를 구입하는 데 썼다.

원봉은 아예 만주 봉천에서 농지를 매입해 가족들과 함께 생활하면서 국내와 상하이, 만주 곳곳에 흩어져 있는 독립운동 기관들의 연락 임무를 담당하는가 하면, 이 기간에도 사재 1000원을 염출해 임시정부에 송금한다.

유봉영은 1919년 3월 7일 평안북도 철산읍 장터에서 독립만세시위운동을 주도했다. 명흥학교 영어 교사였던 그는 인근 지역 동지들을 규합했다. 유봉영의 집 사랑채에는 밤마다 피 끓는 젊은이들이 모여들었고, 3·1독립선언서를 찍는 등사기 소리가 끊이지 않았다. 당시 유봉영에게 전달됐던 독립선언서는 현재 독립기념관에 보존돼 있다. 독립만세운동 이후 일본 경찰에 쫓기게 된 유봉영은 100여 석 소출의 전답과 집을 팔아 임시정부가 있던 상하이로 갔다. 이 돈은 적십자사 창립과 독립운동 자금으로 쓰였다. 임시정부 재무부에서 일하던 그는 항일 선전자금과 군자금 모금을 위해 만주 신흥무관학교와 국내, 일본 등을 오갔다. 상하이 《독립신문》 발간에도 참여했다. 이런 활동 중에 그는 일경에 체포돼 여섯 차례 옥고를 치렀다. (『조선일보 사람들』)

1920년 원봉은 일본 도쿄로 가서 보급영어학관에서 영어 공부를 하고 봉천으로 돌아가던 중 대구에서 일경에 체포되어 40여 일 구금되었다가 철산경찰서로 이송된다. 그는 3·1운동에 관한 문초를 받은 후 기소유예로 풀려난다.

이후에도 원봉은 여러 차례 일경에 구금되는 곤욕을 치른다. 1922년 2월 경의선 기차 안에서 경찰에 피검되어 신의주서에 구금되었다가 며칠 후 출감된다. 1924년 8월 19일 경성 종로서에 구금되었다가 8월 26일 풀려난다. 1926년 2월 9일 봉천 일본총영사관 경찰서에 피검되어 구금되었다가 2월 19일 출감한다. 1927년 5월 11일 경의선 기차 안에서 경찰에 피검되어 신의주경찰서에 구금되었다가 5월 20일 출감한다. 1929년 7월 6일 철산경찰서에서 피검되어 5월 16일 신의주형무소로 이송되며 5월 25일 불기소 석방된다.

원봉은 이처럼 일제의 박해 속에 청춘 시절을 보내다가 1936년 조선일보사에 입사하여 그 후 생애의 대부분을 함께한다.

유봉영은 1920년대부터 시인 김억 등으로부터 신문사에 들어가라는 권유를 받았지만, 국내외를 돌아다니며 활동해야 할 처지에 어떻게 직장을 가질 수 있나 하는 생각에서 거절했다. 그러나 3·1운동 후 10여 년의 세월이 흐르면서 사정이 바뀌었다. 1931년 일본이 만주를 점령하면서 독립군의 활동도 어려워졌다. 그는 '장기적인 방법을 취해서 민족의 정신적·물질적 역량을 배양해야겠다'고 생각했다. 마침 호형호제하며 지내던 《조선일보》 교정부장 김찬룡이 1년 넘게 유봉영에게 입사를 재촉하고 있었다. 독립운동이 어렵게 된 마당에 그가 택할 수 있는 길은 신문사였다. (『조선일보 사람들』)

원봉은 1940년 10월 30일 《조선일보》 폐간으로 퇴사했다가 1945년 11월 22일 《조선일보》가 복간됨에 따라 재입사한다. 그 후 1971년 5월 퇴직하기까지 교정부장, 문화부장, 편집부장에 한때는 정치부장, 사회부장을 겸임하기도 하며 편집국장, 논설위원, 주필, 부사장 등을 맡는다.

원봉은 광복 후 《조선일보》 복간 과정에서 천군만마의 역할을 해낸다. 교열부장을 하면서 정치면 편집을 하고, 학예부장을 하면서 편집주임을 겸하는가 하면, 편집을 하면서 사설을 쓰기도 했다.

좌익 성향의 문동표와 이갑섭이 각각 편집국장과 주필을 맡았을 때 유봉영은 《조선일보》가 적색신문이 되지 않게 지키는 방패막이가 됐다. 편집국장이 좌익 기사의 제목을 이렇게 붙여라, 크기는 몇 단으로 하라고 지시해도 편집부장인 그는 빙글빙글 웃기만 했다. 된다, 안 된다는 의사 표시를 일절 하지 않았다. 그러나 신문이 나오고 보면 좌익의 선동적인 문구나 컷은 빠져 있었다. 편집국장도 그의 소리 없는 저항에는 별수가 없었다. (『조선일보 사람들』)

1948년 12월 편집국장 문동표가 갑자기 사라져 공석이 된 자리를 원봉이 맡는다. 편집국장만 맡은 게 아니었다. 재정이 어려운 데다 좌우 대립까지 겹쳐 인력에 공백이 생기다 보니 정치부장, 사회부장 등 서너 개 직책을 함께 맡는다. 덕분에 그는 편집국 사정을 속속들이 꿰뚫게 된다.

신문사에서 유봉영은 돌부처로 통했다. 말수가 적고 얼굴에는 항상 웃음을 띠고 있었다. 남로당 청년들이 공장에 들어와 문선대를 뒤엎고 난동을 부릴 때도 태연자약 담배만 피우고 있었다. 그 바람에 난입자들이 오히려 맥이 풀려 그냥 돌아가기만 했다. 아랫사람이 잘못했을 때도 조용조용 타일렀다. 목소리가 너무 작아 상대방이 "네?" 하고 물어야 할 정도였다. (『조선일보 사람들』)

원봉이라는 아호가 말하듯, 풍모도 인품도 행동거지도 둥글고 큼직하며 태연했다. 1946년 이래 26년간 《조선일보》에서 함께 지낸 유건호 부사장은 단 한 번 원봉의 크게 노한 모습을 보았다. 1949년 한 편집기자가 동료 기자와 말다툼을 하다가 홧김에 조판해놓은 것을 엎어버렸을 때였다.

신문 제작 중 다 짜놓은 조판을 자신의 감정 때문에 둘러엎은 한 편집기자에게 "이놈! 버르장머리 없는 놈"(발인식 조사에서) 그 평안도 말투는 한결같았지만 평소의 선생은 말소리도 걸음걸이도 항상 찬찬하고 조용했다. 《조선일보》〈만물상〉, 1985년 9월 28일)

국어학자 이숭녕은 원봉에 대해 "처음 뵈올 때는 원만·중후·과묵의 성격에서 우리가 학자로서 바라는 장점을 고스란히 지니신 분이라고 보았으나, 해를 겪고 보니 '맹호출림(猛虎出林)'의 기상이 느껴졌다"며 "오직 이를 감추고 드러내지 않는 것"이라고 말했다. (『조선일보 사람들』)

원봉은 6·25전쟁이 일어난 1950년 6월 25일자 《조선일보》 사설 「경계를 요할 괴뢰의 행동」을 집필한다. 마치 전쟁을 예고하는 듯한 내용이다.

북한 괴뢰집단이 자기네의 목적을 위하여는 수단을 택하지 않는다는 것은 그동안 그들의 행동이 증명하고도 남음이 있다. 금번 조만식 선생과 김삼룡, 이주하 양인을 교환할 문제는 괴뢰 측에서 먼저 제의하여 놓고, 이제 와서는 이러니 저러니 구실을 붙여 가지고 시일을 천연하고 있으니 그 의도가 나변에 있는지 알 수가 없다. …… 주저하는 그 이면에 무슨 내막이 있지 않을까. 금후 그들의 행동을 충분 경계할 필요가 있다고 본다.

당시 북한의 태도가 수상하다고 생각했던 원봉은 전날 무슨 예감이라도 받은 듯 이 사설을 썼다고 한다. 그는 오랜 기간 독립운동과 여러

《조선일보》 부사장 시절의 유봉영(앞줄 왼쪽에서 네 번째).

분야의 신문기자 생활을 통해 정세를 정확하게 파악하여 읽어내는 안목을 터득해온 것이다.

전쟁의 소용돌이에서 1952년 정월 초하루. 신문을 만들기 위해 출근한 기자는 4명뿐이었다. 월급도 제대로 안 나오는 판에 정월 초하룻날까지 회사에 나오기가 다들 심란했던 탓이었다. 그래도 원봉은 묵묵히 신문을 만들어냈다.

원봉은 《조선일보》 부사장으로 있던 1964년 '언론윤리위원회법 철폐투쟁위원회' 위원장을 맡아 당시 언론 자유의 사활이 걸린 이 법을 막아내는 데 앞장섰다. 박정희 군사정권이 제3공화정을 탄생시키면서 국내 언론을 규제할 목적으로 1964년 8월 4일 야간국회에서 언론윤리위법을 전격 통과시키고, 다음 날 임시국무회의에서 시행을 공포하자 언론계에서는 즉각 이 법을 언론악법으로 규정하고 '언론법투쟁위원회'를 구성했다.

08 원봉 유봉영 101

언론계가 한데 뭉쳐 투쟁위원회를 결성했지만 위원장 자리는 누구도 맡으려 하지 않았다. 발행인협회, 편집인협회 대표들이 연일 회합을 거친 끝에 외유내강의 원봉을 최고 적임자로 추대했다. 원봉은 당시《조선일보》주필로서 고재욱(《동아일보》주필), 홍종인(신문연구소 소장), 김남중(《전남일보》사장) 씨 등과 함께 정부를 상대로 악법철폐운동을 강력하게 전개한다.

정부 측에서는 ① 신문 구독 중지 ② 정부 광고 의뢰 중지 ③ 신문용지 배급 및 은행 융자 제한 ④ 언론인 사찰 ⑤ 신문 정간·폐간 위협 등 온갖 유·무형의 압력을 가해왔으나, 언론계에서는 조금도 굴하지 않고 원봉을 중심으로 악법철폐운동의 도를 높여갔다.

정부에 대한 국내외 비난 여론이 비등하고 언론계의 악법철폐 투쟁의 열기가 고조되어 가자 정부 측에서는 동양통신 사주인 김성곤 의원을 중재자로 내세워 막후교섭을 추진했으며, 홍종철 공보부장관과 이후락 청와대 비서실장이 박 대통령과 '악법철폐투쟁위원회' 간의 회동을 주선한다.

원봉은 언론악법철폐투쟁위원들과 함께 마침 지리산 지구 시찰차 유성에 묵고 있던 박 대통령과 9월 8일 만년장호텔에서 대좌한다. 원봉은 "언론윤리위원회법 강제 시행으로 국민이 더 이상 유리되어서는 안 된다"고 설명하면서 "언론 스스로가 책임 있고 공정한 언론이 되도록 노력할 터이니 언론윤리위원회법 시행을 보류해달라"고 건의하여 박 대통령으로부터 "상경해서 선처하겠다"는 약속을 받아냈다. 원봉은 38일간의 외롭고 힘든 대정부 투쟁을 승리로 이끎으로써 한국 언론사에 큰 족적을 남긴다.

충남 유성에서 열린 박정희와 언론계 대표들의 담판 자리에서 모두들 표정이 굳어 있었으나 원봉만은 얼굴에 웃음을 머금고 있었다고 한다. 이 회담으로 언론윤리위원회법은 보류되었다. 이와 관련해 원봉은 "신문의 자주란 역시 스스로의 힘으로 지킬 수밖에 없음을 새삼 느꼈다"고 회고했다.

원봉은 1971년 공화당 전국구 의원이 되면서 《조선일보》를 떠난다. 그는 정계로 나간 것을 두고두고 후회했다고 장손 동선 씨가 말했다.

"《조선일보》에서도 처음에는 극구 만류했다지요. 조부님도 언론인으로 생애를 마치기를 간절히 원했지만 박 대통령이 자꾸 추천하고 압력을 넣으니 어쩔 수 없었다고 하셔요. 저도 물론 아쉽게 생각합니다."

원봉은 우리 역사에도 조예가 깊었다. 《조선일보》에 재직 중이던 1948년 4월부터 1957년 8월까지 역사학자 김도태의 부탁으로 그가 교장으로 있는 서울여상에서 역사를 가르친다. 원봉은 1966년 '압록강, 두만강 너머 만주 땅도 우리 영토'라는 기치를 내건 백산학회 창립에 부회장 겸 총무로 참여하여 회장까지 지낸다. 언젠가 중국과 국경 문제가 불거질 때를 대비해 학문적 기반을 마련해둬야 한다는 것이 그의 생각이었다. 원봉은 1972년에는 민족문화추진회 이사장에도 선출되어 고전 번역작업에도 힘을 쏟는다.

"제가 바로 민족문화추진회에서 원봉 선생님을 모시다가, 그 후 백산학회 총무를 맡아 오늘에 이르고 있습니다. 영토 문제의 중요성을 강조하시면서도 꼭 기존의 역사학 중진들을 앞자리로 모시고, 스스로는 뒷자리에서 지원하는 역할을 맡았지요. 재정 형편이 어려운 것을 알게 된 박 대통령께서 국가 예산으로 지원하고자 하셨지만 끝내 사양하고 민간 기업의 지원을 받기 위해 나서곤 하셨지요."

육락현 백산학회 총무이사의 말이다.

원봉은 1985년 9월 25일 서울 장위동 자택에서 별세하며, 경기도 벽제면 용미리 가족묘지에 안장된다.

원봉은 5남 1녀를 두었다. 원봉의 장남 인산(작고·고려대 상과 졸) 씨는 한영고교 교장을 지냈으며, 2남 3녀를 두었다. 장남 동선(72·성균관대 사학과 졸) 씨는 《문화일보》 제작국장을 지냈으며, 차남 남선(57·고려대 건축과 졸) 씨는 건축업을 하고 있으며, 장녀 명희(68·대전신학대 졸) 씨, 차녀 혜란(54·고졸) 씨, 3녀 영란(51·서울간호전문대 졸) 씨가 있다.

원봉의 차남 인하(89·고려대 상과 졸) 씨는 기업은행 인사부장을 지냈으며 3남 1녀를 두었다. 장남 화선(62·경희대 상과 졸) 씨는 사업 중이며, 차남 성선(59·서울공대 졸) 씨는 선경 상무를 지냈으며, 3남 창선(51·연세대 졸) 씨는 시사평론가이다. 장녀로 미경(64·이화여대 성악과 졸) 씨가 있다.

원봉의 3남 인홍(작고·서울공대 졸) 씨는 문교부 장학사를 지냈으며, 2남 2녀를 두었다. 장남 광선(56·성균관대 졸) 씨는 《조선일보》 방계기업인 조광출판인쇄 전무이며, 차남 지선(54·명지대 졸) 씨는 석탄공사 감사실장이다. 장녀 진경(50·서울여대 졸) 씨와 차녀 선경(48·대졸) 씨가 있다.

원봉의 4남 인태(75·한양대 기계과 졸) 씨는 미국에서 살고 있으며, 충선(대졸)·은경(대졸, 재영 변호사) 씨 남매를 두었다. 원봉의 5남 인걸(67·한양대 졸) 씨는 사업 중이며, 태선(38·대졸, 회사원)·덕선(33·대졸, 회사원) 씨와 국악인 숙경(35·한양대 국악과 졸) 씨 등 2남 1녀를 두었다.

내가 본 원봉 유봉영

나는 한국의 개화기 연구를 하면서 1958년 육당 최남선 선생의 주선으로 원봉 유봉영 선생을 처음 뵙고 가르침을 받게 됐다. 우리의 근대의식은 흔히 일본을 통해 싹튼 것으로만 알고 있으나 육당은 원봉과의 교유에서 우리의 개화 과정에서 중국을 통해서도 상당히 영향을 받은 사실을 깨닫게 된 것이다. 따라서 육당은 내가 원봉을 만나 그 사실들을 보다 구체적으로 규명해오기를 원했던 것이고, 바로 이런 작업을 위해 나는 조선일보사로 그분을 10여 차례 찾아뵙게 된 것이다.

원봉을 통해 우리의 개화 지식인들이 1910년대까지만 해도 오히려 중국을 통해 서양 지식에 더욱 가깝게 접했던 사실들을 알게 됐다. 강유위나 양계초가 쓴 『음빙실문집』, 『천로역정』 등의 영향을 받았으며, 단재 신채호 등이 그런 흐름 속에서 근대의식을 싹 틔우신 분들이었다. 원봉 선생은 평안도 사투리가 진한 억양이었지만 늘 온화한 표정으로 친절히 맞아 자상하게 가르치셔 고맙게 생각하며 정이 들었다.

홍일식(전 고려대 총장)

원봉 유봉영

1897년	1월 27일(음력), 평북 철산군 고성면 동부동 230번지에서 태어남
1910년	신명학교 졸업
1911년	YMCA 학관 영어과에 입학
1916년	고향의 명동학교 교사가 됨
1919년	3월 7일, 철산읍 장터에서 독립만세시위 주동, 상하이 임시정부에 참여
1920년	일경에 체포되어 40여 일 구금됨. 이후 1929년까지 다섯 차례 더 구금됨
1936년	《조선일보》 입사
1945년	《조선일보》 복간과 함께 재입사. 이후 1971년 퇴직하기까지 교정부장, 문화부장, 편집부장에 한때는 정치부장, 사회부장을 겸임. 편집국장, 논설위원, 주필, 부사장을 맡음
1964년	언론위원회법 철폐투쟁위원회 위원장을 맡음

1966년	백산학회 창립, 부회장 겸 총무로 참여하여 회장이 됨
1971년	국회의원(공화당 전국구)이 됨
1985년	9월 25일, 서울 장위동 자택에서 별세

09
해위 윤보선

 해위(海葦) 윤보선(尹潽善)은 5·16군사정변 후 민주화운동의 핵심이자 반군정 독재투쟁의 선봉으로 나선 인물이다. 그는 상하이 임시정부의 의정원 의원(국회의원에 해당)으로 독립운동에 참여했으며, 해방 후에는 서울특별시장, 상공부장관 및 3·4·6대 의원을 거쳐 4·19혁명 후에는 제2공화정 내각제 대통령이 되기도 했다.

 그의 93년 생애의 전반은 비교적 순탄했다. 그러나 1961년 쿠데타로 정권을 잡은 박정희에 의해 대통령 자리를 물러나 하야할 수밖에 없었다. 이후 1979년 박 대통령이 심복의 저격으로 숨을 거둘 때까지 그는 탈권자와의 싸움을 멈추지 않았다. 나이도 공명도 성패까지도 돌보지 않고, 질기게 그를 미워하면서 권좌에서 끌어내리려 했다. (『광복 50년 한국을 바꾼 100인』,《월간중앙》1995년 신년호 별책부록)

 해위는 1897년 8월 26일 충남 아산군 둔포면 신항리에서 윤치소(尹致

昭)와 이범숙(李範淑) 사이에 6남 3녀 중 장남으로 태어났다. 그의 집안은 부유한 편이었고 대대로 벼슬을 해온 집안이어서 부러운 것을 모르고 어린 시절을 보냈다. 그는 조부로부터 많은 것을 배웠다. 집에 한문 선생을 별도로 두고 학문을 익혔으며, 어떤 때는 조부께서 직접 곁에 불러 앉히고 가르치기도 했다.

해평(海平) 윤씨 집안은 조선조 이래 구한말을 거쳐 지금까지 걸출한 인물을 많이 배출한 명문가로 꼽힌다. 선조 때의 영의정 윤두수(尹斗壽)가 해위의 10대조이며, 큰할아버지가 구한말 군부·법부대신을 지낸 윤웅열(尹雄烈), 조부가 안성군수·육군참장을 지낸 윤영열(尹英烈)이다. 구한말 개화파의 선구자인 치호(致昊), 터키 대사를 역임한 치창(致昌), 내무장관·서울시장·공화당 의장서리를 역임한 치영(致暎), 농림장관을 지낸 영선(永善), 서울대 총장을 지낸 일선(日善) 등 많은 인물을 배출했다.

해위의 부친은 중동학교 교장을 지내다 50만 원을 자본금으로 경성직뉴회사를 설립하며, 이는 인촌 김성수가 맡아서 운영한 경성방직의 전신으로, 우리나라 최초의 직물회사였다.

내가 여덟 살 때 우리 집안은 모두 서울로 올라왔다. 서울에 온 나는 집 근처에 있던 교동보통학교에 입학하여 처음으로 신학문을 공부하게 되었다. 보통학교 시절 공부를 잘했는지는 기억에 없지만 장난은 꽤 심했었다. 장가를 들어 초립을 쓰고 오는 어른 학생들을 놀리기도 했고, 우리 집에 찾아오는 대신들 앞에서 장난을 치다 종아리를 맞기도 했다. (『외로운 선택의 나날』, 윤보선 회고록)

한일합병이 조인된 1910년 해위는 4년제이던 교동학교를 마치고, 일본인 학교인 일출소학교에 5학년으로 편입한다. 이곳에서의 2년간 일본 학생들과 갈등을 빚으면서 해위는 자신의 배일사상이 뿌리내리게 한 시기였다고 회고하고 있다. 이어서 도쿄로 가 경응의숙(慶應義塾)에 입학한다. 두 학기를 마치고 예비학교인 세이소쿠학교로 옮기나 2년을 못다 배우고 서울로 돌아온다. 그는 당시 중국의 신해혁명에 관심을 두어 중국으로 가서 독립운동에 가담하기로 마음을 잡은 것이다. 해위는 스무 살 때 여운형을 따라 상하이로 떠난다.

상하이에 도착해서 며칠이 지난 뒤에 나는 항주에서 병으로 요양하고 계신 신규식 선생을 찾아갔다. 신규식 선생은 상하이로 망명하기 전에 서울에서 만나 뵌 적이 있는 분으로 학문이 도좌(到座)한 지사였고 후에 임시정부가 수립되고는 법무·외무장관을 거쳐 총리직을 맡은 분이었다. 거기에서는 신석우, 박찬익 선생 등과 베이징 또는 만주에서 활동하다가 상하이로 오신 이시영, 이동녕 선생도 만났다. …… 많은 독립투사들을 만나고 보니 이제야 내가 보람된 일을 할 수 있겠구나 하는 기대감으로 흥분을 감추지 못했다. (『외로운 선택의 나날』)

예관 신규식은 한국인으로는 유일하게 신해혁명의 주도자였다. 예관은 그에게 해위라는 호를 지어주고 그의 인생의 사상적 스승이 되었다. '바닷가에 선 갈대처럼 억센 파도에도 꺾일 줄 모르는 지조를 갖고 살라'는 뜻이었다.

1919년 3·1만세운동 후 대한민국 임시정부가 수립되자 해위는 의정원 의원에 선출되며, 이승만 박사의 부탁으로 독립자금을 마련하기 위해 국내 잠입을 시도하다 도쿄에서 공부하던 아우를 시켜 3000원을 가져오게 한다. 당시 집을 서너 채 사고도 남을 거액이었다.

상하이에 간 지 4년 남짓 되었을 무렵 신규식, 이시영 선생과 신익희 씨는 나에게 국가와 민족을 위해 좀 더 보람된 일을 하려면 공부를 더 해야 한다고 충고하며 구라파(歐羅巴)에 가서 수학하기를 권했다. …… 1921년 6월경이라고 기억된다. 일본 관헌들의 눈을 피하기 위해 중국인 여행권을 가지고 중국 유학생 틈에 끼어 프랑스 배로 떠났다. 그때에는 임시정부 총리를 지낸 이동휘 씨도 타고 있었다. …… 그러나 배가 싱가포르를 거쳐 스리랑카의 콜롬보에 닿았을 때 정체가 탄로 나 이동휘 씨는 일본 관헌에 의해 강제 하선당하고 말았다. 중국 학생들 틈에 끼어 갑판 위에서 하선당하는 이동휘 씨를 내려다보며 나는 분하고 억울한 마음에 한없이 눈물을 쏟았다. 간장을 베어내는 슬픔은 바로 나라를 잃은 민족의 비애였다. (『외로운 선택의 나날』)

해위는 1924년 에딘버러대학에 입학하여 고고학 학사·석사 학위를 취득한다. 그가 고고학을 전공하게 된 것은, 오직 한 인간으로서 그 내용을 충실히 하고 인간의 도리를 깨우쳐주는 학문이라고 믿었던 연유에서였다. 유학 시절에 해위는 일본인 교수와 열띤 항일 논쟁을 벌이기도 한다.

두 번째 공부했던 버밍햄의 퀘이커 교단 설립 학교 때의 일이다. 거기에는 일본인 가와이 에이지로라는 교수가 와 있었는데, 그는 도쿄제대 교수로 일본인에게도 널리 알려진 사람이었다. …… 어느 날 가와이 교수가 한국 문제를 일방적으로 일본에 유리한 논리로 전개해나갔다. 특히 일본이 한국을 위해서 일을 많이 해왔는데, 자기네 호의를 무시하고 배신행위를 저질렀다는 대목에 이르러서는 더 참을 수가 없었다. 헤이그 밀사까지 보내게 한 것도 일본인데, 호의를 무시당했다는 말도 했다. 일본 입장에서는 부패한 이웃(한국)을 두어 대단히 걱정된다는 말투였다. 나는 연설 기회를 얻어 가와이의 논조를 사사건건 배격하고 나섰다. 헤이그 밀사를 보내게 된 우리의 억울했던 사정을 밝히며 일본의 식민지 통치를 규탄하고 3·1운동 때의 비인도적인 갖은 만행을 구체적으로 지적했다. …… 이렇게 사실적인 근거를 열거하면서 일본을 통박하자 장내에 있는 학생들로부터 박수가 터져 나왔다. 당황한 가와이는 난처한 표정을 지으며 어쩔 줄 몰라 했다. (『외로운 선택의 나날』)

해위는 부친의 독촉에 독립운동을 위해 미국에 가려던 뜻을 접고 1932년 귀국하여 안국동 집에서 칩거하며 은둔 생활을 한다.

광복이 되자 해위는 백남훈, 김도연, 허정, 장덕수, 유억겸, 윤치영 등과 한국국민당 창당작업에 착수한다. 그 후 이들은 조선민주당을 결성하려던 원세훈, 김병로, 조병옥, 백관수 등과 합당하기로 합의하여 한국민주당을 결성한다. 또 해위는 미군정청의 농상공국 고문과 경기도지사 고문도 맡는다.

해위는 이듬해 《민중일보》 사장이 되며, 이헌구가 부사장, 오종식이 주필, 김광섭이 편집국장이었으며 김동리, 조연현 등이 함께 일했다. 이승만 박사의 직계신문이라고 해서 하지 중장과 자주 마찰을 빚었다고 한다. 그는 1948년 이승만 국회의장의 비서실장이 되며, 초대 서울시장에 취임한다. 시장 시절에는 청소에 힘써 '깨끗한 서울'로 정착시키는가 하면, 각 구청 단위로 시민 생활 속에 파고드는 신생활운동을 벌이기도 했다.

4·19 유가족들과 기념촬영을 하는 윤보선 대통령(앞줄 왼쪽에서 세 번째)과 공덕귀 여사(앞줄 왼쪽에서 두 번째).

여흥 민씨와 초혼했던 해위는 1949년 함태영 목사 주례로 공도빈의 차녀 공덕귀(孔德貴)와 재혼하며, 상공부장관에 취임한다. 그러나 상공부장관 시절 해위는 이승만 대통령과 사이가 멀어지고 결별하는 계기가 된다. 생고무 배정을 둘러싼 불화와 당시 경성전기 사장 이태환의 경질 문제를 둘러싼 의견대립 때문이었다. 그러나 6·25전쟁이 일어난 후 그는 적십자사 총재로 발탁되기도 한다.

부산 정치파동 후 해위는 야당 생활을 시작하여 1954년 5월 20일에 실시된 제3대 국회의원선거에 서울 종로갑구에서 출마하여 압승한다. 해위는 1958년에 4대 민의원에 당선되며, 이듬해 민주당 최고위원에 피선된다. 1960년 4·19혁명 후 내각제 대통령에 취임하며, 데모만능사태로 시국이 혼미의 극에 달하자 한밤중의 시위현장을 변장하고 탐색하기까지 한다.

1961년에 접어들어 '2월 위기설'이니 '3월 위기설'이니 해서 불안감이 날로 고조되던 3월 22일 밤, 시청 앞에는 수많은 데모 군중들이 운집해 있다는 보고를 받았다. …… 심상치 않은 생각에 시청 앞에 가보니 데모대들은 손에 횃불을 들고 격렬한 구호를 외치고 있었다. 소위 데모 방지를 위한 2대 악법을 철폐하라는 요구와 함께 '장정권 물러가라'는 구호도 함께 나왔다. 데모대들이 가두행진에 들어가자 나는 변장을 하고 횃불행진 대열을 따라 단신으로 지프를 몰게 했다. 시청 앞에서 시작하여 시가행진을 한 데모 대열은 국무총리 사택이 있는 명륜동으로 향했다. (『외로운 선택의 나날』)

해위의 정치 생애 가운데 1961년 5월 16일은 가장 극적인 순간이었다. 이날 새벽 청와대는 평온했다. 단지 쿠데타 소식에 잠을 설친 그는 오전 9시 조금 지나 현석호 국방장관, 장도영 육군참모총장 등을 접견했다. 작달막한 키에 검정 안경을 낀 소장 한 사람과 몇 번 청와대를 찾아온 적이 있는 대령 한 사람이 동석했다. 쿠데타를 지휘한 박정희와 참모 유원식이었다. 그들은 공손하게 두 손을 모아 부동자세를 취했다. 권총은 현관에 맡겨졌다.

그들은 요구했다. 그들이 발표한 비상계엄을 추인하기 위해 장면 총리를 찾아달라는 것이었다. 해위는 방송을 통해 "장 총리는 하루속히 나와 시국을 수습하라"고 권했다. 5월 18일 쿠데타 세력에 끌려 중앙청에 나온 총리가 그들이 시키는 대로 계엄을 추인하고 총사퇴했다. 미국 대사와 미8군 사령관은 해위에게 쿠데타 진압을 요청했으나 그는 군끼리의 충돌이 휴전선의 불안을 가져올 수 있다는 이유로 이를 거절했다. 이어 하야 성명을 발표했으나 국가의 유일한 헌법기관으로 일단 국가의 명맥은 이어야 한다는 주위의 권고로 다음 날(5월 20일) 번복한다. 해위는 이듬해 3월 22일 쿠데타 세력이 구정치인들을 송두리째 묶어 정치활동을 금지시킨 이른바 정치정화법에 서명한 다음 대통령직을 사임한다. 이어 정치활동이 허용되자 그는 반군정 투쟁에 앞장선다.

정치활동이 재개되자 그는 맨 먼저 군정 타도를 외치고 나섰다. 대통령 선거전은 날이 갈수록 치열해졌다. 그는 현직 대통령인 박정희를 '군부 좌익 프락치이며 여순반란 관련자'로 몰면서 사상논쟁을 벌였다. (『광복 50년 한국을 바꾼 100인』)

해위는 1963년 대선에서 야당을 구악으로 매도하고, 그를 '무능한 친미주의자'로 격하시킨 정부·여당의 모략선전과 엄청난 물량공세에도 불구하고 15만 표의 근소한 차로 석패한다. 그는 "선거에는 이기고 개표에는 졌다" "나는 정신적 대통령"이라고 할 만큼 고무되기도 했다. 특히 서울에서의 압승은 야당을 크게 고무시켰다.

해위는 국회가 열리자 굴욕적인 한일협정에 반대하는 여론이 들끓고, 시국이 혼미해지고 있는 상황을 지적하면서 이 같은 사태가 "혁명을 정당화할 만한 사태인가, 아닌가" 하고 정부를 통박했다. 그는 당내 온건파를 '사쿠라'로 매도하면서 당노선을 선명하게 이끌어갔다. 한일협정 비준반대 투쟁 중에 그는 7명의 강경파 의원들과 함께 의원직을 사임하기도 했다. 해위는 1967년의 대선에서 다시 박정희와 대결한다. 이후 유신체제 하에서 더욱 투쟁가로서의 진가를 발휘한다.

야당마저 침묵이 강요된 독재체제 하에서 해위는 재야의 핵심이 되어 선두에 서서 긴급조치를 철폐하고 민주주의를 회복시키는 운동에 앞장선다.

1975년에 명동성당 시국선언문 발표사건이 있었다. 함석헌 씨 등 십수 명의 피고인들과 함께 법정에 서는 몸이 되었다. 그 삼복더위에도 단추 셋 달린 양복을 입고 젊은 판검사 앞에 부동자세로 서서 깍듯한 존댓말로 응했다. 77세 노령에 전 대통령으로서 구태여 법정에 나가지 않아도 끌어갈 사람은 없었고 더구나 박정희 대통령과는 적대관계에 있었다. 그러나 "정권은 반대하지만 법은 지켜야 한다"고 고집하면서 법정에 출두한 것이다. (『비록 한국의 대통령』,《월간조선》 1993년 신년호 별책부록)

해위의 조카딸인 소설가 윤남경은 "그분은 투쟁을 위한 투쟁을 한 분이 아니다"라고 말했다. "박 정권의 독재도 미워했지만 인간적인 결례에도 참을 수가 없었을 것"이라고 했다.

전 대통령이나 노 대통령이 깍듯이 전직 대통령과 어른 대우를 해주었을 때는 그 호의를 고맙게 받아들였다. 흑백논리만 알고 있는 일부 인사들이 "군정에 반대하려면 끝까지 반대하며 투쟁해야 되지 않느냐"고 말했을 때 그분은 잘해보려고 애쓰는 사람에게 돌을 던져서는 안 된다고 여긴 것 같다. (『비록 한국의 대통령』)

해위의 부인 공덕귀도 해위가 1974년 민청학련사건으로 실형 선고를 받자 구속자가족협의회 회장을 맡는 등 민주화 투쟁 전면에 나선다. 그 이후 양심범가족협의회 회장, 한국교회여성연합회 회장 등을 맡아 활약한다.

해위는 1990년 7월 18일 서울 안국동 자택에서 별세하며, 충남 아산군 둔포면 선영에 안장된다.

해위는 4남매를 두었다. 장남 상구(66·시라큐스대학 건축학과 졸) 씨는 동서코포레이션 대표로 국제로터리 총재를 역임했으며, 양은선(61·연세대 사회학과 졸) 씨와 결혼하여 일영(29·딜로이트컨설팅 근무), 영란(27) 남매를 두었다. 영란 씨의 남편 문윤회 씨는 프랑스 인시아드 MBA 과정을 밟고 있다. 해위의 차남 동구(59·미국 로드아일랜드 디자인 인스티튜트 졸) 씨는 한국예술종합학교 조형예술과 교수이다.

해위의 장녀 완구(작고·이화여대 음대 졸) 씨는 형법학자로 고려대 법대 학장과 학술원 회원을 지낸 남흥우 씨와 결혼하여 2남 2녀를 두었다. 장남 기방(67) 씨는 린나이코리아에 근무했으며, 최영진(서울농대 졸) 씨와 결혼했다. 차남 기윤(62·하이델베르크대학 법학박사) 씨는 광운대 교수로 임영수(이화여대 졸) 씨와 결혼했다. 맏딸 혜경(70·이화여대 졸) 씨는 고려대 불문과 교수를 역임한 강성욱(작고·일본 규슈대학 졸) 씨와 결혼했으며, 차녀 혜정 씨는 전봉수(전우구조건축사무소장) 씨와 결혼했다.

해위의 차녀 완희(93·이화여대 미대 졸) 씨는 화가로, 신준호(작고·일본 메이지대학 졸) 씨와 결혼하여 2남 2녀를 두었다. 준호 씨는 임시정부 총리와 외무·법무총장을 지낸 신규식의 아들이다. 장남 중수(67) 씨는 이의균(65) 씨와 결혼하여 독일 베를린에 거주하고 있다. 차남 홍수(65) 씨는 해태유업 직판부장을 역임했으며, 양향숙(58) 씨와 결혼했다. 맏딸 경수(69) 씨는 이동환(70) 씨와 결혼하여 미국 뉴저지에 거주하고 있으며, 밑으로 차녀 문수(64) 씨가 있다.

"안국동 8번지 바로 이 집이 해방 후 한민당 창당의 산실이었고, 그 후 많은 정치 모임이 있었지요. 방 안 양쪽으로 보료가 쭉 깔려 있어 위쪽부터 서열 순으로 앉곤 했는데…… 맨 아래에서 맨 위쪽까지 가는 데는 몇십 년 걸린다고들 하더군요. 바로 이웃의 안동교회도 식구들이 다녀

우리 집처럼 느껴지고요. 선친께서는 우리를 엄히 키우셔서 저도 잘못하면 회초리를 맞곤 했습니다."

장남 상구 씨의 말이다.

내가 본 해위 윤보선

나는 해위 선생이 1954년 처음 등원했을 때 만난 이래 죽 인연을 갖게 됐다. 특히 그분이 1960년 제2공화정 대통령으로 선출되면서 대변인을 맡게 되어 5·16정변을 함께 맞게 되고, 그 이후 반독재 투쟁에도 뒤따르게 됐다. 그분은 영국 신사라는 별명에 걸맞게 성격이 온화하고 따뜻하셨다. '관습법 국가인 영국에서는 상식이 곧 헌법'이라면서 매사를 보고 결정하는 기준으로 상식을 내세웠다. 또 무슨 일이든지 한 번 결정하실 때는 오래 심사숙고하신 후에 결정을 내리시고, 일단 한 번 결정하면 요지부동으로 강직하게 밀고 나가셨다.

이러한 해위의 인품에 '목숨을 걸고 쿠데타를 했다'고 극한 표현을 앞세워 다그치는 행태가 수용될 리 만무했을 것이다. 더구나 해위가 청와대를 떠나자 입성한 쿠데타군들의 제일성이 "이봐, 위스키 있어?"였으며, 곧이어 잔디 들판에 멍석을 깔게 하고 술판을 벌였으니, 해위가 분노할 만도 하지 않았을까? 그분의 효심은 지극했다. 아침저녁으로 노모에게 꼭 문안을 드리고 노모의 건강을 체크했다. 5·16 아침 비서들이 대통령에게 청와대를 피하도록 권유했을 때 그것을 거부한 이유 중의 하나도 당신 혼자만 피신을 할 수 없었기 때문이었다.

김준하(전 청와대 대변인)

해위 윤보선

1897년	8월 26일, 충남 아산군 둔포면 신항리에서 윤치소와 이범숙 사이에 장남으로 태어남
1910년	서울 교동보통학교 졸업
1912년	일본 경응의숙으로 유학
1920년	상하이 임시정부의 최연소 의정원 의원에 피선됨
1924년	영국 에딘버러대학에 입학, 고고학 학사·석사 학위를 취득
1945년	한국민주당 창당에 참여
1948년	초대 서울시장에 취임
1949년	상공부장관에 취임, 공덕귀와 결혼
1959년	민주당 최고위원에 피선
1960년	제2공화정 대통령에 취임
1963년	민정당 창당, 제5대 대통령선거에서 15만 6000표 차로 석패
1967년	신한당 창당, 제6대 대통령 후보로 추대
1976년	김대중, 함석헌 등과 함께 명동성당에서 민주구국선언 발표
1990년	7월 18일, 서울 안국동 자택에서 별세. 충남 아산군 둔포면 선영에 안장

10
월봉 한기악

월봉(月峰) 한기악(韓基岳)은 3·1독립선언문의 제작·배포에 관여한 독립운동가이며 《동아일보》 편집인·발행인, 《조선일보》와 《시대일보》 편집국장을 지낸 언론인이다. 그는 민립대학 설립운동과 민족운동의 구심체였던 신간회 창립을 주도했다. 동료 언론인 유광렬은 "내가 50년 동인 기자로서 본 바로는 주야로 나라를 생각하는 이는 그뿐이다"라고 자신의 저서 『기자 반세기』에 썼다. 이희승은 월봉을 다음과 같이 평했다.

그는 신문인으로서 동분서주했는데, 그것은 곧 독립운동의 일익을 담당한다는 것이 그의 지론이었다. 당시의 언론인은 지사요, 독립운동가로서 월급을 받지 못하면서도 그것이 하늘이 준 의무라고 생각하여 불평 없이 일했던 것으로 기억된다. 월봉은 본질적으로 독립운동가였고 교육자였으며, 지사적인 감각의 언론인이었고 기독교인이었으며, 논쟁에 말려들기를 신중하게 회피한 도덕가였다. 그는 사색인인 동시에 행동인이었다. (『한국언론인물지』)

월봉은 1898년 1월 14일 강원도 원주군 부론면 조림리(흥원창)에서 한정우(韓正愚)와 한양 조씨 사이에 유복자로 태어났다. 모친은 중종 때 사림파 선비로 중용된 조광조의 후손인 조종필(趙鍾弼)의 따님이다. 청주 한씨는 조선 초기에 고관대작이 연이어 배출된 집안이다. 조선왕조의 개국공신으로 영의정을 지낸 한상경(韓尙敬)에 이어 월봉의 12대조인 한백겸(韓百謙)은 광해군 때 사회개혁안을 제시한 실학파의 선구자이다. 한백겸의 『동국지리지』는 고대 지명을 새롭게 고증하여 역사지리 연구의 단서를 열어놓은 명저이다. 특히 한강을 경계로 하여 북쪽에 조선, 남쪽에 삼한(한국)이 위치했다는 것과 고구려의 발상지가 평안도 성천(成川)이라는 통설을 뒤집고 만주 지방이라는 것을 처음으로 고증하여 후세에 큰 영향을 주었다.

지도를 보면 월봉의 고향이 경기·충청·강원도의 3도 접경인 한강 상류임을 알 수 있다. 거기에 월봉산(月峰山)이 있으니, 그의 아호는 이곳에서 유래한 셈이다. 월봉의 조모는 왜군의 방화로 집을 잃은 마을 사람들에게 한씨 댁을 헐어 목재로 나누어 주고 한양으로 이사한다.

이 무렵 세상은 점점 어지러워서 각처 의병은 게릴라전을 전개하고 근처 마을로 피난에 정신이 없고 총알은 대문, 중문을 뚫어 안기둥에 박히고 하루 아침에 100여 호 부락은 의병에게 통모했다는 구실로 일군에 의해 방화되어 초토가 되고 동리서 좀 떨어진 산밑에 있던 우리 집만 남게 되어서 온 마을이 거처할 데가 없어 쩔쩔매게 되었다. 이때 증조모께서는 대용단을 내리시어 40여 간 기와집을 내어 주시며, "서까래 하나씩이라도 가져다가 기둥 삼아 움이라도 파고 지내도록 하라" 하셨다. (『일엽일생』, 한만년)

월봉은 소설가 현진건, 시인 이상화와 함께 당대 '경성의 3대 미남'으로 꼽혔다. 그러나 그는 신문기자이면서도 술은 못 마시고 상에 놓인 안주의 국물만 혼자서 다 마시는 통에 '한국물'이라는 별명도 붙었다.

"희고 둥글납작한 얼굴, 빚어 붙인 듯한 코, 웃으면 하얗게 드러나는 호치(皓齒)를 가졌었다. 그는 여기다 부드럽고 은근한 목소리까지 가져 당시 경성 여인들의 마음을 사로잡았다."

소설가이자 전 《조선일보》 기자 최상덕 씨의 말이다.

월봉의 중앙학교 한 해 후배로서 오래 사귀어온 이희승의 회고는 더욱 구체적이다.

월봉은 미남자였다. 신언서판을 고루 갖춘 위에 탐스런 얼굴이었다. 뿐만 아니라 다른 사람과의 관계에서 화를 내거나 불쾌한 표정을 짓는 것을 보지 못했다. 심성이 부드러운 탓도 있겠지만 용의주도하며 예민한 이해력의 소유자였기 때문일 것이다. 그리고 언제나 예의가 바르고 세심한 신사였다. 그를 가리켜 외유내강의 사람이라고 한다면 그보다 더 적절한 비유가 없을 것으로 생각한다. 그만큼 무엇인가를 하기로 결심하면 혼신전력을 다하던 사람이었다. …… 월봉의 언론인으로서의 생애에 대한 훌륭한 기록은 종석 유광렬, 동명 김을한, 고범 이서구, 성재 이관구, 천리구 김동성 씨 등이 기왕에 써놓은 것이 있어서 나 자신도 감회 깊게 읽은 적이 있다. 그들은 한결같이 월봉이 강의과감(剛毅果敢)한 언론인이었다는 점을 강조하고 있었다.

(『한국언론인물지』)

월봉은 5대 독자이자 유복자였다. 때문에 손자가 들어올 때까지 잠자리에 들지 않는 할머니 생각에 그는 아무리 취해도 동료들에게 업혀서라

《동아일보》 창간 당시 화동 사옥의 편집부 모습(오른쪽 맨 앞이 월봉 한기악).

도 반드시 집에 들어갔다. 남편의 장례를 치를 때까지 태기를 느끼지 못했던 그의 모친은 어느 지관으로부터 제절(除節: 산소 앞뜰)에 자손이 가득할 것이라는 말을 들었다. 문상객들은 지관을 미친 사람으로 취급했다. 하지만 지관의 예언대로 그의 자손들은 제절 앞에 가득하게 된다. 월봉은 1911년 의령 남씨와 결혼하여 3남 1녀를 두었다.

　월봉의 장남 만춘(작고·경성제대 이공학부 졸, 영국 노팅엄대학 박사) 씨는 연세대 이공대 학장, 대한전기학회 회장, 학술원 회원 등을 역임한 한국 전기공학의 원로였다. 그는 이순복 씨와 결혼하여 남매를 두었다. 아들 민구(63·서울대 전기공학과 졸, 미시건대학 석사, 존스홉킨스대학 박사) 씨는 서울대 공대 학장, 전국공과대학장협의회 회장, 학술단체총연합회 회장, 대한전기학회 회장 등을 역임했으며, 김선애(57·이화여대 졸, 뉴욕 주립대학 석사·단국대 교육학박사, 강남대 조교수) 씨와 결혼했다. 딸 은구(59·이화여대 영문과 졸, 버지니아대학 방문교수, 문학박사) 씨는 대림대 영어과 교수로 동림인터텍스 대표인 서병일(59·연세대 경영학과 졸) 씨와 결혼했다.

　월봉의 차남 만년(작고·보성전문 상과, 서울대 정치학과 졸) 씨는 한국학 서적 출판에 공이 큰 일조각을 창사한 출판계 원로로 대한출판문화협회 회장을 역임하며 출판문화회관을 건립하는 등 『일업일생』으로 출판문화 발전에 크게 기여한 인물이다. 제1회 효녕상, 인촌상 등을 수상했다. 그는 유진오 전 고려대 총장의 맏딸 효숙(82·서울사대 영어과 졸) 씨와 결혼했으며, 박동진 전 외무부장관이 둘째 동서, 안용팔 전 성모병원 원장(작고)이 셋째 동서이다. 그는 4남 1녀를 두었는데, 장남 성구(57·서울의대 졸) 씨는 서울의대 교수로 이난숙(57·이화여대 영문과 졸) 씨와 결혼했다. 차남 경구(55·서울대 인류학과 졸, 하버드대학 인류학 박사) 씨는 재외한인학회 회장, 한국국제이해교육학회 회장을 역임했으며, 현재 서울대 자유전공학부 교수로 한국이민학회 회장을 맡고 있다. 부인 김시연(52·이화여대 사학과 졸) 씨는 일조각 사장을 맡고 있다. 3남 춘구(53·서울의대 졸, 서울의대 박사) 씨는 서울의대 교수로 김덕주 전 대법원장의 딸 수경(50) 씨와 결혼했다. 4남 홍구(52·서울대 국사학과 졸, 워싱턴대학 역사학박사) 씨는 서울대 교양학부 교수로 이관실 씨와 결혼했다. 만년 씨의 딸 승미(47·서울대 인류학과 졸, 하버드대학 인류학박사) 씨는 대학학력고사 전국 차석을 차지한 재원으로 현재 연세대 국제대학원 교수이며, 고려대 공대 교수인 김운경(52·하버드대학 공학박사) 씨와 결혼했다.

월봉의 3남 만청(77·서울의대 졸, 방사선과 전문의, 서울대 의학박사, 하버드의대 방사선과 펠로우) 씨는 서울대병원장, 아시아태평양 심혈관중재적방사선의학회 회장을 역임했으며, 분쉬의학상을 수상했다. 김용완 전 전경련 회장의 딸 김봉애(73) 씨와 사이에 3녀를 두었으며, 맏딸 숙현(45·연세대 심리학과 졸, 파슨즈스쿨 디자인 MFA) 씨는 IDIUS 대표로 이화산업(주) 부회장인 조규완(48·오하이오대학 수학과 졸, 페어레디킨스대학 석사) 씨와 결혼했다. 차녀 금현(44·이화여대 조형예술학박사) 씨는 콜로라도대학 객원교수로 풍원산업(주) 대표인 백상익(47·연세대 경영학과 졸, 아이오와대학

MBA) 씨와 결혼했으며, 3녀 지현(43·이화여대 불문과 졸) 씨는 장재훈(보스턴대학 경영학석사) 씨와 결혼했다.

월봉의 딸 만증(81) 씨는 윤여경 씨와 결혼하여 2남 1녀를 두었다. 장남 윤춘식(53·연세대 의대 졸, 토론토대학 소아과병원 연구교수, 중앙대 의대 박사) 씨는 연세대 의대 교수로, 조미원(41·이화여대 미대 졸) 씨와 결혼했으며, 딸 윤선식(56·이화여대 법대 졸) 씨는 경희대 산업공학과 교수인 이효성((57·서울대 산업공학과 졸, 미시건대학 박사) 씨와 결혼했고, 차남 윤호식(50·서울공대 기계공학과 졸, 버클리대학 박사) 씨는 미국삼성전자 수석연구원이다.

월봉은 1914년 중앙중학을 졸업하고 보성전문으로 들어가 1917년 이 학교를 졸업한 후 나라 잃은 설움에 만주, 연해주 일대로 망명 생활을 한다. 그러나 그곳에서 만난 이상설, 이회영, 신채호, 이동녕으로부터 학업을 계속하라는 권유를 받아 일본으로 유학을 떠난다. 중앙학교의 동기동창 변영로 등 동기생들이 이미 가 있던 도쿄에서 메이지대학을 다녔지만 3·1만세운동에 앞서 있었던 2·8도쿄유학생독립선언 준비 때문에 학교를 마치지 못한다.

월봉은 2·8독립선언 후 3·1운동 준비를 위해 국내로 잠입하여 송진우 중앙학교 교장을 도와 독립선언서 제작에 참여한다. 당시 최남선이 임규의 집에서 독립선언서를 썼으며, 임규와 월봉은 이 선언문과 통고문을 일본의 정치인 등 영향력 있는 사람들에게 보내기 위해 일본으로 파견된다.

이런 사정 때문에 신변이 위태로워진 월봉은 중국인 벙어리로 위장하여 요코하마에서 배를 타고 상하이로 망명해 대한민국 임시정부 수립에 참여한다. 1919년 4월 13일 초대 임시의정원(국회에 해당) 의원에 선출되며, 4월 22일 임시의정원 제2회 회의에서 이시영 법무총장 밑의 법무위원 3인 중 1명으로 선임된다.

그러나 월봉의 임시정부 활동은 오래가지 못한다. 월봉의 손자 한용구 교수(성공회대 현대사)는 두 가지 요인을 들고 있다(『인물로 본 중앙 100년』).

첫째 요인은 임시정부의 분열이었다. 임시정부는 3·1운동의 여파와 각성으로 이뤄졌으나 수립 과정에서 독립운동을 하던 선배들은 파벌과 자리 문제로 며칠을 두고 싸우고 있었다. 더구나 월봉이 가장 존경했던 이회영, 신채호 등이 임시정부에 비판적인 시각을 갖고 참여하지 않고 있었던 것도 한 요인이었을 것으로 짐작한다. 월봉의 지기였던 언론인 유광렬의 회고에 의하면 이런 파벌 싸움이 며칠 계속되자 월봉이 단상으로 뛰어올라 "내가 비록 나이 어린 청년이나 당신네들이 국민을 이끌고 나가는 처지로서 이럴 줄 몰랐다"고 통곡했다고 한다.

둘째는 서울 장안에서는 월봉이 학업을 계속하고 있는 줄로만 알았는데 상하이에서 임시정부에 관여하고 있다는 사실을 알자 손위 처남 남상협을 통해 '조모 위독'이라는 거짓 전보를 치게 했던 것이다. 3대 독자에 유복자로 효심이 지극했던 월봉으로서는 그냥 넘길 수 없는 일이었다. 결국 1919년 말경 일제의 체포를 무릅쓰고 귀국한다. 그러나 이때는 일제가 3·1운동 이후 이른바 문화정치를 실시하면서 유화정책을 펴고 있던 때여서, 해외에서 귀국하는 독립운동 관련자들을 구속하지 않고 방면하던 시기였다. 월봉도 종로경찰서에 끌려가 형식적인 조사만 받고 풀려났다.

이희승의 회고에 의하면 이 무렵 월봉은 모교인 중앙학교에서 교편을 잡으면서 계동의 인촌댁 사랑에 자주 출입했는데, 이때는 3·1운동의 재판에 관한 전략과 재판의 뒤처리로 이 사랑채에는 민족적인 인사들이 많이 모여들었으며, 월봉은 이들과 함께 그 뒷일을 처리하면서 자주 어울렸다고 한다.

일제는 1920년이 되자 문화정책의 일환으로 민족신문 발간까지 허용하게 되어 《조선일보》와 《동아일보》가 창간된다. 당시 《동아일보》 사장은 박영효, 주주 대표는 김성수, 편집감독에 유근·양기탁, 주간에 장덕수, 편집국장에 이상협, 논설반에 김명식·장덕준·박일규, 편집간부에 김동성·진학문·한기악·민태원·염상섭·김정진·김형원·서승효 등이었다. 월봉은 《동아일보》의 창간에 참여하여 편집기자, 편집국장 대리, 심지어는 잠시 발행인까지 맡아보는 등 언론인으로서 활동을 시작한다. 한편 1920년 7월에 조선청년회연합기성회를 조직하고, 이듬해 3월에는 조선노동공제회 정기총회에서 대표자 중 1인으로 뽑힌다.

1925년 《동아일보》에서 나온 월봉은 좀 더 행동적인 사람들이 모여 창간한 《시대일보》의 편집국장으로 옮긴다. 여기에는 벽초 홍명희 등이 있었으나 오래가지 못했다. 월봉은 이 기간에도 사회활동을 벌였다. 민족 자립자활을 목표로 하는 조선물산장려회 이사로, 기관지 《자활》 발행인으로 활동한다. 이듬해 3월에는 교육이 민족을 살리는 가장 효과적인 사업이라 생각하여 민립대학기성회를 조직하고 이종린, 안재홍, 박승철, 최원순 등과 함께 대학건립운동을 벌인다.

1927년 초에는 민족 단일과 민족 협동을 표방하며 사회주의와 민족주의를 망라한 민족 유일전선으로 신간회가 창립되며 월봉은 이상재, 한용운, 안재홍, 홍명희, 김준연, 문일평과 함께 발기인으로 참여해 중앙위원으로 선출되어 구국운동을 벌인다.

월봉은 이듬해 《조선일보》 편집국장이 되며, 언론을 통한 민족계몽운동을 벌인다. 언론인 김을한은 "1925년부터 수년간은 언론인으로서 월봉의 황금시대였다"고 썼다. 그러나 이관구는 '황금시대라고는 하나 가지가지 고난을 겪은 시대'라고 다음과 같이 썼다.

월봉 형은 따뜻하고 단아한 품성으로 동지들을 끄는 매력이 넘쳤거니와 불의에 굴하지 않고 부정을 싸워내는 강직 과감한 태도는 그야말로 민족전선에 충실한 언론인으로서 그 직임을 완수케 한 이유였을 것이다. 비행 폭로 기사의 출처를 추궁하는 일본 헌병의 협박을 보기 좋게 물리친 담력이라든지, 전남 하의도 소작 쟁의에 관한 기사 때문에 권총을 빼들고 위협하는 일본 앞잡이 박춘금을 거들떠보지도 않고 뻣뻣이 세워두었다가 일갈 퇴치한 호기라든지, 또는 무정부주의자나 사회주의자의 가끔 있는 주먹다짐에도 미소로 물리치게 한 기지라든지 갖가지의 일화는 이루 다 말할 수 없다. (『일업일생』)

박춘금 권총사건은 당시 사회부 기자로 현장에서 목격한 김을한의 『인생잡기』에 자세히 묘사되어 있다.

1928년경이라고 생각한다. 그때에도 박춘금이가 도쿄로부터 와서 전라도 일대의 작은 섬을 찾아다니며 국유지라는 명목 하에 도민의 토지를 함부로 빼앗으려고 하여 권총으로 공포를 발사하는 등 갖은 행악을 다 하므로《조선일보》에서는 지국에서 그러한 기사가 오기만 하면 대서특필해서 박춘금 공격에 전력을 기울였다. 그런데 하루는 정작 박춘금이 백주 조선일보사에 전 종로서 고등계 주임이었던 일인 경부를 대동하고서 편집국장에게 면회를 청했다. …… 그는 권총을 국장 책상 위에 꺼내놓고 기사를 취소하라고 대드는 것이었다. 그래도 월봉은 눈썹 하나 까딱하지를 않고 볼은 도홍색으로 상기된 채 '취소는 못 하겠다'고 일관하니 독한 박춘금도 어찌할 수 없는 모양이었다. 박춘금에게 고하 송진우 선생도 창피를 당한 일이 있었던 때이니만큼 약한 듯하나 실상은 강한 월봉에 대해서 우리들은 갈채를 보내고 있었다.

1930년 10월 월봉은 《조선일보》의 경영난 타개에 전념코자 편집국장에서 물러나 업무이사가 된다. 당시 《조선일보》는 경영난으로 식당 외상값도 갚지 못할 형편이었다. 월봉은 자신의 집에서 식사를 마련해 사원들에게 제공하다 결국 과로로 쓰러진다. 당시 여덟 살이었던 아들 만년 씨의 기억이다.

웬일인지 집에서 쌀과 간장, 된장을 퍼내고 매일 20~30명분의 저녁을 날라가고 저녁마다 10여 명의 신문사 사원들이 식사를 하고 가고, 밤에는 노상 구수회의가 벌어지곤 했다. 얼마 후 선친께서는 병환으로 입원을 하게 되고, 집도 팔려서 우리는 왕십리 밖 안정사라는 조그마한 집으로 이사했다. (『일업일생』)

월봉은 인촌의 배려로 그 후 중앙학교에 근무하면서 일제 말 창씨개명에 반대하다가 1941년 6월 20일 서울 종로구 계동 중앙학교 사택에서 폐혈심장판막증으로 별세하며, 경기도 마석면 천마산 묘역에 안장된다.

내가 본 월봉 한기악

월봉 한기악 선생은 실학운동의 선구자 한백겸의 후예로서 조선독립청원서와 3·1독립선언통고문을 작성하여 일본 내각과 국회에 돌리다 상하이로 망명하여 임시정부 수립에 힘쓴 독립지사이다. 그 후 귀국해서는 《조선일보》, 《동아일보》, 《시대일보》 편집국장 등의 언론활동과 신간회 활동으로 민족계몽, 구국운동에 앞장서신 분이다.

순수하고 철저한 민족주의 독립운동가이자 언론인이었던 월봉은 전형적인 외유내강형의 지사이자 선비였다. 그분은 《조선일보》 편집국장 시절 우리 문학사상 불후의 명작으로 꼽히는 벽초 홍명희의 소설 『임꺽정전』을 연재케 하는 강단과 안목을 지녔다. 일제의 압박이 그 어느 때보다 험하던 당시 신채호의 글을 《동아일보》에 받아 『조선사 연구초』 등 단재의 주요 저작이 오늘날까지 남을 수 있게 한 용기 있는 선각자였다.

김관호(한국어문교육연구회 전무이사)

월봉 한기악

1898년	1월 14일, 강원도 원주군 부론면 조리리에서 태어남
1914년	중앙중학 졸업
1917년	보성전문 졸업
1919년	2·8독립선언과 3·1운동에 참여 후 상하이 임시정부 건립에 참여
1920년	《동아일보》 창간에 편집간부로 참여
1925년	《시대일보》 편집국장이 됨
1926년	민립대학기성회를 조직하고 대학건립운동을 벌임
1927년	신간회 발기인 및 중앙위원이 됨
1928년	《조선일보》 편집국장에 취임
1941년	6월 20일, 서울 종로구 계동 중앙학교 사택에서 별세

11
해암 박순천

해암(海岩) 박순천(朴順天)은 3·1운동에 참여하여 1년 6개월의 옥고를 치른 독립투사이자 광복 후 5선의원에 한국 최초의 여성 제1야당 당수를 지낸 정치인이다. '박할머니'라는 애칭에 걸맞게 거친 정치 풍토에서도 '여성으로서의 품격'을 지켜온 특이한 카리스마가 곧 해암이 지닌 인간적인 매력이다.

"'박할머니'는 대학교수의 부인이요, 3남 3녀의 어머니다. 그는 앉고 서는 것 하나하나에 여성으로서의 품위가 몸에 배었고 큼직한 수첩에는 깨알 같은 글씨로 가정의 식단이며 영감의 약, 아들딸의 담임선생 이름까지 적을 만큼 자상한 사람이다. 그가 신익희, 조병옥, 장면 등과 허물없이 어울렸던 것은 바로 그의 굽힘 없는 정의감과 함께 관용, 눈물 등 여성다운 품성을 향수처럼 지니고 다녔기 때문이다."

정치평론가 김진배 씨의 말이다.

아울러 그의 지도자관 역시 민주주의 정치인으로서의 충분조건을 제시하고 있다.

사람은 누구나 한 가지 장점을 갖고 있어요. 그 좋은 점들을 한데 모아서 쓸 수 있게 만드는 것이 지도자가 할 일이에요. 특히 최고지도자는 장수 중의 장수라야 돼요. 한나라 고조 유방처럼 말이지. 우리나라에서 이런 사람 누구꼬? (『광복 50년 한국을 바꾼 100인』)

그는 정치하는 사람은, 첫째 애국심이 남달라야 하고, 둘째 깨끗해야 한다고 강조한다. 그렇지 않으면 누가 따르고 믿겠느냐는 것이다. 실제로 그는 가정보다는 나라를 생각하는 데 시간과 정력을 쏟았고, 민주당 최고위원과 당수를 지냈지만 15평짜리 국민주택에서 여생을 보냈다. 말년에 박정희 대통령이 같은 박씨라 해서 '누님, 누님' 하고 부르고, 육영수기념사업회 책임을 맡기도 했지만 그것을 돈이나 권세로 연결시키지는 않았다. 흐트러짐 없는 고결한 품성을 끝내 지켜낸 정치지도자이다.

해암의 올곧은 인생과 함께한 그의 남편 일파(一波) 변희용(卞熙瑢) 역시 그와 걸맞은 민족지도자로 추앙받는 인물이다. 해암의 아호는 낭군의 아호와 짜맞춘 '커플링 아호'이니 천생연분의 한 쌍이었던 셈이다. 일파 역시 도쿄 유학 시절 3·1운동의 전초적 역할을 한 2·8선언을 주도했으며, 4·19혁명을 성공으로 이끈 교수 시국선언에 앞장섰다. 일파는 최남선이 창간한 《시대일보》를 비롯하여 《대중시보》 등의 편집인에, 민족주의자의 집결체인 신간회 지부장을 맡기도 했으며, 성균관대 총장 및 사학총장협의회 회장을 지내기도 했다.

해암은 1898년 9월 10일(음력) 경남 동래군 기장면 대변리에서 시골 한학자 박재형(朴在衡)과 김춘열(金春烈) 사이에 외동딸로 태어났다. 그의 본명은 명련(命連)으로, 손이 귀한 집안의 딸이 명줄이 길게 이어지기를 바라는 뜻을 담고 있었다. 해암의 부모는 기독교 신자로 개화파였다. 해암은 10살 때 장로교회에서 세례를 받는다. 그의 부모는 여성 교육이 부재했던 당시에 여자아이를 받지 않는 한문 서당에 해암을 보내기 위해 남장을 시켜 보낼 정도로 해암의 교육에 남다른 열의를 갖고 있었다.

해암은 12살 때 서당에서 집으로 돌아가던 길에 담벼락에 붙은 방을 보고 한일합병 소식을 알게 된다.

저녁때에 서당으로부터 귀가 도중 주막집 담에 붙은 네 글자의 벽보를 보았다. 이 벽보에 많은 사람들이 모여 수심에 쌓여 있었고 그중에는 한숨짓는 어른들도 있었다. 나는 그 사람들 틈에 끼여 덧없이 울기만 했다. 합병이 무엇인지 명확히 터득하지는 못했으나 우리나라를 일본에 빼앗긴다는 뜻만은 알았고⋯⋯ 그때의 충격은 60 평생 잊어지지 않으며 오늘날까지의 나의 반항적 생애도 그때 받은 충격의 발동일 것이라고 생각한다. (『내가 걸어온 길, 내가 걸어갈 길』, 박순천)

귀가한 해암은 읍내에 나갔다가 상투를 잘리고 돌아온 부친과 이를 본 모친이 통곡하며 태극기를 항아리에 담아 담장 밑에 파묻어 감추는 것을 보면서 대한제국의 멸망을 체감한다. 이후 부친은 해암을 집에서 50리 떨어진 부산의 일신여학교에 입학시킨다. 이 학교는 호주인 선교사가 운영하고 있었다. 해암의 당시 회고담이다.

그때의 학교는 합병 직후라 일제에 대한 반감이 극심했으며 따라서 선생님들도 학문보다 사상을 지도하는 동지들이라 하여도 과언이 아닐 정도로 학생들을 이끌어주었으며, 학생들은 부단히 일본어 과목의 수업을 거부하며 일본말을 사용하는 동배를 배척하는 등으로 배일사상이 강렬했던 것이다.
(『내가 걸어온 길, 내가 걸어갈 길』)

해암은 일본어를 가르치는 일본인 여선생을 골탕먹이기 위해 교실 문 앞에 초를 칠해놓거나 일왕의 초상화를 긁어 울상을 만들어놓는 등의 위험한 장난으로 반일감정을 표출한다.

1917년 일신여학교를 졸업한 해암은 마산의 의신여학교에 부임하여 성경과 생물을 가르친다. 막 졸업하고 부임한, 학생보다 불과 몇 살 위의 여선생이 학생들을 지도하기란 쉬운 일이 아니었다. 해암은 제대로 말을 듣지 않는 학생들을 체벌하는 대신 스스로에게 매질을 하여 이들을 감동시킨다.

여학생들이 하도 말을 안 듣길래 하루는 회초리를 해 오라고 일렀다. 학생들은 대수롭지 않게 여기고 히죽히죽 웃으면서 회초리를 해 왔다. 나는 내 옷소매를 걷고는 학생들이 보는 앞에서 내 팔을 힘껏 내리쳤다. 학생들은 '와' 하고 소리 내며 웃었다. 그러나 두 번, 세 번 내리치고 매가 부러지기 시작하자 학생들은 깜짝 놀란 표정으로 나를 지켜보더니 책상에 엎드려 울기 시작했다. 그리고 난 후부터는 학생들이 내 말을 잘 듣게 되었고 또 서로 마음이 트이기 시작했다. (『나의 이력서』, 《한국일보》)

또 한국인 교사의 봉급이 일인 교사의 절반밖에 안 되는 사실에 대해 학생들이 차별철폐운동에 나서 집단 등교거부가 일주일을 넘기자 해암은 학생들을 일일이 찾아다니며 등교하도록 설득한다.

1919년 해암은 거족적인 3·1운동에 동참함으로써 마침내 본격적인 독립운동가로 활동하게 된다.

기미 만세사건이 일어나기 얼마 전, 그러니까 2월 어느 날 마산 의신여학교에서 교편을 잡고 있던 나에게 남자 손님이 한 분 찾아왔어요. 그분은 나에게 도쿄 유학생들이 앞서 일으켰던 2·8독립선언과 3·1만세운동 거사계획을 설명해주고 협조를 당부한 후 "며칠 후 독립선언문을 내려보내 줄 테니 프린트해서 뿌려달라"는 말을 남기고 총총히 사라졌어요. 그분이 지정해준 날 저녁 7시, 옛 마산역에 나가 서 있으려니까 그가 말한 대로 키가 큰 의전 학생이 개찰구로 걸어나오면서 모자에 손을 얹는 것이 보였습니다. 학교 뒷산 공동묘지로 가서 무덤 뒤에 숨어 가지고 그 학생이 등 뒤에서 꺼내 준 독립선언문을 받았지요. 종이가 땀으로 젖어 있더군요. (『여류정치의 미 박순천』, 백성남)

해암을 찾아왔던 사람은 3·1운동 민족대표 33인 중 청년대표로 참여한 이갑성이었다.

해암은 중앙에서 밀파된 배동석으로부터 독립선언서와 《독립신문》을 전달받아 복사하고 태극기를 만드는 등 3·1운동에 직접 관여하며 마산의 만세운동을 주도한다. 해암은 시위 도중 체포되나 한석진 목사, 이승규 장로 등의 신원보증으로 1주일 만에 풀려난다. 그러나 하숙방 천장에 숨겨둔 태극기와 독립선언서 등이 발각되어 지명수배되고, 도피 중에 열린 궐석재판에서 징역 1년을 언도받는다. 이는 중형에 속하는 것으로, 여성이었던 해암에게는 무거운 처벌이었다.

해암은 만세거사에 참가했던 심정을 "그때 나는 잔다르크를 본뜨려는 마음으로 가득 차 있었기 때문에 일본 헌병들이 칼을 휘두르는 것을 보고는 저 칼에 내 목이 떨어지면 얼마나 행복할까 하고 생각했었다"(『나의 이력서』)라고 회고했다.

1주일 만에 풀려난 해암은 남장을 하고 칠원에 사는 최용구(의신학교 제자 최봉선의 오빠)의 집으로 몸을 숨기는데, 동네에 만세꾼이 침입했다는 소문이 퍼지기 시작한다. 이 말에 당황한 최용구의 부인은 해암을 가리켜 "전라도 순천으로 시집을 보냈더니 소박맞고 돌아온 동생"이라고 둘러댄다. 이때부터 '순천댁'이 명련(해암의 본명)을 대신

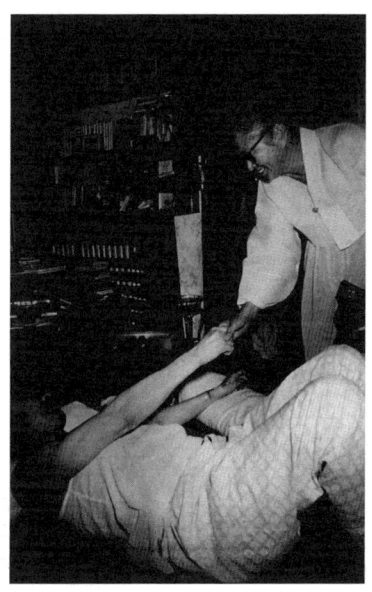

1973년 8월 자택에서 와병 중인 김대중을 방문하여 위로하는 박순천.

하는 '순천'이란 이름이 되어버렸으며 호적상으로도 민주당 때 아예 정정한다.

이후 해암은 일본 유학을 결심하여 이미 도쿄에서 공부하고 있는 황신덕, 한소제와 함께 현해탄을 건너 요시오카(吉岡)의전에 입학한다. 그러나 첫 번째 유학은 부모가 송금한 봉투의 주소지 추적으로 탄로 나게 되면서 마산으로 압송되어 1년 4개월간 수감 생활을 한다. 형기를 마친 해암은 1921년 다시 유학길에 오른다. 광복의 비행사가 되겠다고 체력을 키우기 위해 니카이도(二階堂)체육전문학교에 입학했으나 건강이 나빠져 일본여자대학 사회학부에 입학하여 학업을 마칠 무렵 1925년 12월 24일 서울 무교동 태인관에서 항일운동의 동지이자 유학생인 변희용과

혼담이 있은 지 6년 만에 결혼식을 올린다.

이후 암울한 시대에 일자리를 구할 수 없어 시가가 있는 경북 고령으로 귀향하여 부부가 함께 농촌계몽운동을 벌인다. 야학을 개설하고 해암은 규모 있는 살림을 위해 가계부를 적어야 한다고 타이르고 글과 산술을 가르친다. 이곳에서 13년을 지내다가 자녀교육 문제와 창씨개명을 강요하는 일제의 굴레를 벗어나기 위해 1938년 서울로 이사한다. 해암은 경성방직, 금강전구 등의 여자직공감을 하는 한편 황신덕, 박승호 등과 학교 설립을 추진, 1940년 10월에 경성가정여숙(현 중앙여고)을 개교하고 부교장의 직책을 맡는다. 당시 제자였던 박이순(86) 씨의 회고이다.

"저는 4기 졸업생으로 서대문 부근 지금의 강북삼성병원 자리에서 배웠지요. 선생님은 다정다감하시면서도 리더십이 강해 우리는 그분을 '아버지'라고 불렀지요. 평생을 자식처럼 위해주셔서 저는 그분이 해주셨던 상복을 입고 임종도 지켜보았습니다."

일제 말 폐교의 위기를 면하기 위해 해암은 '국방가정' '전황뉴스를 듣고'라는 제목의 강연도 하여 해방 후 '일제협력'이란 빌미가 되기도 한다. 하지만 해암은 정부 수립 후 항일투쟁의 공적을 인정받아 정인보가 지휘하는 감찰위원회의 위원으로 활동한다. 광복 직후 건국부녀동맹을 조직하여 반탁운동에 앞장서며 독립촉성애국부인회 부회장으로 활동한다.

1948년에는 《부인신문》을 창간하여 사장으로 5년간 언론활동을 한다. 소설가 임옥인·최태웅·이무영, 시인 모윤숙·구상 등 쟁쟁한 필진이 참여했다. 해암이 신문사 사장으로 맛본 성취감은 대단한 것이었다.

'이상이 있는 얘기'라는 소아과 상담란도 두어 육아 문제도 다루었다. 오늘날의 신문들이 가정이나 여성 또는 자녀 문제를 많이 다루는 것을 보면 당시의 《부인신문》의 편집이 한발 앞서 가고 있었던 면도 엿보인다. …… 그러나 처음부터 충분한 자본도 없이 시작한 신문사는 심한 경영난에 봉착하게 된다. 봉급을 제때에 못 주는 것이 예삿일로 벌어지고, 두루마리의 신문용지를 가득 싣고 가는 다른 신문사의 트럭을 보면 훔치고 싶은 심정이라고 박순천은 절박한 심경을 토로하기도 했다. (『한국언론인물사화』, 대한언론인회)

1950년에 대한부인회 소속으로 서울 종로갑구에서 국회의원에 출마하여 당선된다. 해암은 6·25전쟁 때 서울에 남아 '대한의용군결사대'를 조직하나 서울에 남아 있었다는 이유로 부역자 명단에 오른다. 서울에 남았던 21명의 국회의원 가운데 특히 선무방송에 동원되었던 3명에 대한 징계가 집중 논의되었다. 분개한 그는 발언을 신청하고 "국민과 국가의 재산을 하룻밤 사이에 공산도당에게 넘겨주고 도망갔다가 이제 돌아온 사람들이 시민들과 더불어 끝까지 남아 있던 사람에게 용서할 사람, 용서하지 못할 사람이라고 구분하겠다 하니 차라리 방송한 3명뿐 아니라 21명을 모두 한꺼번에 징계하라"(『나의 이력서』)고 주장한다.

1951년 1·4후퇴로 부산에 내려온 자유당 정권은 장기집권을 꾀하면서 거리에서는 연일 '백골단' '땃벌레' 등의 테러단이 동원되는 등 살벌한 시위행렬이 이어졌다. 공포 분위기 속에서 국회의원을 강제 동원하듯 몰아넣고 이른바 발췌개헌안을 통과시키자 해암은 이에 결연히 반대한다. 이어 발표된 "대한부인회 회원은 모두 자유당에 입당하라"는 대통령의 담화에 반기를 들고 이승만 노선을 떠난다.

해암은 야당의원들의 모임인 호국동지회에 합류하여 1955년 9월의 민주당 창당대회에서 당고문과 중앙위 부의장으로 선임되며, 이듬해 조병옥, 장면 등과 최고위원으로 선출된 이래 네 차례나 연임한다. 4·19혁명으로 민주당 정권이 수립된 후 장면 총리는 해암에게 문교부장관으로 입각하라고 요청하나 끝내 사양한다. 그는 민주당 신파에 속했지만 신파나 구파가 아니라 민주당파라는 자신의 주장대로 행동한다.

5·16군사정변을 맞아 허탈해진 해암은 정쟁법이 풀리자 민주당 재건에 앞장선다. 1963년 초 매서운 추위가 기승을 부리던 날 해암은 서울 무교동 네거리에 있던 한 사무실에서 구 민주당 간부이던 홍익표와 나란히 서서 기자들의 질문을 받는다. 5·16정변으로 정권이 무너진 뒤 2년 반이나 정치활동이 금지되었다가 처음 맞는 기자회견이었다. 기자들은 "국민이 준 정권도 유지하지 못한 주제에 무슨 낯으로 나와 정당을 만들겠다는 것이냐"고 비아냥거렸다. 해암이 답한다.

그렇습니다. 민주당은 죄인이요. 저는 상주올시다. 우리가 잘못해서 국민들이 피로써 세워준 정권을 망치고 말았습니다. 다른 야당들이 많이 생겼습니다. 이름을 갈고 나왔습니다. 그러나 저희들은 3년 전에 도둑맞은 그 간판을 걸고서 국민의 심판을 받자는 것입니다. 우리 민주당이 정말 잘못했으면 매를 때릴 것이요, 이제라도 정신 차려서 박정희 군사정권과 한번 싸워보라 한다면 젖먹던 힘까지 내어 싸워나갈 것입니다. (『광복 50년 한국을 바꾼 100인』)

이듬해 해암은 민주당 최고위원이 된다. 그 후 통합야당인 민중당의 최고위원이 되는데 여성이 제1야당의 당수가 되기는 건국 이래 처음이었다. 1965년 한일협정 때는 당 소속 의원들의 사퇴서를 의장에게 제출하면서 반대의사를 관철시키려 힘쓴다. 항상 정곡을 찌르는 말로 반독재 투쟁에 앞장서나 결코 남성화되지 않은 단정하고 다감한 여성이었다.

해암은 1983년 1월 9일 서울 화곡동 자택에서 별세하며, 부군 일파와 함께 서울 수유리 4·19혁명 유공자 묘역에 합장되어 있다.

해암은 일파와 사이에 3남 3녀를 두었다. 장남 광호(작고·전 삼신기공업 대표) 씨는 최미성(작고) 씨와 결혼하여 2남 2녀를 두었다. 광호 씨의 장남 선업(58·사업) 씨는 전진영(56) 씨와 결혼했으며, 차남 선민(55·포철연구소 근무) 씨는 이문수(54) 씨와 결혼했다. 광호 씨의 장녀는 선희(56) 씨이고, 차녀 선주(52) 씨는 박우상(54·건축업) 씨와 결혼했다.

해암의 차남 영호(74·재미사업가) 씨는 이화영(72) 씨와 결혼하여 장남 선국(41) 씨와 장녀 선아(46) 씨, 차녀 선영 씨를 두었다. 해암의 3남 준호(작고·전 서울전자 사장) 씨는 이길연(70) 씨와 결혼하여 장남 선욱(47·한라위니아 감독) 씨, 차남 선용(47·전주 증산초교 아이스하키 감독) 씨, 3남 선홍(44·사업) 씨, 4남 선진(42·재미사업가) 씨를 두었다. 해암의 장녀 금호(작고·전 근명여고 재단이사장) 씨는 손창익(작고·주택공사 근무) 씨와 결혼하여 2남 1녀를 두었다. 장남 손승재(66·현대건설근무) 씨는 사공명옥(66·전 근명여중 교장) 씨와 결혼했으며, 차남 손인재(63·재미사업) 씨는 지영숙(57) 씨와 결혼했으며, 장녀 숙재(60) 씨는 송영직(61) 씨와 결혼했다. 해암의 차녀 은호 씨는 이광직(작고·외과의사) 씨와 결혼했으며, 3녀 인호(재미) 씨는 장태진(작고·전 UCSD대학 교수) 씨와 결혼했다.

내가 본 해암 박순천

고교(김해여고) 시절에 선생님으로부터 "너희들은 커서 박순천 여사

같은 인물이 돼라"는 가르침을 받을 때부터 줄곧 그분에 대한 관심을 갖게 되어 2007년 「박순천 연구」로 박사 학위(국민대 대학원)를 받았다.

해암 선생은 반독재 민주화의 투쟁성과 타의 추종을 불허하는 도덕성, 특히 공평무사한 공정성이 주는 카리스마와 적극적인 당내 활동으로 민주당 최고위원이 될 수 있었다. 당내의 신파로 분류되고 있으나 본인은 당파를 부인하고, 당파의 이해보다는 대의의 실현을 위해 신파와 구파 간의 갈등 해소에 앞장섰다. 자기 자신의 이익이나 당파의 이익보다도 민주적인 당과 국가를 중시하는 도덕성을 보여주었다. 해암 선생은 목적 가치로서의 민주주의와 행동양식 가치로서의 민주주의를 동시에 구현하는, 절차민주주의에도 투철한 의회민주주의자였음을 알 수 있다.

최종순(웅진홀딩스 전무, 인재개발원장)

해암 박순천

1898년	9월 10일(음력), 경남 동래군 기장면 대변리에서 태어남
1917년	일신여학교 졸업, 마산 의신여학교 교사가 됨
1919년	3·1운동에 참여, 1년 6개월의 옥고를 치름
1921년	일본여자대학 사회학부 입학
1925년	변희용과 결혼
1948년	감찰위원회 위원에 취임
1950년	2대 국회의원에 당선
1956년	민주당 최고위원에 피선
1966년	민중당 당수에 피선
1983년	1월 9일, 서울 화곡동 자택에서 별세

12
성재 이관구

성재(誠齋) 이관구(李寬求)는《조선일보》논설주간,《조선중앙일보》주필,《서울신문》주필 겸 편집국장,《경향신문》주필에 초대 한국신문편집인협회 회장을 역임했다. 그는 소문난 항일운동 집안 출신이어서 일제하 신간회 활동을 계기로《조선일보》에 입사할 때부터 주목을 받아 왔다. 그의 조부는 명성황후 시해사건 때 순국한 궁내부대신 이경직(李耕稙)이다. 이경직은 명성황후와 외사촌 간이다.

일본인들은 건청궁 내전에서 고종과 왕세자인 이척을 발견했는데…… 그 내전으로 여러 명의 일본인이 뛰어들어 와 고종의 어깨를 칼로 찌르고 비틀거리는 국왕을 밀치면서 재빠르게 주위를 살폈다. …… 잠시 후 일본인들의 앞에 나타난 궁내부대신 이경직은 건물 문 앞에서 팔을 크게 벌리고 왕비의 어전인 곤령각으로 달려가는 일본인들의 앞을 가로막았다. 그러자 미야모토 타케타로 소위가 그를 권총으로 쏘아버렸다. 허리에 총탄을 맞고도 비틀거리면서 복도로 나가는 이경직에게 낭인 히라야마 이와히코가 대각선으

로 칼을 휘둘렀다. 이경직은 땅바닥에 대구루루 굴러떨어져 절명했다. (『조선왕조 멸망기』, 가다노 쯔기오)

나라에서 장충단(지금의 장충단공원)을 짓고 궁내부대신 이경직과 훈련대 대대장 홍계훈에 제사 지내고, 그 앞에 그들의 공적을 새긴 비석을 세웠다.

이경직의 아들 우규(禹珪)는 순천부사와 비서원 승지를 지낸 후 일제의 강요에도 불구하고 끝내 창씨개명을 하지 않았으며, 교육만이 극일을 할 수 있다는 신념으로 기호흥학원(중앙고교의 전신)의 설립에 참여했다.

이우규는 김규근(金珪根)과 결혼하여 4형제를 두었다. 장남 겸구(謙求)는 경성의전을 졸업한 의사로 윤유순과 결혼하여 1남 3녀를 두었다. 겸구의 아들 원복(85·서울대 항공학과 졸) 씨는 대한항공 전무와 건국대 겸임교수를 지냈으며, 건국대 겸임교수인 최영희(76·한신대 대학원 졸) 씨와 결혼했다. 겸구의 장녀 경숙(작고·경기여고 졸) 씨는 관재청 차장을 지낸 장창진(작고·일본 규슈제대 법과 졸) 씨와 결혼했고, 차녀 재숙(91·경기여고 졸) 씨는 상주지검장을 지낸 이원항(작고·경성법전 졸) 씨와 결혼했으며, 3녀 인숙(작고·배화여고 졸) 씨는 국회의원과 주 프랑스 대사를 지낸 민병기(작고·시카고대학 정치학과 졸) 씨와 결혼했다.

이우규의 3남 민구(敏求)는 도쿄제대 경제학부 출신으로 한전 감사, ㈜한국무진 회장을 지냈으며, 한효희(작고·경기여고 졸)와 결혼하여 3남 4녀를 두었다. 민구의 장남 승복(70·고려대 경제학과 졸) 씨는 한전 처장을 지냈으며, 임향숙(64·경희대 기악과 졸) 씨와 결혼했고, 차남 정복(69·연세대 의대 졸) 씨는 연세대 의대 피부과 교수 및 대한피부과학회 회장을 지냈으며, 김화식(65·이화여대 불문학과 졸) 씨와 결혼했고, 3남 준복(66·서울공대 금속학과 졸, 오하이오대학 금속학박사, 재미) 씨는 영국 석유회사 부식연구소장을 지냈으며, 박성희(60·서울여대 졸) 씨와 결혼했다. 민구의 장녀 희숙(80·서울대 영어교육과 졸, 재미) 씨는 미국 사비스 크리스천대학 교수를 역임했으며, 서울공대 및 미국 텍사스대학 교수를 지낸 민광식(84·서울대 물리학과, 미네소타대학 물리학박사) 씨와 결혼했다. 민구의 차녀 창숙(작고) 씨는 이화여대 화학과를 졸업했고, 3녀 명숙(75·서울의대 졸, 재미) 씨는 미국 러쉬의대 방사성과 교수로 미국 포틀랜드 주립대학 영문학과 교수를 지낸 이재남(78·브라운대학 영문학과 졸, 뉴멕시코대학 영문학박사) 씨와 결혼했으며, 4녀 정숙(73·이화여대 생물학과 졸) 씨는 이봉기(76·성균관대 경제학과 졸, 재미) 씨와 결혼했다.

이우규의 4남 만당(晩堂) 이혜구(李惠求)는 한국 전통국악을 현대적 학문 방법으로 체계화한 현대 국악학의 창시자이다. 그는 서울대에 국악과를 설립하고 국악교육을 스스로 담당하여 우수한 국악 인재들을 배출한 인물이다. 만당은 1909년 서울 종로구 적선동에서 태어나 경성 제일고보(현 경기고)와 경성제대 영문학과를 졸업하고, 14세부터 바이올린을 익히고, 경성방송국 아나운서로 취직해서는 국악 프로를 만들어서 전통문화의 맥을 잇는 공헌을 했다. 광복 후 중앙방송국 국장대리와 공보부 방송국장을 거쳐, 1970년에는 서울음대 학장에 취임하여 1974년 정년 때까지 재임했다.

만당은 송귀남(작고·숙명여고 졸), 정기영(85·재취, 이화여대 가정과 졸, 행당중 교장 역임)과 결혼하여 3남 3녀를 두었다. 장남 창복(77·연세대 의대 졸) 씨는 미국 일리노이대학 안과 임상교수를 지냈으며, 이은희(75·숙명여대 국문학과 졸) 씨와 결혼했다. 만당의 차남 영복(74·연세대 상경대 졸) 씨

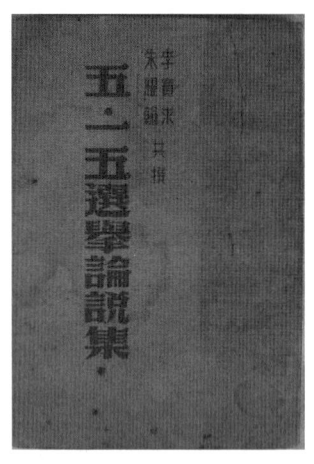

이관구가 주요한과 함께 편찬한 『5·15선거 논설집』(1956년 경향신문사 발행).

는 김경옥(70) 씨와 결혼했으며, 3남 대복(68·서울대 국어교육학과 졸) 씨는 창문여고 교장으로 조유자(67·서울대 음대 성악과 졸) 씨와 결혼했다. 만당의 장녀 영숙(79·서울약대 졸) 씨는 쌍용양회 중앙연구소장을 지낸 홍성준(84·서울대 화공학과 졸) 씨와 결혼했고, 차녀 화숙(71·서울약대 졸) 씨는 정태형(75·서울상대, 미국 덴버대학 경제학석사) 씨와 결혼했으며, 3녀 영혜(43·이화여대 졸) 씨가 있다.

성재 이관구는 1898년 11월 26일 서울 종로구 당주동 20번지에서 태어났다. 열세 살 때 일본 제일고등보통학교에 입학했으며, 1924년에 교토제대 경제학부를 졸업하고 1926년에 동 대학원을 수료한다.

성재는 1914년에 이덕용(李德鎔)과 결혼하여 4남 2녀를 두었다. 장남 순복(작고·서울대 사학과 졸) 씨는 서울대 사학과 교수를 지냈으며, 차남 인복(83·미국 루이빌대학 건축학과 졸) 씨는 재미 건축설계사로 송정희(79) 씨와 결혼했다. 3남 신복(81·일본대학 예술학부 졸, 경희대 정치학석사) 씨는 성균관대 신방과 교수를 지냈으며 홍성돈(70) 씨와 결혼했고, 4남 완복(작고·서울대 경제학과 졸) 씨는 연합통신 기자로 일했으며 이화여대 강사와 안산대 교수를 지낸 김영훈(작고·이화여대 영문과 졸) 씨와 결혼했다. 성재의 장녀 은숙(작고·서울여의대 졸, 연세대 의학박사) 씨는 연세대 산부인과 교수로, 연세대 병리학 교수를 지낸 이응렬(작고·세브란스의전 졸, 경도제대 의학박사) 씨와 결혼했으며, 차녀 혜숙(76·고려대 의대 졸, 서울대 의학박사) 씨는 국립의료원 안과의사로 안성도(79·서울고 졸, 자영업) 씨와 결혼했다.

성재와 수주(樹州) 변영로(卞榮魯)는 막역한 술친구다. 수주는 어느 날 술자리에서 성재 부인의 아명을 알아 가지고는 성재 집에 와서 다짜고짜 내실로 통하는 중문에 서서 "○○야, 시애비 왔으니 술상을 보아 내보내라"고 외친다. 응답이 있을 리 없다. 며칠 뒤 수주가 다시 성재의 집을 찾았다.

사랑에 성재가 있는 기척이 났다. 나는 이에 용기를 얻어 불쑥 들어서니 성재가 나오며 맞이를 하는데 그 표정은 참으로 망연했다. 나의 내의(來意)를 짐작한 군은 설왕설래에 앞서서 나의 입을 막으면서 "쉬쉬, 자네가 온 줄만 알면 나올 술도 절대로 나올 리 없으니 오늘만은 꿀꺽 소리도 말고 조용히 먹고 가게……" 하는 것이었다. 그래서 성재는 안으로 들어가서 딴 손님이 왔다는 군색스럽기 짝이 없는 핑계로 술 한 상이 나왔던 것이다. (『명정 40년』, 변영로)

성재는 1926년 교토제대 경제학부 대학원을 수료한 후 귀국하여 경성제대에서 연구 생활을 계속하려 하나, 경성제대는 지도교수 추천장까지 들고 간 그를 받아주지 않는다. 그의 지도교수가 마르크스주의 경제학자였던 것도 문제가 됐지만, 그가 소문난 항일 집안 출신이라는 것이 더 큰 문제였다.

하지만 성재는 신간회 활동을 계기로 이듬해 《조선일보》에 입사한다. 보성전문과 이화여전에서 경제사를 강의하던 그는 신간회에 가입하여 중앙위원 겸 정치부 간사로 임명된다. 신간회 회장직을 맡았던 당시 이상재《조선일보》사장은 일본 유학을 다녀온 촉망받는 이 젊은이를 눈여겨보다 두 달 후 특채한다. 성재는 정치부장을 맡으면서 민세 안재홍 등과 함께 사설과 시평을 쓴다.

이즈음 성재의 회고를 옮긴다.

> 나는 1926년 9년간의 일본 유학을 마치고 돌아와 신간회의 발기와 그 경성지회의 정치부 간사란 책임 지위에 있으면서 《조선일보》에 들어가 논설반 주간으로서 주필 민세를 도와 날마다 사설, 시평, 논평을 번갈아 쓰게 되었는데, 이것이 나의 신문인 생활의 시작이었다. 《월간조선》 1985년 4월호 〈특집 민족지의 거봉들〉)

성재는 입사하자 논설기자로 활기 있게 필봉을 휘두른다. 1927년 7월 전북 태인의 동진수리조합 공사장에서 한 일본인 업자가 조선인 인부들의 임금 1만 6000여 원을 횡령한 사건을 성재는 주목한다. 수천 명의 조선인 인부들은 밀린 임금을 받기 위해 농성을 했고 이 과정에서 일본인과 충돌했다. 조선인 인부 수십 명을 체포하고 총칼로 위협했다.

성재는 7월 21일자 「동진의 괴사건」이란 시평에서 경찰의 태도를 강력히 비판한다. 그는 폭양 아래 모진 목숨을 위하여 모은 돈을 송두리째 빼앗기고 보니 어찌 눈이 뒤집히지 않을 일이랴"라면서 "사회의 공안을 유지하고 인민의 생명·재산을 보호한다는 책임이 있는 경관이 인부들의 피나는 요구를 채워주기는 고사하고 도리어 인민을 상해하고, 그것도 부족하여 수십 명의 검속자를 내었다는 것은 아무래도 수긍치 못할 일"이라고 썼다. 이 시평은 곧바로 압수됐다(『조선일보사람들』).

1928년 1월에는 성재가 집필한 「보석 지연의 희생」이라는 사설이 문제가 되어 발행인 겸 주필 안재홍과 편집인 백관수가 수감된다.

성재는 이 글에서 "그 신문(訊問)·고형(拷刑)·고문이 어느 정도까지 이르렀다는 것을 상상하기 어렵지 아니하며 또 한편으로 이병(罹病: 병에 걸림)한 피고에 대하여 너무나 비인간 대우를 했음을 의아하지 않을 수 없다"며 "생명이 경각에 달린 피고에게 보석의 청원이 누누(屢屢)함에도 불구하고 옥사(獄死)를 볼 때까지 보석을 지연하며 비록 보석이 된다고 하여도 사망, 불구의 결과를 보게 할 심사가 어디 있을까"라고 질타한다. 이 역시 압수됐다. 안재홍과 백관수는 책임을 지고 수감됐지만 성재는 기소중지 처분을 받아 구속을 면한다. 1928년 5월에는 민세가 쓴 사설 「제남사변의 벽상관」 때문에 민세와 함께 구속됐다가 불기소 처분을 받는다. 사설은 압수되고 신문은 무기정간 처분을 받았다. 일제가 성재를 구속한 것은 그가 정치부장이었기 때문이라기보다는 그동안에 쌓인 '괘씸죄' 때문인 것으로 보인다.

민세가 잦은 감옥살이로 자리를 비웠을 때 호암 문일평 동지와 논평을 분담한 일도 있었다. 두 분 동지의 필자는 좋은 대조를 이루었다. 민세는 단숨의 필력으로 사설 한 편을 웅경 대담하게 반 시간 안팎으로 갈겨 써놓는 데 비해 호암은 원고의 일자일언과 문장의 맥락을 다듬고 또 다듬느라고 늘 마감 시간에 못 대는 정문파(精文派)였다. 내가 조선일보사에 입사하여 민세와 더불어 첫 번째로 중점을 두고 벌인 논평활동은 언론탄압 및 집회금지에 관한 악법의 철폐와 경찰정치의 탄핵이었다. (『지조와 관용의 선각자 안재홍』, 이관구, 《월간조선》 1985년 4월호)

성재는 훗날 "걸핏하면 폭행을 당하고 테러를 당하는 살얼음판에서 민족주의 이론을 굳세게 펴나간 것은 사명감이 없이는 불가능했다"며 "당시 기자들은 지사적인 데가 있었다"고 회고했다.

성재의 교토제대 경제학부 시절 지도교수였던 가와카미(河上)는 이름난 마르크스주의 경제학자였다. 성재의 3남 이신복 전 성균관대 교수는 "교토제대 경제학부는 사회주의자들의 산실"이라며 "선친께서 일제강점기 때 쓴 논설은 사회주의 성향을 띤 것이 태반"이라고 말했다.

성재는 1929년 10월 《조선일보》를 퇴사하고 잠시 언론계를 떠난다. 그는 《조선일보》에 재직한 동안 300여 편의 논설과 시평을 남겼다. 일제강점기 기사는 대부분 무기명이지만 그가 쓴 글은 부인이 스크랩해 보관한 덕분에 온전히 가려낼 수 있었다. 그의 부인은 6·25전쟁 때 피난살이를 하면서도 사설 묶음만은 반드시 지니고 다녔다. 그의 자손들은 이를 기초로 하여 1986년 『성재 이관구 논설선집』을 출간했다. 그러나 이 책에는 1956년 《경향신문》 이후의 사설을 제외한 해방 후의 사설은 누락되어 있다. (『대한민국을 세운 사람들』, 조맹기, 일조각)

성재는 '주선(酒仙)'이라는 말을 들을 정도로 술을 즐겨 술에 관한 일화도 많다. 수주는 수필집 『명정(酩酊) 40년』에 이관구, 염상섭, 오상순과 술에 취해 대낮에 서울 성북동에서 발가벗고 소를 타고 산을 내려온 이야기를 실었다.

하여간 우리는 몸에 일사불착한 상태로 그 소들을 잡아타고 유유히 비탈길을 내리고 똥물(소나기로 해서 갑자기 생겼던)을 건너고 공자 모신 성균관을 지나서 큰 거리까지 진출했다가 큰 봉변 끝에 장도(壯圖, 시중까지 오려던)

는 수포로 돌아가고 말았다.

성재는 1932년 10월 《조선중앙일보》 주필이 되어 1936년 이 신문이 '손기정 일장기사건'으로 폐간될 때까지 근무한다. 그는 당시 《조선중앙일보》에 「백두산 탐험비행기」를 16회 연재할 만큼 글재주가 뛰어난 것 같다. 딱딱한 논설뿐만 아니라 재미있게 쓴 일반적 탐험기여서 더욱 값진 글로 평가받고 있다.

"여름 한 철이면 천자만홍의 고움을 자랑하고, 8800척의 거인의 이마를 현란하게 꾸며놓은 유명한 꽃밭이 바로 여기련만 이제는 백설이 이를 덮어 눈부시게 아침 햇빛을 반사하고 있을 뿐이다. …… 어느덧 우리는 망망하게 넓고 넓은 수해(樹海) 위로 나왔는데 저쪽 맞은편에 불쑥 솟은 허연 그림자가 저 유명한 백두산이 아닌가?"

광복 후 그는 《서울신문》 주필 겸 편집국장, 합동통신 부사장 겸 고문을 맡아 해방공간의 언론을 주도한다.

1945년 11월 미군정청은 일제 관영지였던 《매일신문》을 《서울신문》으로 제호를 바꿔 《코리아타임스》를 창간한 경험이 있는 하버드대학 사회학박사 하경덕에게 신문 창간작업을 맡기며, 하경덕은 성재를 끌어들여 인선작업을 한다. 『서울신문 100년사』는 성재에게 인선작업을 맡긴 이유로 "성재가 과거 신간회에도 참여함으로써 좌우 양쪽에서 무난히 수용할 수 있는 인물이었기 때문"이라고 적고 있다.

성재는 '일당일파에 기울어지지 않는 공정하고 또 적확한 보도'를 강조한다. 그는 사설을 통해 이 신문은 당파들의 대변지가 아님을 분명히 하고 '민족총력의 집결통일과 독립완성'을 위한 '민주주의적 결사수립'의 필요성을 강조했다.

이관구가 해방정국기에 기여한 것은 1945년 11월 23일부터 1946년 3월 20일까지 가장 큰 신문에서 주필 겸 편집국장으로 일한 것이다. 그 당시 한반도에서 일어난 중요한 사항은 신탁통치 찬반논쟁이었다. 모스크바 3상회의의 신탁통치안은 한반도 분단에 큰 영향을 미쳤던 것이다. 그때 이관구는 신문 논조에 결정적 영향을 미치는 주필 겸 편집국장을 지낸 것이다. (『대한민국을 세운 사람들』)

성재는 1946년 5월 김규식, 여운형 등 온건한 좌우 양파의 지도자 중심으로 미군정청이 만든 조선과도입법의원으로 선임된다. 그 후 성균관대 경제학 교수를 지내다가 1952년부터 《경향신문》 주필을 맡으며, 초대 한국신문인협회 회장에 선임되어 반독재 언론투쟁에 앞장선다. 《경향신문》 주필 시절에는 정부를 비판하는 사설을 많이 써서 '솜으로 싼 바늘'이란 평을 들었다. 급기야는 주요한이 집필한 칼럼 '여적(餘滴) 사건'으로 1959년에 폐간된 《경향신문》은 4·19학생혁명을 맞아서야 복간된다.

4·19혁명 후 성재는 《서울일일신문》 사장을 맡으며, 5·16군사정변 이후에는 성균관대학교 이사장, 재건국민운동본부장 등으로 활동하다가 1991년 5월 19일 서울 도봉구 수유3동 134의 43번지 자택에서 별세하며, 충남 천안시 목천면 도장리 선영에 안장된다.

내가 본 성재 이관구

성재 이관구는 일제강점기 때 신간회 창립에 참여한 풍토적 국사 언론인이다. 그는 일제강점기에는 진보적 글을 쓰고 해방 이후에는 우파로 활동한 것이 사실이다. 그는 《서울신문》 재직 시 《조선중앙일보》의 사장이었던 여운형을 《서울신문》에 자주 등장시켰다. 그러나 그와 깊게 동조하지는 않았다.

해방정국이 끝나자 《서울신문》의 영향력은 《동아일보》, 《경향신문》, 《조선일보》로 그 영향력이 이전되었다. 그러나 《서울신문》은 해방정국의 격동기에 좌우를 수용하려고 노력한 유일한 신문이었다. 당시 《서울신문》은 좌 또는 우의 정론지만이 득세하는 좌우 격돌 시대에 불편부당의 중립을 유지하려 한 권위지였다. 그리고 그 뒤에는 풍토적 국사 언론인으로서 좌우를 조화롭게 아우르는 성재 이관구의 노력이 있었다. 성재는 입법의원으로서도 이러한 임무를 더욱 충실히 이행하여 대한민국 건국에 기여한 인물이다.

조맹기(서강대 언론대학원 교수)

성재 이관구

1898년	11월 26일, 서울 종로구 당주동 20번지에서 태어남
1924년	교토제대 경제학부 졸업
1926년	교토제대 경제학부 대학원 수료
1926년	신간회 중앙위원 및 정치부 간사가 됨
1927년	《조선일보》 입사, 정치부장 및 논설위원회 주간이 됨
1932년	《조선중앙일보》 주필이 됨
1945년	《서울신문》 주필 및 편집국장이 됨
1946년	조선과도입법의원으로 선임됨
1952년	《경향신문》 주필이 됨
1960년	《서울일일신문》 사장이 됨
1991년	5월 19일, 서울 도봉구 수유3동 134의 43번지 자택에서 별세

13
백인제

백인제(白麟濟)는 일제강점기부터 6·25전쟁 이전까지 외과수술의 최고 권위자로 꼽혀온 한국 현대의학의 개척자이다. 그는 경성의과전문학생 시절 3·1만세시위에 앞장서 10개월간 옥고를 치르고서도 4년 내내 수석을 차지한 전설적인 인물이다. 그는 경성의과전문학교를 수석졸업하고, 한국인으로서는 세 번째로 일본 도쿄제국대학 의학박사가 됐으며 오늘날 백병원의 전신인 백인제외과의원을 광복 전에 개원했다.

백인제는 1899년 1월 28일 평북 정주군 남서면 남양리 424번지에서 백희행(白禧行)과 청주 한(韓)씨 사이에 4남 3녀 중 3남으로 태어났다. 정주군 남서면은 바닷가 마을이다. 그가 살던 부호라는 포구는 달천강 하구를 거쳐 수로 30리의 남쪽, 숙섬을 바라보는 곳으로 봄부터 가을까지 병어, 숭어, 농어, 민어, 복어, 조기 등 서해에서 나는 물고기는 없는 것이 없었다. "내 고향 부호는 항상 풍년이었고, 부업으로 어업·축산 등도 성해 풍요롭고 인심이 좋은 농어촌이었다"고 조카 낙환(86) 씨는 회상한다(『백낙환 외길 70년』).

관향은 수원(水原)으로 정주파에 속한다. 백인제의 고조부가 영조 때 한성좌윤(서울시 부시장)을 지낸 백경해(白慶楷), 증조부가 정조 때 병조참의·우승지를 지낸 백종걸(白宗傑)이다. 백종걸은 시훈과 시중 형제를 낳았으며, 백시훈의 아들이 3·1만세운동을 배후에서 뒷받침한 현상윤 전 고려대 총장의 장인이자 오산학교 초대 교장인 백이행(白彛行)으로, 이승훈과 함께 오산학교를 설립했다. 백시중의 아들이 백인제의 부친 백희행이다.

한문을 수학하던 백인제는 1906년 당숙 백이행이 세운 부호육영학교에 입학하며, 1912년 오산학교에 입학한다.

백인제가 4년의 재학기간 동안 한 번도 수석의 자리를 놓치지 않았다는 것은 유명한 일화이며, 그뿐만 아니라 만학이 많던 시절이라 다른 학우들보다 어린 나이에도 리더로서의 모습을 보였다. 교장과 교사들의 재임기간이 불분명하기는 하지만 백인제가 재임하는 기간 동안 이종성, 나부열, 박기선, 조만식 등이 교장을 지냈으며, 교사로는 여준, 윤기섭, 이광수 등 당대의 민족운동가와 재사들이 있었다. (『선각자 백인제』)

백인제는 1914년 광주(廣州) 이씨와 결혼하며, 1916년 경성의학전문학교 제1기생으로 입학한다. 학업에 열심히 정진하여 오산학교 때와 마찬가지로 4년 동안 수석을 놓치지 않았다.

1919년 백인제는 3·1만세운동에 참가했다가 퇴학처분을 받음과 동시에 일경에 체포되어 10개월간 옥고를 치른다. 당시 경성의전 후배 한규환의 증언이다.

3월 1일, 독립선언문과 함께 태극기를 후암동 일대에 뿌리고 곧장 파고다공원으로 가려다가 만세를 부르고 나오는 인파와 종로통에서 합류했어요. 얼마 안 되어 일본 순사에게 연행되어 종로경찰서로 끌려갔어요. 그때 보니 백인제 선생도 연행되어 왔더군요. 백인제 선생은 그때 경의전의 학생대표로 활약했었어요. (「한국의학의 백년 야사」, 《의사신문》, 1972년 6월 5일)

백인제는 예심판결을 거친 뒤 이듬해 10달 만에 출옥한다. 3·1운동의 최고 지도급 인사들의 최대 형기가 3년이었음에 비추어보면 더구나 학생 신분으로서는 주범급으로 다룬 셈이다. 일경이 얼마나 간악하게 괴롭혔던지 그는 "감옥 문을 나오니 한없이 도망가고 싶더라. 이 조선 땅이 아닌 곳으로 한없이 도망가고 싶더라"고 말했다고 장기려가 전했다(장기려 박사 회고록). 실제로 백인제는 상하이로 망명하려다 친구의 만류로 1920년 4월 4학년생으로 복교했고, 이듬해 3월 경의전을 수석으로 졸업한다.

백인제는 독립운동에 참가했다는 이유로 총독부의원에서 2년간 더 임상공부를 해야만 의사면허를 주겠다고 하므로 외과학 교실에서 조수가 되지 못하고 부수(副手)로서 2년간 마취를 전담한다. 그러나 이것은 그의 의사 생애로서는 전화위복이었다. 마취 전문의가 없던 시절 마취는 외과의사에게는 무척 중요한 일이었다. 그가 훗날 외과의사로 대성할 수 있었던 데는 탁월한 마취 솜씨도 한몫 단단히 했던 것이다. 그는 또 의학 연구에 정진해서 당시 저명한 의학자 키리하라 교수와 공저로 학계 데뷔 논문을 발표하는 학문적 수확을 거둔다.

백인제는 1923년 의사 면허증을 받은 후 총독부의원과 경의전 외과 강사를 지내면서 의사 및 의학 연구자로 성장한다. 그는 1928년 구루병에 관한 연구로 도쿄제대에서 의학박사 학위를 받는다. 30세의 젊은 나이에 한국인으로서는 세 번째로 도쿄제대 의학박사가 된 것이다. 이 무렵만 해도 의학박사란 매우 희귀한 존재였다.

"키리하라 교수는 그때 혈액형에 관한 연구에 열중하고 있었는데, 그분의 연구업적의 훌륭한 성과가 우리 백 선생님의 협조에 의해 이루어졌습니다. 그러니까 신임하지 않을 수 없겠지요. 외면으로 나타나는 행동이나 태도로서는 키리하라 교수와 백 선생이 많이 다릅니다. 예를 들어 우리 백 선생님은 수술 중에 조수가 잘못한다거나 실수하면, 팔꿈치로 조수의 손을 밀어젖히거나 큰 소리로 타박을 주거나 또 '소 같은 힘을 주었구나' 하는 식으로 야단쳤기 때문에 조수 중에는 수술 시 옆에 서는 것을 두려워하여 손이 벌벌 떨리는 사태까지도 있었다고 합니다." (조진석, '백인제 선생 회고 좌담회')

백인제는 이어서 1928년 경성의전의 외과 주임교수가 된다. 당시 한국 학생이 경의전에 입학하는 것만도 대단한 일이었고, 한국인 교수는 극소수에 불과했다. 특히 한국인 주임교수는 미생물학 교실의 유일준밖에 없었다. 그런데 그가 하늘의 별 따기나 다름없던 경의전 외과 주임교수가 된 것이다. 1928년부터 1941년까지 경의전 외과 주임교수로 재임하는 동안 당대 '제일의 외과의사' 또는 '도규계(刀圭界)의 일인자'라는 명성을 얻게 된다.

"선생의 수술에 대한 호평과 일반인의 신임도는 여간 두터운 것이 아니었습니다. 특히 각종 질환의 감별진단에는 어느 누구의 추종을 불허할 정도로 정확했습니다. 당시의 대수술은 선생님의 독무대 같은 인상을 줄 정도였으며, 한·일인 할 것 없이 서울 장안뿐 아니라 전국 각지에서, 심지어 일본이나 만주에서까지도 수술을 받기 위해 찾아왔던 것입

니다."(장기려, '백인제 선생 회고 좌담회')

외과는 기본적으로 손을 놀려서 하는 의술이다. 따라서 외과 영역에서는 손 솜씨가 매우 중요한데, 백인제의 수술 솜씨는 가히 신기(神技)에 가까웠다고 한다. 커다란 몸과 손에 어울리지 않는 듯 보이는 섬세한 손놀림은 모든 사람의 찬사의 대상이었다. 외과의사가 갖추어야 할 또 한 가지 조건은 건강과 체력이다. 제자이자 동료 외과의사이던 주영재에 의하면 백인제는 "건강이 아주 좋았고 초인적 체력을 가졌다" 그리하여 "두 시간의 열의 있는 임상 강의를 마치고 계속하여 몇 시간씩의 수술을 계속하시나 피곤함을 느끼는 듯한 모습을 뵈올 수 없었다"고 한다.

백인제는 1928년 6월 27일 일본 나라여자고등사범학교 출신의 배화여고 교사이던 최경진과 결혼한다. 그는 환자를 차별하지 않고 누구든지 똑같이 인간적으로 대했다.

"한번은 당시 우리나라에서 금광왕으로 이름난 최 모 씨가 병원에 찾아와서 백 선생의 진단을 받으려고 하는데, 기다리는 환자가 많아서 차례가 쉬 오지 않을 것을 알고 나더러 좀 먼저 진찰을 받게 해달라고 청한다. 그래서 이 뜻을 백 교수에게 전하니 선생 대답이 '다른 환자도 다 같이 바쁜 환자일 테니 그러지 말고 차례를 기다리라고 해' 하신다. 참으로 선생은 금력이나 권력에 이끌리지 않고 오직 인권과 질서를 존중하는 정신이 엿보이는 듯하여 더욱 우러러 보였다." (조진석)

백인제는 의학 연구에도 심혈을 기울였다. 특히 1930년 수술환자에게 수혈의 필요성을 주장한 것이나, 1938년 혈액은행 설립의 필요성을 강조한 것은 선진국의 의학계에 비해 결코 뒤지지 않는 것이었다. 그는 혈액에 대한 연구 외에 임상외과 발전에도 크게 기여했다. 1936년에는 세계 최초로 장감압술(腸減壓術) 시술에 성공한다.

1940년 미국 왕게스틴 교수가 비위간 삽입술에 의한 감압법(減壓法)을 실시해 성공했는데, 백 교수는 이미 3년 전에 그것을 입증했던 것이다. 만일 백 교수가 미국인이었다면 그때 벌써 그의 이름이 국제적으로 알려졌을 것이다. 1931년부터 수술환자에게 수혈의 필요성을 강조한 것이나 1938년 혈액은행 설립의 필요성을 강조한 것을 볼 때 백인제의 연구는 미국 의학이나 다른 선진국에 비해 결코 뒤지지 않았다. 한마디로 백 교수는 외과학의 선구자였던 것이다. (『한미의학사』, 최제창, 1996년)

백인제는 1932년 스승인 우에무라 준지의 외과병원을 인계하여 후배로 하여금 운영하게 한 적이 있었다. 그런데 1937년 미국 여행 중 저명한 시립 종합병원인 메이요클리닉을 둘러보고 자신도 그런 병원을 세우겠다고 결심한다. 그 첫 단계로서 1941년 경성의전에 사표를 내고 '백인제외과의원'을 직접 운영한다. 김희규와 주영재, 윤덕선 등 후배·제자들이 의료진으로 동참했다. 백외과는 개업하자마자 그야말로 문전성시를 이루었다.

"내가 처음 그곳에 갔을 때 병원 구조로 봐서 베드가 한 서른 개 될까 말까 했을 거예요. 그런데 개업해서 얼마 안 되니까 만원이 되어서 할 수 없이 병원에 붙어 있는 주택을 이용했어요. 꽤 넓었습니다. 아래층하고 위층 합하면 한 70~80평 됐을 거예요. …… 그렇게 하고 한 일년 반쯤 되어서 증축을 했어요. 이렇게 해서 한 50명가량 입원시킬 수 있었습니다. …… 일본에서 온 것까지는 잘 모르겠는데, 만주국의 대관들도 몇 사람 오고, 전체적으로 보아서 한국 환자 절반, 일본 환자 절반, 그 정도 되었습니다."

제자 주영재 씨의 말이다.

초창기(1950년대)의 백병원 건물.

1946년까지 5년 동안 상당한 재산을 모았다. 그는 자신의 재산을 사회에 환원하여 우리나라 최초의 민립 공익법인 재단법인 백병원을 창설한다. 백병원은 유명 인물의 진료를 자주 담당하게 된다. 장택상 씨가 피습을 받아 입원치료를 받았고, 장덕수 씨가 피습 후 백병원에서 별세했으며, 1949년 백범 김구가 피격당했을 때에도 백병원 의사들이 달려가 사후처리를 했다. 차녀 향주 씨는 서울대 문리대 영문과 입학 당시 부친에게 얽힌 에피소드를 회상했다.

나하고 친했던 경기여고 급우 중에 같은 해에 문리대 국문과에 입학한 Y양이 있었다. 등록 마감이 임박한 어느 날 나는 다른 급우로부터 Y양이 입학을 포기할지도 모른다는 소식을 들었다. 몹시 마음이 아파서 저녁상에서 아버지께 그 이야기를 말씀드렸다. 아버지는 잠시 말씀이 없으시더니 어머니에게 "현금이 얼마나 남아 있느냐"고 물으셨다. 어머니 표정으로 나는 당장 그때 현금이 많지 않은 것을 알았다. 그러나 아버지는 "내일 아침에 주어 보내지"라고 한마디만 하셨다. 나는 이튿날 신문지에 싼 그 돈을 안고 등교하면서 고마운 아버지 생각이 떠나지 않았다. (『선각자 백인제』)

백인제는 광복 후 경성의전의 재건 과정과 서울대 의대의 탄생 과정에서 주도적인 역할을 맡는다. 그는 경성의전 부속병원장 겸 외과 주임교수로서 진료·교육·연구에 두루 심혈을 기울였다. 1946년 10월 경성의전과 경성제대 의학부가 국립 서울대학교 의과대학으로 통합되었을 때도 서울의대 제2부속병원장 겸 제3외과 교실의 주임교수를 맡는다. 또 해방정국의 의료계 지도자로 활약한다. 서울의 개업의사들이 결성한 건국의사회와 각 의대 교수들이 결성한 조선의학연구회, 두 단체의 통합으로 이루어진 조선의학협회(지금의 대한의학협회)에서 모두 핵심 인물로 활약한다. 그는 서울시의사회의 1~2대 회장, 조선외과학회의 1~3회 회장을 역임했다.

백인제는 서재필 초대 대통령 추대운동에 참여하며, 1949년에 흥사단 의사부장으로 임명된다. 이듬해 6·25전쟁 중에 7월 19일 흥사단원 박현환의 집에서 납북된다.

재단법인 백병원은 1951년 백인제의 동서 김희규가 2대 원장에 취임하여 재임 10년간 이끌어왔으나 재정이 고갈되고 소생할 가망이 없다고 판단하여 법인을 해체하자는 의견을 내놓기에 이르렀다. 그러나 당시 서울대 의대를 졸업하고 백병원에 근무하던 조카 백낙환은 백부의 뜻을 받들어 백병원 중흥에 나선다. 1975년에 백병원의 13층 건물이 완공되고, 1979년에는 백낙환, 백낙조(장남)가 부산에 인제의과대학을 설립한다. 인제대학의 건학이념도 백인제의 '인술제세(仁術濟世)' 정신을 발전적으로 계승하여 '인덕제세(仁德濟世)'로 했다. 뒤이어 상계, 일산, 해운대에까지 근 5000개 병상을 거느리는 세계적인 대형 최신 병원으로 변모했다.

백인제는 백병원 이사장을 지낸 최경진(103) 씨와 사이에 2남 5녀를 두었다. 인제학원 이사장을 지낸 장남 낙조(작고·독일 본대학 의학박사) 씨는 독일인 하네로레 이틱(69) 씨와 결혼하여 아들 형제를 두었다. 장남 선우(42·컬럼비아대학 법학대학원 졸) 씨는 미국 변호사로 법무법인 한얼 파트너이며, 차남 선재(40·미 코넬 대학원 호텔경영, 인간관계론 석사) 씨는 하와이 알렉산더 볼드윈사 인사담당 부사장이다. 백인제의 차남 낙훤(67·캘리포니아 주립대학 졸) 씨는 인제학원 이사 및 원익양행 회장을 지냈으며, 정연희(67·서울미대 졸, 샌프란시스코대학 석사) 씨와 결혼하여 남매를 두었다. 연희 씨는 정인욱 강원산업 창업주의 3녀로 화가이며, 작품 5점이 국립현대미술관에 전시되어 있다. 아들 영익(노스캘로라이나 법학대학원 졸) 씨는 미국 보스턴 연방검사이며, 딸 지원(버클리대학 졸, 미술사 전공) 씨도 미국에 살고 있다.

백인제의 맏딸 난영(이화여전 영문과 졸업) 씨는 미국에 이민 갔으며, 차녀 향주(81·미 웨슬리대학 졸, 스탠퍼드대학 식물학박사) 씨는 전명제(87·서울대 졸, 스탠퍼드대학 경제학박사, UNCTAD 정년퇴직) 씨와 결혼하여 경화(44·미 웨슬리대학 불문학과 졸), 수익(42·스탠퍼드대학 기계공학·역사학 전공) 씨 남매를 두었다. 3녀 남주(73·이화여대 영문과, 남가주대학 대학원 졸) 씨는 신봉조 전 이화학원 이사장 아들 신용선(75·UCLA 물리학박사, 워싱턴대학 수학박사, 텍사코사 근무) 씨와 결혼하여 기영(44·텍사스 베일러의대 졸, M·D 앤더슨 재활의학과 부교수), 기선(40·텍사스A&M대학 졸, 공인회계사) 씨 자매를 두었다. 백인제의 4녀 향남(작고·이화여대 불문과 졸, 소르본대학 수학) 씨는 이규호(72·서울대 외교학과 졸, 한진 전무 역임) 씨와 사이에

혜정(41·이화여대 졸), 종상(39·연세대 건축과 졸, 오레곤대학 박사과정) 씨 남매를 두었다. 5녀 금주(64·서강대 영문과, 일리노이 대학원 졸) 씨는 오세혁(67·서울대 물리학과 졸, 일리노이대학 박사, GM연구소 근무) 씨와 사이에 영석(38·미 남가주대학 의대 졸, 펜실베이니아 의대에서 위장병 전문의 수료, 위스콘신의대 교수), 윤석(하버드대학 생화학과 졸, 스탠퍼드대학 의학박사) 씨 형제를 두었다.

"저는 부친께서 납북되셨을 때 만 5세였으니 그분에 대한 기억은 매우 단편적일 수밖에 없지요. 집에서 같이 냉면을 눌러 먹고 중국집에 데리고 가셔서 탕수육을 사주시던 기억이 나는군요. 시골에 사냥 가시면 시골 노인 누구든지 대좌해 같이 마시고 잡수셨으며…… 우리 민족에 대한 사랑, 또 일본인들에게, 그리고 누구에게나 굴하지 않고 사셨던 두둑한 배짱은 우리 모두가 배워야겠지요."

차남 낙훤 씨의 말이다.

백인제의 동생 붕제는 약관의 나이로 일본 고시 사법·행정 양과에 합격하여 해방 후 변호사 개업 중 6·25전쟁 때 백인제와 납북되었다. 최귀란(작고·일본 나라여자사범 졸) 씨와 사이에 3남 3녀가 있다. 장남 낙환 씨는 인제학원 이사장, 차남 낙청(74·미 브라운대학 영문과 졸, 하버드대학 영문학박사) 씨는 창작과비평사 편집인, 3남 낙서(67·미 윌리엄스대학, 코넬 대학원 졸) 씨는 통일원 기획관리실장을 역임했으며, 현재 인제대 교수이고, 3녀 미영(66·서울음대, 매사추세츠 대학원 졸) 씨는 피아니스트이며 단국대 교수이다.

내가 본 백인제

나는 인제대 의학사 주임교수로 있으면서 백병원의 모태를 만드신 백인제 선생의 행적을 추적했다. 선생은 한마디로 한국 의학계가 앞으로도 오랫동안 찾기 어려울, 전인적(全人的)인 인물로 주목하게 된다. 그분은 오산학교의 민족운동 정신을 이어받아 경성의전 시절 학생대표로 3·1만세운동을 주도한다. 그러면서도 오산 시절 4년 내리 수석에 경성의전 제1기로 입학해서도 줄곧 수석을 놓치지 않는다. 저명한 일인 교수들과 공동연구로 그의 탁월한 실력을 보여 세계적으로도 인정받는 의학적 실적을 남기기도 한다. 문필력도 뛰어나 춘원이 그 문재를 인정했을 정도이다.

해방 후에는 의학협회 조직에도 앞장서는가 하면, 흥사단 활동에도 열중하여 흥사단의 단훈인 '무실역행(務實力行)'을 그의 인생지침으로 삼기도 했다. 납북되셔서도 박해를 감수하면서까지 의연하게 의사로서의 긍지를 지켰으니 참으로 존경스러운 분이다.

서홍관(국립암센터 교수)

백인제

1899년	1월 28일, 평북 정주군 남서면 남양리 424번지에서 태어남
1912년	오산학교에 입학
1916년	경성의학전문학교에 입학
1919년	3·1만세운동으로 10개월 옥고를 치름
1920년	경성의전 수석졸업
1928년	경성의전 외과 주임교수에 취임
1936년	장감압술을 세계 최초로 시술
1941년	백인제외과의원 개설

1946년	서울대 의대 외과 교실 주임교수에 취임, 한국 최초의 재단법인 병원 백병원 설립
1949년	흥사단 의사부장으로 임명됨
1950년	7월 19일, 공산군에 체포, 납북됨

14
운석 장면

운석(雲石) 장면(張勉)은 4·19민주혁명을 선도한 민주정치 지도자이다. 민심을 결집한 야당(당시 민주당) 부통령으로 당선되고, 초대 내각제 총리로 집권에 성공했으나, 군부 쿠데타로 모처럼 싹 틔웠던 민주헌정을 빼앗긴, 실패한 민주정치인이기도 하다. 그러나 운석은 대한민국 건국 과정에서 유엔의 승인을 얻어내고, 6·25전쟁 초에 유엔군 파병을 이끌어낸 탁월한 외교활동으로 구국의 커다란 족적을 남긴 인물로 기록되고 있다.

운석은 1899년 8월 28일 서울 삼군부(三軍部) 뒷골(지금의 종로구 적선동) 외갓집에서 장기빈(張箕彬)과 황 루시아 사이에 3남 4녀 중 맏아들로 태어났다. 선대는 인동(仁洞) 장씨 개옹공파(个翁公派)로, 8대조 장익붕(張翼鵬)이 안동에서 처가가 있던 평안도 성천으로 이주했다. 고조 장인각(張仁珏)이 평남 중화로 이거한 이래 이 지역에 자리 잡는다. 부친 기빈은 근검절약하고 열심히 저축해 아들 3형제의 집을 손수 장만해줄 만큼 상당한 재산을 모았다. 또한 손자 대의 미래 학자금을 위해 지금은 북한

땅인 강원도 통천 근처에 수십만 평의 땅을 사서 잣나무 묘목 수백만 그루를 심었다고 한다. 기빈은 아들 3형제가 어릴 적에 직접 아호를 지어주었다. 장남인 면은 운석, 차남 발(勃)은 우석(雨石), 막내 극(勀)은 하석(霞石)으로 모두 '비 우(雨)' 자를 넣었다.

고향에서 한학을 익히던 기빈은 1894년 인천에 사는 친척을 만나러 갔다가 많은 외국인을 보고 '외국어 공부를 해야겠다'고 결심, 이듬해 한성외국어학원에 들어가 최우등으로 졸업한다. 기빈은 1896년에 천주교에 귀의하며, 다음 해 평양 외성 8대가의 한 사람인 천주교인 황성집의 차녀 루시아와 결혼한다. 그는 제물포 해관(지금의 세관)에 등용되어 탁지부(지금의 기획재정부) 주사까지 승진했으나 일제가 한국을 병탄하자 사퇴한다. 이어 30여 년간 스탠더드오일 인천대리점, 영국 런던에 본점이 있는 타운센트회사 등에서 무역과 보험 업무에 종사한다. 그는 정통 영어 외에도 일본어, 중국어, 러시아어에도 능통했다. 장남 면의 회고에 의하면 자신이 미국 유학 후 귀국해 부친을 뵈니, 자기보다도 영어를 더 잘했고 문장 또한 명확했다고 한다. 운석 역시 미국인도 놀라는 고급 영어를 구사하는 실력자였으니, 부친의 실력이 어느 정도였는지 실감할 수 있다.

이러한 가정적 배경은 운석 선생을 비롯한 슬하의 3남 3녀 모두가 일본과 구미에 유학해 근대 교육을 받아 각계의 전문가로 성장하는 한편, 충실한 신앙생활을 영위하며 타인과 사회를 위해 봉사하는 인물들로 살아가게 만들었다고 여겨진다. (『장면』, 허동현)

기빈의 차남 발은 우리나라 최초의 서양화가인 고희동의 제자로, 우리나라의 성화를 개척한 선구적 화가로 손꼽힌다. 1920년 우에노미술학교에 다니다 도미, 뉴욕의 내셔널 디자인 아카데미를 거쳐 1925년에 컬럼비아대학 미술학과를 졸업했다. 명동성당의 제대(祭臺) 뒷면에 있는 〈14종도상〉이 그의 대표작 중 하나이다. 서울시 학무과장, 계성중학교 교장을 거쳐 그가 설립한 서울대 미대의 초대 학장을 역임했다. 기빈의 3남 극은 세계적으로 저명한 항공공학자로, 유체역학 분야의 독보적 존재이다. 1933년 경성제대 의과 본과 2년 때 항공공학으로 진로를 바꾸기로 결심하고 독일에 유학하여 1940년에 베를린대학 공대를 졸업했다. 독일의 유수한 항공기 생산업체인 시벨사와 다임러벤츠사의 엔진공장에서 엔지니어로 근무, 세계적인 항공학자로 부상했다. 그의 저서 중 1970년 영어로 출판된 『유동(流動)의 박리(剝離)』는 소련이 러시아어로 번역하여 전국 항공공학과의 교과서로 사용했으며, 동구권과 스페인에서도 번역된 항공공학의 필독서로 꼽히는 역저이다. 기빈의 차녀 정온은 평양에서 '영원한 도움의 성녀수도회' 초대 원장으로 일하다 6·25동란 중 납치되어 순교했다.

장씨 일가를 지배하는 큰 흐름은 가톨릭이다. 기빈도 세례명(네온)을 받았음은 물론 자손 중에서 주교와 신부 한 명, 수녀 등을 배출하는 가톨릭 가문을 이루었다. 정부 수반이었던 운석마저도 정치인이라기보다는 성직자의 풍모를 물씬 풍겼다.

운석은 1906년 인천 박문학교에 입학하여 『동몽선습』, 『대학』, 『통감』 등 한학과 산술 등 신학문을 배운다. 어릴 적 운석 역시 소문난 개구쟁이였던 듯하다.

그때는 아직 어릴 때라 매일 아침 어머니가 머리를 빗겨주시는데 여간 귀찮지 않았고, 나도 왜 그런지 머리 땋고 다니기가 싫어서 때마침 인천에 처음으로 이발소가 생겨 머리를 자른다기에, 부모님 승낙도 없이 혼자 가서 머리를 싹 잘라버렸다. 자른 머리를 들고 집으로 돌아왔더니 어머님은 깜짝 놀라 질겁을 하시며 역정을 내시어 나는 혼이 나서 울기까지 했는데, 이것이 아홉 살 때 일이다. (『한 알의 밀이 죽지 않고는』, 장면 박사 회고록)

부친이 너무 장난을 치는 아들을 계도하기 위해 어느 날 이름을 '힘쓸 면(勉)'으로 지어주었다고 한다. 유복한 집안의 따님이었던 모친은 『구운몽』, 『삼국지』 등 고전소설을 외우다시피 탐독했으며, 키도 크고 여행을 즐긴 활달하고 관대한 성격의 여성이었다.

운석은 박문학교 고등과를 졸업하고 진학을 해야겠는데 어리다고 모두들 받지 않아 수원농림학교에 겨우 원서가 접수되었다. 지원자 1000여 명 중 40여 명을 모집하는 데 끼어 간신히 입학했다.

이때의 농림학교는 지금의 서울대학교 농과대학 전신으로 관비학교였으므로, 매월 5원씩 급여해 주는데 기숙사에 3원 50전을 내고 1원 50전을 쓰게 되므로 여간 편리하지 않았으며, 나는 수염이 덥수룩한 어른들 틈에 끼어 귀여움도 받고 괴로움도 받으며 공부에 열중했다. 농림학교는 당시 실질적으로는 전문학교 정도의 수준으로 우리는 임학, 농학, 축산학, 양잠학 등 농림 부문 전반에 걸쳐 배우면서 여름방학도 없이 실습이라고 하여 밭도 매고, 논도 갈고, 모도 심고, 때로는 똥통도 지고, 거름도 퍼 나르며, 어지간한 농사꾼이 되었다. (『한 알의 밀이 죽지 않고는』)

운석은 1916년 5월 20일 서울 중림동 성당에서 미곡상을 경영하는 김상집의 막내딸 김옥윤(金玉允)과 결혼한다. 결혼 당시의 상황이 담긴 조경희 씨와의 인터뷰 대목이다.

: 그때 얼굴을 보셨지요?
: 어딜? 판자가 가로막혀 있으니까 서로 손만 앞으로 내밀고 악수를 하는 거지. 결국 결혼식이 다 끝나고 집으로 돌아가서 겨우 힐끗 쳐다봤어.
: 그때 감상은 어떠셨어요?
: 그건 얘기하기 곤란한데(웃음).
: 좋으셨죠?
: (껄껄 웃고 만다.) 그런데 결혼을 하고서도 신부의 얼굴을 제대로 기억할 수 없었단 말이거든.
: 설마 그러실라고요?
: 정말입니다. 내 안식구에게 가만히 가서 물어보구려(웃음). 그때만 하더라도 가정에 대한 예의범절이 퍽 엄해서 신부는 시아버지나 시어머니 앞에서는 신랑을 보더라도 얼른 외면을 해야 하니까 얼굴을 볼 수 있어요?(『장면』)

운석은 1917년 수원농림학교를 졸업하고 YMCA 영어과에 입학하며 1920년 최우등으로 졸업한다. 이어 도미 유학을 한다. 미국에서는 약 반년간 예과에서 영어를 더 배우고 뉴욕 맨해튼대학에 입학하여 교육학을 전공한다. 5년간의 유학을 마치고 1925년에 미국을 떠나 로마에서 열린 한국 순교자 시복식(諡福式)에 한국 가톨릭 신도 대표로 참석한 후 귀국한다. 이어 평양 교구로 가서 메리놀센터 하우스의 어학 교수로 부임하며, 평양천주교 청년회장 등으로 활약하다가 1931년 서울 동성상업학교 교사로 일한다. 1933년에는 정지용, 이동구 등 문인과 한국문화운동사에도 한 획을 그은 《가톨릭청년》(월간)을 창간한다. 이즈음 그가 쓴 소설『누이』에 대해서는 "그 시대의 작품으로는 손색이 없는 작품"이라고 작가 안수길이 평하기도 했다.

1936년 운석은 동성상업학교 교장에 취임한다. 동성학교에서 17년간 김수환 추기경, 노기남 대주교, 전예용 전 공화당 의장 등 숱한 제자들을 키워낸다.

"가톨릭계 사립학교라고는 하지만 당시 정부는 엄연히 총독부 아닙니까? 행정지시를 받게 되어 있었지요. 가톨릭 당국에서도 일단은 순응하지 않으면 이 땅에 발을 붙일 수가 없으니까요. 그때 '황국신민으로서의 소감을 말하라'는 제목으로 일본어 시험 답안을 쓰게 되었는데 학생이었던 김수환 추기경이 백지 답안을 냈다고 해요. 선친께서는 일단 책임자니까 엄하게 야단을 치시고 하니 아마도 김 추기경은 퇴학당하실 줄로 아신 모양이에요. 그런데 뜻밖에도 일본 조오지(上智)대학으로 유학을 다녀오시게 됐으니 어리둥절하셨겠지요. 겉으로는 처벌 대신 야단을 치시고서는 오히려 '그런 기개 있는 학생을 지도자로 키워야 한다'고 막후에서는 가톨릭 당국에 적극 유학을 주선하신 것이지요. 김 추기경께서 평생 고마워하셨지요.

그런 내막을 모르고 겉으로만 보고 일부 사람들이 친일 운운하니 참으로 답답하지요. 또 공사 구분도 명확히 하셨지요. 전차표 한 장 쓰는 데도 공과 사를 가리셨으니까요. 그때는 지금과 달리 전차에서 내릴 적에 표를 내게 되어 있었지요. 그러니까 만원일 경우 그대로 밀려 나와 표를 내지 못하는 때도 있었지요. 선친께서는 꼭 전차표를 그 자리에서 찢어 없애버리셨지요. 학교에도 일절 오신 적이 없어 좀 서운했는데…… 내가 학교 교장인데 자식 학교에 가는 것이 역시 맞지 않는다는 것이지요."

3남 익 씨의 말이다.

광복 이듬해 운석은 천주교 대표로 미군정 자문기관인 민주의원 의원에, 이어 입법의원 의원으로 지명된다. 그는 주로 좌익과의 투쟁, 군정 당국과의 절충, 미소공동위원회에 대한 정책 수립 등에 전념하며, 1948년 5월 10일 총선거에 종로을구에서 출마하여 제헌국회의원으로 당선된다.

이 제헌국회야말로 신생 대한민국이 민주주의적으로 발전할 수 있는 터전을 닦게 한 것이었다. 사실 이 제헌국회가 생김으로 해서 오늘의 한국이 이루어진 것이라 해도 과언이 아닐 것이다. 여기서 우리는 헌법을 만들고 대통령을 선출했다. 그때의 기쁨은 8·15광복 날의 기쁨에 못지않은 것이었다.
(「내가 걸어온 길」, 장면, 《희망》 1957년 1월호)

운석은 이해 8월 유엔총회 파견 대한민국 대표단 수석대표로 선임된다. 차석에 장기영, 고문 조병옥·김우평·전규홍·김활란·정일형·모윤숙 등 쟁쟁한 멤버였다.

국제외교 무대에 처음 나서는 우리는 모든 것이 낯설고 유엔총회에 모인 세계열강 외교단들에게 우리의 실정과 승인의 필요성을 납득시키려니 여간 힘든 일이 아니었다. …… 하루는 우리 일행이 헤이그의 이준 열사의 묘지를 참배하고 돌아가서 설복하여, 드디어 제3차 유엔총회 마지막 날 밤의 최종 안건으로 국제 승인을 획득하게 되었다. 이날의 나의 감격은 일생을 두고 잊지 못할 만큼 큰 것이었다. (『한 알의 밀이 죽지 않고는』)

그 후 운석은 다시 대통령 특사로 바티칸의 교황 비오 12세를 알현하고, 미국에 와서 1949년 정초 트루먼 대통령의 한국 승인 성명 발표를 들으면서, 초대 주미대사로 임명되었다는 전문을 받는다. 1950년 6·25전쟁이 발발하자 운석은 미 국무성과 대통령을 순방하면서 구원을 요청하고, 유엔의 민주 우방 대표들에게 눈물의 호소를 하면서 밤잠을 못 이루고 구국활동에 나선다. 이해 11월 28일 운석은 국무총리에 지명되어 국회의 인준을 받는다.

6·25전쟁을 맞아 그의 정치적 신념인 자유민주주의를 지키기 위해 미군이 파병되도록 하는 데 힘을 보탰으며, 1951년 초 국무총리로 임명되어 귀국하기까지 주미대사로서 유엔군 총사령부 설치, 대한(對韓)구호안 가결, 안보회의 참석활동, 대본국 방송 계속, 가톨릭 교회를 통한 구호금품 급송 추진 등 전쟁에서의 승리와 전쟁으로 인한 국민의 고통을 줄이기 위한 맹렬한 외교활동을 전개해나갔다. (『대한민국을 세운 사람들』, 일조각)

이후 발췌개헌안 등 이승만 대통령과 자유당 독재정치가 가열화되면서 운석은 1955년 민주당 창당에 참여하여 신익희, 조병옥, 곽상훈, 박순천과 함께 최고위원으로 선출된다. 이듬해 대선에서 신익희 대통령 후보와 러닝메이트로 부통령 후보가 되나, 신익희의 급서로 대구 개표 중단사건 등 우여곡절 끝에 자유당의 이기붕을 누르고 부통령에 당선된다. 부통령에 취임한 그는 그해 9월 29일 명동 시공관에서 열린 민주당 전당대회에서 총상을 입는 등 민주주의 정권교체를 위해 값비싼 대가

1960년 2월 부통령으로 출마한 장면이 부산 중앙초등학교에서 정견발표를 하고 있다.

를 지불해야 했다.

1960년의 대선에서도 그는 표면상 이기붕에게 진 것으로 공표되었지만, 결국 부정선거에 대한 민중 봉기를 이끌어 이승만을 하야시켰다. 4·19혁명 후 재구성된 국회(민의원)의 제2공화정 내각제 총리 선거에서 신파 민주당 대표인 운석은 겨우 2표를 더 얻어 극적인 집권에 성공한다. 따라서 그는 구파 출신 상징적 대통령 윤보선과 국군통수권 문제와 거국내각 문제로 암투를 벌였으며, 반독재 투쟁의 동지였던 민주당 구파로부터 끊임없는 공세에 시달렸다.

야당의 선봉 역할을 하던 당내 소장파로부터의 불만도 만만치 않았다. 집권 8개월 동안 내무장관을 네 번, 국방장관과 육군총장을 두 번이나 바꿨다. 구 정권의 잔재를 쓸어내고 새로운 민주제도의 기둥을 박는 일이 시급했다. 가난에 허덕이는 사람들에게 먹을 것과 입을 것을 주는 것도 시급했다. 그러나 무엇보다도 압제에 억눌린 사람들에게 정치적 자유를 주는 일은 민주당 정부가 외면할 수 없는 필수의 과제였다. 민주당 정권은 이승만의 강력한 통제에 익숙해 있던 군이나 경찰의 실정을 파악할 겨를이 없었다. 온갖 데모가 자유라는 바람을 타고 민심을 뒤흔들었다. (『광복 50년 한국을 바꾼 100인』)

합헌정부의 국무총리 운석은 1961년 5월 16일 새벽 공수부대가 그의 숙소인 반도호텔(지금의 롯데호텔 자리) 809호실을 덮치기 불과 몇 분 전에 황급하게 지프로 탈출하여 혜화동의 수녀원에 잠적했다. 이틀 후 그는 중앙청 총리실에 끌려와 "금번 군사사태의 발생에 대하여 정치적·도의적인 책임을 통감하고 불법적인 비상계엄을 추인하고 내각 총사퇴한다"는 성명을 내고 '불운한 정치가'로 마감했다.

정계 은퇴 후 운석은 본연의 가톨릭 신앙인으로, 제2공화정의 각료들 대부분을 독실한 신앙을 갖게 한다. 운석은 1966년 6월 4일 서울 명륜동 자택에서 별세하여 국민장으로 경기도 포천군 칠보산 기슭 천주교 묘지에 안장된다.

운석은 김옥윤과 사이에 9남매를 두었다. 장남 영 씨는 일찍이 별세했고, 차남 진(84·미 프린스턴대학 생물학박사) 씨는 서강대 부총장을 지낸 저명한 세포생리학자로, 김종숙(77·이화여대 영문과 졸) 씨와 결혼했다. 3남 건(79·미 일리노이 주립대학 건축학석사) 씨는 《경향신문》 사장을 지낸 한창우 씨의 딸 광희(76·조지언코트대학 졸) 씨와 결혼하여 윤(41·가톨릭대 건축과 졸) 씨를 두었다. 4남 익(77·미 메리놀대학, 벨기에 루뱅대학, 오스트리아 인스브르크대학, 대만국립대학 졸) 씨는 1994년 주교로 승품되어 한국인 최초로 춘천교구장에 임명됐으며, 영어·프랑스어·독일어·일본어·중국어·이탈리아어는 본토인 수준이고, 희랍어·라틴어·아랍어·스페인어도 수준급이다. 5남 순(75·조지타운대학 정치학박사) 씨는 보스턴 리지스대학 교수와 베이징대학 초빙교수로 중국 개방에 기여했으며, 독일인 아나리사 훼르스트와 결혼하여 인(44·매사추세츠 주립대학 졸) 씨와 현(36) 씨 등 형제를 두었다. 6남 홍(72·파리신학대학 졸) 씨는 프랑스은행인 방크 내셔널드파리의 임원을 지냈으며, 프랑스인 마리 오딜 오베르(63) 씨와 결혼하여 네 아들을 두었다. 훈(40·토목공학) 씨, 문(37·경영학) 씨, 원(35·화공학) 씨는 프랑스에 살고 있으며, 은(29·음향공학) 씨는 스페인에 살고 있다. 운석의 2녀 의숙(81·분다. 워싱턴 가톨릭대학 석사) 씨는 수녀로 미국에 살고 있으며, 3녀 명숙(작고) 씨는 공영길(78) 씨와 결혼하여 3남매를 두었다. 큰딸 은혜(39·재미) 씨와 아들 요한(36) 씨는 변호사, 작은딸 은영(35) 씨는 회계사이다.

내가 본 운석 장면

민주화 시대의 격랑 속을 살아온 세대에게 운석 장면 선생은 남다른 감회를 불러일으키는 민주지도자이다. 더구나 해방공간의 혼란을 딛고 오늘의 대한민국이 있게 한 유엔 승인 과정과 6·25동란기에 유엔군 참전을 끌어낸 운석 선생의 구국활동은 우리 역사 속에 큰 업적으로 기록될 것이다.

선생은 일제하에서는 민족의 인재를 키워내는 교육활동과 종교운동에 헌신하셨다. 해방 후에는 신생 조국에 대한 국제적 승인과 유엔군의 6·25전쟁 참전을 이끌어내어 국가의 기틀을 세우고 자유당 독재체제에 맞서 진정한 자유민주주의 이념을 구현하는 데 신명을 바쳤다.

그분은 우리에게 자유민주주의 시대로의 길을 열어준 실천적 선각자임에 틀림없다. 그리하여 오늘의 우리가 다원적 시민사회를 건설하고,

민간 자율의 시장경제로 번영하게 된 밑거름이 된 것이다. 운석 선생이 선도한 자유민주주의와 자율을 바탕 삼은 시민사회의 경험은, 어둡고 긴 군부독재의 터널을 지나오는 동안 한국 민주주의운동이 지속하도록 이끈 희망의 동력이었다고 생각한다.

허동현(경희대 교수, 한국사)

운석 장면

1899년	8월 28일, 서울 종로구 적선동에서 태어남
1906년	인천 박문학교에 입학
1914년	수원농림학교 입학
1916년	5월 20일, 서울 중림동 성당에서 김윤옥과 결혼
1925년	뉴욕 맨해튼대학 졸업
1936년	동성상업고등학교 교장에 취임
1948년	제헌국회의원에 당선, 유엔총회 한국 대표로 선임, 주미대사 발령
1951년	제2대 국무총리 취임
1956년	제4대 부통령에 당선
1960년	제2공화성 내각제 총리에 당선
1961년	5·16군사정변으로 국무총리 사임
1966년	6월 4일, 서울 명륜동 자택에서 별세. 국민장으로 경기도 포천군 칠보산 천주교 묘지에 안장

15
죽산 조봉암

　죽산(竹山) 조봉암(曺奉岩)은 좌익계 독립운동가이자 대한민국 건국에 참여한 정치인으로, 이승만 대통령과 대권을 겨루다 '사법살인(司法殺人)'을 당한 진보세력의 주도 인물이다. 대법원은 그가 간첩죄로 사형당한 지 52년 만인 금년 1월 무죄판결을 내려 뒤늦게나마 '법살'임을 확인했다. 대법원은 간첩죄 등으로 기소되어 1959년 사형당한 진보당 당수에 대한 재심사건에서 "북한의 지령을 받아 간첩 행위를 했다고 볼 증거가 없다"며 무죄판결을 내렸다. 대법원은 판결문에서 "진보당은 사회적 민주주의의 방식에 의해 자본주의 경제체제의 부작용이나 모순을 수정하려 했을 뿐 국가 변란을 목적으로 구성된 결사로 볼 수 없다"며 "피고인에게 국가보안법을 적용한 원심은 더 이상 유지될 수 없다"고 밝혔다.
　죽산의 장녀 호정(84) 씨는 그동안 부친의 신원(伸冤)을 위해 진력했다. 1950년 이화여대 영문과를 졸업하고 부친의 비서로 일했던 그녀는 팔순 노파가 되어 있었다.

"제가 32세 때 아버지가 돌아가셨습니다. 어머니는 6·25전쟁 때 납북돼서 사촌 오빠 부부와 제가 옥바라지를 했지요. 아버지께서 돌아가신 뒤에도 경찰들이 집에 상주하면서 남편(이봉래 전 예총 회장)을 감시했지요."

서울 부암동 언덕 꼭대기 꼬불꼬불 골목길을 돌아 바로 그 집을 찾아 들어서자 맹견이 컹컹 짖어대며 반긴다(?). 짐승까지도 그동안 낯선 자들로부터 주인을 지키는 데 숙달되어 온 것이다.

호정 씨는 1959년 2월 27일 "지금으로부터 진보당사건에 대한 판결을 언도한다"는 주심 김갑수 대법관의 목소리가 지금도 귀에 쟁쟁하다고 했다. 오후 1시 50분 김 대법관은 판결주문을 읽어 내려갔다.

"피고인 김정학, 양명산, 이동현을 제외한 다른 모든 피고인에 대한 원심판결을 파기한다. 피고인 조봉암은 사형에 처한다. 피고인 전세용, 이상두는 각 징역 2년에 처한다."

호정 씨는 "재판 과정에서 '평화통일론' 문제는 슬며시 꼬리를 감추고 육군첩보부대 소속 대북첩자이자 북을 왕래하는 대북상인 양명산을 등장시킨 것"이라고 했다.

"키가 크고 눈이 부리부리한 양명산 아저씨는 상하이 시절 경제적으로 어려웠던 아버지를 많이 도와주신 분이지요. 약수동에서 아버지 심부름으로 만날 때면 제 머리를 쓰다듬으시며 '네가 상하이에서 태어난 호정이구나. 상하이에서 너를 본 기억이 있어'라고 말씀하셨지요."

판결이 끝나자 재판부는 곧바로 퇴정했다. 방청객도 하나 둘 자리를 떴다. 눈물이 뒤범벅된 가족들만이 일어설 줄 몰랐다. 그날 이후 호정 씨는 부친의 구명을 위해 백방으로 뛰었다. 우선 이 대통령에게 탄원서를 썼다.

박사님! 저희 아버님은 백번 고쳐 죽어도 절대로 간첩이 될 수 없습니다. 얼마나 아끼고 사랑하던 내 조국인데 무엇이 부족해서 누구를 위해서 간첩 노릇을 하셨겠습니까. 아버님은 무슨 운명이 그다지 기구하시기에 일제 때는 항일투사로 구사일생을 하고, 6·25 때는 '반역자 조봉암을 없애라'는 공산당 벽보가 제1착으로 서울 거리를 휩쓸다시피 했고, 오늘은 자신이 심혈을 기울이시던 대한민국 이 땅에서 사형수의 신세가 되고 있는 것입니다. …… 박사님! 저희 아버님의 항일 역사를 보나, 해방 후 악질 지주와 싸우며 농지개혁을 단행한 공을 보나 죽음을 불사한 반공 이념을 보아서도 절대로 간첩이 될 수 없고, 간첩죄를 씌워서 죽일 수도 없다고 생각합니다.

그러나 이 탄원서는 이 대통령에게 전달되지 못했다. 이기붕 국회의장에게는 탄원서를 직접 전달하려 했다. 자택으로 찾아갔으나 이화여대 스승이던 부인 박마리아 여사가 만나주지 않았다. 교수실로 찾아갔다. 그러나 박 여사는 탄원서를 쳐다보지도 않았다.

"'남자들이 하는 일을 내가 뭐라고 한담' 하시기에 '선생님, 어쨌든 꼭 전해주세요. 제 평생의 소원입니다'라고 간청했어요. 그러자 '두고 가봐. 전해는 줄게' 하세요. 교수실을 나서는데 흐르는 눈물을 주체할 수가 없었어요."

1959년 2월 대법원에서 사형이 확정되자 변호인단이 죽산에 대한 재심을 청구했다. 이해 7월 30일 재심은 기각됐고, 다음 날 오전 사형이 집행됐다. 당시의 상황을 호정 씨의 증언을 따라 재구성해본다(《월간조선》, 2007년 11월).

1959년 7월 31일 오전 10시 30분. 형무관이 감방으로 왔다. 죽산은 단정한 자세로 책을 읽고 있었다. 감방문이 열리고 손목에 수갑이 채워졌다. 형무소 본건물을 빠져나와 '고민통'이라고 불리는 곳에 들어섰다. 길가에는 몇 송이 꽃이 피어 있었다. "이곳에도 꽃이 피는구먼. 그런데 향기가 없어." 죽산은 혼잣말을 했다. 그는 머리를 산뜻하게 가다듬고 평소에 입고 있던 모시 바지저고리에 흰 고무신을 신었다. 가슴에는 '2310'이란 수인번호를 붙이고 있었다. 현장으로 가는 길에 미리 대기하고 있던 집행관과 형무소 간부들 앞에 태연한 모습으로 나타났다.

…… 죽산은 사형이 집행되기 전 목사에게 예수가 빌라도 법정에 섰을 때의 성경 구절(누가복음 23장 22~23절)을 읽어달라고 했다. "이 사람이 무슨 악한 일을 했느냐. 나는 그에게서 죽을죄를 찾지 못했나니 때려서 놓으리라 하니, 그들이 큰 소리로 재촉하여 십자가에 못 박기를 구하니 그들의 소리가 이긴지라." 죽산은 그 옛날 골고다의 언덕에서 십자가에 못 박힌 예수의 환상을 불러 침통한 마음을 조용히 달래며 마지막 숨결을 고르고 있었던 것이다. 죽산은 마지막으로 술 한 잔과 담배 한 대를 청했지만 규정에 따라 받아들여지지 않았다.

죽산은 유언을 남겼다.

"이 박사는 소수가 잘살기 위한 정치를 했고, 나와 나의 동지들은 국민 대다수를 고루 잘살게 하기 위한 민주주의 투쟁을 했다. 나에게 죄가 있다면 많은 사람이 고루 잘살 수 있는 정치운동을 한 것밖에 없다. 나는 이 박사와 싸우다 졌으니 승자로부터 패자가 이렇게 죽임을 당하는 것은 흔히 있을 수 있는 일이다. 다만 내 죽음이 헛되지 않고 이 나라의 민주 발전에 도움이 되기 바랄 뿐이다."

호정 씨는 말을 잇는다.

1958년 10월 서울고법 재판정에서 한복 차림으로 앉아 있는 조봉암 전 진보당 위원장.

"당시 홍진기 법무부장관도 차일피일 결재를 미루다 어쩔 수 없이 결재를 했지만, 그렇게 빨리 형이 집행되리라고는 예상 못 했다고 들었습니다. 홍 장관은 만리포해수욕장으로 여름휴가를 떠났답니다. 그곳 호텔 식당에서 '조봉암 사형집행, 31일 서대문형무소(曺奉岩 死刑執行, 31日 西大門刑務所)'라고 쓰인 벽보를 보고 깜짝 놀랐다고 합니다."

사형이 집행되는 순간 호정 씨는 '아버지의 죽음이 다가오고 있다'는 불안감에 수표교 근처의 장택상 씨 집에 갔다. 장 씨가 몇 곳에 전화를 했지만 죽산의 사형이 집행됐는지 알 길이 없었다. 뒤이어 김춘봉 변호사 사무실로 달려갔다. 오후 3시 30분. 김 변호사가 힘없이 수화기를 놓았다.

이날 밤 서대문형무소 앞길에는 시민들이 모여들기 시작했다. 죽산의 운구를 보기 위해서였다. 죽산은 이마 부분에 약간 검은 빛을 띠고 있을 뿐 잠자듯 평온한 모습으로 집으로 돌아왔다고 한다.

"시위를 우려한 경찰의 통제로 조문객은 200여 명에 불과했고, 장택상 씨도 조문하지 못했습니다. 강화 선산에 모실 겨를이 없어서 망우리에 모셨습니다. 비석 하나 세우지 못하다가 1961년 김충현 선생이 '죽산 조봉암지묘(竹山 曺奉岩之墓)'를 써주셨는데, 그 일로 김 선생이 곤욕을 치렀답니다."

죽산이 사형을 당한 것은 간첩 혐의 때문이다. 1심에서 무죄로 판결나자 '용공판사 물러나라'는 우익단체의 시위가 있었다. 그 뒤 2심과 대법원에서 유죄판결이 나왔다. 일반 국민은 의혹의 눈으로 이 재판을 바라보았다.

"당시 젊은 기자였던 내가 먼저 충격을 받은 것은 조봉암이 사형당한 그날 형무소 앞마당에 사람들이 모여들었는데, 기자가 다가가자 '당신네들은 언론에 있으면서 무엇을 했단 말이오? 감투가 아무리 좋아도 죄 없는 생사람의 생명마저 빼앗을 수 있소?'라고 언론을 원망했다는 보도였다."

남시욱 전《문화일보》사장의 말이다. 남 사장의 증언은 계속된다(「조봉암 선생 명예회복을 소망합니다」,《동아일보》, 2009년 8월 18일).

"그로부터 몇 달 후 자유당 정권 치하의 법원을 출입하면서 직접 들은 이야기들, 관련자들의 회고 및 자유당 정권 말기의 정치적 분위기를 종합해보면서 그의 간첩 혐의가 조작되었다는 의심을 점점 깊이 하게 됐다. 검찰이나 사법부의 권위를 도대체 믿을 수가 없었다. 당시 권력의 횡포가 어느 정도였느냐 하면, 이듬해인 1960년 마산에서 4·19혁명의 불이 붙자 자유당 정권의 검찰, 경찰 및 특무대가 합동해서 부정선거 규탄 시위 배후에 북한의 공작이 있는 것으로 조작하려다가 중단한 일도 있을 정도였다."

죽산은 1899년 10월 29일 강화군 선원면에서 농사짓던 조병창(曺秉昌)과 강릉 유씨 사이에 3남 1녀 중 2남으로 태어났다. 죽산이란 아호는 '곧고 청청한 대나무가 부러지기 쉬우니 그 밑에 산을 넣어 산같이 너그러우라'고 김찬 선생이 지어주었다. 죽산은 강화공립보통학교를 졸업하고 강화군 부내면에서 면서기로 일하다 3·1운동을 맞는다. 그는 향리에서 시위를 주동하다 서대문감옥에서 6개월간 옥고를 치른다.

감옥에 들어가면서부터…… 세상에 대한 눈이 떠졌고 애국심에 불타게 됐다. 3·1운동은 나로 하여금 한 개의 한국 사람이 되게 했고, 나를 붙잡아서 감옥으로 보내준 일본놈은 나로 하여금 일생을 통해서 일본제국주의자와 싸운 애국투사가 되게 한 공로자였다. (『내가 걸어온 길』, 조봉암)

그의 첫사랑도 이때 찾아왔다. 죽산은 3·1운동 때 제1여자고보(현 경기여고)에 다니던 강화 부농의 딸 김이옥(金以玉)과 함께 시위격문을 찍고 태극기를 그려내는 일로 밤을 지새운다. 죽산이 형무소에 수감되자 김이옥은 자주 면회 갔고, 두 사람은 장래를 약속하게 된다. 그러나 김이옥의 집안에서는 '가당치 않다'고 극력 반대한다. 죽산은 사랑을 포기하고 1921년 도쿄로 떠나 주오(中央)대학 정경부에 입학한다. 죽산의 일본 유학을 당시 신문은 이렇게 보도한다.

강화도 부내면 관정리에 거주하는 조봉암 군은…… 재작년 조선독립만세 관계로 인하야 1년 유여의 철창 생활을 하다가 만기출옥하야 재가(在家) 정양 중이더니 금반 유학차로 거(去) 7일 상오 7시 30분발 부산행 열차로 동경을 향하얏다더라. (《동아일보》, 1920년 7월 11일)

그해 박열 등과 함께 재일 유학생 최초의 사회주의단체인 '흑도회'를 조직한다.

나는 처음에는 흑도회까지 조직했으나 아나키스트들의 관념적인 유희에는 만족할 수가 없었다. 그때의 생각에도 지식적 충족이나 관념적인 만족으로가 아니고 무슨 조직을 가지고 힘을 만들어서 일본놈과 싸우고 독립을 해야겠다고 생각이 되고 또 독립이 된 뒤에는 사회주의 사회를 결성해야 된다고 생각이 되었다. (『내가 걸어온 길』)

죽산은 1922년 7월 귀국해 베르흐노이진스크대회에 국가대표로 참가하며, 모스크바 동방노력자공산대학에 입학한다. 폐결핵으로 고생하던 그는 1923년 귀국해 혁명동지 김조이(金祚伊)를 만나 이듬해 결혼한다. 김조이는 동덕여고를 나온 좌익투사였다. 그녀는 당시 좌경 지식여성들의 단체인 경성여자청년회의 핵심 멤버로, 박헌영의 처 주세죽과 함께 맹렬 여성투사로 통했다.

1927년 어느 날 죽산은 상하이에서 첫사랑의 연인 김이옥을 만난다. 결혼을 하지 않고 죽산에게만 순정을 바쳐온 그녀는 당시로서는 불치병인 폐병을 앓고 있었다. 이화여전 음악과에 재학 중 폐병에 걸려 세브란스병원에서 입원과 통원을 번갈아가며 치료를 받았다. 그러다가 그녀는 몰래 여비를 꾸려 죽산을 찾아 상하이로 온 것이다. 상하이에서 두 사람은 신혼살림을 치렀고, 그 사이에서 호정 씨가 태어났다. 김이옥은 죽산의 활동을 열심히 도왔다. 공산당원이 되어 기관지 《조선지광》, 《혁명》 등의 편집을 도왔다.

그러나 둘 사이의 행복은 짧았다. 1932년 죽산이 일경에 체포되어 신의주로 압송되자 김이옥과 호정은 강화로 돌아왔다. 김이옥은 1934년에 눈을 감는다. 1939년 출옥한 죽산은 일제의 엄한 감시 속에서 미강(쌀겨) 조합장으로 일한다. 이즈음 죽산은 별거 중이던 첫 부인 김조이와 재결합한다.

"아버지는 그 조합에서 일하시는 동안 빈민들을 돕는 데 힘쓰시지요. 이때 혁명동지인 김조이 여사와 재결합하셔서 저를 키우셨지요. 그분은

6·25전쟁 때 납북되셨지요."

호정 씨의 말이다.

죽산은 1945년 1월 일본군 헌병대의 예비검속으로 구금되었다가 1945년 8월 15일 오후에 석방된다. 인천에서 광복을 맞은 죽산은 이듬해 5월 공산당 노선을 비판하는 편지를 박헌영에게 보내 공산당과 결별한다.

죽산의 손은 일제에 의한 수난의 역사를 말해준다. 악수하려 내민 손. 분명히 엄지손가락과 새끼손가락은 온전하게 남아 있고, 가운데 세 손가락은 첫 번째 마디가 없다. 일제의 고문과 감방에서의 동상으로 단절된 것이다.
(남재희 칼럼, 《프레시안》, 2009년 7월 30일)

1948년 5·10선거에서는 인천에서 제헌의원에 당선된다. 대한민국 정부 수립 후 이승만에 의해 초대 농림장관에 임명되자 농지개혁법의 제정에 크게 힘썼다. 봉건적인 토지소유제도를 철폐하고 경자유전의 원칙을 확립한다는 그의 소신을 편 것이다.

죽산은 1950년 2대 의원에 재선되며, 국회부의장에 당선된다. 1952년에 실시된 2대 대선에 무소속으로 나서 낙선하나, 초대 부통령이었던 민국당의 이시영 후보를 눌러 크게 주목을 받는다. 그는 1956년에 진보당을 창당하고, 제3대 정부통령선거에 출마한다.

죽산의 측근이었던 전세용 씨의 회고담에 의하면 진보당사에 나오는 사람들의 1/3은 진보계이고, 1/3은 동암(서상일)계이고, 나머지 1/3은 각종 정보기관원인 '정보계'라는 것이다. 그리고 선거 때 지방에서 거의 선거운동을 못했다는 증언이다. 신문지에 쓴 벽보 약간 붙여놓고 한 지역에서 잠깐 연설을 하다가 경찰들에 억류될까 봐 급히 다른 지역으로 옮겨야만 했던 그런 떠돌이식 엉성한 운동이었다는 것이다. (남재희 칼럼)

죽산은 당시 민주당과 후보 단일화 협상 중 민주당의 신익희 후보가 급서하여 자동적으로 야권의 단일 후보가 된다. 그러나 민주당은 태도를 바꾸어 죽산 지지를 거부하며, 이승만의 504만 표에 비해 216만 표로 패배한다. 죽산은 대구를 비롯한 전국 20여 지역에서 이승만을 눌러 보수세력을 압박한다.

"조병옥 박사는 1956년 10월 국회 본회의에서 '만일 자유 분위기의 선거가 이뤄졌다면 이 대통령이 받은 표는 200만 표에 불과하다고 생각한다'고 했습니다. 아버지의 진보당 실험이 이승만 정권에 의해 억압되지 않았으면, 아버지의 정치 인생은 어떻게 달라졌을지 모르죠."

호정 씨의 말이다.

그는 진보주의 정치이념과 평화적 통일 방안을 신봉했는데, 1958년이란 시대적 환경은 너무 엄혹했다. 그는 어떤 의미에서 시대를 너무 일찍 살았다고 할 수 있다. 김구가 통일에 대해 보였던 열정과 같이 조봉암이 '평화통일론'에 대해 가지고 있던 신념은 그 후 역사적 진행방향과 맞아떨어졌음이 입증되고 있는 것이다. (『광복 50년 한국을 바꾼 100인』)

죽산은 1남 3녀를 두었다. 아들 규호(63) 씨가 있고, 맏딸 호정 씨의 딸 이성란(52) 씨는 섬유패션업자이며, 유수현(57) 씨와 결혼했다. 호정 씨 밑으로 임정(65) 씨, 의정(62) 씨 두 딸이 있다.

내가 본 죽산 조봉암

 죽산 조봉암 선생과 우리 선친은 어려서부터 강화도 한동네에서 보통학교를 함께 다니던 죽마고우다. 죽산 선생은 중국 노령으로 가셨고, 선친(조광원)께서는 하와이로 가서 국민회에서 독립운동을 하셨다. 그런 인연으로 죽산 선생께서 농림장관을 하실 때, 나는 비서로 그분을 모셨다. 그분은 평소 소련이나 공산당에 대해서는 아예 말씀이 없으셨고, 백성을 배부르게 잘살게 하는 것이 곧 정치라고 하셨다. 성격이 너그러우셔서 혹 아랫사람이 잘못을 저질러도 문책을 하지 않고 간단하게 한마디로 가르치는 포용력을 지니셨다. 서민적 풍모에다 아랫사람들을 아들 딸처럼 다독이셔 마치 동네 아저씨처럼 모시기가 편했다.

 철기 이범석 장군과 가깝게 지내 대소사를 자주 의논하시곤 했다. 국회의원선거 때도 자전거 한 대를 타고 다니며 운동해 당선되셨다. 농림장관 당시 농촌진흥청장이었던 강정택 씨를 데려오기 위해 5번이나 수원으로 찾아가기도 했다.

조병선(전 농림부장관 비서)

죽산 조봉암

1899년	10월 29일, 강화군 선원면에서 태어남
1912년	강화공립보통학교 졸업
1919년	3·1만세운동에 참가하여 6개월간 복역
1921년	일본 주오대학 정경부에 입학
1922년	베르흐노이진스크대회에 국가대표로 참가. 모스크바 동방노력자공산대학에 입학
1924년	김조이와 결혼
1932년	상하이에서 체포되어 신의주 경찰서로 압송. 7년 복역

1945년	광복 후 공산당과 결별
1948년	인천에서 제헌국회의원에 당선. 초대 농림부장관에 취임
1950년	국회부의장 당선
1952년	제2대 대통령선거에 출마
1956년	진보당 창당. 제3대 대통령선거에 출마
1959년	7월 31일, 진보당사건으로 사형집행. 망우리 공동묘지에 안장됨

16
철기 이범석

철기(鐵驥) 이범석(李範奭)은 약관 20세인 1920년 청산리전투를 진두지휘하여 항일 무장독립투쟁사상 최대의 대첩을 이룩한 전설적 영웅이다. 1945년 8·15해방을 맞아 40대에 환국해서는 대한민국의 초대 국무총리 겸 국방부장관을 맡아 국가의 기틀을 다지는 한편, 방대한 조직으로 뿌리를 내린 민족청년운동을 벌이기도 했다.

철기는 1900년 10월 20일(음력) 궁내부 농상공부 관리(정3품) 이문하(李文夏)와 연안 이씨 사이에 2녀 1남 중 막내로 서울 용동(지금의 명동, 중국대사관 건물 뒤채)에서 태어났다. 철기가 만년에 구술한 자서전 『우등불』에서 그는 다음과 같이 그의 집안 이야기를 펼치고 있다.

내가 광평대군(세종의 5남)의 17대손에 해당한다는 것과 특별히 우리 증조할아버지께서 호조판서를 지내셨으나 부패한 국정을 시정할 양으로 임금께 직간을 하다가 득죄를 하게 되어 10년 동안 제주도 귀향살이를 하셨다는 말들이 전해져 내려왔다 …… 우리 집안은 대대로 청빈했고 나라를 위해서 강직하고 정의에 사는 집안이었으며 명문이었음에 틀림없다고 생각한다.

철기의 부친은 10여 명의 노비를 모두 해방시켰으나, 이 중 구한말 군에 입대한 정태규란 자의 늠름한 모습에 매료된 철기는 뒤이어 그가 일제의 군대해산에 저항하다 사살되자 몹시 격분했다고 한다. 또 어렸을 때 이사해 살던 초동 뒷골목에서 남쪽으로 올라가면 일제 통감부가 있어 일본 사람들이 많이 살고 있었는데, 심한 장난꾸러기였던 철기는 일본 아이들과 곧잘 편싸움을 벌이기도 했다. 어린 시절 철기는 극심한 개구쟁이여서 그가 강원도 이천보통학교로 진학하자(부친이 1912년 이천군수로 전근) 그의 전매특허 같은 장난기는 더욱 극성을 부리게 되었다.

고무총을 잘 쏘는 철기가 어느 날 거리에서 금융조합의 일본인 이사장이 당나귀를 타고 오는 것을 보았다. 사격 목표물은 당나귀의 국부. 명중하는 순간 당나귀가 펄쩍 뛰며 나뒹굴자 당나귀 주인도 발 밑창에 깔린 채 두개골이 깨어져 출혈이 낭자하게 되었으니 집에서는 그 치료비를 무느라 힘들었던 모양이다. 또 악동들과 함께 뱀장어를 잡아 오던 길에 들판에서 풀을 뜯고 있는 소에 다가가 미끌미끌한 뱀장어를 항문에다 집어넣어 죽게 하기도 했다. 어린 마음에도 크게 가책을 느끼면서 집에 들어선 순간 홧김에 부친께서 던진 쇠막대기를, 말리던 계모가 맞아 큰 충격을 받았다고 한다.

이처럼 철이 들어가면서 철기의 장난기는 계모 강릉 김씨의 헌신적인 사랑으로 각성하게 되어 뜨거운 향학열에 불타게 되고 마침내 14세 때 경성제일고보에 입학한다. 강원도에서 세 명 뽑히는 최우등생으로 데라우치(寺內)총독상을 타고 무시험 입학이 허용된 것이다. 이곳에는 우수한 인재들이 모였으나 일인 교사들의 노골적인 식민지 동화교육에 반발하여, 당시 YMCA 청년회관에 다니던 청년들과 어울려 유도를 배우고 일본 학생들에게 싸움을 걸어가면서 그나마 치솟는 항일의식을 달래곤 했다.

그러다가 1915년 여름 한강에 수영하러 나갔다가 만나게 된 몽양 여운형의 설득으로 중국 항일전선으로 망명을 결심하는 일대 인생의 전기를 맞게 된다. 철기는 용기를 내어 자신의 뜻을 부친께 말씀드렸으나 부친은 오히려 철기의 마음을 안정시키려고 결혼을 서두르다 잘못된 혼사가 되어버렸다. 혼인 후 사흘 동안 신부가 통 말이 없어 양갓집 딸이어서 부끄러워하는 줄 알았으나, 아내의 혀가 짧아 남이 말귀를 알아듣지 못할 정도였다. 잘못된 혼사는 철기로 하여금 오히려 미련을 버리고 망명을 재촉하는 계기가 된 셈이다.

여운형과 만주 봉천에서 만나기로 기약을 한 철기는 이해 11월 신의주로 가서, 수학여행을 왔다가 길을 잃은 것처럼 가장해 봉천까지 가서 여운형이 묵고 있는 고려여관을 찾아갔다. 이곳에서 철기는 큰누나의 남편인 매형 신석우(임정 요인으로 대한민국이라는 국호를 지었으며, 후에 귀국해 《조선일보》 사장 역임)가 상하이에 있다는 소식을 듣고 상하이행을 결심한다. 상하이 시절 신규식의 주선으로 운남 육군강무당에서 2년 6개월간의 사관교육을 받은 후 1919년 3월 기병과(예젠잉(葉劍英) 장군과 동기)를 수석으로 졸업한다. 이 무렵 자신의 호도 지었다. 강인함을 뜻하는 '철(鐵)' 자는 비스마르크를 연상해 자신이 고르고, '기(驥)' 자는 강무학교 기병과 구대장으로 철기를 매우 총애했던 서가기(徐家驥)의 '기' 자를 따서 철기(鐵驥)라고 했다.

1919년 3·1운동 발발 소식과 임시정부 수립 소식을 들은 철기가 상하이로 돌아오자 그의 늠름한 모습을 본 임정 요인들은 철기를 서간도 유하현으로 파견해 군사조직을 지도하도록 했다.

이듬해 10월 일본군 대규모 토벌대(총병력 2만 명)가 독립군 부대를 추격하여 청산리 계곡으로 접근해 오자 독립군은 희생을 최소화하기 위해 부대를 2개 제대로 나누어 편성한다. 본대인 제1제대는 훈련이 부족한 대원들과 노약자로 편성하여 사령관 김좌진이 직접 지휘하고, 제2제대인 연성대원 600명 정예부대는 철기 진두지휘 하에 일본군 추격에 대항할 후위대로 청산리 백운평 위쪽 골짜기 입구에 매복했다.

"독립군 부대가 혼비백산하여 모두 도주했다"는 현지 주민들의 역정보를 믿고 방심한 일본군 토벌대인 야마다(山田)보병연대 야스카와전위중대가 독립군 포위망인 백운평 골짜기로 들어오자, 일본군 지휘관(야스가와(安川) 소좌)을 겨냥한 이범석의 "사격 개시!" 조준사격 명령을 신호탄으로 600여 정의 소총과 4정의 기관총 및 야포 2문으로 기습공격을 개시하여 단 20여 분의 교전 끝에 일본군 전위부대 200여 명을 섬멸했다. 뒤이어 도착한 일본군 토벌대는 포위를 시도했으나 또다시 300여 명의 희생자를 내고 마침내 숙영지로 패주했다.

뒤이어 벌인 천수평·어랑천 전투 등 청산리전에서 일본군 전사자만 모두 1200여 명으로 추산되고 있다. 이처럼 그동안 소규모 유격대로 인식되어 그 존재조차 미미했던 독립군 부대가 일본 정규군 대규모 토벌대와 대등한 혈전을 벌여 격퇴함으로써 우리 민족의 끈질긴 독립 열망과 백절불굴의 감투정신이 전 세계를 경악시키는 징표가 됐다. 임정 대통령으로 미국에서 고군분투하던 이승만 박사는 청산리 항일대첩 뉴스에 감격하여 자신이 애지중지하던 최고급 파커 만년필을 선물로 격려서신과 함께 인편으로 철기에게 보내오기도 한다. 서신에는 "이제는 나도 전 세계를 향해 자랑할 밑천을 얻었소. 청산리전투의 대승리로 거짓말을 하지 않고도 외교를 펼 수 있는 중요한 선전 자료를 얻게 된 것이오. 청사에 길이 빛날 대첩을 이곳 동포들과 함께 충심으로 축하하는 바이오"라고 격찬하면서, 그 후 매년 겨울철이면 미주 한인 교포와 친지들에게서 헌 옷을 수집하여 독립군에게 보내주기도 했다.

러시아 연해주로 이동한 독립군 부대는 "한국 독립을 적극 후원해주겠다"는 러시아 적군파의 감언이설에 속아 고려혁명군을 조직하여 백계 러시아군 토벌에 가담하며, 철기는 그 기병연대장으로 활약한다. 고려혁명군 후신인 합동민족군의 사령관으로 전임되어 근무하던 철기는 1925년 1월경 러시아 적군파의 무장해제에 저항하다가 이마에 총상을 입기도 했다. 완쾌 후 만주 군벌 장종창(張宗昌)의 막료(소령)로서 직업군인 생활을 할 때 갈리나라는 러시아 여성과 진한 로맨스도 벌여 광복군 시절 철기의 부관이었던 김준엽 전 고려대 총장은 철기에게 들은 러브 스토리를 실감 나게 전하고 있다.

철기는 장종창의 막료의 한 사람으로 국경선에 배치된 병력 상황을 순시하다가 우연히 갈리나를 만난 것이다. 황야를 스치는 바람결을 타고 여인의 울음소리가 들렸는데 그 여인이 바로 갈리나였으며, 그녀는 니꼬르스키에서 오빠(백계군 중대장)를 찾아 이곳까지 왔다가 오빠를 찾지 못했을 뿐만 아니라 망명 러시아인들의 파티에 나갔다가 비밀리에 감추어두었던 1년을 쓰고도 남을 막대한 돈(그녀의 전 재산)을 깡그리 도둑맞았던 것이다. 이 가련한 여인에 대한 동정이 사랑으로 변한 것이지만 망명이란 처지가 더욱 그들을 가깝게 만들었던 것이다. 철기는 그녀와 몇 달 동안 동거생활을 하다가 7월에 김좌진 장군의 급전을 받고 단장(斷腸)의 마음으로 이 여인과 헤어질 수밖에 없었다.

…… 그렇게 용맹하고 수많은 사경을 넘어온 철기였건만 갈리나와의 비련을 술회할 적에는 눈물을 흘리는 것이었다. 그것은 그녀가 그리워서가 아니라 가엾고 나약한 젊은 여인을 거친 만주 황야에 떨어친 자신의 비정에 대한 자책 때문이었을 것이다. 그때 나는 철기의 일생이야말로 전쟁(war)과 술(wine)과 여인(woman)으로 수놓은 3W의 전형으로 느꼈다. 그러면서 인간으로서의 철기에 날이 갈수록 매료되었던 것이다. (『장정(長征)』, 김준엽)

1925년 8월 혁명동지 김마리아(러시아로 이민 간 고려족으로 혁명군 장교 역임)와 결혼했을 무렵 만주의 일본영사관과 중국동북군(사령관 장학량)이 청산리대첩의 주역인 철기의 목에 50만 량의 현상금을 내걸고 지명 수배해 쫓기는 몸이 되었다. 푹푹 빠지는 눈을 헤치며 대흥안령 원시림 속으로 들어가 나무를 자르고 찍고 눈 위로 끌고 가 서까래를 올려 통나무 오두막집 살림을 차렸다. 생계가 막연해서 고심했으나 마침 출중한 사격술을 알아본 사냥꾼들과 곧 친해져 철기는 수렵으로도 상당한 군자금을 마련할 만큼 특유의 야인 기질을 발휘하기도 했다.

그 후 수배가 풀려 중국 지방군 장령으로 지원해 항일 무장투쟁을 지속하다 마침내 1941년 한국광복군이 창설되자 철기는 참모장에 취임한다. 한중연합작전을 이유로 중국군 현역 장성이 참모장으로 파견되자 제2지대장으로 전임, 미국 OSS(CIA 전신)와 제휴하여 국내 진격작전을 지휘한다. 1945년 광복군 참모장(중장 승진)에 복귀하고 국내정진군 사령관에 취임하여 한국 주둔 일본군의 항복을 받아내기 위해 8월 18일 미군과 함께 여의도로 환국하나 일본군의 완강한 저항으로 중국으로 귀환한다.

1946년 일단 개인 자격으로 귀국하자 철기는 '무엇보다도 먼저 새 나

광복군 참모장 시절의 철기 이범석 장군(책상에 앉은 이).

라 건설의 역군을 양성해야 하겠다'는 생각으로 국가지상(國家至上)과 민족지상의 기치를 내걸고 조선민족청년단을 창설한다. 철기가 단장에, 안호상이 부단장에, 백낙준·김활란·현상윤 등이 이사로 참여한다. 아울러 비(非)정치, 비군사, 비종파를 단시(團是)로 한다.

"오늘날의 한국은 1919년의 독일과 같소. 이데올로기적인 대립과 민족적 불화, 경제적 곤궁의 문제가 바로 그것이오. 청년들의 단결이 민족해방의 관건이 되오. 지도자의 양성을 위한 학교를 세우는 것이 우리의 목표이지요. 우리는 그들에게 명령에 복종하는 것, 실천적인 능력의 함양과 도덕심의 회복 등을 교육하려 하고 있소. 장개석의 신생활운동과도 같은 것이오."(이범석, 1946년 11월 7일 《시카고 선》과의 인터뷰)

독립군, 중국군, 광복군에 복무하면서 익힌 조직원리로 다진 족청(조선민족청년단의 약칭)은 창단에서 해체되기까지 2년여의 짧은 기간 130만이 넘는 한국 최대의 조직으로 급성장한다. 우선 제1기 훈련생 200명을 지방으로 파견하여 조직망을 확대한다.

"1946년 11월 수원의 옛 일본군 병원 자리에서 훈련받았지요. 2만 명의 지원자 중 200명이 선발된 우리들의 자부심은 컸지요. 정인보, 안호상, 설의식, 홍종인, 고승제, 조동필 씨 등 강사진도 쟁쟁했지요. 특히 철기 선생님의 민족윤리 강의는 청산리 영웅에 걸맞은 애국심이 철철 넘치는 지성과 야성을 겸비해 더욱 깊은 감명을 주었고…… 솔선수범으로 10리 길 수원성까지 함께 구보를 하셨지요. 이렇게 2개월간 숙식훈련을 받았습니다."

서영훈 전 적십자사 총재의 말이다.

1948년 대한민국 정부의 초대 국무총리 겸 국방부장관에 발탁된 철기는 대북첩보 수집부서인 국방부 제4국 창설 문제로 미국 고문단들과 갈등을 빚어 국방장관에서 물러나며, 6·25동란 수개월 전에는 국무총리직마저 물러난다. 전쟁이 발발하자 당시 중·소대장으로 근무하던 육사 8기생들이 단위 전투부대를 진두지휘하면서 온몸으로 지킬 수 있었던 사례도 8기생을 1600명으로 미리 대폭 증원한 철기의 선견지명이었던 셈이다.

1961년에는 충남에서 참의원으로 압도적으로 당선되나 곧이어 5·16군사정변이 일어나 국회가 해산되자 정치활동이 금지된다. 1963년 철기는 국민의당을 창당히여 최고위원으로 야당 지도자이 가시밭길을 걷다가 1972년 5월 11일 서울성모병원에서 별세, 국민장으로 국립묘지 애국지사 묘역에 안장된다. 당시《조선일보》는 '크나큰 민족의 별이 지다'라고 애도했으며, "장례행렬에는 장군의 애마 설희가 주인 없는 안장을 걸친 채 영구를 뒤따라 보는 이의 눈시울을 적시게 했다"고 보도하기도 했다.

철기의 후예는 독립운동 중에 낳은 외아들 인종(仁鍾) 씨가 미국에 가서 살다가 몇 해 전에 작고했고, 손자 규준(揆俊) 씨는 회사원, 규원(揆元) 씨는 미 해병대(대위, 헬기 조종사)에 복무하고 있는 것으로 알려졌다.

철기의 정신적 후예인 민족청년단 출신 인물들은 실로 제제다사다. 학계에 김준엽 고려대 총장, 조일문 건국대 이사장, 군부에 최영희·민병권·박임항·노재현 장군, 이재형·백두진 국회의장, 유창순 국무총리, 안춘생 광복회장, 장준하 의원, 김철 사회당수, 부완혁《사상계》발행인, 노태준《태양신문》사장. 여성 첫 훈련생(7기)으로는 이희호 김대중 대통령 영부인과 김정례 보사부장관이 있다. 강영훈 장군이 기념사업회를 10년간 끌어왔으며, 현재 서영훈, 김정례 씨가 이사장, 회장직을 맡고 있다.

5·16 후 이른바 족청계 음모사건으로 3년간 옥고를 치른 김정례 씨는 "우리는 조직망이 강하다고 오해받아 역대 정권에서 견제받고 소외되어 왔다"면서 그럴수록 더욱 철기의 큰 뜻을 후세에 알리는 데 널리 앞장설 것이라고 다짐했다. 철기기념사업회 사무총장으로 광복청년아카데미를 이끌고 있는 정준(丁俊) 씨는 "철기 정신을 오늘의 시대정신에 걸맞은 이념으로 발전시켜 나가도록 널리 의논해나갈 것"이라고 말했다.

내가 본 철기 이범석

광복군 시절부터 철기 장군을 부관으로 모셔오면서 나는 그분의 애국심에 늘 감격했을 뿐만 아니라 많은 것을 배웠다. 그분의 세심한 배려나 일에 대한 치밀한 사전 계획성과 과감한 추진력, 그리고 사후의 분석과 검토 등 일이란 어떻게 처리해야 하는가를 배워 나의 일생의 고귀한 지침으로 삼아오고 있다. 모든 일에 기관장은 솔선수범하며, 어려운 일일수록 기관장이 전적인 책임을 져야 하고, 공이 있으면 모두 소속원에게 돌려야 한다는 것도 배웠다.

그분은 술·담배와 차를 남달리 즐겼으며 중국요리 솜씨도 일류였다.

가끔 OSS 미국 측 장교들과의 파티에서는 그분의 요리 솜씨에 모두가 경탄했는데, 만주나 외몽고에서 왜놈들의 추적을 피하는 동안에 익힌 것이었다. 문학 소양도 있어 《톰스크의 연인들》이라는 소설도 써냈으며 음악도 좋아해 작곡도 하셨다. 붓글씨도 훌륭했으며, 어학 재간도 탁월하여 중국어·러시아어·일본어를 유창하게 구사했으며, OSS와 합작한 다음에는 영어 공부에 열중했다. 험악한 고투의 생활을 하는 동안에 우연히 만난 여인들과의 로맨스를 하나도 감추지 않고 모두 들려주기도 했다. 그처럼 격의 없는 소탈한 분이었다.

김준엽(전 고려대 총장)

철기 이범석

1900년	10월 20일, 서울 용동(현재 명동)에서 이문하의 아들로 태어남
1915년	경성고등보통학교(현 경기고교) 3학년 때 중국으로 망명
1919년	중국 운남육군강무학교 기병과 제12기로 졸업. 신흥무관학교 연성대 대장 역임
1920년	청산리대첩을 진두지휘. 이어 고려혁명군 기병대장으로 항일전 지휘
1922년	소련혁명전에 지휘관으로 참전. 배신당한 후 소련군과 교전
1936년	중국육군 제3로군 참모장(소장)에 취임
1940년	한국광복군 참모장에 취임
1946년	조선민족청년단 창설, 단장에 취임
1948년	초대 국무총리 겸 국방부장관에 취임
1950년	주중대사 부임
1952년	내무부장관에 취임
1961년	참의원 의원에 당선(충남)
1963년	5·16군사정변 후 통합야당을 목표로 한 국민의당 창당, 최고위원에 취임
1972년	5월 11일, 명동 성모병원에서 별세, 국민장으로 국립묘지 애국지사 묘역에 안장

17
신천 함석헌

신천(信天) 함석헌(咸錫憲)은 일제하의 독립항쟁과 광복 후 자유당·군부독재에 맞서 민주화운동에 앞장선 종교사상가이다. 그는 5·16군사정변 후 가장 먼저 쿠데타 정권을 정면으로 비판한 민권운동가로, 1970년대 긴급조치 시절에도 직필 정론지 《씨올의 소리》를 발행하여 유신체제에 맞서는 용기를 보여주었다. '씨올'은 '우리 자신을 모든 역사적 죄악에서 해방시키고 새로운 창조를 위한 백성'이란 뜻이다. 그는 일제강점기 때 두 번, 공산 치하에서도 옥고를 치렀으며, 광복 후 자유당 정권과 유신체제 하에서도 여러 차례 구속당했던 저항지식인이다. 그의 생전에 1979년과 1985년 두 차례나 외국인들로부터 노벨평화상 후보로 추천된 것도 그의 행동과 사고가 세계인의 심금을 울린 보편성을 지녔음을 입증한 사례다.

신천은 1901년 3월 13일 평북 용천군 부라면 원성동(일명 사점)에서 함형택(咸亨澤)과 김형도(金亨道) 사이에 2남 3녀 중 장남으로 태어났다.

신천의 부친은 명망 있는 한의사였다. 평안도뿐 아니라 서울, 만주는 물론 일본에서까지 환자들이 줄을 이었다고 한다. 부친은 마을에 교회와 학교를 설립하고 장로가 되었다. 신천은 예술에 대한 감각과 합리적 사고력은 아버지에게서, 평등사상과 열린 마음은 어머니에게서 물려받았다고 술회한다(『한국민족주의론』, 송건호).

어린 시절 신천은 겁 많고 부끄럼을 타는 내성적인 아이여서 또래의 사내아이들과 싸움이나 다툼을 해본 일이 없었다. 그는 여섯 살 때부터 숙부인 함일형에게 『천자문』을 배우기 시작하여 어느새 『명심보감』까지 달달 외웠다. 사촌 형 석규는 목사였다. 틈날 때마다 어린 석헌에게 기독교와 성경 그리고 함께 나누는 삶에 대한 이야기를 들려주었다.

신천은 1906년 함일형이 세운 사립 기독교계 덕일소학교에 입학한다. 선생님이 처음 부임하는 날, 아이들은 마중을 한다면서 모두 달려나갔다. 그러나 그는 텅 빈 방 안에 혼자 남았다. 선생님 얼굴이야 나중에 본다고 해서 손해날 것도 없었다. 지저분한 방을 비로 쓸었다. 왠지 자신도 모르게 오히려 마음도 편하고 기분도 좋아졌다. 자신에게 딱 맞는 일처럼 느껴졌다.

신천은 1916년 평양고등보통학교에 입학한다. 이듬해 부모의 중매로 황득순과 결혼한다. 신혼의 단꿈에 젖어 장밋빛 미래를 떠올리는 중에 신천은 3·1운동을 겪으면서 삶의 가장 중요한 전환점을 맞게 된다. 그는 3·1운동에 적극 참여한다. 그의 삶을 격동의 삶으로 바꾸는 큰 역할을 한 사람은 함일형의 차남이며, 사촌 형인 함석은이다. 함석은은 숭덕학교 교사이자 열성 개신교인으로, 평양 지역 3·1운동 준비위원회의 총책이었다. 함석은은 3·1운동 후 일경의 수사를 피해 만주로 망명해서 독립운동단체인 대한청년단을 조직하고 민족주의적인 잡지를 발간한다. 그러다가 1920년 5월 일본군의 총탄에 맞아 부상을 당한다. 그 후 만주에서 일본군에 체포되어 서대문형무소에 3년간 수감된다. 그는 사후인 1963년에 건국훈장 국민장을 수상했다.

신천은 함석은의 지도 아래 손수 만든 목판으로 태극기를 찍어내고, 독립선언서 사본을 만들어 나눠 준다. 3·1운동 당일에는 열렬히 만세 대열에 참가한다.

독립선언서를 전날 밤중에 숭실학교 지하실에 가서 받아 들던 때의 감격! 그 날 평양경찰서 앞에 그것을 뿌리던 생각, 그리고 돌아와서는 시가행진에 참가했는데, 내 60이 되어오는 평생에 그날처럼 맘껏 뛰고 맘껏 부르짖고 상쾌한 때는 없었다. 목이 다 타 마르도록 '대한독립만세'를 부르고, 팔목을 비트는 일본 순사를 뿌리치고 총에 칼 꽂아 가지고 행진해 오는 일본 군인과 마주 행진을 해 대들었다가 발길로 채여 태연히 짓밟히고 일어서고, 평소에 처녀 같던 나에게서 어디서 그 용기가 나왔는지 나도 모른다. (『함석헌 전집』)

3·1운동 후 반일 청년 함석헌은 평양고보 복교를 거부하고 일단 귀향한다. 그는 사촌 형 함석규 목사의 권유로 1921년 오산학교로 전학한다.

오산은 매우 진취적이고 낙관주의적인 기풍을 지닌 학교였다. 학생들의 눈빛이 살아 있었고, 그들의 표정과 발걸음에는 힘이 있었다. 학생과 선생 사이에는 격이 없었고, 서로 누구하고나 잘 어울렸다. 함석헌도 곧 그들과 하나가 되었다. 당시 교장은 고당 조만식이었다.

오산학교는 그때 민족운동, 문화운동, 신앙운동의 산 불도가니였습니다. 그때 그 교육은 민족주의, 인도주의, 기독교 신앙이 한데 녹아든 정신교육이었습니다. (『함석헌 전집 4』)

오산학교에서 신천은 그의 장래에 사상적인 지침이 되는 두 스승을 만난다. 오산학교의 설립자인 남강 이승훈은 한국 독립의 중요성을 깨우쳤고, 다석 유영모는 노장공맹(老莊孔孟)을 비롯하여 다양한 동양의 고전철학을 가르쳐주었다.

평양고보 시절 의사가 되고자 했던 함석헌은 시골 벽촌 오산학교에서 거듭나 민족애와 기독교 정신을 호흡하며 생각과 지식을 다듬어나간다.

신천은 1923년 오산학교를 졸업하고 도쿄로 가서 대입 검정고시를 준비하던 중 9월 1일 관동대지진 때문에 이른바 '인생대학'이라는 감옥 생활을 처음 경험한다. 혼란을 틈탄 일본인 폭도들이 재일동포를 무차별 학살하는 상황에서 일본 경찰이 '무고한 조선인을 보호한다'는 명목으로 그를 비좁은 감옥 안에 집어넣었다.

감옥은 마치 지옥 같았고 영문도 모르는 사람들이 빼곡하게 들어차 앉지도 서지도 못한 채 거의 숨조차 쉬지 못할 지경이었다. 그 안에서 공포에 질려 떨던 사람들, 살려달라고 애원하고 울부짖던 그들 대부분은 하나같이 남루하고 가엾은 조선 사람들이었다. 이런 열악한 감옥에서 하룻밤을 지내는 동안 인간이 얼마나 노골적·본능적이고 사악해질 수 있는지를 피부로 실감했다. (『함석헌 평전』)

신천은 1924년 도쿄고등사범학교에 입학한다. 이해 봄부터 평생의 친구가 되는 교육자 김교신을 만나, 그의 안내로 이마이칸(今井館)의 성서연구회에 참석하여 우찌무라의 제자가 되고, 또한 타고르를 읽다가 간디의 영향을 받는다. 대학 4학년 때 그는 이들과 함께 《성서조선》을 창간하며, 생애 최초로 「먼저 그 의를 구하라」라는 글을 발표한다.

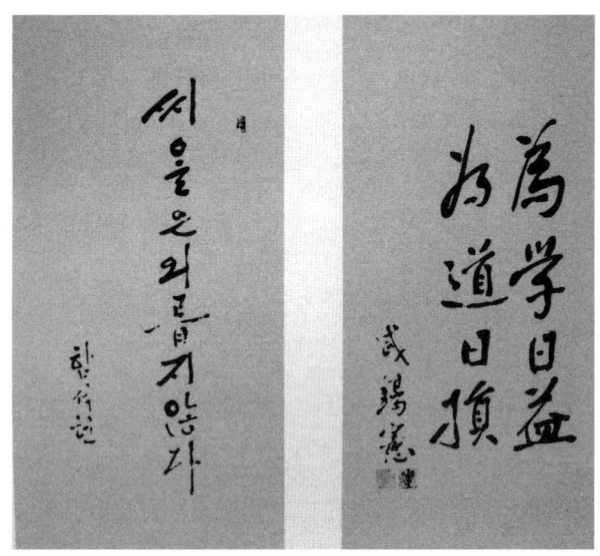

신천 함석헌의 유묵.

1928년 도쿄고등사범학교를 졸업하고 함석헌은 오산학교 교원으로 부임한다. 그러던 어느 날이었다.

채 서른이 안 된 함석헌이 학생들에게 성경 강의를 하는데, 예순다섯 할아버지가 된 남강이 귀를 기울이고 있었다. 함석헌은 웬일인가 싶어 괜히 머쓱해졌다. 남강은 강의가 끝날 때까지 주의 깊게 듣더니 학생들과 뒤섞여 교실을 나섰다. …… 교장 남강은 그런 사람이었다. 적어도 그에게 있어 배움이란 것은 위아래가 따로 있는 것이 결코 아니었다. (『함석헌 평전』)

당시 역사와 수신을 가르쳤던 신천은 비교적 안정된 생활을 했다. 그는 열심히 책을 읽었다. 학생들이 잠들기 전 그의 하숙방에서는 등잔불이 꺼지는 일이 없었다. 그는 왜곡된 일제의 조선사 편찬작업에 맞서 『성서적 입장에서 본 조선 역사』를 집필한다. 어느 날 역사 시간에 일본사가 아닌 조선사를 우리말로 가르치는 함석헌에게 시학관은 언성을 높이며 야단쳤다. 함석헌은 이렇게 대답했다.

"시골 학생들에겐 조선어로 말해야 이해가 더 빠르다. 중요한 것은 교육 내용인데, 그래도 굳이 '국어'로만 써야 한다면, 교육 내용의 이해 여부와 상관없이 그렇게 하겠다"고 유유히 답변하자 그들은 이해하겠다면서 돌아갔다. (『함석헌 선생 추모문집』, 오산학교동창회 편)

그의 별명은 '함도깨비'였다. 질문하면 도무지 모르는 것이 없는 '만능 교사'란 뜻이었다. 그런데 남강 선생이 별세한 어느 날 좌파 학생들은 민족주의 진영의 교사들을 폭행하기로 모의했다. 당연히 민족주의자로 간주된 함석헌도 폭행 대상자였다. 낌새를 챈 다른 교사들은 모두 도망갔다. 그러나 함석헌은 피하지 않았다.

그는 가슴을 맞으면 안 되겠기에 두 팔로 가슴을 안았고, 두 손으로는 얼굴을 가린 채 몇몇 학생들로부터 뭇매를 맞았다. 그저 정신이 몽롱해지도록 때리는 대로 맞고 말았다. 얼마나 지났을까. 웬일인지 그들은 함석헌을 다시 찾아왔다. 대단히 죄송하다는 표정으로 잘못을 빌었다. 그리고 어느 학생이 질문했다. 자기들이 폭행할 때 왜 두 손으로 얼굴을 가렸느냐고. 그의 대답은 솔직했다. "나도 사람인데, 어느 놈이 나를 때렸는지 알면 '저놈이 날 때렸지' 하는 맘이 아니 생길 수 없어서 나를 때린 학생을 아예 모르는 게 낫다고 생각해서 그랬지." (『씨알 함석헌 평전』, 이치석)

그 크고 깊은 인격 앞에서 누구도 감히 더 이상 이념을 가지고 얼굴을 붉힐 수 없었다.

신천은 1938년 더 이상 우리말 수업이 불가능하여 오산학교를 떠난다. 1940년에 그의 후배 김두혁이 경영하던 평양 근교 송산농사학원의 경영 및 관리를 맡는다. 5000평 정도의 규모였고, 13명의 학생들이 교육과 지도를 받았다. 그들 중 한 사람이었던 최원삼은 후일 함석헌의 사위가 된다.

창씨개명을 거부한 신천은 1940년 8월 '공산주의 및 민족주의적 성향을 지녔다'는 혐의로 체포되어 1년간 옥고를 치른다. 이른바 계림회사건이었다. 이어 성서조선사건 1년 등 두 차례의 옥고를 치르며 농장에서 일하다 해방을 맞는다.

해방 후 조만식은 소련 군정이 만든 임시인민위원회의 고문으로 추대되었고, 신천은 평북 지역의 문교부장으로 임명된다. 그러나 신천은 곧이어 발생한 신의주학생봉기사건의 책임자로 체포되어 현장에서 몰매를 맞고 50일간 투옥된다. 그는 1947년에 월남하여 YMCA에서 '성경' 강의를 시작한다. 1956년 《사상계》 1월호에 처음으로 「한국 기독교는 무엇을 하고 있는가」를 발표하여 윤형중 신부와 논쟁을 벌인다.

> 함석헌 씨는 그 당시 이화여대 앞에서 조그만 셋방살이를 하고 있었는데, 그이가 훌륭한 인물이란 걸 알고, 장준하 형보고 함석헌 씨를 끌어내자고 했어요. 그럼 안 선생이 책임지라고 해서…… 그분을 찾아가서 《사상계》에 글 좀 써달라고 청을 드렸더니 "나 글 안 써" 하고 거절하는 거였어요. 그래 그 뒤로 서너 번 더 찾아갔더니, 그런 삼고초려의 정성에 이분이 오케이를 하고 말았어요. 그때 나온 글이 「한국 기독교는 무엇을 하고 있는가」였는데,

이 글로 일약 《사상계》 성가가 높아졌지요. (『사상계와 장준하』, 안병욱)

신천은 1958년 《사상계》 8월호에 「생각하는 백성이라야 산다」라는 글을 발표하여 큰 관심을 불러일으킨다.

우리가 일본으로부터 해방이 되었다고는 하나 참 해방은 조금도 된 것이 없다. 전에는 상전이 하나였던 것이 지금은 둘, 셋이다. 일본 시대에는 종살이를 해도 형제가 한집에 살 수 있고 교통할 수 있었는데, 지금은 그것도 못해 부모·처자가 남북으로 헤어져 헤매는 나라가 자유는 무슨 자유, 해방은 무슨 해방인가. 남한은 북한을 '소련·중공의 꼭두각시'라 하고, 북한은 남한을 '미국의 꼭두각시'라 하니 남이 볼 때 있는 것은 꼭두각시뿐이니 나라가 아니다.

신천이 아니면 못할 소리다. 그는 이 글 때문에 남한에서 처음으로 20일간 투옥된다.

1960년 4·19학생혁명이 일어난 직후부터 신천은 자신의 '로맨스' 때문에 '연옥'에 빠진 심정으로 약 1년간 일체의 글을 발표하지 않는다. 이 시절 그는 절친한 안병무에게 절박한 어조의 편지를 보낸다.

친구들도 나 용서 아니 하나 봐요. 그래서 맘을 걷어잡을 수 없어요. 죽겠어요! …… 친구! 친구! 없어요. 죄를 사하고 나를 일으켜주는 사람만이 친구인데 없나 봐요. 나는 한 사람이 필요해요. 내 맘을 알아줄, 붙들어줄 한 사람!

1960년 10월 9일

이듬해 함석헌은 5·16군사정변을 강력하게 비판하는 「5·16을 어떻게 볼 것인가」라는 글을 《사상계》 7월호에 발표한다. 당시는 공포 속에 위축되어 세상이 죽은 듯 말이 없을 때였는데 민중을 분연히 대변한 것이었다.

그는 5·16을 4·19와 비교하면서 그때는 맨주먹으로 일어났으나 이번에는 칼을 들었다고 하면서 "그때는 대낮에 내놓고 행진을 했지만 이번에는 밤중에 몰래 했다. 그만큼 정신적으로 낮다. 혁명은 민중의 것이다. 민중만이 혁명을 할 수 있다. 군인은 혁명 못한다." 이같이 5·16은 혁명이 될 수 없다고 단언한 것이다. (『한국언론인물사화』, 송건호)

신천은 1962년 미 국무성과 영 외무성 초청으로 미국과 영국 여행 중에 철학자 학킹과 역사학자 토인비를 만난다. 역사학자 노명식은 일찍이 신천의 역사 탐구에 대해 갈파한 바 있다.

노명식은 함석헌과 토인비를 비교, "두 사람의 역사를 보는 자리와 시각은 놀랄 만큼 거의 일치한다"고 했다. 이어 노명식은 "그 일치의 가장 깊은 데가 인생과 역사의 본질을 고난으로 파악한 점"이라고 밝혔다. (『광복 50년 한국을 바꾼 100인』)

신천은 1965년 한일협정 체결에 반대하는 조국수호국민협의회 상임대표로 선출된다. 1967년에는 본격적인 반독재 투쟁에 나서 국회의원선거에 옥중출마한 장준하를 선거유세로 당선시킨다. 이어 박 대통령의 삼선개헌 반대투쟁에 적극 나서며 1970년에 월간 《씨올의 소리》를 창간한다. 유신독재에 반대하는 투쟁에 앞장서며 1976년 군법회의에서 징역 8년의 선고를 받는다.

신천은 1963년에 제1회 월남언론상, 1987년에 제1회 인촌언론상을 받는다. 그는 1988년 주위의 반대를 무릅쓰고 서울올림픽 평화대회 위원장을 수락하며, 오산학교에 자기 몸을 학생들의 '실험용'으로 기증한다는 유언을 남긴다. 자신의 원효로 자택도 남강문화재단에 기증한다. 1989년 2월 4일 서울대병원에서 별세하며, 대전 현충원 독립유공자 묘역에 안장된다.

신천은 황득순과 사이에 2남 5녀를 두었다. 장남 국용 씨는 북한에서 별세했으며, 차남 우용(81·경희대 생물과 졸, 농원 경영) 씨는 양영호(74·이화여대 국문과 졸, 정의여고·성동고 교사 역임) 씨와 결혼하여 딸을 두었다. 딸 정해(46·단국대 박사 수료·미 린치버그대학 졸, 아동특수교육 전공) 씨는 국립정민특수학교 교사로, 백낙영(52·서울대 토목공학과 졸, 현대산업개발 차장 역임) 씨와 결혼했다.

신천의 장녀 은수 씨는 최용상 씨와 결혼하여 두 분 모두 북한에서 작고했으며, 자매를 두었다. 신천의 차녀 은삼(85·호수돈여고 졸) 씨는 보사부 공무원을 역임한 정승림(87·성균관대 졸) 씨와 결혼하여 2남 2녀를 두었다. 장남 광필(61·서울대 화공과 졸, 대림산업 여천공장장 역임) 씨는 임정은(53·서울여상 졸) 씨와 결혼했으며, 차남 현필(55·계명대 생물과 졸) 씨는 함석헌기념사업회 사무국장이며, 주경희(59·대학 중퇴) 씨와 결혼했다. 은삼 씨의 장녀 인희(59·연세대 간호학과 졸) 씨는 미국 뉴저지 주 간호사이며, 차녀 미희(57·배화여고 졸) 씨는 캐나다에 살고 있다.

신천의 3녀 은자(83) 씨는 최진삼(85·평양 송산농산학원 졸) 씨와 결혼하여 로스앤젤레스에 살고 있으며, 1남 5녀를 두었다. 장남 웅일(57·동국대 농학과 데모 주동으로 중퇴) 씨, 장녀 동일 씨는 작고했으며, 밑의 영일(59·신광여고 졸), 경일(55), 순일(53), 선일(47·추계예술대 졸, 동양화가) 씨 자매는 LA에 살고 있다. 신천의 4녀 은화(79) 씨는 서완근(82·중앙신학대 졸) 씨와 결혼하여 시드니에 살고 있으며, 아들 천희(42·컴퓨터 전공) 씨를 두었다. 신천의 5녀 은선(74·숭의여고 졸) 씨는 장기홍(78·서울대 지질학과 졸, 프린스턴대학 박사, 경북대 지질학과 교수 역임) 씨와 결혼하여 우범(45·서울대 지질학과·예일대 지질학과 졸), 옥경(43·경북대 인류학과 졸) 씨 남매를 두었다.

내가 본 신천 함석헌

나는 1970년대 초 신천 선생이 한국신학대에서 고전 특강을 맡으시면서 그분과 인연을 맺게 되었다. 당시 그분과 절친했던 안병무 교수가 교무과장으로, 내가 주임을 맡고 있었다. 그분은 지난 20세기 한국 현대사의 격동기에 한국이 낳은 세계적인 종교사상가의 한 분이라고 생각한다.

1930년대 민족교육의 성지 오산학교에서 역사 선생으로 고민하면서 집필한 『뜻으로 본 한국역사』는 한국인이 쓴 최고의 역사서요, 한국인이 총체적으로 자기 민족사를 해석한 역사서인 것이다. 그분의 사상 세계 안에서는 종교와 과학이, 동양 사상과 서양 사상이, 역사와 자연이, 노동과 예배가, 민초와 하늘이 구별되면서도 하나로 통해 있는 것이다. 그분으로 말미암아 씨올 사상이라는 독특한 생명의 세계가 한국의 정신계 속에 열리게 된 것이다. 과학적으로 사고하고, 종교적으로 직관하고,

시적으로 표현한 그분의 방대한 저작들은 그분이 곧 20세기 한국이 낳은 세계적 사상가임을 입증하는 단서인 셈이다.

김경재(한신대학교 교수)

신천 함석헌

1901년	3월 13일, 평북 용천군 부라면 원성동에서 태어남
1916년	평양고보에 입학
1917년	황득순과 결혼
1919년	3·1만세운동에 참가, 평양고보 휴학
1921년	오산학교 3학년으로 편입
1924년	도쿄고등사범 입학, 평생 동지 김교신을 만나고 우치무라 칸조의 제자가 됨
1928년	오산학교 교사에 취임
1940년	계림회사건으로 1년간 구금됨
1942년	성서조선사건으로 1년간 복역됨
1958년	《사상계》에 실린 「생각하는 백성이라 산다」라는 글로 20일간 구금
1970년	《씨올의 소리》 창간
1974년	민주회복국민회의 시국선언 동참
1989년	2월 4일, 서울대병원에서 별세

18
장공 김재준

　장공(長空) 김재준(金在俊)은 한국 기독교계가 배출한 대표적인 행동파 지식인이다. 그는 신앙과 양심의 자유를 표방하는 진보적인 '생활신앙'을 실천과제로 삼아 1960~70년대 한국 교회가 사회참여에 앞장서는 기조를 제시했다. 그 자신이 민주회복운동의 전위·핵심으로 나서 지휘자 역할을 맡기도 했다. 진보개신교를 대표하는 경동교회 창립자이기도 한 장공은 강원룡, 김영규, 전은진, 안병무 등을 간도 용정의 은진학교에서 가르치기도 했다.
　"선친께서는 아호대로 종교인으로서는 자유분방하게 살아가신 분이지요. 장공이라는 아호는 송창근 목사님께서 지어주셨다고도 하고, 선친 스스로 '구만리 장천과 비움의 공'이라고 하셨대요. 김정준 목사님은 '그의 생활과 사상이 높고 넓고 푸르고 긴 창공 같아 사람들이 그를 장공 선생이라 부른다'고 하셨어요."
　3남 관용 씨의 말이다.
　장공은 1901년 9월 26일 함북 경흥군 상하면 오봉동 창꼴마을에서 농사짓던 김호병과 채성녀 사이에 2남 4녀 중 차남으로 태어났다. 창꼴마을은 두만강 국경지대 유폐된 산촌으로, 지금은 아오지탄광으로 유명한 탄광촌으로 변했다. '창꼴'이라는 마을 이름은 조선시대에 군량미 비축창고가 있던 마을이라는 뜻이다.

장공의 증조부 김덕영은 산지를 3만 평쯤 개간하여 대농 소리를 들었고, 부친 대에도 '집터 주위에 자연스레 펼쳐진 텃밭이 만 평쯤 한 필로 되어 있는' 전답을 소유한 중농이었다. 모친은 경원 지역 실학파 거두 채향곡의 후손인 채동순의 3녀이다.

장공은 5살 때 부친이 훈장인 서당에서 『천자문』, 『동몽선습』, 『대학』, 『중용』, 『논어』, 『맹자』 등을 공부한다. 9살 때 경월 향동소학교 3학년에 편입하며, 고건원보통학교를 마치고, 1915년에 회령간이농업학교를 졸업한다.

이어 회령군청 간접세과에 고원으로 취직하며 1917년에 장석연의 맏딸 분여와 결혼한다. 장공은 결혼 후 웅기금융조합 직원으로 전직한다. 이곳에서 만주 시베리아로 망명하는 애국지사들을 수시로 보면서 민족의식이 싹튼다. 3·1운동이 일어난 이듬해 장공은 평생 '신앙의 형제'이자 '신학적 동지'가 되는 만우(晩雨) 송창근(宋昌根)을 만난다. 서울 남대문교회에서 일하던 송창근 전도사가 독립운동 혐의로 징역 6개월 옥고를 치른 후 웅기에서 멀지 않은 그의 고향 웅산에 내려와 있었다.

창꼴마을 산촌과 달리 만우의 고향 웅산은 일찍이 기독교회가 들어왔고, 만우는 13세 때 집을 나와 간도로 탈출하여 간도 명동중학과 소영자 광서중학에서 공부한다. 만우는 간도에서 성재 이동휘의 애제자가 된다. 성재는 북간도 독립군 군관학교가 운영난에 부딪히자 문을 닫고 독립운동의 내일을 꿈꾸며 시베리아로 떠나면서, 함께 따라나서는 송창근에게 "너는 본국에 돌아가 목사가 돼라"는 엄명을 내린다. 그 뒤 만우는 서울에 진출하여 피어선성경학교를 졸업하고 남대문교회 전도사가 되어 일하다가 그 무렵 고향에 내려와 두 살 아래 청년 장공을 만나는 것이다. 만우는 장공에게 결단을 촉구한다.

> 지금 3·1운동 이후 우리 민족은 되살아났습니다. 이제부터 새 시대가 옵니다. 김 선생 같은 청년을 요구합니다. 웅기 구석에서 금융조합 서기나 하면 무엇합니까? 하루속히 단행하십시오. (『잊을 수 없는 만우』, 김재준)

만우의 충고를 따라 장공은 금융조합에 사표를 내고 서울 유학길에 오른다. 그는 견지동에서 한성도서주식회사를 차리고 출판업을 하는 백부를 찾는다. 그러나 몇 달 숨돌리면서 백부가 경영난으로 어려워진 형편을 알게 된 장공은 하숙 생활을 하게 된다.

> 저금 잔액으로 몇 달을 버틸 수는 있었으나, 김재준의 서울 하숙 생활은 시골 중농의 경제력으로는 버티기가 어려웠다. 내복도 의복도 없는 단벌 학생복으로 눈길, 눈보라와 맞서며 아현고개를 넘나들어야 했고, 하숙집 밥값이 밀려 이부자리를 밥값 대신 주인에게 떼이고 추운 겨울 거리로 쫓겨나기도 했다. (『김재준 전집』)

장공은 정규학교 과정을 제대로 이수하지 못해 중동학교 속성고등부와 서울 YMCA에서 공부한다. 이상재, 윤치호, 신흥우 총무 등이 민족의식과 신지식을 제공하는 샘터 구실을 해 장공은 매주 일요강좌에 빠짐없이 참석하고, 잡지실에 무시로 드나들면서 《개조》, 《중앙공론》 등 잡지를 읽고, 특히 일본어로 된 문학작품을 닥치는 대로 읽는다.

이 무렵 장공은 숭동교회에서 열린 서울 장로교회 연합사경회에서 김익두 목사의 설교에 감화받고 '성령의 사람으로 거듭난 중생 체험'을 한다.

2년 후 1926년 장공은 일본 유학길에 오른다. 도쿄역에 도착했을 때 단돈 5원 50전뿐이어서 장공은 무작정 아오야마대학 신학부 졸업반에 재학 중인 만우의 기숙사 방문을 두드렸다. 기숙사 규칙을 어기면서 당분간 그의 방에 함께 기거하면서 막노동과 학원 청강, 도강을 한다. 얼마 후 고학생 합숙소에 잠자리를 정하고 닥치는 대로 아르바이트를 한다. '낫토' 장사, 건축 공사장 지하실 흙 실어 나르기, 잔디 깎기, 유리창 닦기, 서재 청소와 곳간 정리, 꽃나무 전지작업, 식당 장작 패기 등 온갖 잡일을 마다하지 않고 고학을 한다.

추운 겨울에 스팀도 없는 다다미방 기숙사에서 헌 외투 하나로 견디며, 식대가 떨어졌을 때는 하루에 식빵 두 쪽에 냉수 한 잔으로 허기를 때우면서 스토아학파의 금욕주의 철인처럼 초연해 보기도 했다. (『김재준 전집』)

장공은 아오야마학원 신학부를 아주 특이하게 1928년에 졸업한다. 청강생으로 시작해 정규 학생으로 등록된 적도 없는 데다 수강 학기 수도 졸업 가능 학기에서 한 학기가 모자랐다. 생활이 어려워 학기금, 학우회비, 기숙사비 등을 제대로 제때에 낸 적도 없었다.

아마도 과묵한 조선 청년의 진지하고도 사려 깊은 학구적 태도와 방학 때마다 기숙사에 남아 엄청나게 독서를 하는 모습을 수년간 지켜본 학교 당국이었기에 그가 아오야마학원 신학부 졸업생으로서 자격이 충분하다고 판단했을지 모른다. (『김재준 평전』, 김경재)

졸업반 방학 때 귀국하여 종성, 온성, 경원, 신아산, 고건원, 경흥, 웅기 등 두만강 유역의 교회와 기도처를 순방하면서 설교와 강연을 한다.

졸업 후 장공은 미국 유학길에 오른다. 프린스턴대학에 먼저 가서 신학을 공부하던 만우가 졸업하면 곧장 미국 유학을 오라는 권고와 함께 프린스턴대학 입학 허가증과 1년 200달러 장학금 허락 통지서를 보내왔다.

지금이나 당시나 가난한 학생에게는 미국까지 가는 것 자체가 문제였다. …… 마침 승동교회 김대현 장로와 이재향 목사의 도움으로 재정보증서를 만들고 그 밖에도 여러 가지 서류와 수속을 거친 뒤에 여권을 받을 수 있었다. …… 그의 미국 유학 여비를 마련해준 사람은 서울 YMCA 지도자 윤치호였다. …… 윤치호는 미래의 조선 독립을 꿈꾸며 인재를 양성하고 있었는데, 특히 미국에 건너가 자연과학 분야와 신학 분야를 연구하려는 청년 유학생에게 태평양을 건너갈 선박료를 마련해주곤 했으므로, 청년 김재준은 서울 견지동 고가에서 윤치호 선생을 면회하고 여비 도움을 청했다. 윤치호는 김재준의 포부를 듣고 격려와 조언의 말과 함께 여비 100달러를 마련해주었다. (『김재준 평전』)

장공이 요코하마에서 탄 배는 열흘 만에 하와이에 닿고, 다시 나흘 만에 샌프란시스코에 안착한다. 그곳에서 대륙횡단 열차를 타고 필라델피아를 거쳐 프린스턴역에 도착하니 그곳에 유학 중이던 김성락과 한경직이 마중 나왔다.

김재준이 일본 아오야마학원 신학부에서 자유주의 신학을 공부하고 프린스턴 신학교에서 보수주의, 특히 근본주의 신학을 공부한 것은 참으로 의미가 깊다. 신학이 인간을 구원하는 것은 아니지만, 건전한 신학은 극단적인 입장을 견지하는 것이어서는 안 된다는 확신을 더욱 굳히게 된 것이다.
(『김재준 평전』)

프린스턴에서 두 학기를 공부한 장공은 1930년 가을 새 학기를 맞아 피츠버그의 웨스턴신학교 2학년에 등록한다. 프린스턴에서 신학적으로 근본주의 신학의 요점을 이미 공부하기도 했거니와, 고학을 해야 하는 처지에서 웨스턴은 장학금 조건도 좋았다. 더구나 그곳에서는 형제나 다름없는 만우가 대학원 석사과정을 밟고 있었다. 프린스턴 시절처럼 웨스턴에서도 장공은 식비와 용돈을 마련하기 위해 기숙사 식당 웨이터, 키친보이, 잔디 깎기, 농장 일 등 온갖 아르바이트를 해야 했다

장공은 1932년 석사 학위를 받는 졸업식에서 히브리어 특별상을 받으며, 거의 모든 과목에서 최고 성적을 기록한다. 그러나 경제 공황을 맞아 장학금이 끊긴 데다 아르바이트마저 불가능해 장공은 박사과정을 포기하고 귀국하여 고향인 경흥군 일대의 교회를 순방한다.

나는 노회 뒷좌석에서 얼마 동안 방청했다. …… 내 인상으로는 은혜도 화평도 증발된 사무 절차뿐이었는데, 예외 없이 평양신학교 출신 목사님들이니만큼 '정통신학' 일색이었다. 나는 좀 더 '복음적'인 신학교육이 필요하다고 느꼈다. 정통주의는 그대로가 '율법주의'여서 거기에는 자유하는 인간이

있을 수 없다고 보았다. 목사님들과 노회원 장로님들 얼굴은 평화 없는 '목사 탈(마스크)'로 굳어져 있었다. (『김재준 전집』)

이듬해 장공은 평양 숭인상업학교 교유에 취임하나, 1936년 신사참배 문제와 민족교육 금지 문제로 물러난다. 그의 자서전의 고백을 그대로 들어보자.

나는 그때 일제의 신사참배 강요는 초대 교회 때 로마 황제 예배 강요와 유를 같이 한 것이라고 생각했다. 그래서 황제 예배를 거부하고 순교한 초대 신자들의 모습을 사모했다. 나는 평양신학 도서실에서 『성자열전』 50여 권을 한 번에 두세 권씩 빌려다 읽었다. 그중에서 우리와 비슷한 경우에 순교한 분들을 골라 『순교자열전』을 쓰기 시작했다.

장공은 숭실전문 교장 마우리 선교사의 소개로 간도 용정의 은진중학 교사로 옮겨 간다. 간도 용정은 조선족의 독립운동과 특히 기독교계의 민족 교육열이 왕성한 곳이었다. 이곳에서 후일 한국 개신교의 큰 역할을 하는 수많은 제자를 육성한다. 강원룡, 김영규, 전은진, 안병무, 김기주, 신영희, 최동렵 등이 있었고, 당시 장공의 영향을 받았던 제자들이 해방 후 서울 경동교회를 중심으로 집결하여 '선린회'를 이룬다.

김재준 선생의 별명은 '천지 선생'이었는데, 강의할 때면 학생들의 얼굴은 보지 않고 교안 노트와 교실 천장만 자주 보곤 해서 붙은 별명이었다. (강원룡 목사의 회고담, 기독교장로회 회보, 2001년 6월)

장공 김재준 목사가 말년에 신도들에게 기독교의 방향에 대해 써준 글.

장공은 1939년 서울 승동교회 김대현 장로가 사재 50만 원을 내놓아 설립한 조선신학원의 설립 사무를 전담하며, 이듬해 교수로 임명된다. 그는 이후 교장으로 취임하여 일제 말 조선신학원을 끝까지 지킨다.

해방을 맞이 장공은 서울 동자동의 천리교 본부 건물을 불하받아 조선신학원의 기틀을 다진다.

김천의 만우, 신의주의 한경직, 그리고 서울의 나는 모두 조선신학원에 모였다. 셋은 학창 시절의 맹우였다. 한국 교회를 세계 수준에 밀어 올리기 위한 인물 양성, 그것은 자유로운 신학이다. 나는 구약을 전공하기로 해서 학업을 마치는 대로 셋이 같이 일할 작정이었다. 이제는 일제가 물러갔으니 기회가 온 셈이다. (『김재준 전집』)

1945년 12월 서울 장충동에 경동교회를 세운다. 김재준의 그리스도

몸으로서의 교회 사랑 정신과 강원룡을 중심으로 한 '선린형제단'의 기독교적 사회봉사 정신이 상호작용하여 생겨난 교회이다.

경동교회는 장충동 1가에 있는 천리교 숙사에서 '야고보교회'란 이름으로 내가 맡았다. 지성인들과 학생들을 위한 특수교회를 지향한 것이다. 나는 그때 신학교육 개혁운동에 바빠서 틈낼 수가 없었다. 그러나 주일 강단만은 맡아줘야 하겠대서 동자동서 장충동까지 아침저녁 수요일 밤, 식구들을 데리고 걸어갔다 걸어온다. (『김재준 전집』)

6·25전쟁 중 부산 피난살이에서 김재준은 남부민동에 천막을 치고 조선신학대학을 한국신학대학으로 바꿔 학장에 취임한다. 1953년에는 장로교가 보수적 교권주의자들에 의해 분열되어 기독교장로회가 탄생한다.

5·16쿠데타 후 장공은 말이나 글로써만이 아니라 행동으로 '예'와 '아니오'를 분명하게 표현하는 민주화운동에 앞장선다. 그는 1965년 7월 한경직, 이해영, 강신명, 문재린, 송두규, 이태준 목사 등 기독교 각 교파 지도자들과 영락교회에 모여 초교파적인 한일국교 정상화 반대운동을 벌인다.

이즈음 장공은 기독교장로회 총회장, 한국신학대학 이사장 겸 명예학장으로 추대되며, 1972년에는 국제엠네스티 한국위원장이 된다. 이해 12월 유신헌법이 선포되자 장공은 이듬해 삼선개헌반대범국민위원장으로 추대되며 함석헌, 천관우, 이병린, 지학순과 함께 민주수호국민협의회 공동의장을 맡는다. 장공은 1971년 12월 6일 비상사태 선포 이래 1974년 3월 캐나다로 출국할 때까지 네 차례에 걸쳐 가택연금을 당한다.

그 어른은 기관원을 따돌리려고 하지 않고 품에 안고 다니셨다. 버스를 타고 귀가하실 때 오히려 기관원에게 "고충이 많지? 지혜롭게 처신해!"라고 하셨다. 귀가하신 것을 보고 돌아가려는 기관원에게 "들어와 차 마시고 가라" 하시며 사모님에게 차를 끓여 오도록 하셨다. 때로는 신문사에 보낼 원고의 교정을 부탁하여 결과적으로는 그 말단 기관원이 보고할 자료를 얻게 해주시기도 했다. (『김재준 이야기』, 서도섭 서울노회 공로목사)

캐나다로 출국한 장공은 북미주 한국민주회복통일촉진국민회의 의장을 맡아 민주화운동을 벌이다 1983년 귀국한다. 귀국 후 장공은 함석헌 등과 함께 '재야원로간담회'에 참여하여 나랏일을 걱정한다. 민주화운동의 절정에서 박종철 군이 고문 살해당하자 '고 박종철 군 국민추도회 발기인'으로 참여하며, 1987년 1월 벽두에 함석헌과 함께 「새해 머리에 국민에게 드리는 글」을 남긴 후 1월 27일 서울 한양대부속병원에서 별세하며, 경기도 여주군 남한강묘원에 안장된다.

장공은 강분애와 사이에 3남 3녀를 두었다. 장남 은용(76·서울대 사학과 졸) 씨는 손행강(간호사) 씨와 결혼하여 하륜(의사) 씨와 남희 씨 남매를 두었다. 차남 경용(72·연세대 경영학과 졸, 토론토 한인교회 장로) 씨는 정효순(간호사) 씨와 결혼하여 하령, 하준 형제와 서희 씨를 두었다. 3남 관용(70·한양대 건축공학과 졸, 성북교회 장로) 씨는 거제도 애광원에 근무하고 있으며, 이정희(성북교회 장로, 한국교회여성연합회장) 씨와 결혼하여 명은, 명혜 자매를 두었으며, 명은 씨는 조성철(한신대 졸, 전주금암교회 목사) 씨와 결혼했다.

장공의 장녀 정자(정신여고 졸, 작고) 씨는 신영희(하얼빈의대 졸, 중앙의원 개업 작고) 씨와 결혼하여 민섭(한양중학 교장), 경섭(전 기상청장), 인섭, 요섭, 진섭 5형제를 두었다. 차녀 신자(81·한신대, 동국대 국문학과 졸) 씨는 이상철(한신대, 캐나다 유니온신학교 졸, 캐나다연합교회 총회장) 씨와 결혼하여 정화, 정선, 정희 3자매를 두었다. 3녀 혜원(77·이화여대 영문과, 컴퓨터 프로그래머) 씨는 장인철(한신대 졸, 광고디자이너) 씨와 결혼하여 딸 지영(회계사) 씨를 두었다.

내가 본 장공 김재준

나는 1959년 광주의 백영흠 목사님의 소개로 한국신학대학에 입학하면서부터 장공 선생님을 평생 스승으로 모시게 됐다. 그분의 학문에 더해 기독교인으로서의 인격에 더욱 감화를 받아왔다. 선생은 한국의 진보적 기독교계를 대표하는 신학자, 교육자, 문필가, 사회윤리학자이다.

그분은 성경 문자무오설과 경직된 교리의 신앙을 비판하고, 신앙은 삶으로 구체화되어야 한다는 '생활신앙'을 강조했다. 김문환 시인이 말한 대로 김재준 목사는 우리 시대를 살고 간 '신선'이요 '작은 예수'였다. 그분은 예수 그리스도의 복음을 접하여 구만리 창공을 날아오른 자유인이 되고, 하늘 씨앗을 땅속에 심는 성육신의 영성으로 영글어져 한국에 그리스도교가 전래된 지 200년 만에 대승적 기독교 시대를 연 선구자이다. 선교사들의 전도 수준에 머물던 한국 기독교를 세계와 통하는 자유분방한 기독교로 개혁한 분이라고 할 수 있다.

김경재(한신대 명예교수)

장공 김재준

1901년	9월 26일, 함북 경흥군 상하면 오봉동 창꼴마을에서 태어남
1915년	회령간이농업학교 졸업
1917년	장분여와 결혼
1928년	일본 아오야마학원 신학부 졸업
1932년	미국 프린스턴대학을 거쳐 웨스턴신학교에서 석사 학위를 받음
1933년	평양 숭인상업학교 교유에 취임
1936년	간도 용정 은진중학교 교사가 됨
1945년	12월, 서울 경동교회 창립
1951년	한국신학대학 학장에 취임
1973년	삼선개헌반대범국민위원장에 추대, 민주수호국민협의회 공동회장에 취임
1974년	캐나다로 출국, 북미주 범국민민주화회복국민회의 의장을 맡음
1987년	1월 27일, 서울 한양대부속병원에서 별세. 경기도 여주군 남한강 묘원에 안장

19
학천 이태규

학천(學泉) 이태규(李泰圭)는 한국과학기술계의 상징적 인물이다. 그는 1930년대 후반 미국 프린스턴대학에서 아인슈타인, 테일러, 아이링 등 세계적인 학자들과 어울렸을 만큼 일찍이 이름을 날렸다. 이른바 리-아이링 이론으로 불리는 학설로 그는 세계 화학계의 주목을 받아왔다. '리'는 그의 성에서 따온 것이다. 이 이론은 뉴턴역학이 제대로 적용되지 않던 분자 세계를 방정식으로 풀이한 것이다. 1965년 한국인 최초로 노벨상 추천위원이 되었고, 그 자신 역시 한국인으로서는 처음으로 노벨상 후보로 거론되곤 했다. 일제강점기 때 일본 생활을 하면서는 주위의 눈총에도 마다하고 창씨개명을 거부했다. 30여 년의 미국 생활 중 1950년대 한국 전란기에 미국 시민권을 가지라는 주변의 유혹도 물리쳤다.

학천은 1902년 1월 26일 충남 예산군 예산읍 예산리 55번지에서 이용균과 밀양 박씨 사이에 6남 2녀 중 3남으로 태어났다. 16대 선조인 전주 이씨 소생(紹生) 대에 수양대군이 어린 조카 단종을 내쫓고 왕위에 오르자 소생은 사헌부 벼슬을 버리고 낙향했다. 훗날 그의 덕행을 기린 성종이 여러 차례 벼슬을 내리며 불렀으나 소생은 끝내 사양했다. 이때부터 학천의 가문은 예산에 뿌리를 내려 살게 되었다.

학천은 형과 함께 집에서 부친께 한문을 배웠다. 부친은 조그만 실수를 해도 종아리를 때릴 만큼 엄한 분이었다. 가훈이기도 했던 부친의 좌우명은 '정신일도하사불성(精神一到何事不成)'이었다. 평생 어려움과 곤란이 처했을 때 이 정신은 학천이 꿋꿋이 설 수 있는 힘이 되곤 했다. 반면 모친은 무척 자애로운 분이었다. 식구들뿐만 아니라 이웃들의 어려움까지 보살폈다. 어려운 이웃과 함께 곡식이나 물품을 나누는 일도 잦았다. 학천의 외조부는 중추원 의관을 지낸 분이었다.

학천의 바로 아래 아우인 이홍규(李弘圭)는 1949년 서울지검 검사로 시작하여 고검 검사, 광주지검장, 법무부 교정국장을 역임하고 1961년 변호사 개업을 했다. 재임 시 그는 장면 부통령 저격사건 수사를 맡아 당시 정권 실세들의 배후 관련 사실을 파헤쳐 '대쪽 검사' '척결 검사'로 이름을 날렸다. 변호사 시절에는 무료 법률 상담과 변론 활동을 벌인 공로로 1994년 국민훈장 무궁화장을 수상했다. 학천도 1971년 무궁화장을 수상했다.

이홍규의 장남 회정은 미국 브라운대학 병리학부 교수를 거쳐 뉴욕 마운트사이나이의대 교수, 삼성의료원 병리학과장 등을 역임했으며, 차남 회창은 대법원 판사, 중앙선관위원장, 감사원장, 국무총리를 거쳐 한나라당 총재를 역임했다. 3남 회성은 미국 뉴저지 주의 리트거스대학 경제학박사, 한국개발연구원 수석연구원을 거쳐 에너지경제연구원장을 맡은 바 있고, 2008년 유엔기후변화정부간위원회 부의장에 선출되었다. 4남 회경은 미국 뉴욕 주립대학에서 경제학박사 학위를 취득한 후

KAIST 교수로 재직 중이며, 이영균 전 서울대병원장이 장인이다. 그는 특히 학천이 한국과학기술원에 부임한 후 함께 근무하며, 학천의 임종을 지켜보는 등 친아들 같은 역할을 한 것으로 알려졌다.

학천의 막내 동생 이완규는 삽교고 초대 교장, 서울 경문고 초대 교장, 배명학원 이사 등을 역임한 교육자이다.

이 박사 가문의 특성 중 하나는 친가와 외가를 막론하고 90세를 넘긴 사람들이 흔할 만큼 장수 집안이라는 점이다. 이태규 박사가 90세, 이홍규 옹이 97세에 작고했다. 또한 가족 모두 키와 체격이 작다는 외형적 특징과 대부분이 가톨릭 신자라는 공통점을 가지고 있다. (『나는 과학자이다』, 대한화학회 편저)

부친께 『동몽선습』을 배운 학천은 『자차통감』과 『소학』마저 독파했다. 다음 차례는 사서삼경. 하지만 부친이 학천에게 갖다 준 책은 『전등신화』와 『아라비안나이트』였다.

"한문은 읽고 뜻을 아는 정도만 배우면 되니, 사서삼경까지 읽을 필요는 없다."

그 말을 듣고 아버지를 멍하니 바라보았다. 아침에 일어나면 먼저 도포와 갓을 쓰고 의관을 갖추는 부친이 아니던가. 하지만 부친은 완고한 유생이기 전에 세상 물정에 민감한 실학파였다. 그 무렵 소설책 말고도 학천이 호기심을 보인 것은 장날 구경이었다.

한번은 장터 좌판에서 파는 병아리 중에 깃털 색이 약간 특이한 병아리가 한 마리 섞여 있었다. 학천은 쭈그리고 앉아 한참 동안 그 병아리만 바라보았다. 병아리 장수가 "얘야, 도대체 뭘 그리 보는 거니?" 하고 물었다. 그러자 학천은 "저 병아리는 깃털 색깔이 다르니 행동도 다른 것 아니에요? 다른 병아리들과 어떻게 다른 행동을 하는지 관찰하고 있는 거예요"라고 대답했다. 이처럼 학천은 어려서부터 신기한 사물을 보면 예사로 넘기지 않고 '왜?' '무엇 때문에' 그런 것일까 하는 의문을 가졌다.

1910년에 학천은 예산소학교에 입학한다. 나이가 어려 제1호 청강생이었다. 그래서 늘 뒤에 앉아야 했지만 성적만큼은 누구보다 뛰어났다. 그는 이 학교를 수석으로 졸업하고 1915년에 경성고보에 입학한다. 학천이 화학에 취미를 붙여 열심히 공부하는 것을 본 화학 선생님은 어느 날 방과 후에 그를 따로 불렀다.

"내가 지켜보니 너는 화학에 아주 관심이 많더구나. 이제부터는 나를 도와 화학실험 준비도 하고 함께 공부도 하는 게 어떻겠니?"

학천은 흔쾌히 응했다. 학천에게 화학을 평생의 연구 과업으로 삼게 한 호리 마사오(堀正男) 선생이었다.

1919년 경성고보를 수석으로 졸업한 학천은 이듬해 관비 유학생으로 히로시마고등사범학교에 입학한다. 하지만 수업 첫날부터 그의 자신감은 산산이 부서지고 말았다. 첫날 물리학을 가르치는 선생이 들어와 영어를 썼는데, 그 말의 의미는커녕 무슨 알파벳인지 구별할 수조차 없었다. 그가 경성고보에서 배운 영어라고는 수학과 과학 과목에 필요한 알파벳 A, B, C, D, E, F, G, H, I, X, Y, Z의 열두 글자뿐이었다. 더구나 알파벳 필기체는 그때 처음 구경했다. 그는 한국인 선배인 최현배의 하숙집으로 찾아가 영어 선생을 소개받아 코피를 흘리면서 밤새워 공부를 했다.

"서울대 화학과에 입학한 신입생 때부터 외국 잡지를 읽기 위해 도서관에 자주 가곤 했다. 그때 우연히 발견한 것이 코피 흘린 자국이 선명

서울대 이공학부 제1회 졸업사진. 앞줄 오른쪽에서 네 번째가 이태규 박사이다.

한 노트 한 권이었다. 그 노트는 이태규 선생님께서 히로시마고등사범학교 시절 밤을 새우며 공부하다가 남긴 흔적이었다. 고등학교 때 화학 교과서에 실린 선생님의 이론을 익히 본 바 있었으므로 그에 대한 감동이 더욱 컸다."

김창홍 전 한국과학기술연구원 책임연구원의 말이다.

2학년이 된 후 첫 시험 결과가 나왔다. 수석이었다. 그동안 뼈를 깎는 듯한 노력을 했다. 공부라기보다 차라리 전쟁이었다. 신경쇠약에 시달리며 노트에 수없이 흘렸던 코피 자국들. 남들은 영어 원서를 읽는데 알파벳부터 시작한 영어 공부. 배워보지도 못한 2차방정식을 푸느라 혼자서 끙끙댔던 숱한 나날들.

학천의 졸업 성적은 전교 2등이었다. 2학년 이후 계속 수석을 했지만, 1학년 때 성적이 좋지 않아 2등이 된 것이다. 이어서 학천은 교토제대 이학부에 입학한다. 그러나 당시 대학을 졸업해도 취직할 곳이 없어 조선인 학생들의 사기는 말이 아니었다. 학천도 한때 방황하여 실의에 빠졌었다. 그러나 1년 선배인 이희준(토목과 3년)의 격려로 다시 마음을 잡는다.

그는 3학년 때 지도교수로 명망 있는 호리바 신기 교수를 만나 조선 최초의 화학박사가 된다.

조선에서 처음으로 리태규 씨에게 리학박사 학위를 수여하기로 결정되었다는 소식이 왔다. 리태규 씨는 충청남도 례산 출생으로 경성제일고보를 졸업하고 광도고등사범학교를 마친 후 경도제국대학 리과 화학 교실에서 삼 년간 수학하고 연구를 거듭하던 중 금번에 리학박사의 논문을 제출한 것이다. 금년 삼십사 세인 리 씨는 조선이 나은 최초의 리학박사로 각 방면에 기대가 자못 크다. (《조선일보》, 1931년 7월 20일)

이듬해 학천은 절친한 친구인 시인 정지용의 중매로 박인근(朴仁根)과 전북 익산군에 있는 나바우성당에서 결혼한다. 신부는 제일고등여학교를 졸업한 후 교토에 있는 헤이안여자학원에 유학 중이었다. 그전에 학천은 정지용을 대부로 가톨릭을 믿게 되었다.

1937년 초 교토제대에서 교수회의가 열리고 있었다. 회의실 분위기는 아주 냉랭했다. 사상 유례가 없었던 조선인의 조교수직 임용이 안건으로 올라왔기 때문이다. 박사 학위를 취득한 후 6년이나 부수(副手)로 있었던 학천이 그 대상이었다. 반대가 대세였으나 호리바 교수가 벌떡 일어섰다.

이태규 박사는 우리 화학과에서 가장 뛰어난 인재입니다. 그가 발표한 논문이나 그동안의 연구 실적을 여러분도 잘 알고 있을 것입니다. 그럼에도 그는 지난 6년간 화학과 부수로서 지내야 했습니다. 우리 대학이 발전하기 위해서는 이 같은 인재에게 기회를 주어야 합니다. 도대체 학문에 민족이 따로 있습니까? (『나는 과학자이다』)

1937년 4월 학천은 일본 제국대학의 유일한 조선인 화학과 조교수로 임용된다. 그러나 당시 유럽이나 미국은 과학 분야에서 일본보다 훨씬 앞서 있었다. 특히 미국의 프린스턴대학에는 세계적인 촉매학 권위자인 테일러 박사가 있었다. 촉매는 이미 학천이 평생의 연구 과업으로 삼고 있는 분야였기에 그쪽으로 관심이 기울었다. 그러나 일본 정부에서는 조선인에게는 장학금을 주지 않아 난감했다. 다행히도 일본에서 금강제약을 경영하던 전용순 씨가 여비 전액을 부담하겠다고 나섰고, 미국에서의 학비와 생활비는 김연수 씨가 부담하기로 하여 1939년 미국 유학길에 오를 수 있었다.

프린스턴에서 학천은 아인슈타인 박사를 비롯하여 헨리 아이링 교수, 1949년에 일본 최초의 노벨물리학상 수상자인 유가와 히데키 박사 등 세계적인 석학들과 교유·연구한다. 프린스턴대학에서 양자화학을 하게 된 학천은 후에 교토제대로 돌아가 이에 대한 강의를 함으로써 일본에 양자화학을 도입한 선구자가 된다.

교토대학 교수로 있던 학천은 1945년 광복을 맞아 가족을 모두 데리고 귀국했다. 당시 미군정하에서 문교부장관을 맡고 있던 유억겸이 몸소 나와 그를 맞았다.

"얼마나 선생님을 기다렸는데 이제야 오시는군요. 이렇게 와주시니 고맙기 그지없습니다."

학천은 우선 경성제국대학 이공학부장을 맡았다. 뒤이어 서울대 초대 문리과대 학장을 맡아 과학교육에 진력한다. 또한 조선화학회를 서둘러 창설한다. 학회가 만들어져야 연구 풍토가 활성화되고 기초과학 발전에도 기여할 수 있다고 생각했기 때문이다. 그러나 뒤이어 국립서울대안을 반대하는 좌익계열의 투쟁에 휘말려 학천은 사임하고, 1948년 미국 유타대학 교수로 떠난다.

학천이 서울대 문리과대 학장을 맡고 있을 당시 이승기 박사가 서울대 화학공학과장을 맡고 있었다. 그는 학천과 같은 교토제대를 졸업하고 비날론 연구로 명성을 날린 화학자였다. 두 사람은 그 후 각각 다른 길을 걷는다. 학천이 미국 유타대학 연구교수로 간 반면 이승기는 6·25전쟁 때 월북했다. 하지만 북한의 이승기 박사가 7·4남북공동성명을 위해 평양에 온 이후락 중앙정보부장에게 학천의 안부를 물어볼 정도로 두 사람은 서로 그리워하고 존경하는 사이였다. 학천의 자제인 이회인 박사는 자신이 어렸을 때 이승기 박사가 집으로 자주 찾아와 안아주기도 하며 굉장히 귀여워했다고 기억한다. 또 학천은 교토제대 교수 때부터 우장춘 박사와도 가깝게 지내 학천의 가족들이 부산 피난 시절 고생하는 모습을 보고는 제자들과 함께 돈을 모아 건네주며 한탄을 늘어놓았다.

"국보급 학자는 나라가 보호해주어야 하거늘 가족들을 이렇게 모른 체하고 있다니……."

학천이 가족들의 생사를 맡기고 새로운 각오로 연구에 몰두하여 발표한 것이 세계적으로 유명한 '리-아이링 이론'이었다. 점성(粘性) 물체의 흐름 성질을 연구하는 분자점성학의 기초가 되는 이론으로 학천과 아이링 박사는 한때 노벨화학상 물망에 오르기도 했다. 학천은 1950년에 유타대학 연구교수로 정식 임명된다.

우리 한국인으로서 처음으로 미국 대학의 연구교수로 문리과대학의 이태규 박사가 정식 초청되어 과학 한국의 명성을 세계에 떨치게 되어 기대되고 있다. 즉 미국 유타대학교 총장으로부터 국립 서울대학교 총장에게 전달된 공식 서한에 의하면 우리나라 화학계의 권위자로서 재작년 9월에 도미, 유타대학교에서 양자화학과 고분자화학물의 분자구조에 관한 연구를 계속해오던 이태규 박사가 금년 6월에 동 대학 초청 연구교수로 정식 임명되었다 한다. 《조선일보》, 1950년 6월 14일)

학천의 유타 생활은 매우 단순하면서도 규칙적이었다. 아침 9시에 출근하면 오전과 오후 한 번씩 학생회관에 가서 커피를 마실 뿐 종일 연구실에 있었다. 점심과 저녁은 5분 정도 걸어가 집에서 먹었고, 약간의 휴식을 취한 후 다시 연구실에 나와 새벽 1시에야 퇴근했다.

강의에 임하는 태도도 아주 철저했다. 칠판에 판서하는 시간을 줄이기 위해 커다란 종이에 미리 써 가지고 와서 칠판에 걸어놓고 강의했다. 논문을 정리할 때도 꼼꼼하기로 유명했다. 학생들이 제출한 논문을 검토할 때 단어 하나, 쉼표 하나도 적당히 넘어가지 않았다.

학천이 있는 유타대학에는 우리나라 과학기술계의 숱한 인재들이 모여들었다. 한상준, 장세헌, 김각중, 전무식, 권숙일, 이용태 등 30여 명의 제자가 배출되었다.

학천은 1973년 한국과학원 명예교수로 초빙된다. 기초과학을 튼튼히 하기 위해 한국이론물리화학연구회를 창설하는 등 원로 과학자로서의 역할에 충실했다. 학천은 1992년 10월 26일 대전 한국과학원 연구실에서 퇴근한 후 별세하며, 과학자로는 처음으로 서울 국립현충원 국가유공자 묘역에 안장된다.

학천은 1남 3녀를 두었다. 장남 회인(75·서울대, 유타대학 물리학과 졸) 씨는 유타대학에서 응집물질 및 통계물리학 박사 학위를 받고, 캘리포니아 주립대학 로렌스리버모어국립연구소 수석연구원으로 은퇴한 후, 동 연구소에서 연구를 계속하고 있다. 이욱경(66·서울음대, 미 홀리내임스대학 석사, 동 대학 피아노과 교수) 씨와 결혼하여 아들 연(46·MIT 컴퓨터 사이언스·전기공학과 석사), 딸 영(하버드대학 경제학과 졸) 씨를 두었다. 학천의 맏딸 주혜(76·서울대, 유타대학 영문과, 애리조나 대학원 졸) 씨는 스캇데일 커뮤니티대학 일본어 교수로 크리스토퍼(작고·유타대학 건축학과 교수 역임) 씨와 결혼했다. 학천의 차녀 신혜(작고·피츠버그대학 생화학과 교수 역임) 씨는 최승철(75·미 칼테크대학 졸, 샌디에이고대학 수학박사, 웨스팅하우스 연구원 역임) 씨와 결혼하여 영(41·MIT 졸, 프린스턴 경제학박사, 브라운대학 경제학과 교수), 윤(39·칼테크대학, 일리노이대학 물리학석사, 컴퓨터회사 시스템 아키텍트) 씨 형제를 두었다. 학천의 3녀 정혜(66·버클리대학, 유타대학 수학석사, 케미칼뱅크 부사장 역임) 씨는 폴 페인(유타대학 수학석사, 존슨&존슨 자문역) 씨와 사이에 딸 태미(러처스대학 석사), 아들 태연(코넬대학 석사) 씨 남매를 두었다.

내가 본 학천 이태규

내가 서울대 물리학과를 졸업하고 이화여대 강사로 있던 시절 이태규 박사님이 조교가 필요하다고 하셔 조순탁 교수님의 추천을 받아 유타대학으로 유학하게 되었다. 1966년 미국으로 향하는데 박사님은 유타에 오기 전에 버클리에 들러서 컴퓨터를 먼저 배워오라고 지시하셨다. 박사님은 나를 반겨주시며, 생활에 불편이 없도록 자상하게 보살펴 주셨다.

박사님은 시계처럼 정확하게 매일 똑같은 일상을 보내셨다. 학생들에게 강의할 때는 부처님께 불공을 드리듯이 아주 겸손하게 미리 준비를 다 하셨다. 한번은 시험 10분 전까지 강의실에 오라고 했는데, 내가 그만 조금 늦고 말았다. 선생님께서는 학생들이 자리에 앉기 전에 시험지를 미리 배포해놓고 기다리셨다. 내가 한시를 한다니까 아호를 지어달라고 하서, 즉석에서 '학천(學泉)'이라고 지어드렸다. 그분 덕분에 배운 컴퓨터 실력으로 내가 삼보컴퓨터사를 운영할 수 있게 된 셈이다. 세계적인 과학자 밑에서 공부하게 된 인연을 나는 소중하게 간직하며 살고 있다.

이용태(퇴계학연구원 이사장)

학천 이태규

1902년	1월 26일, 충남 예산군 예산리 55번지에서 태어남
1919년	경성고등보통학교 졸업
1924년	히로시마고등사범학교 졸업
1927년	교토제국대학 화학과 졸업
1931년	교토제대에서 한국 최초의 이학박사 학위 취득
1932년	박인근과 결혼
1939년	프린스턴대학에서 2년간 연구
1943년	교토제대 교수
1946년	서울대 초대 문리과대 학장
1948년	유타대학 교수
1973년	한국과학원 명예교수로 초빙
1992년	10월 26일, 충남 대전 한국과학원에서 별세

20
박열

　박열(朴烈)은 일왕 일가족을 암살하려 했다는 이른바 대역사건으로 내각 총사퇴까지 몰고 온 풍운아이다. 장장 23년간의 옥고를 치른 후 광복 한국에 돌아와서는 때때로 총리·장관 물망에 오르다가 6·25동란 때 납북되었다. 그는 1902년 2월 3일 경상북도 문경군 마성면 오천리 98번지 샘골(현 문경시 모전동)에서 아버지 박지수(朴芝洙)와 어머니 정선동(鄭仙洞)의 셋째 아들로 태어났다. 집안(함양 박씨)은 전통적인 유가 가문으로 존경을 받아오던 지방 명문이었다. 모친의 꿈에 어느 날 밤 청룡·황룡이 오두막집 방문으로 들어오는 것을 보고 태기가 있어 박열을 낳았으며, 얼마 후에 아버지가 별세해 그는 유복자처럼 편모슬하에서 자랐다.

　노송과 아름드리 삼나무가 산머리를 뒤덮고 있는 이 고을은 수려한 산야의 기운이 늘 가득하여 드맑은 정기에 휩싸여 있다. 그가 태어난 오두막집은 너무 낡아 허물고 10년 전 문경시가 복원했다. 2002년에 착공한 박열 의사 기념공원은 오는 9월에 개관할 예정이다.

　"고향에는 현재 집안이 모두 떠나 살고 가네코(박열의 동지) 여사의 묘소가 있어 그분을 흠모하는 일본 관광객이 연 500명쯤 오고 있지요. 기념공원이 완공되면 연 2000명쯤 오리라고 추산하고 있습니다. '일본을 움직인 10대 여장부'라고 하여 그분에 대한 일본인들의 추모 열기는 대단하니까요."

기념공원 공사를 맡은 박성진(50) 예문관 사장은 같은 집안이기도 하여 박열의 추모사업에 더욱 관심이 크다고 했다. 기념사업회는 현재 박인원 이사장(전 문경시장)이 이끌고 있다.

박열은 『천자문』과 『동몽선습』 등을 배우다가 아홉 살 때 집에서 40리나 떨어진 함창공립보통학교에 입학하여 새벽밥을 먹고 통학했다. 박열이 소학교를 졸업하기 직전 어느 한국인 교사가 자기는 이때까지 일제의 압력에 못 이겨 거짓 교육을 시켰노라고 울면서 사과한 일이 있었다. 박열은 이 선생님으로부터 비로소 반일사상에 눈을 뜨게 되었다. 가난한 중에서도 공부를 더 해야겠다고 결심한 그는 대구로 가서 도지사의 추천을 받아 관비로 공부할 수 있는 경성고보 사범과에 입학한다. 그러나 박열은 3·1운동이 일어나자 지하신문을 발행하고 격문도 살포하는 등 시위에 적극 가담했다는 이유로 퇴학을 당한다.

경성고보 시절 박열은 심리학을 가르치던 어느 일본인 교사로부터 그의 생애에 엄청난 영향을 주는 고토쿠 슈스이(幸德秋水)의 '대역사건'(1911년)에 대한 강의를 듣기도 했다. 이 사건은 1910년 메이지 일왕의 암살을 기도한 혐의로 수백 명이 검거되어 고토쿠 등 12명이 사형을 당한 초대형 사건이었다. 박열은 후일 "그 선생은 자기는 일본인이지만 실은 일본인이 아니라, 일본인의 적(籍)을 초월한 세계인이라고 하여 나의 사상 형성 과정에 큰 힘이 되었다"고 실토하기도 했다.

1919년 3·1운동 후 박열은 도쿄로 건너가 일제의 핵심이자 상징인 천

황제에 맞서 사상운동과 독립운동을 벌이기로 다짐한다. 신문 배달을 비롯하여 식당 종업원, 막노동꾼, 우체부 등의 일을 하면서 세이소쿠영어학원에 적을 두고 상급학교 진학 준비를 했다. 그러면서 박열은 동지 20여 명과 '혈거단(血擧團)'이란 청년단체를 조직한다. 그 목적은 재일 조선인 중에 행실이 불량하거나 일제의 앞잡이 노릇을 하는 자들을 불러내어 응징하는 것이다. 이처럼 그의 독립운동 원칙은 철저한 실천성으로 다져진 것이다.

박열이 혈거단 이름으로 실력행사를 한 사건 하나. 장덕수가 러시아로부터 6000원인가 얼마를 받아서 유흥비로 썼다는 소문을 듣고, 그가 마침 도쿄 간다(神田)의 보정(寶亭)에 머물고 있다는 사실을 알아낸 박열은 동료들과 함께 몰려가 장덕수를 폭행하고, 이로 인해 니시간다경찰서에 구속되기도 했다. 이 무렵 박열은 '못된 조선놈'이란 욕설이 담긴 제호의 잡지형 월간지 《불령선인(不逞鮮人)》을 발행했다. 그러한 욕칭을 비꼬는 투로 사용하고자 한 낌새를 알아챈 검열당국이 불허하자, 박열은 역시 일어로 '못된 놈'이란 뜻이 담긴 《후토이(太い)센징》으로 바꿨다. 이 제호도 금지하자 《현사회(現社會)》로 고쳤다. 내용은 일제 사회제도에 대한 신랄한 공격과 조선 식민통치에 대한 격렬한 반대 논설로 채웠으며, 독립운동과 사회사상운동 동향에 관한 보도도 곁들였다. 인쇄소에서 제본되어 나오자마자 곧 압수되고 발매 금지되기 일쑤였으나 박열은 잡지 발행을 계속했다. 그는 출판 비용 조달과 잡지 보급 등 주로 대외 업무를 담당했고, 일본인 동지로 만난 가네코 아야코(金子文子)가 잡지 편집과 원고 집필 등 주로 내근을 했다. 가네코는 문필력이 뛰어나고, 학식도 수준 이상이어서 박열의 논설기사 중 대부분이 그녀가 대필한 것으로 알려졌다.

당시 그들은 동지이자 연인으로 동거생활을 했으나 살림에 쪼들렸던 모양이다. 네 살 위였던 박순천(첫 제1야당 당수를 역임한 인물)에게 가서 누이라고 부르며 돈을 자주 꾸어 가곤 했다고 한다. 이때 게이오대학에 재학 중이던 변희용(성균관대 총장 역임. 박순천의 남편)은 박열의 흑도(黑濤) 회원이었고 아직 박순천과는 결혼 전이었다. 그가 박순천의 생일 선물로 당시 12원이나 하는 값비싼 책을 사준 일이 있었다. 박열이 돈을 꾸러 가서는 현금이 없다고 하면 그 책을 전당포에 맡기고 5원을 변통해 쓰고 뒤에 다시 찾아다 돌려주곤 하던 가화(佳話)도 남겼다.

이런 밀월(蜜月) 속에서도 박열의 일왕 제거작전은 치밀하게 진행되어, 그는 우선 궁성 우편배달부로 위장취업하는 데 성공한다. 감시의 눈길이 잘 미치지 않는 신분으로 매일 궁성을 출입하면서 천왕의 동정과 출행하는 경로 등을 샅샅이 살피기 위해서였다. 그러는 사이에 마음속으로 혁명가를 낭창(朗唱)하면서 울분을 달래기도 했다. 나중에 사건이 터진 후 예심판사의 질문에 박열은 "일본인 동지와 결탁하여 무사히 우편배달부 시험에 합격한 후 그 명의의 면허증으로, 한국인인 내가 배달부의 사무를 대행한다는 것은 아주 쉬운 일이야. 바보처럼 덤비기만 하는 이가 빠진 황궁 경찰쯤이야 문제가 아니야"라고 대답해 일제 치안당국을 아연케 했다.

마침내 1923년 9월 1일 도쿄 일원에 이른바 관동대진재(關東大震災)가 발생하여 미증유의 재앙 속에 계엄령이 선포되고 유언비어가 난무하는 가운데, 일본인 민간단체인 자경단(自警團)이 무고한 한국인을 3000명이나 학살한 참변이 일어났다. 이처럼 지진과 학살로 민심이 흉흉한 중에 박열은 9월 3일 난데없이 일제에 의해 대역사건 혐의로 검거된다. 혐의는 이해 가을 거행할 예정이었던 황태자 히로히토(裕仁, 당시 병으로 쓰러진 부왕인 다이쇼(大正)를 대신하여 섭정)의 혼례식에 즈음하여 박열이 일왕과 태자를 암살할 목적으로 김중한(박열의 흑우회 동지)에게 폭탄을 구해 달라고 했다는 것이었다.

당시 일본의 형법(제27조)은 저격 대상이 황족인 경우에는 비록 예비행위일지라도 대역죄가 성립되게 규정하고 있었다.

박열의 옥중 결혼 소식을 다룬 《동아일보》 1925년 11월 26일자.

박열은 동지이자 애인인 가네코와 함께 구속되어 예비심문을 거쳐 재판을 받는 동안 1926년 사형선고를 받기까지 거침없는 언동으로 일제의 카리스마를 짓밟는 갖가지 기지를 발휘하여 우리 국민에게는 망국의 한을 달래주는 신선한 자극제가 되기도 한다. 박열은 우선 대심원 특정법정의 공판에 앞서 1925년 9월 한국인의 자존심을 일본인에게 알리는, 일본 재판사상에서도 전무후무한 다음의 4가지 조건을 제시했다.

"첫째, 나 박열은 피고로 법정에 서는 것이 아니다. 너 재판관이 일본의 천황을 대표해서 법정에 서는 것인 이상, 나는 조선 민족을 대표해서 법정에 서는 것이다. 천황을 대표하는 일본의 재판관이 법관을 쓰고 법의를 입는다면, 나도 조선 민족을 대표하는 입장에서 조선의 왕관을 쓰고 조선의 왕의를 입는 것을 허락할 것.

둘째, 나 박열은 피고로서 법정에 서는 것이 아니라 조선 민족을 대표하여 일본이 조국 조선을 강탈한 강도행위를 탄핵하고자 법정에 서는 것이기 때문에 재판관이 일본 천황을 대표해서 나의 질문에 답변하라.

셋째, 나 박열은 일어를 사용하고 싶지 않다. 그러므로 조선어를 사용하고 조선어로 말하도록 해달라.

넷째, 일본의 법정이 일본 천황을 대표한다고 해서 재판관은 높은 곳에 앉고, 일본 천황에게 재판받는 나 박열은 낮은 곳에 앉는 터이다. 그러나 나는 소위 피고와는 다른 사람이다. 때문에 내 좌석을 너희 일인 판사의 좌석과 동등하게 만들어달라."

이러한 기상천외의 당당한 요구조건에 대해 대심원 심판부에서는 여러 날 고심 끝에 첫째와 둘째 조건은 들어주기로 했다. 셋째 조건은 통역을 두는 것이 도리어 의사소통을 어렵게 한다고 해서 거부됐고, 넷째 조건은 세평이 있기 때문에 참아달라고 재판장이 부탁하여 박열이 철회했다. 박열은 후세 다쓰지(布施辰治) 변호사가 서울에서 구해 온 조선시대의 관복과 신랑이 혼례 때 예복으로 입던 사모관대 차림으로 법정에 출정한다. 또 재판장은 박열을 피고라고 하지 않고 '그편'이라고 부르고, 박열은 재판관을 '그대'라고 호칭했다. 실로 일본 재판사상 전무후무한 '사건'이 벌어진 것이다.

대심원은 1926년 3월 25일 박열과 가네코에게 사형을 선고하고 이어 10일 뒤 일등을 감형하여 무기징역으로 형을 낮추었다. 이에 대해 일본의 우익세력과 군부는 이를 극렬히 반대하면서 내각에 대한 탄핵 움직임까지 보였다. 이에 더해 이른바 괴사진 춘화(春畵)사건마저 일어나 정국(政局)을 뒤흔들었다. 문제의 사진은 박열이 형무소 안에서 책을 들고 있는 가네코를 포옹하고 있는 듯한 장면을 찍은 것으로, 박열의 한쪽 팔은 책상을 이용해 턱을 괴고 있었지만 다른 한쪽 팔은 가네코의 어깨를 안고 있어 마치 그녀의 젖가슴을 가볍게 누르고 있는 것처럼 보였다. 당시 야당이던 정우회(政友會)는 집권당인 헌정회에 대한 공격 자료로 이 사진을 이용했다. 이 사진을 넣은 괴문서를 만들어 정계와 언론기관 등에 뿌렸다. 그 문서에는 박열과 가네코가 극악무도한 국적(國賊)임에도 불구하고 국사(國士) 이상으로 대우해서 옥중 특별실에 기거하게 하며 결혼식에 이어 동거생활까지 시키고 감형의 은전까지 베풀었다고 비난했다. 이 사건으로 헌정회 내각은 총사퇴를 하고 말았다.

그러나 함께 은사를 받은 가네코가 4개월쯤 뒤 옥사한 사실을 알게 된 박열은 애통한 나머지 옥중에서 한동안 단식을 했으며, 가네코의 유해는 박열의 맏형 정식 씨와 조카(형래)에 의해 그녀가 사랑하던 박열의 고향이며 선산인 경북 문경군 팔령 2리에 묻히게 된다. 박열은 1945년 10월 27일 아키타형무소에서 출옥한 후 한국거류민단장으로 추대되며 1949년 이승만 대통령의 초대를 받아 귀국했으나, 6·25전쟁 때 서울 장충동에 있는 친지집에서 은거하다 납북되어 1974년 1월 17일 평양에서 별세했다. 1989년 3월 1일에는 대한민국 건국훈장 국민장이 추서되었다.

박열은 출옥 후 일본에서 출감 1주년 기념 특집 인터뷰를 하면서 만난 《국제신문》여기자와 결혼했다. 박열의 나이 47세, 장의숙(張義淑)은 29세로 도쿄여자대학을 막 졸업한 1947년에 결혼하여 남매를 두었다. 아들 영일(榮一, 62) 씨는 일본에서 고교를 마치고 한국 육사(27기)에 첫 합격한 기록을 지녔으며, 준장으로 예편 후 현재 남아공에서 기독교 선교활동을 하고 있다. 육사 입학 때 보증을 섰던 김병휘 장군(90·육군소장 예편)의 딸 혜정(60·이화여대 성악과 졸) 씨와 결혼하여 창해(34·인하대병원 전문의) 씨와 현해(33·서울시 공무원) 씨 형제를 두었다. 박열의 딸 경희(61·일본 오오미린대학 졸) 씨는 이일수(60·사업) 씨와 결혼하여 일본 사이타마

현에 살고 있다.

마침 남아공에서 휴가차 막 귀국한 영일 씨와 부인 김혜정 씨를 서울 방배동 725 신삼호아파트 자택에서 만났다. 윤곽이 크고 부리부리한 무사풍의 눈매에서 아버지의 모습이 엿보였다.

"어려서부터 당당하게 살라고 하셔 그렇게 살려고 하고 있습니다. 일본에서 살고 있을 때 납북되신 부친께서 조국에 가서 봉사하라는 전갈을 인편을 통해 전해 오셨고…… 저도 어려서부터 씩씩하고 당당한 군인 기질을 좋아해 육사를 지망하게 됐지요. 교포로서는 첫 번째 생도인 데다 아버지 때문에 주위의 주목을 받아온 것은 사실이겠지요. 육사 교육이 민족적 긍지를 심어줘서 열심히 사는 인생의 바탕이 됐다고 생각합니다."

동기생 부부 모임에서도 "남편이 생도 시절 요령을 피울 줄 몰라 완전무장을 하고 구보할 때도 뒤처진 남편을 도우려고 동료들이 함께 뛰곤 했다"는 얘기를 들었다고 혜정 씨가 거들었다.

내가 본 박열

1948년 건국 후 서울 충무로의 당시 한미호텔에서 만난 박열 선생은 참으로 당당하고 침착해 보였다. 듣던 대로 자그마한 키에 탄탄한 몸집, 불그스름한 안색은 의지 굳은 투사의 모습 그대로였다. 당시 혼란스런 정치 상황에서 우리가 우선 해야 할 일은 "정치투쟁이 아니라 자주독립 사상으로 무장한 기반 위에 국가의 기틀을 다져가는 것"이라고 역설하기도 했다.

광복 후 출옥하자마자 그분은 우선 재일조선인연맹을 조직하여 이끌면서 좌우 갈등의 눈치를 보지 않고 동포들의 권익을 옹호하는 데 앞장섰다. 그러자 재일 좌익분자들은 '박열이 옥중에서 전향했다' '친일 행동을 했다'는 등 온갖 모함을 해댔다. 23년간이나 옥살이를 한 그분은 아무런 대꾸도 하지 않고 줏대를 가지고 살아야 한다는 민족의 자주독립만을 강조했다. 어떻게 그 긴 옥살이를 이겨냈느냐는 물음에는 반드시 살아서 나간다는 신념으로 하루도 거르지 않고 냉수마찰을 했노라고 답했다. 그분의 주체적 자주·자유 사상은 오늘의 우리에게도 더욱 절실하리라고 생각한다.

이문창(국민문화연구소 명예회장)

박열

1902년	2월 3일, 경북 문경군 마성면 오천리(현 문경시 모전동)에서 출생
1916년	경성고보 사범과 입학
1919년	3·1독립운동에 가담, 경성고보 퇴학
1919년	도일, 세이소쿠 영어학원에 다님
1922년	비밀결사단체 '불령사' 조직
1923년	8월 28일, 고향에서 일경에 체포됨
1926년	3월 25일, 박열·가네코 '대역사건' 사형선고
1926년	4월 5일, 무기징역으로 감형
1945년	10월 22일, 아기다형무소에서 출옥
1946년	1월 20일, '신조선건설동맹' 창립, 위원장에 선출됨
1950년	6월, 서울 장충동에서 북한군에 체포됨
1974년	1월 17일, 평양에서 73세로 별세

21
정지용

정지용(鄭芝溶)은 「향수(鄕愁)」, 「고향」, 「백록담」 등 많은 한국인이 읊어온 애송시를 쓴 국민 시인이다. 그는 '천재 시인' 이상(李箱)과 '청록파 시인' 조지훈, 박목월, 박두진을 추천으로 등단시키기도 했다. 지용과 함께 우리 문단을 풍미했던 김기림은 지용이 "조선 신시사상(新詩史上)에 새로운 시기를 그은 선구자이며, 한국의 현대시는 지용에서 비롯되었다"고 했다.

고향에 고향에 돌아와도
그리던 고향은 아니러뇨
산꽃이 알을 품고
뻐꾸기 제철에 울건만
마음은 제 고향 지나지 않고
머언 항구로 떠도는 구름
오늘도 메 끝에 홀로 오르니

흰점 꽃이 인정스레 웃고

머언 시절에 불던 풀피리 소리 아니냐고

메마른 입술에 쓰디쓰다

고향에 고향에 돌아와도

그리던 하늘만이 높푸르구나

바로 이 「고향」은 지용이 1932년 7월 《동방평론》 4호에 발표한 시다. 독일 유학에서 돌아온 채동선이 이 시로 작곡해 더욱 널리 애송되었으나 6·25전쟁 후 「고향」은 사라졌다. 대신 노산 이은상의 「그리워」로, 혹은 박화목의 「망향」이란 가사로 노래를 불러야만 했다. 지용이 오랜 기간 월북 작가로 누명을 써왔기 때문이다.

지용은 섬세하고 독특한 언어를 구사하면서 대상을 선명히 묘사하여 한국 현대시의 신경지를 연 것으로 평가받고 있다. 유종호는 "소월과 지용은 동갑이지만, 그들의 시를 보면 100년의 차이가 난다"고 했다. "소월이 한국의 한(恨)의 정서를 바탕으로 전통적이고 잠재적인 모국어를 구사했다면, 지용은 시적 대상의 적확한 묘사력과 언어 조탁, 시적 기법의 혁신으로 모국어를 현대화시킨 최초의 모더니스트요, 탁월한 이미지스트로서 한국을 대표하는 우리 시대 최고 시의 성좌(星座)"라고 극찬한다.

지용은 1902년 6월 20일 충북 옥천군 옥천읍 하계리 40번지에서 한약상을 경영하던 연일 정씨 정태국(鄭泰國)과 하동 정씨 정미하(鄭美河) 사이에 4대 독자로 태어났다. 그의 아명은 지용(池龍)이었다. 모친이 연못에서 용이 하늘로 올라가는 태몽을 꾼 데서 비롯되어 본명도 이 음을 따서 지용으로 지었다. 그 뒤 지용(芝溶)은 그의 아호이자 필명으로 되었다. 부친은 한때 중국과 만주를 방랑하며 한의술을 배웠고, 고향에 돌아와 한의원을 개업하여 재산을 꽤 모았으나, 어느 해 홍수 피해를 크게 입어 가세가 갑자기 기울어졌다. 원래 연일 정씨들이 집단촌을 이뤄 살던 곳은 충북 수북리 꾀꼴마을이었으나, 그곳에서 살지 못하고 하계리 개천가로 이사해 온 것이다. 그때 부친은 처가 친척의 농장에서 머슴살이를 했다. 지용은 "나는 소년적 고독하고 슬프고 원통한 기억이 진저리가 나도록 싫어진다"고 회고한다. 4대 독자로서 느껴야 했던 숙명적 고독감과 부친의 방랑과 실패, 가난 등으로 어린 그는 불행했다.

고향에 복원된 지용의 생가는 정면 3칸 측면 3칸이며 부엌을 제외하고 정면 2칸은 툇간 구조이다. 주거용의 'ㄱ' 자 집은 부엌 뒤로 방 한 칸을 더 내어 'ㄱ' 자를 이루는 특이한 구조이다. 옛날 반가에서는 옥상옥처럼 담장 안에 담을 만들어 내외벽을 쌓았는데, 그것은 여인들을 배려한 특별한 공간이었으며 안사람에 대한 예의를 중시했던 우리의 풍습이었다. 방과 방 사이의 소통로는 이러한 연유를 담고 있는 듯하다.

지용은 9세 때 옥천공립보통학교에 입학하며, 3년 뒤 동갑인 은진 송씨 재숙(在淑)과 결혼한다. 보통학교 졸업 후 서울에서 4년간 한문을 배우다가 17세 때 휘문고보에 입학한다. 성적이 우수하고 집안 형편이 어려워 장학생이 되며, 졸업 후에도 유학 비용을 받는다. 휘문고보 1학년 때부터 문예활동을 시작한 그는 동인지《요람》의 산파역을 맡아 습작활동을 한다. 그는《요람》에 『정지용 시집』 3부에 수록된 동시의 절반 이상을 발표했으며, 2학년 때는《서광(曙光)》지에 『3인』이라는 소설도 발표하여 일찍부터 문재를 발휘한다.

지용은 학생자치회와 동문회를 연합한 재학생, 졸업한 동문 모임인 '문우회'의 학예부장이 되어 휘문고보 교지《휘문》창간호도 발간한다.

여기에 그의 최초의 번역물 「퍼스포니와 수선화」, 「여명의 여신 오로아」, 「기탄젤리」도 실었다. 당시 아시아 최초의 노벨상 수상자이며 인도는 물론 전 세계가 신화적 인물로 주목한 타고르의 노벨상 수상작인 「기탄젤리」를 무명의 고보생이 번역을 시도한 사실에서 지용의 원대한 시적 포부를 읽게 된다. 당시 문단의 중진이었던 김억이 「기탄젤리」를 완역한 것이 1923년 4월인데, 지용은 이보다 조금 앞서 일부를 번역한 것이다.

학업 성적이 뛰어났을 뿐만 아니라 문예활동도 이처럼 활발하게 하여 교사들의 귀여움을 받았으며, 학생들 사이에도 인기가 있었다. 그가 2학년 때인 1919년에 3·1운동이 일어났으며, 학교마다 휴교 사태가 발생했다. 휘문고보생들도 많이 검거되었으며, 뒤이어 벌인 동맹휴학사건을 지용은 이선근(문교부장관 역임)과 함께 주동하여 무기정학을 당하나 선배들이 구제에 나서 무사히 졸업한다.

"그 학교 문예부 《요람》지를 선후배들이랑 하고 그랬잖아요? 그 뭐 《요람》지가 전부 학생들한테만 돌아다니는 게 아니고 선생님한테도 다 가고 그러거든요. 그 교지를 보고 다들 '이게 도저히 믿을 수 없는 아이다' 그 칭찬이 대단한 거죠. …… 5년제 졸업을 하고 교주한테 인사를 하러 가니까 '넌 그래 졸업을 했으니 어떡할 거냐' 그래서 '공부를 더 하고 싶으나 가정 형편이 도저히 용서를 안 하고, 어디 취직을 해서 돈벌이를 하는 수밖에. 그래서 아버지를 도와주는 수밖에 없죠' 하니까 교주가 하는 말이 '너 내 말대로 하면 너 유학을 보내주마' 귀가 번쩍 뜨일 거 아닙니까. 유학까지 보내준다는데. 그 조건이 뭐냐고 물으니까 '유학을 보내줄 테니까 졸업하고 와서는 모교 교사로서 봉사를 해야 한다' 그렇게 하신 것이지요."

맏아들 구관 씨의 생전 《옥천신문》과의 인터뷰이다.

그는 졸업과 동시에 휘문 장학금으로 일본 교토의 도시샤(同志社)대학 예과에 입학한다. 대학 시절 영문과에 다니면서 한국 문단과 일본 문단에 함께 데뷔한다. 1926년 6월 《학조(學潮)》 창간호에 「카페 프란스」 등의 시와 시조 및 동요를 포함한 9편의 작품을 발표한다. 이어서 《조선지광(朝鮮之光)》, 《신민(新民)》 등에 작품을 계속 발표하여 시인으로서 확고한 위치를 차지하며, 일본의 《근대풍경(近代風景)》에 3년간 「카페 프란스」, 「바다」, 「갑판 위」 등 시 13편, 수필 3편을 발표한다.

《근대풍경》의 편집인 기타하라 하쿠슈(北原白秋)는 유학 시절의 지용에게 문학적 영향을 끼친 일본 문단의 비중 있는 인물이었다. 하쿠슈는 《근대풍경》을 창간하기 이전에 이미 10개의 잡지를 간행한 경험이 있으며, 1930년에 18권의 전집을 간행하는 등 활발한 활동을 하고 있었다. 그는 '언어의 연금술사'로 널리 알려져 있었다. 지용이 일찍부터 시에서 언어의 중요성을 인식하여 시어(詩語)에 세심한 관심을 가지게 된 것도 하쿠슈와의 만남이 하나의 계기가 되었을 것이다. 또 당시 지용에게 영향을 준 시인으로 윌리엄 블레이크를 들 수 있다. 지용의 졸업논문 주제가 「윌리엄 블레이크 시 연구」였으며, 《시문학》 2호에 「봄에게」와 「초밤 별에게」를, 《대조(大潮)》에 「소곡 1」, 「소곡 2」, 「봄」을 번역하여 발표한다.

지용은 1929년 3월 도시샤대학을 졸업하고, 9월에 모교 휘문고보의 영어 교사로 취임한다. 이때 분가하여 종로에 살림집을 차린다. 기나긴 타국에서의 타향살이 끝에 마침내 가정이라는 안정된 보금자리를 꾸민 것이다. 이듬해 《시문학》 동인으로 가담하면서 문단의 중심권에 자리 잡는다. 《시문학》의 출발은 김영랑, 박용철과의 만남에서 비롯된다. 지용은 용아(龍兒) 박용철이 《시문학》에 이어 발간한 잡지 《문예월간》과 《문학》에 계속 작품을 발표하며, 이런 인연으로 용아는 지용의 첫 시집

그의 출생지인 충청북도 옥천군 옥천읍에 세워진 정지용문학관.

발간을 주선하여 시문학사에서 『정지용 시집』이 발간된다.

1932년에는 《신생》, 《동방평론》, 《문예월간》에 「고향」, 「열차」 등 10편의 시를 발표한다.

지용은 1933년 6월에 창간된 《가톨릭청년》의 편집고문을 맡으며, 여기에 많은 신앙시를 발표한다. 이해 8월에는 반카프카적 입장에서 순수문학의 옹호를 표방하고 이종명, 김유영이 발기한 '9인회'의 창립회원이 된다. 이태준, 이무영, 유치진, 김기림, 조용만 등이 함께 했다. 지용과 상허 이태준이 주도하면서 휘문 동문인 박팔양과 김유정을 끌어들인다.

지용은 1938년 《동아일보》, 《조선일보》, 《삼천리문학》, 《여성》, 《조광》, 《소년》, 《삼천리》, 《청색지》에 산문 「꾀꼬리와 국화」, 산문시 「슬픈 우상」, 「비로봉」, 평론 「시와 감상」, 그 외 수필 등 30여 편을 발표하며, 블레이크와 휘트먼의 시를 번역하여 최재서 편의 『해외 서정시집』에 수록한다. 한편 천주교에서 주관하는《경향잡지》를 돕는 등 문필활동이 가장 왕성한 시기였다.

이듬해 지용은《문장》지의 시부문 고선위원이 되면서 1930년대 시단의 중심에 자리 잡는다.《문장》지는 김연만이 출자하고 상허가 편집을 맡은 문예지였는데, 이 잡지를 시발로 한국 문단의 추천제가 정착된다. 엄격하고 권위가 있다는 정평이 난 추천 분야는 셋으로, 지용이 시를, 상허가 소설을, 가람 이병기가 시조를 맡았다. 여기서 지용은 박목월, 조지훈, 박두진의 청록파 시인을 비롯하여 이한직, 김종한, 김수돈, 황민, 박남수 등의 시인을 추천한다. 그는 추천을 하고 나서 꼭 추천사를 썼다. 이 추천사가 당시 추천을 받으려는 시인 지망생들에게 큰 영향을 주었는데, 그 영향으로 지용의 아류가 양산되었다는 비난을 받기도 했다.

지용이 무명의 문둥이 시인 한하운을 발굴하여 그의 시집까지 내준 사연은 매우 애틋하다. 명동의 어느 문둥이 거지가 지녔던 원고 뭉치를 잡지 기자에게서 받아 든 지용은 그것을 읽으면서 무릎을 탁 쳤다.

"아, 이건 참 시인 소질이 있는 사람이다. 클 수 있는 사람이다."

지용은 당장 발문(跋文)을 써줬다. 당시에는 어떤 시인이 자기 시집을 내고 발문을 누가 쓰느냐에 따라 시인 등단 여부가 결정 났던 것이다,

"도대체 이 사람이 성은 뭐고 이름은 뭐냐고 하니까 원고를 주고 갈 때 당신 이름을 좀 밝히고 가야지 그냥 가면 어떻게 하느냐 하니까 '한가요' 하고 가더래요. 그리고 어디론가 사라졌대요. 그래 지용이 '그 이름 없어도 좋아. 이름은 내가 지어주면 돼' 그래서 '어찌 하(何)' 자, '구름 운(雲)' 자, 어느 곳을 떠돌아 댕기는 구름이냐. 그렇게 한하운이란 시인의 이름을 지용 시인이 지어준 거예요."

구관 씨의 말이다.

그렇게 지용이 아호나 이름을 지어준 사람이 꽤 많다. 국문학자 이희승 교수의 아호도 지용의 작품이다. 동년배에 가까이 지내던 사이였다.

"이희승 선생님에게 '호가 무엇입니까?' 하니 '나 호 없어요' 해요. '그럼 선생님 내가 하나 지어드리죠' 하고 일석(一石)이라고 그 자리에서 붓으로 써줬어요. 그래 그 양반 평생 그걸 호로 썼어요."

구관 씨의 말이다.

한편 나중에 이승만 정권 때 빨갱이로 몰려 사형당하게 되는 죽산 조봉암의 딸 호정에게는 이름을 턱 보더니 조봉암이 상하이에서 독립운동을 했다는 것을 생각하고는 "호강(상하이에 있는 강 이름)에서 맺은 사랑이었구나"라고 호정이라는 이름을 애틋하게 풀어줬다고 한다. 지용이 이화여대 교수 시절 학생들 이름을 친근하게 다루는 모습이 엿보인다.

그는 시어를 고르고 다듬는 데 세심한 노력을 기울였다. 일상에서 흔하게 사용되지 않는 고어(古語)나 방언을 시어로 폭넓게 활용하고, 언어를 독특하게 변형시켜 자신만의 시어로 개발했다. 1920년대 소월이 자아표출을 통하여 자기감정을 과다하게 노출한 감상적 낭만주의의 경향을 보였다면, 지용은 대상의 뒤에 자신을 숨기고 대상을 적확하게 묘사하는 명징한 모더니즘·이미지즘의 시 세계를 보인 것으로 대비되고 있다.

지용은 서구의 영문학을 전공한 시인답게 형태주의적 기법을 시도한 최초의 이미지스트이자 모더니스트였다. 김우창은 지용이 "감각과 언어를 거의 가톨릭적 금욕주의의 엄격함으로 단련하여 『백록담』에 이르면, 감각의 단련을 무욕(無慾)의 철학으로 발전시킨 경지에 이른다"고 보았다. 최동호도 "서구 추구적인 아류의 이미지즘이나 유행적인 모더니즘을 넘어서서 우리의 오랜 시적 전통에 근거한 순수시의 세계를 독자적인 현대어로 개진함으로써 한국 현대시의 성숙의 결정적인 기틀을 마련한 시인"이라고 평가한다.

1940년에 지용은 《여성》, 《태양》, 《문장》, 《동아일보》, 《삼천리》에 기행문 「화문행각(畵文行脚)」과 서평 및 시선후평과 수필, 시 「천주당」 등을 발표한다. 이듬해에는 《문장》 22호 특집으로 「조찬」, 「진달래」 등 10편의 시가 특집으로 실리며, 둘째 시집 『백록담』이 문장사에서 발간된다.

"그분은 주로 한복을 많이 입었어요. 겨울에는 명주 두루마기 까맣게 물들여서 입고, 구두 신고 출근하고 다녔지요. 제자들이나 아이들이 양복을 입으시라고 해도 꿈쩍을 안 해요. 그러면서 하는 말이 내가 최소한도로 조선 사람이라는 표시는 한복을 입는 것밖에 없다고 하셨지요. 학교 가면 가르칠 때 일본말을 해야 되고, 이거 아니고는 내가 조선 사람이라는 것을 무엇으로 인정하겠느냐, 표시하겠느냐. 그래서 그렇게 입고 다녔다는 것이지요."

구관 씨의 말이다.

지용은 1944년에 일제의 서울 소개령으로 부천군 소사읍 소사리로 나가 천주교 성당 건축일을 도우면서 생계를 꾸려간다. 월급날 월급을 타 가지고 서울의 가족에게 생활비를 건네주려고 기차에서 내렸을 때 대합실에서 어느 여인의 통곡 소리를 들었다. 그는 노잣돈을 소매치기당했다는 딱한 하소연을 듣고 월급봉투를 그대로 내주면서 집에 돌아가는 대로 빨리 갚으라고 당부했다. 며칠째 기다리다 월급을 통째 떼인 사실을 알게 된 부인은 순진한 시인의 아내임을 탄식했다고 한다.

1945년 광복 후 지용은 이화여전(현 이화여대) 교수가 되어 국어와 라틴어를 가르친다. 이듬해 《경향신문》이 창간되자 노기남 주교의 천거로 주간직을 맡으며,《경향신문》에 「청춘과 소년」 등과 7편의 역시(휘트먼 원작) 등을 발표한다.

1948년 지용은 이화여대 교수직을 사임하고 녹번리(현재 서울 은평구 녹번동) 초당에서 서예를 하며 소일한다. 이때 어느 잡지에서 정지용이 월북했다는 허위기사를 보도한다. 지용은 그 잡지를 가지고 당시 반공 검사로 유명한 오제도 검사를 찾아가 대책을 협의한다.

1950년 6·25전쟁이 일어나자 지용은 정치보위부로 끌려가 구금되며 정인택, 김기림, 박영희 등과 서대문형무소에 수감되었다가 그 후 납북 과정에서 폭사당한 것으로 추정된다. 하지만 그는 전쟁 당시 납북이냐, 월북이냐에 대한 시각 차이로 인해 한국 현대시사에서 금지된 이름으로 남게 된다. '한국 현대시의 아버지'로 공인되어 온 그의 시는 교과서에서 사라졌으며, 학술논문에서조차 그를 언급해야 할 때는 '정O용'으로 흉물스럽게 인용되었다.

그러다가 1980년대 들어 급기야 한국 현대시에서 지용을 살려내야 한다는 움직임이 일었다. 이 운동의 중심에는 지용의 장남인 구관 씨가 있었다. 그가 발로 뛰어 받은 문화계 인사들이 서명한 해금탄원서와 납북 당시의 증언들이 기재되어 있는 각종 문헌들의 조사 자료, 당국에 조사 의뢰하여 받은 납북 행적 자료 등이 제출되었다. 마침내 1988년 도서출판깊은샘에서 발행한 『정지용의 시와 산문』 작품집에 대해 납본필증이 교부되었다.

지용은 송재숙과 사이에 3남 1녀를 두었다. 지용의 복권을 위해 눈물을 글썽이며 문단의 문인들을 찾아다니며 호소했던 장남 구관 씨는 2004년에 작고했으며, 차남 구익 씨는 6·25전쟁 때 작고했다. 3남 구인 씨는 부친 지용을 찾아 나섰다가 북한에 생존해 있으며, 외딸 구원(77)

씨는 서울에 살고 있다. 구관 씨는 2남 2녀를 두었다. 지용회 이사장을 맡고 있는 장남 운영(52·하이텍스스토리지 대표) 씨와 차남 문영(49·운수업) 씨, 장녀 수영(44·주부) 씨와 차녀 란영(41·주부) 씨가 있다.

내가 본 정지용

지용은 우리 현대시사 그 자체다. 1908년 육당 최남선의 「해에게서 소년에게」로 한국 현대시가 시작된 이래 1925년에 나온 소월의 「진달래꽃」과 만해의 「님의 침묵」이 율조와 깊이로 기여했다고 한다면, 한국 현대시를 언어의 높이로 지탱한 시인이 정지용이다. 그는 1930년대 모더니즘의 영향권 아래 출발했으나, 그 테두리를 벗어나 동양의 고전과 우리의 전통과 만난다. 그의 시의 청신한 이미지는 서양 시의 단순한 역어적인 차원에서 온 것이 아니라 보다 동양적인 흐름에 존재하는 것으로, 이같은 성격이 한국 현대시사상 그를 가장 탁월한 시인이게 하는 이유라고 본다.

지용은 초기부터 시의 공간성을 확대시켜 나갔다. 탁월한 이미지가 도처에서 번뜩이고 있다. 눈에 선하게 보이는 이미지를 만들어냈을 뿐 아니라 새로운 언어감각으로 시를 썼다. 지용 이후의 시인 또는 동년배의 시인조차도 그의 영향을 받지 않은 시인이 없다는 사실은 그에 의해 한국의 현대시가 비로소 한 장르를 형성하게 됐음을 뒷받침하는 것이다.

유자효(시인, 지용회장)

정지용

1902년	6월 20일, 충북 옥천군 옥천읍 하계리 40번지에서 태어남
1910년	옥천공립보통학교 입학
1918년	휘문고보 입학
1923년	도시샤대학 영문과 입학
1929년	휘문고보 교사에 취임
1933년	《가톨릭청년》의 편집주간이 됨
1935년	첫 시집 『정지용 시집』을 출간함
1939년	《문장》지의 시부문 추천위원이 됨
1945년	이화여전 교수가 됨
1946년	《경향신문》주간이 됨
1950년	납북된 후 폭사됨

22
추양 한경직

　추양(秋陽) 한경직(韓景職)은 한국을 넘어 세계의 성자(聖者)로 추앙받는 인물이다. 그는 한국 굴지의 영락교회를 세웠고 종교계의 노벨상으로 알려진 템플턴상을 아시아인 최초로 수상했다. 추양은 '예수를 가장 닮은 사람'(이철신 영락교회 담임목사)으로 이해되는가 하면, '이 나라 민중을 사랑과 자비의 정신으로 돌보신 목자'(송월주 전 불교조계종 총무원장)로 기억되기도 한다. 김수환 추기경은 '사랑과 용서의 사도, 한민족의 정신적 지주'라고 했으며, 김용기 가나안농군학교 설립자는 '영락교회만의 목사님이 아니라 한국 교회의 목자상이요, 아시아의 목자상, 세계의 목자상'이라고 평하고 있다. 나라 밖에서도 역시 큰 인물로 부각되고 있다. 세계적인 기독교 부흥사 빌리 그래함은 '세계의 가장 위대한 크리스천 지도자 가운데 한 사람'이라고 했으며, 이안 토렌스 프린스턴 신학대학원 원장은 '현대의 성자이며, 우리 모두의 본보기'라고 했다. 이런 사실들을 뒷받침하는 실화 또한 적지 않다.

　"1992년 한경직 목사님이 템플턴상을 받을 때 일이었어요. 그럴 자격이 없다고 사양하시는 한 목사님을 간신히 설득하여 수상식에 가게 됐지요. 출국 날 사람들이 기다리는데 목사님이 나오시지 않는 거예요. 방문을 열고 들어가니 와이셔츠 차림으로 쩔쩔매고 계셨어요. 열린 옷장을 보니 마땅한 윗도리가 눈에 띄지 않았어요. 결국 백화점에 들러 급하게 한 벌 사서 공항으로 달려갔지요."

나옥주 보성학원 이사의 말이다.

조정희 영락교회 은퇴권사는 "한번은 오리털 파카를 선물로 해 드렸어요. 그런데 얼마후 백병원 앞에서 구걸하는 시각장애인이 그 옷을 입고 있더라고요"라고 하고, 강병훈 이화학원 이사장은 "누가 봉투를 놓고 가면 열어 보지도 않고 모았다가 필요한 곳에 보내셨지요"라고 전한다.

추양은 '모든 것을 다 가지고도 없으신 가난한 목자, 아무것도 없으면서도 모든 것을 다 가진 사랑의 목자'로 살았다. 남한산성의 작은 집(교회 소유)에서 생활하면서, 평생 자신의 이름으로 된 집이나 저금통장 하나 갖지 않았다.

추양은 1903년 1월 27일 평남 평원군 공덕면 간리에서 가난한 농부 한도풍(韓道豊)과 청주 이씨 사이에 맏아들로 태어났다. 위로는 누나가, 밑으로는 남동생 둘이 있었다. 이곳은 자작마을이라고도 불리는 작은 벽촌이었다. 평양에서 북으로 100리를 들어가 산속에 파묻혀 있었다.

그의 가문은 조상 대대로 넉넉한 집안이었으나, 부친이 12살 되던 해에 조부가 갑자기 별세하고 나서 백부께서 그 많던 가산을 모두 탕진해 집안은 완전히 빈털터리가 되었다. 그러나 부친은 잠시도 쉬지 않고 일과 배움에 근면하여 작은 농토를 마련할 수 있었다. 모친은 조용하고 부지런한 성품의 여인이었다. 그가 일하는 모친의 무릎을 베고 놀다 잠들어버리면 잠자리에 옮겨 재우고, 그녀는 밤늦게까지 일을 했다. 그러나 그가 만 일곱 살 되던 해에 과로로 병이 나서 작고했다.

모친을 일찍 잃은 까닭에 다른 아이들 같으면 한창 응석 부릴 나이였으나, 이미 속은 꽉 찬 철든 소년이었다. 그의 성격은 한편으로 명랑하면서 다른 한편으로는 여성적이라고 할 만큼 섬세하고 감성적이었다. 추양은 1912년 미션계 진광소학교에 입학한다. 부친은 그를 기독교 정신과 민족정신을 심어주는 기독교 학교에 보내 신학문을 공부토록 했다. 그의 나이 12살 때 부친은 그를 장가보냈다. 색시는 3살 연상인 이웃 마을 김씨 댁의 김찬빈이었다. 마침내 소꿉장난 같은 결혼 생활이 시작되었다. 아내의 보살핌 덕분에 오직 공부에만 전념할 수 있었다. 어느 겨울 얼음판에서 동네 아이들과 눈 지치기를 하며 놀다가 얼음판에 빠져 신발을 잃어버리고 맨발로 돌아온 적도 있었다. 새색시가 시뻘겋게 언 발을 닦아주고, 버선을 신겨주며, 아랫목 이불에 언 발을 녹이려 파묻게 하는 정성스런 모습은 그의 일생에 가장 아름다운 추억이었다. 그는 아내의 사랑이 얼마나 위대하고 희생적인가 하는 것을 평생 깨닫게 되었다.

추양은 진광소학교에서 한 학년 월반하여 1년 빨리 졸업하고 1916년 정주의 오산중학교에 입학한다. 이곳에서 그가 영향을 받은 첫 번째 사람은 남강 이승훈이다. 남강은 이 학교 설립자로 굳건한 감화력으로 민족사상을 고취한 인물이다. 그의 아호 추양(秋陽)도 '가을에 비치는 태양처럼 밝게 살라'고 이즈음의 남강이 지어주신 것이라고 아들 혜원 씨가 전했다.

어느 날 저녁에 졸업반 학생을 네댓 명 불렀어요. 가니깐 선생이 자리에 누웠어요. 우리가 가니깐 겨우 일어나면서 하시는 말씀이 "내가 전에 끌려가서 105인 사건으로 일본 사람에게 너무 매를 맞아서 언제나 연중 그때가 되면 그 맞은 자리가 아프다" 그런가 봐요. "오늘이 바로 그날이다" 그래요. 아

한경직의 소박한 유품.

프단 이야기를 하면서 매 맞은 그 푸릇푸릇한 자리를 보여요. 그때 3·1운동 일어나기 전해인데 그 선생의 말씀 잊지 못하는 건 이런 말을 해요. "지금은 일본 사람들이 모든 세력을 다 가지고 모든 걸 다 주장하니까 일이 우리 마음대로 되지를 않아. 그렇게 되니까 애국지사라는 사람들의 마음이 점점 변한다"고 탄식하시면서 마지막 말씀은 "다만 너희들은 분명히 알아. 다른 사람 어떻게 하든지 나 이승훈이는 조선 사람으로 살다가 조선 사람으로 죽는다." …… 그러니깐 이제 그런 이야기는 도저히 잊을 수가 없단 말이지요.
(『한경직 목사』, 김병희 편저)

오산 시절 그에게 깊은 영향을 미친 또 한 사람은 고당 조만식이다. 고당은 항상 "난 한국 사람으로 살겠다"고 외쳤다. 그는 이런 조선인 의식을 '말총으로 갓을 쓰고 검은 두루마기를 입고 다니는 것'으로 표현했다. 그뿐만이 아니었다. 그는 오산학교에 큰 호수가 하나 있었는데 저녁마다 그 호숫가를 학생들과 함께 구보하면서 애국가를 불렀다. 이처럼 고당은 오산중학교 교장으로 있으면서 모든 일에 솔선수범으로 실천교육을 했다.

나는 지금까지 여러 선생들에게 가르침을 받아왔지만, 고당 선생처럼 학생을 사랑하고, 나라를 사랑하며, 실지로 모범을 보여주며, 그 전 생애를 희생한 교육가는 오직 고당 한 분이라고 기억돼요. 그래서 특별히 그분을 존경하게 돼요. (『한경직 목사』)

추양은 오산에서도 입학 당시 1년 월반하여 1919년에 졸업한다. 하지만 3·1운동이 일어난 직후 일제는 민족주의 사상이 강한 오산에 불을 질러 '졸업식 없는 졸업'을 하게 된다. 졸업 후 평양 근교 영성학교 교사 일을 볼 때 평양경찰서에 폭탄투척사건이 일어났다. 일제는 민족학교 교사나 목사들을 용의자로 점찍어 추양도 경찰서로 끌려갔다. 추양은 손가락 사이에 굵은 나무를 집어넣고 쥐어틀며 돌려대는 고문을 당해 뼈마디가 으스러지는 듯한 고통은 말로 다 표현할 수 없었다. 독립군이 간리 마을 쪽으로 숨었다는 소문이 나돌자 헌병들은 이 잡듯이 샅샅이 뒤졌다.

한경직은 몹시 걱정이 되었다. 왜냐하면 얼마 전 상하이 임시정부에서 발행하는 《독립신문》을 몰래 입수해 읽고는 접어서 벼루함에 숨겨 벽장 구석에 넣어둔 것이 생각났기 때문이다. …… 그의 걱정은 실로 태산 같았다. 걱정과 두려움에 입이 바싹바싹 말라 타들어 가는 것 같았다. 그러나 어찌 된 일인지 그들은 이것을 발견하지 못하고 그냥 지나가 버렸다. (「한경직 목사를 만남」, 이만열)

추양은 애국애족을 위해서는 공부를 더 해야 하겠다는 결심으로 평양 숭실대학에 입학한다. 오산에서 받은 민족교육의 영향으로 나라와 백성을 구하는 유일한 길은 과학을 일으키는 것이라고 생각해서 이과를 택했다. 그는 매 학기 최우수 성적을 올리면서도 기독청년회장으로 일하는가 하면 전국대학생웅변대회에서 우승하기도 했다.

1924년 여름 대학 3년 때 추양은 황해도 구미포 해변으로 피서 갔다가 그곳에서 복음을 위해 살라는 '하나님의 부름'을 받는다.

어느 날 저녁, 혼자 산책하며 묵상하던 중 평생에 잊을 수 없는 영적 체험을 하게 되었다. 잔잔한 물이 맨발을 간질이고 밤하늘엔 달이 휘영청 밝은데 문득 기도가 하고 싶어져 모래밭에 꿇어앉아 기도했다. 그때 하나님께서 나의 장래를 지시했다. "너는 장래에 이런저런 것도 할 수 있겠지만, 너는 나에게 온전히 몸을 바쳐서 복음을 위해 살아라." 분명히 하나님의 음성이 내 귀에 똑똑히 들렸다. (『나의 감사』, 한경직 구술 자서전)

하나님께 몸을 온전히 바치려면 신학을 해야겠는데, 고민하다 미국으로 유학을 가기로 결심했다. 그는 숭실대학을 1925년에 졸업하고 방위량 선교사의 도움으로 엠포리아대학으로 가기로 했다. 신원조사에 걸려 애먹다가 여권은 겨우 받았으나 여비 마련이 큰일이었다.

하는 수 없이 은사이신 남강 이승훈 선생을 찾아갔다. 정주까지 가서 사정을 말하자 백발이 된 선생은 "그런가?" 하시더니 편지 두 장을 써주셨다. 그중 한 통은 윤치호 선생께 쓰셨고…… 나는 편지를 들고 종로 견지동으로 윤치호 선생을 찾아갔다. 부잣집이어서인지 대문 앞에 지키는 사람까지 있었다. …… 문지기는 편지를 들고 들어가더니 조금 후 들어오라고 했다. 수염을 점잖게 기르고 한복을 입으신 윤치호 선생은 방에서 아이들과 장난하고 계셨다.

"앉아라. 편지를 보았다. 그럼 언제쯤 떠나느냐?"

"여름에 들어가서 9월에는 입학하기를 바랍니다."

그렇게 물으시더니 아무 말씀 없이 100원을 주셨다. 100원이면 당시로선 대단히 큰돈이었다. 나는 너무 감사해 어떻게든 인사를 드리고 싶었다.

"제가 앞으로 이것을 갚으려 합니다."

그러자 윤치호 선생은 내가 평생에 잊지 못할 말씀을 해주셨다.

"아니, 나한테 갚을 것 없다. 이 다음에 다른 사람들한테 갚아라."

나는 이후 목회를 할 때나 교육이나 복지를 위한 사업을 할 때 이 말씀에 따라 내가 받은 은혜를 다른 사람에게 갚는다는 생각으로 임했다. (『나의 감사』)

추양은 엠포리아대학을 거쳐 프린스턴 신학대학원을 마친 후 박사과정에 진학하여 교회사를 전공할 생각이었으나, 폐병 3기라는 의사의 진단을 받고 요양하면서 기도했다. 살려달라는 기도가 아니었다. "한국에 가면 3년만 일하다 죽어도 감사합니다"라고 하는 봉사의 기회를 간구하는 애절한 기도였다.

1932년 귀국하면서 그의 '덤으로 사는 인생'은 세계적 목자로 가는 고난과 역경의 디딤돌로 이어졌다. 잠시 조만식이 세운 평양 숭인상업학교와 숭실대학에서 가르치다 이듬해 신의주 제2교회에 목사로 부임하여 본격적인 목회를 시작한다. 비좁은 예배당을 번듯한 새로운 교회당으로 짓는 일에 그는 모금과 공사에 앞장서서 지휘하며 400명이던 신도 수를 불과 몇 년 안에 3000명으로 늘렸다. 그러나 추양은 1941년 신사참배 거부로 투옥되며 교회에서 추방된다. 그 뒤 그가 설립한 남신의주 보린원(保隣院)에서 몸소 분뇨통을 메면서 고아들을 보살피다 해방을 맞는다.

이때 평안북도 도지사의 요청으로 자치회를 조직하여 치안을 담당하기도 한다. 위원장은 연로한 이유필(3·1운동 33인)을 추대하고, 윤하영(신의주 제1교회 목사)과 함께 부위원장을 맡는다.

1945년 9월 윤하영과 기독교사회민주당을 조직하는데 '기독교 정신에 입각한 민주주의 정부 수립과 사회개혁'을 정강으로 했다. 그러나 소련군이 들어오고 공산당이 조직되어 탄압을 가해 한경직은 10월 초에 월남한다. (『대한민국을 세운 사람들』, 일조각)

추양은 월남하는 교인들을 위해 1945년 12월 2일 서울 저동 일본 천리교 경성분소 자리에 베다니전도교회를 설립한다. 첫 예배에 27명이 참석했다. 이듬해 1000명 이상으로 교인이 늘어나면서 동네 이름(당시 영락동)을 따 영락교회로 바꿨다. 이후 영락교회는 한국을 대표하는 교회로 자리 잡았고, 1960년대 들어서는 단일교회로는 세계 최대 교회를 기록했다. 고아원과 양로원 등을 운영하는 교회의 사회봉사활동도 추양은 선도해나갔다. 특히 6·25전쟁 중에는 미국에 직접 달려가 구조를 이끌어내는 등 구호활동에 앞장섰고, 영락교회를 통해 교육·구호·사회봉사활동을 적극 벌여나갔다.

6·25전쟁 중에 그는 정부 파견 유엔 사절로 미국에 가 설교와 전도 집회를 통해 국제적 명성을 얻기 시작했고, 1966년 독일 베를린에서 열린 세계전도대회에서는 세계적인 설교가로 떠올랐다. 추양의 국제활동은 영락교회 당회장에서 은퇴한 1973년부터 더욱 활발해졌다. 1월에 영락교회 원로목사로 추대된 후, 바로 2월에는 1개월간 싱가포르와 태국에서 열린 국제선교협의회를 주재했다. 이어 6월에는 일본 오사카와 도쿄에서 연합전도대회를 이끌었다. 1974년 1년간은 '엑스플로 74' 행사를 주

도했고, 이듬해 10월에는 빌리 그래함과 함께 대만과 홍콩에서 전도대회, 그리고 11월에는 이란에서 기독교 교역자 주강사로 활동했다.

김준곤 목사는 1979년 싱가포르에서 열린 동남아선교대회 때 한 목사의 '성령'을 주제로 한 설교는 1000여 명의 참가자들을 사로잡아 5분간이나 기립 박수가 터지는 대사건을 낳았다고 회상한 바 있다. (『광복 50년 한국을 바꾼 100인』)

세기의 성녀 테레사 여사가 첫 수상자였던 템플턴상이 1992년 추양에게 돌아왔다. 1992년 템플턴상 시상식 순서책자에는 그를 다음과 같이 소개하고 있다.

한경직 목사는 아마도 20세기가 낳은 한국의 가장 뛰어난 목사일 것이다. 그는 한국에서 전례가 없는 많은 수의 장로교회를 성장시켰을 뿐만 아니라 나아가서 아시아, 아프리카, 유럽 그리고 미주 지역에 이르는 해외 선교사역도 펼쳐나간 선교의 한 상징적 인물이다.

상금으로 주어진 100만 달러의 거금도 전액 교회에 희사하여 자선사업에 쓰도록 했다. 추양은 한때 '보수주의자' 혹은 '친정부적'이란 오해를 사기도 했지만, 이처럼 큰 역사적 흐름을 읽어온 그의 진면목을 세계가 분명히 밝혀준 셈이다.

추양은 2000년 4월 19일 서울 저동 영락교회 사택에서 별세하며, 경기도 남양주시 진건읍 사능리 영락동산에 안장된다.

추양은 김찬빈과 사이에 남매를 두었다. 아들 혜원(73·미 엠포리아대학 졸) 씨는 재미 목사로, 미국인 다나(70·피츠버그신학교 졸) 씨와 결혼하여 영선(41·오하이오대학 박사, 어번대학 식물학 교수), 영애(39·맥칼스터대학 졸, 블루크로스 보험회사 근무) 자매를 두었다. 추양의 딸 순희(작고) 씨는 이영헌(작고·장신대 교수 역임) 목사와 결혼하여 5남매를 두었다. 장남 이신익(63·외식업) 씨는 이정화(58) 씨와 결혼했으며, 차남 이신형(54·프린스턴대학 신학과 졸) 씨는 전주대 대학원장으로 박경희(54·중앙대 졸) 씨와 결혼했다. 장녀 이순겸(68·숭실대 사학과 졸) 씨는 박제수(69·연세대 대학원 졸, 엠엔코 고문) 영락교회 장로와 결혼했으며, 차녀 이순화(66·숭실대 경제과 졸) 씨는 최문창(66·서울공대 전자공학과 졸) 캐나다 벤쿠버 염광교회 장로와 결혼했으며, 3녀 이순영(53·서울여대 졸) 씨는 선동규(55·플로리다 인터내셔널 대학원 호텔경영학과 졸) 동아대 교수와 결혼했다.

"부친께서 은퇴하셨을 때, 어떤 장로님은 부친의 뒤를 이으라고 저에게 권유하기도 했지만 영락교회는 하나님의 강단인데 제가 어떻게 그럴 수가 있겠느냐고 했지요. 부친도 같은 생각이셨지요. 부친께서는 평생 자기를 낮추셨고, 저도 그렇게 살려고 애씁니다."

추양의 11주기 추모식에 참석하기 위해 귀국한 혜원 씨의 얘기다.

내가 본 추양 한경직

나는 1993년 장로교신학대학원 졸업예배 때 한경직 목사님을 처음 뵙게 됐다. 그분이 은퇴한 후 25년간 기거하던 남한산성의 '한경직 우거처'에 가면 은색으로 빛나는 커다란 십자가와 '나라 사랑'이 새겨진 돌덩이가 반긴다. 거처 안으로 들어서면 내면 깊은 곳에서 우러나오는 깊은 감동을 느끼게 된다. 한국 최초의 대형 교회이자 세계에서 가장 큰 장로교회였던 영락교회 원로목사의 사택이 초라한 작은 집인 데다 가구들도 너무나 낡고 볼품없기에 그러하다.

 그러나 무엇보다도 3평쯤 되는 침실의 벽에 있는 조그만 십자가 앞에는 태극기가 있다. 바로 이 십자가와 태극기는 한경직의 삶을 설명하는 대표적인 두 상징이다. 그분은 예수 사랑과 나라 사랑의 정신으로 평생을 사셨다. 전국복음화운동을 주도하는 한편, 교육사업에도 힘써 대광학교를 세우고 보성학원, 숭실대학을 재건했다. 그리고 6·25동란 때는 기독교청년지원군을 모집하여 낙동강 전선에 투입하기도 했다.

김은섭(영락교회 연구목사)

추양 한경직

1903년	1월 27일, 평남 평원군 공덕면 간리에서 한도풍과 청주 이씨 사이에 맏아들로 태어남
1916년	오산중학에 입학
1919년	평양경찰서 폭탄투척사건 혐의로 구속, 고문당함
1925년	숭실대학 졸업
1929년	프린스턴 신학대학원 졸업
1933년	신의주 제2교회 목회
1945년	영락교회 목회
1954년	숭실대학교 재건 및 초대 학장
1955년	대한예수교장로회 총회장
1992년	템플턴상 수상
2000년	4월 19일, 영락교회 사택에서 별세. 경기도 남양주시 영락동산에 안장

23
홍종인

홍종인(洪鍾仁)은 한국 언론계에서 '대기자 홍박'으로 통해온 언론인이다. 《조선일보》 편집국장·주필, 동화통신 회장 등을 지낸 그는 일찍이 정부 수립 후 한국산악회장으로 산악대원들을 이끌고 독도에 상륙하여 '한국령' 표지판을 각인한 행동파 언론인이자 애국지사이다. 헌칠한 키에 잘생긴 용모에다 한국신문편집인협회를 발기하고, 박물관협회장을 지냈는가 하면 논설과 취재, 사회면에서 문화면에 이르기까지 어느 분야에도 출중한 만능기자여서 《독립신문》 이래 손꼽히는 한국의 대표기자로 추앙받는 인물이다.

"훤하게 트인 이마, 드골 코보다 더 멋있는 반듯한 코, 호랑이 눈썹, 용의 눈망울, 복스런 귀, 두툼한 입술, 부드러운 머리, 당당한 풍채, 어느 것 하나 버릴 데 없는 호연지기(浩然之氣) 상에다 청천백일의 곽호조명의 심정마저 텔레파시를 통한 장부지상(丈夫之像)에서 무한한 기자로서의 자긍심을 저절로 느끼게 한다."

강승훈 전 《대한일보》 편집부국장의 말이다.

홍종인은 신문사에서 정년 후에도 한국의 어느 신문사이건 무상출입하면서 사장에서 일선 기자에 이르기까지 혹은 쓴소리로, 혹은 격려의 말씀으로 명실상부한 원로역을 해왔다. 까다로운 개성분자들이 백화제방하는 언론계에서 이처럼 누구나 알아주는 '어른'으로 통할 수 있었던 비결은 아마도 꾸준한 박학다식을 다져온 독서열과 상대를 배려하고 아끼는 신사도(紳士道)의 실현과 청렴결백을 솔선수범한 노블리스 오블리주에서 찾을 수 있을 것이다.

"정부 수립 후 전국의 대학, 고교에서 학교당 10명씩 해양산악훈련단을 조직해 국토를 우리 스스로 지켜야 한다면서 독도 지키기 순찰행을 하셨지요. 저는 당시 보성고교 산악반원으로 운 좋게 따라가게 되었지요. 그 후 우리가 명륜동 집에 살 때 명절이면 갈비짝에 사과 상자 등 각종 선물들이 마당에 그득히 쌓이곤 했는데, 당시 신문사 간부 시절인데 선친께서는 퇴근해 보시고는 빨리 돌려주라고 불호령이셨지요. 신문사 운전사들이 밤늦게까지 역배달하느라 고생들 했지요. 그래서 형님들은 일찍이 미국 등 외국으로 이민 가서서 그곳에서 자립에 성공하여 부모님을 모셔 가곤 했지요. 아무리 바쁘셔도 후배 기자들이 결혼식 주례를 부탁하면 꼭 서주셨고, 사례를 하려 하면 박봉에 무슨 돈이 있느냐고 야단쳐 돌려보내시며, 글이나 열심히 쓰라고 격려하셨지요."

3남 순구 씨의 말이다.

홍종인은 1903년 11월 27일 평양시 수옥리에서 홍재문(洪在雯)과 곡산 강씨 사이에 장남으로 태어났다. 그의 인격 형성과 성장 과정에서는 모친의 영향이 컸던 것으로 보인다.

"시대의 교훈과 가정의 배경, 특히 어머님의 엄하신 채찍 밑에 위태로운 청춘이면서도 줄곧 한길을 찾아 나갈 수 있었다"고 술회한다(『인간의 자유와 존엄』, 수도문화사, 1965년).

그는 평양고등보통학교에 다니다가 3학년 때 3·1운동이 일어나자 독립선언서를 배포한 뒤 동맹휴학사건에 연루되어 퇴학당하자 1920년 가을 정주 오산학교로 전학한다. 당시 설립자 남강 이승훈은 3·1운동 민족대표의 주역으로 옥중에 있었으며, 교장은 조만식이었다. 홍종인이 오산학교에 다닌 기간은 불과 반년 정도에 지나지 않았으나 교장 조만식으로부터 많은 영향을 받았다.

"이분은 일본에서 공부하고 방학 때 돌아올 때면 부산에서 봇짐을 풀어 한복으로 갈아입고 갓을 쓰고 평양으로 오셨다는 그런 분이었습니다. 언제나 한복을 입고 아침마다 조회 시간에 훌륭한 강연으로 우리에게 교훈을 주시곤 했습니다. 그 영향을 우리는 많이 받았습니다." (KBS 〈인간만세〉, 홍종인, 1987년 11월 1일)

함석헌도 같은 때에 오산학교에서 공부했으며 홍종인보다 2살 위였다. 홍종인은 1921년에 오산학교를 졸업하고 시골 사립학교에서 잠시 어린이들을 가르치다 일본 유학길에 오른다. 고학하려 했으나 각기병에 걸려 심장이 붓는 증세가 나타나 평양으로 돌아온다.

다시 그는 약 2년간 소학교 교사 일을 하다가 1926년 6월에 《시대일보》 평양지국 기자가 된다. 《시대일보》는 그 전해 3월 31일에 최남선이 창간한 신문이었다.

참신한 지면으로 인기를 끌었으나 경영난으로 최남선이 손을 떼고 1925년 4월 초부터는 소설가이면서 《동아일보》 주필 겸 편집국장이었던 홍명희가 사장에 취임하면서 편집국장 한기악을 기용하는 등 새로운 진용을 구성했다. 홍종인이 《시대일보》 평양지국 기자가 된 것은 《시대일보》가 새로운 진

용을 갖추고 출발하던 무렵이었다. (『대기자 홍박』, 정진석)

신문기자 생활은 홍종인의 적성에 잘 맞았다. 기자가 된 후에 쓴 기사가 《시대일보》에 크게 실린 것을 보고 그는 큰 보람을 느낀다. 평양 근교에 살던 미국인 의사가 동네 아이의 얼굴에 초산으로 '도적'이라는 글자를 쓴 사건을 취재했을 때였다.

"거기서 어떤 여자가 나와서 통역을 해요. '사람을, 인종을 모욕하는 것 아니냐, 어째서 사람의 얼굴에다 도적이라는 이름을 쓸 수가 있느냐'고 항의했는데, 그 기사를 자세히 문답 형식으로 해서 그 사람 하는 말대로 논박하는 기사를 써서 보냈더니 그것이 커다랗게 《시대일보》에 게재되었습니다. 아, 내 손으로 쓴 그 기사를 보니까…… 내게는 어떻게 그렇게 장하게 보였는지. 그 기사를 보고 여러 사람들이 칭찬을 하고 잘했다고는 하는데 우리가 미국 사람들 신세를 지는데 너무 욕하게 되면 일본 사람들 편을 드는 꼴이 되니 그러지 말라고 조심하라고 하는 말들도 들어봤습니다." (KBS 〈인간만세〉)

《시대일보》는 홍종인이 입사한 후 경영난으로 인해 이듬해 11월 이상협에 인수되어 제호가 《중외일보(中外日報)》로 바뀐다. 그는 이즈음 평양에서 《백치(白雉)》라는 동인지를 발행한다. 홍종인은 한수철 등과 만든 이 동인지의 편집인 겸 발행인이었으며, 제2집까지 냈다.

《중외일보》 본사로 올라온 홍종인은 뛰어난 기량을 발휘하며, 1930년 1월에는 부산 조선방직 노동자 2000여 명이 벌인 조선 최대의 파업 현장을 취재한다. 3월에는 상하이에서 독립운동을 벌이다 서울로 호송된 여운형의 예심 종결에 관한 호외를 밤새워 만들어 발행하는 기민성을 발휘하기도 한다.

여운형의 재판에는 방청권을 얻기 위해 그 전날 저녁부터 수백 명이 법원 문전에 몰려와 밤을 새우기까지 했다. 《동아일보》, 《조선일보》, 《중외일보》의 3파전 경쟁이 치열하던 때였는데, 《중외일보》의 사세가 가장 약했으므로 홍종인은 특종을 빼내기 위해 쓰레기 더미를 뒤져서 법원에서 작성한 예심결정서 프린트 등사 원지를 찾아내는 극성까지 부렸다. 그러나 《중외일보》는 재정형편이 파탄상태였다. 급료를 받지 못한 공무국 직원들이 태업을 벌여 신문 발행이 지연되고 있는 상황이었다. 홍종인은 일찍부터 계획하고 있던 호외를 시기를 놓치지 않고 발행해야 한다는 절박한 심정에서 자신의 생명을 재촉하는 것 같았다. 재정상태가 가장 열악한 《중외일보》에 근무하는 자신의 처지가 안타까웠다. 그런 상황인데도 홍종인이 호외 발행을 강행한 것은 여운형이라는 인물의 비중도 컸지만 공개하지 못했던 중대한 사실을 독자들에게 알리겠다는 사명감에 불탔기 때문이었다. (『대기자 홍박』)

그러나 홍종인이 심혈을 기울인 이 호외는 검열에 걸려 압수당하고 만다 《중외일보》는 재정난을 이기지 못하여 폐간되며, 홍종인은 약 2개월 후인 1930년 12월 《조선일보》에 입사한다. 그리고 얼마 지나지 않아 안재홍 주필에게 필력을 인정받아 사회부 기자로 발탁된다. 하지만 당시 《조선일보》도 경영상태가 좋지 못했다. 1932년 6월부터 임경래와 안재홍 간에 경영권을 둘러싼 판권경쟁이 표면화되어 사원회가 조직되는데, 홍종인은 팔봉(八峰) 김기진(金基鎭) 등과 함께 그 실행위원 9명 중 한 명으로 선정된다.

《조선일보》는 1933년 3월 방응모가 경영권을 인수하여 재정상태가 안정되며, 홍종인은 1935년에 사회부 차장으로 승진하여 1936년 8월 베를린올림픽 때는 손기정 선수의 우승을 전하는 호외 발행을 진두지휘한

1953년 10월 15일 독도에 상륙해 '독도, 獨島, LIANCOURT(리앙쿠르)'를 새긴 표석을 설치하는 홍종인.

다. 이듬해에는 《조선일보》 제작 과정을 영화로 만드는 작업을 주관해 예술적 소양을 발휘한다.

이해에 홍종인은 일본 무사시노음대 피아노과 출신의 유수만과 결혼한다. 유수만의 제자로는 신재덕(오재경 전 문공부장관 부인) 씨 등이 있다.

"어머니는 대학 시절 밤 1~2시까지 불 꺼진 강당에서 피아노 연습에 열중하서 수위들이 소리를 질러도 대답이 없으니 귀신이 아니냐고 했을 정도였다고 해요. 외조부는 만석꾼 거부여서 성북동 지금의 간송박물관 옆에 99간짜리 집이 있었지요."

3남 순구 씨의 말이다.

1937년 9월 19일에는 중일전쟁의 전선에 특파되어 10월 26일에 돌아오는데, 함께 갔던 《매일신보》 유광렬 기자는 이렇게 회고했다.

홍종인은 아주 활동적이었다. 부지런히 돌아다녔고, 수완도 보통이 아니었다. 트럭을 타고 일선을 향할 때도 그가 나서서 교섭하면 좋은 자리를 차지할 수 있었다. 우리가 좁은 틈이나마 한자리 얻어 타려고 눈치만 보곤 하는데 그는 일본 군인들에게 호통도 잘 쳤다. 이 때문에 나도 덕을 많이 보았다. (『조선일보 사람들』)

《조선일보》 사회부 차장 시절 홍종인은 홍박이라는 애칭을 얻게 된다. 그는 당시를 이렇게 떠올린다.

그때 장마가 지루하게 계속되어 삼남 일대의 수해가 전국적인 대사건으로 보도되며 일기예보 기사가 매일같이 특별기사로 보도되었다. 데스크도 보고 밖으로도 드나들면서 이따금 일기예보 기사를 읽어보면 엉망인 것이 적지 않았다. 그래서 '이게 무어냐'고 모두 뜯어고치다 보니 어느 누구도 일기예보 기사에 손을 대려고 하지 않았다. 그때 누군가가 나를 놀려대느라고 천기박사라고 했던 것 같다. 그 후 사회부 한구석에서 붙여진 박사호의 별명이 버젓이 사내에서 통하며 사회에서도 통하는가 하면 나중엔 '홍박사'라기가 귀찮다고 '홍박'이라고 부르게 되었다. (「애칭 '홍박'을 즐기는 심경」, 《월간중앙》, 1971년 9월)

홍종인은 이 별명을 좋아했다. '명예박사'라는 것도 사방으로 운동하고 간청해서 받는다는데, 자신은 대학의 심사도, 정부의 인가 절차도 없이 친구들이 좋아서 불러주는 박사이니 별호로서는 이 이상 자연스럽고 명예로운 것이 없다는 것이다.

그는 '홍박'이라는 별명에 어울리게 음악, 미술, 문학, 등산, 테니스 등 다방면에 걸쳐 취미를 가지고 글도 썼다.

1938년에는 사회부장으로 승진한다.《조선일보》가 1940년 폐간된 후 홍종인은《매일신보》에 들어간다. 신문기자를 천직으로 알았던 그가 활동할 수 있는 무대는 그곳밖에 없었다. 그러나 그에겐 그것이 씁쓸한 흔적이었다.

내 기자 생활 중《매신》(《매일신보》)만 빼면……. 그땐 세 신문사(《조선》,《동아》,《매일신보》)를 합치니 뭐니 말이 있어서 옮겼지만……. 다 망해가는 놈의 나라, 망국의 마지막 꼴을 신문사에서 지켜보고 싶었던 건 사실이야. (『조선일보 사람들』)

1945년《조선일보》가 복간되자 홍종인은 사회부장으로 복귀한다. 이듬해 8월부터 1947년 5월까지는 정경부장을 맡으며, 이후 편집국장을 겸한다.

1946년 8월 3일 사회민주당 결당식이 열렸다. 여운형의 동생 여운홍이 이끈 좌익 성향의 군소정당이었다.《조선일보》편집국에서는 이 기사를 어떻게 다룰 것인지를 놓고 의견이 분분했다. 아예 묵살하자는 주장도 강했으나 홍종인이 말한다.

"저 사람들은 제 의사가 표시되지 않으면 다음에 할 일은 폭력밖에 없다. 정치에도 타협과 조화가 있을 것 아니냐. 저들에게 숨 쉴 곳은 터주어야 한다."

이 기사는 다음 날《조선일보》1면에 실렸다. 언론이 중심을 잡기가 어려운 때였다. 우익적인 주장을 하면 좌익에서 공격하고, 좌익 성향을 보이면 우익에서 비난했다. 중도적 입장을 취하면 회색분자로 몰아세웠다. 홍종인은 공산당은 용납할 수 없다며 민족적 입장을 지켰으나, 지면에서 자신의 주장만을 고집하지는 않았다.

홍종인은 1946년 9월 편집국장이 된다. 좌익노조의 총파업으로 서울에서 단 한 장의 신문도 발행되지 않았던 '암흑의 날'(9월 26일)이 있고 난 바로 다음 날 이건혁의 후임으로 편집국장이 된다.

홍종인은 1947년 곽복산이 개원한 신문학원의 연습주임도 맡아 오소백 등 유수한 언론 후진을 키운다. 이 학원은 국내에서 처음으로 신문기자를 양성한 유일한 언론인 교육기관이었다. 1948년 11월부터 1959년 9월까지 10여 년간 주필로 있으면서, 같은 기간 1952년 4월부터 1958년 11월까지는 부사장을 겸하며, 1959년 9월부터 1963년 5월까지 취체역 회장을 맡는다.

홍종인은 주필 시절 한글로만 사설을 썼다. 광복 후 '마음 놓고 우리말을 서로 주고받을 수 있다'는 사실이 가장 큰 감격이었다. 서재필 박사가 《독립신문》을 만들 때의 한글 쓰기 정신을 본받고자 한 것이다. 그는 엄청난 독서량에다 취미도 등산, 테니스, 미술, 사진, 음악 등 다양했다. 특히 음악평론은 전문가 수준이었다.

홍종인은 "나는 중학교(오산학교)까지 밖에 못 다녔다. 신문사에 들어와서 일하면서 배우고 배우면서 일해왔을 뿐…… 지금 생각해도 부끄럽다"고 했다. 하지만 그 때문에 그는 더욱 분발했다.

1951년 제1차 한일회담 취재차 일본 도쿄를 방문한 홍종인은 신문사 특파원들에게 "손색없는 한국 특파원으로서 활동하는 데 보태 쓰라"면서 격려금을 주기도 했다. 비행기 대신 기차와 배를 타면서 아낀 돈이었다.

1954년 광복 후 첫 수습기자가 들어왔을 때 홍종인은 그들에게 영어학원비를 지원해주도록 주선하기도 했다. 회사 사정이 월급 주기도 어려운 때였다.

홍종인은 기자의 품위와 권위를 중요하게 여겼다. 그가 편집국에 나타나면 넥타이를 매지 않은 기자들은 화장실, 복도 등으로 피신했다. 머리가 덥수룩한 기자를 보면 돈을 주어 이발소로 보냈다.

1960년대 출입처 기자실에는 종종 포커판이 벌어졌다. 어느 날 현장을 덮친 홍종인이 "손들어!"라고 외쳤다. 양손을 번쩍 든 사람, 손을 든 채 카드를 뒤로 던지는 사람, 판돈을 움켜쥔 사람 등 현장은 아수라장이었다. 촌지를 받아 놀음판을 벌여서는 사회를 계도하는 언론인이 될 수 없다는 뼈저린 부끄러움을 깨우친 것이다.

홍종인은 1963년 회장을 끝으로 《조선일보》를 떠난다.

1974년 《동아일보》 광고 탄압 사태 때 홍종인은 개인 이름으로 10만 원을 내고 자신의 주장을 담은 '언론 자유와 기업의 자유'라는 의견광고를 실었다. 언론계 어른으로서 유신정권의 서슬에 굴하지 않는 용기를 후배들에게 보인 것이었다. 그때부터 《동아일보》에 개인 이름의 광고가 쏟아져 들어왔다. 유신정권이 프레스카드제를 실시하려 하자 그는 언론탄압책이라며 명함 크기의 반대 전단을 만들어 일일이 뿌리고 다니기도 했다. (『조선일보 사람들』)

홍종인은 1998년 6월 10일 서울 영동 세브란스병원에서 별세하며, 한국신문편집인협회장으로 경기도 용인 공원묘원에 안장된다.

홍종인은 유수만과 사이에 3남 3녀를 두었다.

"맏형님(순경)이 미국 샌프란시스코에서 음식점을 운영하시면서 우리

이민가족을 돕는 코리아센터를 운영해오시고, 둘째 형님(순국)도 미국에서 사업을 하시고, 순명·순조·순정 3자매가 있습니다."

3남 순구 씨의 말이다.

내가 본 홍종인

내가 홍종인 선생을 찾게 된 것은 신문기자로서라기보다 산악회 일 때문이었다. 1954년 한국산악회장이 된 홍박은 자신의 《조선일보》 주필실을 산악회 본부로 삼고 있어 나는 그곳을 자주 방문했다. 후일 그의 취미가 도자기 굽기로 변졌고, 그림 솜씨가 뛰어나 여러 해에 걸쳐 그의 연하장은 당신이 그린 스케치를 인쇄하여 돌렸었다. 홍박은 전쟁으로 폐허가 된 서울 바닥에서 유화를 그리는 여유를 지니고 있었다. 아직 그런 여유를 갖지 못한 나로서는 지금도 몹시 부럽다.

1956년 여름 울릉도와 독도를 답사했던 학생 해양산악훈련단에는 나도 보도요원으로 참여했다. 동해의 고도인 울릉도와 더구나 독도에 1947년부터 여러 번에 걸쳐 민속, 방언, 생물, 지세, 측량 등 각 분야의 학술조사단을 이끌고 단장으로 활약한 홍박은 탁월한 식견을 갖고 있었다. 막연하게 또 감상적으로 '독도는 우리 땅'만을 외치는 오늘날 풍토와 달리 50년 앞서 그는 '우리 땅'으로 굳히기 위한 기초작업을 실제 답사로 이끌어낸 것이다.

홍순일(전 《코리아타임스》 논설주간)

홍종인

1903년	11월 27일, 평남 평양시 수옥리에서 탄생
1919년	평양고보 졸업반 때 3·1운동에 참여, 퇴학당해 오산학교로 전학
1926년	《시대일보》평양지국 기자가 됨
1930년	《조선일보》입사
1938년	《조선일보》사회부장이 됨
1946년	《조선일보》편집국장이 됨
1948년	《조선일보》주필이 됨
1963년	조선일보사 회장이 됨
1998년	6월 10일, 서울 영동 세브란스병원에서 별세. 경기도 용인 공원묘지에 안장

24
금연 정일형, 이태영

금연(錦淵) 정일형(鄭一亨)과 이태영(李兌榮)은 항일, 반독재·민주화 투쟁으로 생애를 함께한 부부이다. 금연은 신사참배, 창씨개명을 정면으로 거부하며 일제에 맞서 5년간의 영어(囹圄) 생활을 감수하며 고문과 회유를 이겨낸 인물이다. 그는 광복 후 정치에 나서 자유당 독재를 물리친 4·19혁명 후 장면 내각의 수석국무위원(외무부장관)이 되었다. 5·16군사정변 후에는 군부독재에 맞서 민주회복운동에 앞장서는 투혼을 보였다. 8선의원을 끝으로 박탈당한 그의 의원직을 아들 정대철이 이었다. 아들 역시 부친의 용맹스런 투지를 물려받아 독재폭거에 맞선 5선의원으로 부전자전(父傳子傳)의 전형을 보여주고 있다.

일제 말 금연과 결혼한 이태영 역시 잔혹한 고문을 이겨내며 금연의 옥바라지를 한 애국지사다. 대한민국 첫 번째 여성 변호사로 가정법률상담소를 설치·운영하면서 여성 지위 향상에 공을 세워 세계적으로 각광받는 여성운동 지도자로까지 부상한 인물이다.

금연은 1904년 2월 23일 황해도 안악군 장연면 저도리에서 유복한 집안 선비 정기찬(鄭基贊)과 한은총(韓恩寵) 사이에 외아들로 태어났다. 이곳은 대동강이 흘러내려 서해에 합류하는 진남포 앞 제섬 부근의 한 작은 섬마을이다.

어린 시절 나의 외로움을 달래고 꿈을 키우던 진남포 포구에서 몇 마장 떨어진 바닷가 벌판에는 널따란 수수깡 밭이 있었다. …… 어른 키보다 더 큰 수수깡이 빽빽이 서 있는 그곳에는 수많은 장정들이 숨어 있었다. 그들은 낮엔 거의 잠만 자고 있다가 해가 지면 어디론가 부산스럽게 떠나갔다. 다음 날 가보면 그들은 또 잠을 자고 있었다. 나도 저 아저씨들과 함께 그런 낭만적인 생활을 하고 싶었다. 그들은 나에게 커다란 호기심과 동경심을 불러일으켰다. 그분들은 우리 집에서 양병하는 구국의 항일 의병이었다. 그것을 자라서야 뒤늦게 알았다. (『오직 한 길로』, 정일형)

금연의 조부 정원모(鄭元模)는 문무겸전하고, 애국심이 투철한 인물로 전해지고 있다. 남달리 담력이 크고 의협심이 강했으며, 통솔력도 뛰어날 뿐만 아니라 이재에 탁월해서 일찍이 상하이와의 교역으로 큰 실업가가 되었다. 의병 대장 집안의 손자로 태어난 금연은 그 섬마을 주민들의 귀여움을 듬뿍 받고 자랐다.

"우리 종문은 본래 충청남도 금강 부근이었다고 해요. 그러다가 선조 한 분이 사화를 모면하고자 황해도 서해안 연변으로 이주해 왔다지요. 선친의 아호가 금연인 것도 금강에 연원을 두고 있다는 뜻이지요. 조부님이 집안을 크게 일으켰으나, 조부님과 선친께서 급서하셔 아버님의 어린 시절도 매우 어려워졌다고 해요."

금연의 아들 대철 씨의 말이다.

1919년 3월 1일 평양에서는 33인 중의 한 사람인 남산현 감리교회 신홍식 목사의 지도 아래 남녀 학생 수천 명이 모였다. 독립선언문을 낭독하고, 독립만세를 부르며 시가행진에 나섰다. 광성고보 3학년이던 금연도 '대한독립만세'를 부르며 평양 거리를 뛰어다녔다. 만세 행렬은 며칠이고 계속되었다. 마침내 금연은 주동 학생으로 몰려 평양경찰서 유치장에 1주일간 구금됐다. 어머니는 석방된 금연을 와락 끌어안고 "그래, 일형아. 장하구나 장해!"라고 외치면서 마치 개선장군이기나 한 듯 맞이했다고 한다. 그리고 몇 개월 후 금연은 상하이 임시정부에서 발행하는 《독립신문》을 배달하기 시작했다. 눈이 오나 바람이 부나 열심히 배부했다. 얼마 후 왜경들은 눈이 뒤집힌 채 불온신문을 배달하는 사람들을 찾기 시작했다. 소위 고등계 형사들이 총동원되었는데 금연도 검거되었다.

금연은 광성고보 졸업 후 연희전문으로 입학하여 공사판 인부 등으로 고학을 하면서도 1등을 하여 장학금을 받게 된다. 그러나 학생들의 독립사상을 비난하는 일부 교수 배척운동에 나섰다가 1년간 정학을 당한다. 이 기간 중 진남포 모교인 집성학교에서 야학을 차린 금연은 '한국 농촌의 측면상'이라는 특강으로 진남포경찰서에 구속되어 1개월간 구류된다. 연희전문 시절에도 금연은 학비 걱정에 시달린다. 막다른 곤경에 처한 그는 지금 서울 마포구청 자리 도로공사에 인부로 취직했다. 그런데 막벌이 노동이라고 해서 쉽사리 아무나 할 수 있는 일이 아니었다.

손수레에 흙을 실어 앞에서 끌고 뒤에서 밀어주는 단순한 노동이었는데 그것도 쉽지 않았다. 한 1주일가량 이를 악물고 열심히 했다. 그러던 중 사고가 발생했다. 바른손 둘째 손가락이 반가량 짤리고, 이마를 크게 다쳐서 한동안 의식을 잃을 정도로 중상이었는데, 그곳 도로 십장은 나의 잘못으로 인한 사고라고 하면서 무자비하게 해고해버렸다. …… 이 세상에서 가장 불행한 사람이 바로 내가 아닌가 하는 참담한 생각뿐이었다. 며칠을 두고 곰곰이 생각해도 앞으로 살아갈 묘안이 없었다. 자살을 생각했다. (『오직 한길로』)

금연은 마지막으로 문과 과장 빌링스 교수를 찾아갔다. 학비가 모자라 소학교에 가서 일하다 다시 와서 공부를 하겠다고 휴학을 허락해달라고 간청했다. 그러자 빌링스는 이름을 물었다. '정일형'이라고 답하자 "이번에 1등을 했다"고 소리쳤다. 장학생이 된 것이다.

1927년 연희전문 문과를 졸업한 금연은 감리교 선교부의 한 기관인 종교교육협의회에서 발행하는 월간지 《신생(新生)》의 편집에 연전 동창 노산 이은상과 같이 취직된다. 2년 후 감리교 연회에서 시행하는 미국 유학생 시험에 합격하여 1929년 도미 유학길에 올라 오하이오 웨슬리안 대학에 입학한다.

그러나 1930년대 접어들며 미국은 심한 불경기를 겪게 되어 금연도 생계 마련을 위해 뉴욕으로 와 한인교회로 갔다. 이미 장덕수, 김도연, 허정, 오천석 등이 부근의 상점이나 주택에서 막일로 생활하고 있었다고 한다. 금연은 1933년에 시라큐스대학에서 종교·교육 석사 학위를 받았다. 이때 금연은 주간으로 나오던 《신한민보》에 「풍차의 노래」라는 칼럼을 2~3년간 집필하기도 한다. 시사평론을 주로 한 항일의 논조와 애국정신 고취가 주 내용이었다고 한다. 금연은 1935년 드류대학에서 「미국 남부 여러 주의 농촌 사회 조직체의 유형」을 주제로 철학박사 학위를 받고 귀국했다.

귀국하고 얼마 안 있어 성탄절을 맞이하게 되었다. 서울 정동교회에 갔다. 합창대가 크리스마스 캐럴을 노래했다. 합창이 끝날 무렵 어느 여학생이 독창을 했다. 메조소프라노였다. 나는 조금 신경을 써가며 그쪽을 바라보았다. 독창을 하는 여학생은 합창대원 중 가장 키가 컸다. 얼굴도 시원스러웠다. 공연히 나는 거북스러워졌다. 여학생에게 자꾸 신경이 쓰여졌기 때문이리라. 결국 나는 옆의 사람을 툭 치며 "저 노래하는 여학생이 누구지?"라고 묻고야 말았다.

이태영 박사 서울법대 졸업식에서 정일형, 이태영 부부.

"이태영이라고 유명한 여자죠."
"유명하다니?"
"바로 전에 있었던 전국 여자전문학교 웅변대회에서 1등을 했지요."
"지금 학생이요?"
"아마 이번에 이화전문을 나올 겁니다."
"졸업하고 뭘 한답디까?"
"평양에 가서 여학교 선생을 한다던가?"

지나치게 꼬치꼬치 캐어물은 것 같아 오히려 쑥스러웠다. 그러나 나는 그 후 나도 평양으로 가야 하겠다고 마음먹었다. (『오직 한 길로』)

금연은 1936년 4월 신리 공장지대 조그마한 제사공장의 빈 창고에서 개척교회를 시작한다. 그의 할 일은 산더미 같았다. 일거리가 없어 헤매는 사람에게는 직장을 구해줘야 했고, 문맹자에게는 글을 가르쳐야 했으며, 가정 문제도 상담해야 했다. 이때부터 왜경의 감시가 다시 시작되었다.

그는 안창호 선생 연사의 특별강연회를 개최하기도 했다. 당시 윤봉길 의사의 거사와 관련되어 왜경에게 체포, 수년간 복역하다가 1935년 2월에 가출옥하여 평양 근교 대보산 송태산장에 은거 중이던 도산을 연사로 모시는 일은 하나의 모험이었다. 주최자로서 책임을 각오한 행사였다. 장소는 평양에서 가장 많은 청중을 수용할 수 있는 남산현 감리교회. 종교단체의 종교 강연에는 집회 허가가 필요하지 않았기 때문에 그 점을 이용했다. 도산의 강연이 있다는 정보를 탐지한 평양경찰서 고등계 형사들은 극도로 신경을 곤두세웠다. 심한 압박에 겁먹은 청년회 간부들은 도산의 강연 계획을 변경하자는 의견까지 내놓았다. 그러나 금연의 결의를 꺾을 수 없었던 그들은 불행한 사태가 생길 경우 모든 책임을 혼자서 져야 한다고 못 박았다.

한편 이 무렵 금연을 만난 이태영 역시 깊은 생각에 잠기게 된다. '이태영의 임 향한 마음'을 읽어본다.

나는 은연중 정 박사를 멋있는 남자라고 생각하고 있었다. 남달리 학력도 뛰어났지만 굳이 어려운 사람들을 위해 색다른 일에 뛰어든 그가 존경스러웠다. 그해 여름 금강산에서 기독교 수양회가 열렸는데 우리 두 사람은 모두 거기 참석했고, 자연스럽게 친해졌다. 수려한 금강산의 절경에서 그는 나더러 삼선암(三仙岩)까지 동행할 것을 제의했고, 나는 그의 청을 받아들였다. 하늘을 가리고 우거진 숲, 우뚝 솟은 기암절벽, 물보라를 일으키며 골짜기를 빠져 쏟아지는 폭포수, 뽀오얀 물안개 속에 서서 나는 무언가 깊은 생각에 잠겨 있었다. "삼선암이 아니라 사선암이군요." 이 한마디는 그가 나에게 처음으로 말한 프러포즈였다고 그는 그의 자서전에서 밝히고 있다. (『내가 걷는 길』, 이태영)

금연의 프러포즈는 그에게 품고 있던 이태영의 호감에 더욱 부채질을 한 셈이 되었다. 그러나 어머니보다 오빠의 반대는 수그러들지 않았다. 공부는 많이 했다지만 일정한 수입도, 안정된 직장도 없이 왜경에게 쫓기는 청년과 혼인한다는 것을 찬성할 리 없었다.

행인지 불행인지 이 무렵 나는 지독한 열병으로 기독병원에 입원하고 있었다. 이때 정 박사는 거의 하루도 빠짐없이 문병을 와서 진심으로 쾌유를 빌어주었다. 그를 탐탁지 않게 여기던 어머니와 오빠였으나 문병 오는 그를 자주 대해본 가족들은 정 박사의 인품이 의외로 마음에 들었는지 결국은 결혼을 승낙하기에 이르렀다. (『내가 걷는 길』)

1936년 12월 26일, 금연과 이태영은 평양 정의고녀 강당에서 결혼식을 올린다. 신랑은 32세, 신부는 22세. 당시 결혼 풍습으로는 이례적으로 조촐하고 간소했으며, 허례허식이란 전혀 없는 모범 결혼식이었다.

이태영은 1914년 9월 18일 평북 운산군 진등마을에서 이흥국과 김흥원 사이에 막내딸로 태어났다. 위로는 두 오빠가 있었다. 부친은 광산을 경영하면서 광산 수입으로 압록강을 넘나드는 독립지사들에게 자금을 지원하기도 했다. 그러나 부친은 이태영이 2살 때 광산 사고로 작고했다. 모친은 신식 교육은 받지 않았으나 부지런하고 봉사하는 여인이었다고 한다.

이태영은 5살 때 광동소학교에 입학한다. 어릴 때부터 꼼꼼하고 재주가 많아 성경 외우기, 독창, 웅변 등으로 남 앞에 자주 서게 된다. 이를 본 큰오빠는 "너는 커서 변호사가 되어야 한다"고 거의 날마다 다짐을 받다시피 했다.

초등학교에 이어 평양의 정의여고에 진학해서도 줄곧 수석을 차지한다. 이태영은 이화여전에 합격하여 법률을 공부하고 싶었으나 당시 이곳에는 법과가 없었다. 대신 가사과를 택했다. 졸업반이던 1936년에는 《조선중앙일보》가 주최한 전국 여자전문학교 웅변대회에 나가 1등상을 받으며 이듬해 이화여전을 수석졸업한다.

한편 이태영과 결혼한 이듬해 금연은 서울의 감리교 신학교 교수로 취임한다. 그러나 그는 이듬해 흥사단과 관련된 수양동우회사건으로 구속되어 심한 문초를 받는다. 이어 1940년에는 창씨개명과 신사참배를 하지 않는다는 이유로 서대문경찰서에 끌려가 고문을 받는다.

금연에 대한 일제의 고문과 협박, 공갈, 회유는 일제가 끝날 때까지 계속되었다. 고문은 이태영도 받았다. 1944년 봄 이른바 국제 스파이의 죄명을 씌운 '정일형사건'의 혐의를 캔다는 구실이었다.

처음에는 고함과 공갈, 협박, 회유 등의 방법을 썼으나 만만치 않자 그들은 여자의 본능적인 수치심을 악랄하게 이용했다. "저 지독한 년 옷을 벗겨." 아내는 남편을 고문하고 감방에 가두었다는 것만으로도 치가 떨리는 자들 앞에서 맨살을 드러내 보여야 했다. …… 두 번째 방법이 나왔다. 광성중학교 학생 세 명을 데려다 놓고 아내 앞에서 한 아이를 때렸다. 아이는 곧 새

파랗게 기가 죽어 그 자리에서 기절을 했다. 그렇게 세 명의 아이를 아녀자 앞에서 몽둥이로 기절시켰다. 그래도 아내는 입을 열지 않았다. (『오직 한 길로』)

금연이 평양경찰서에 수감되었을 때 이태영은 한 달에 한 번씩 경의선 밤차를 타고 남편 면회를 하러 다녔다. 밤늦게 평양에 도착하여 날이 밝을 때까지 대동강 철교 밑에 쪼그리고 앉아 있다가 동이 트면 경찰서 유치장으로 달려가 면회를 했다. 손수 옷감을 떠다가 염색을 하고 솜을 누벼 이불을 만들어 팔았다. 가위질에 손이 휘고 쉬지 않는 걸음과 재봉일로 발이 부어 절뚝거렸다.

1945년 광복이 왔다. 말문이 막혀 부부는 그저 울기만 했다. 이해 봄 무죄 언도를 받고 풀려난 금연은 중앙정부연락위원으로 뽑혀 서울로 떠났다. 그로부터 편지가 왔다.

서울 거리를 걸어도 뒤에 아무도 따라다니는 사람이 없는 자유로운 몸이 되었소. 나를 가둘 사람이 없으니 훨훨 날아다니고 있소. 이제 보따리를 바꿔 멥시다. 기다리던 세월이 왔으니 평생 소원이던 법률 공부를 하시오. (『한국의 법률가』, 최종고)

금연은 과도정부 인사행정처장(행정자치부에 해당) 및 물자행정처장을 지내다 1948년 대한민국 초대 특사단 부사로 구미 각국을 예방한다. 이어 유엔총회 한국 대표로 한국 승인을 얻어낸다.

1950년 서울 중구를 선거구로 선택한 금연은 제2대부터 8선의 기록을 세운다. 선거구 내 한 집도 빠짐없이 부부가 호별방문을 하는가 하면, 특히 이태영의 찬조연설은 압권이었다. 언젠가 상대방 저명인사가 "암탉이 울면 집안이 망한다"고 비아냥댔다. 그때 이태영이 "여러분 여기 암탉이 있으면 손을 드시오. 누구를 지지합니까?"라고 외치자 함성이 일었다. 여성 유권자들의 분노를 유발해서 금연의 압승을 몰고 왔다.

이태영은 1946년 서울대 법대에 입학하여 평생 소원이던 법학을 공부할 수 있게 되었다. 그러나 육순 노모를 모시는 며느리로서, 정치하는 남편을 뒷바라지하는 아내로서, 세 자녀를 거느린 어머니로서 학업까지 하는 것은 엄청난 고충이었다.

6·25전쟁과 함께 부산으로 내려간 나는 동래에 하숙을 정하고 하루 20시간 이상씩 법률 책과 씨름하기 시작했다. 이때의 내 정신은 오로지 '이처럼 열심인 나를 종래 저버리지 않으시리라'는 믿음뿐이었다. 나는 기도했다.
"하나님, 저는 합격해야 합니다. 시험에 떨어진 내가 어떻게 자식들더러 공부 잘하라고 타이를 수 있겠습니까? 뜻을 이루지 못하면 저에게는 죽음뿐입니다."
하루 24시간 중 운동할 수 있는 유일한 시간은 새벽에 일찍 뒷동산으로 물을 길러 가는 것뿐이었다. 그 물 한 바켓으로 온종일 머리를 식혀가며, 닭 모이를 주듯 문안으로 디밀어 주는 밥을 먹고 빈 그릇을 밖으로 내보내고, 변소 출입 대신 요강으로 해결을 하며 책상에 앉은 채 얼마나 몸부림치듯 공부를 했는지. 나중에 보니 시골의 삿자리 가운데가 동그랗게 구멍이 뚫릴 정도였다. (『내가 가는 길』)

그런 시련을 딛고 이태영은 1952년에 한국 역사상 여성 고등고시 1호 합격의 영예를 차지한다. 판사 임용은 야당 의원의 부인이라 거부되었다. 이태영은 여성 지위 향상을 위한 운동에 앞장서며 1956년에는 여성법률상담소(뒤에 가정법률상담소가 됨)를 설치하여 여권을 찾는 데 주력한다. 1963년에는 이화여대 법정대 학장을 맡는가 하면 1975년에는 막사이사이상을 수상하고, 1984년에는 제1회 국제법률봉사상을 수상하는 등 국제적인 여성 지도자의 성가를 얻게 된다.

1952년 부산 정치파동 때 금연은 국제공산당으로 몰리면서도 이승만 직선제의 발췌개헌안에 끝까지 반대한다. 금연은 1950년에 대한통신사를 인수해 운영하기도 했으나 자유당 정권에 불복해 빼앗겼다.

"대한통신사는 뒤에 UPI가 된 UP통신이었지요. 그 후 대한통신은 동양통신으로 되었다가 오늘의 연합통신으로 통합되었지요. 당시 김활란 공보실장의 주선으로 위기에 봉착했던 UP통신을 선친께서 떠맡으셨는데 필진도 김광섭, 천관우, 강영수, 탁희준, 김병수 씨 등 쟁쟁했지요. 이승만 정권의 정치적 책임과 허다한 실책을 신랄하게 추궁하여 집권자들에게는 눈엣가시였겠지요. 당시 이사직을 맡았던 이병철 씨는 도쿄특파원 자격으로 사업에 도움을 많이 받기도 했다는 것이고…… 정부가 돈줄을 조이자 결국 김성곤 씨에게 넘어갔지요. 김 씨는 9·28서울수복 때 선친께 '생명의 은인'의 신세를 진 처지라 후에 돌려주겠다고까지 했다는데……."

아들 대철 씨의 말이다.

이어 금연은 자유당 독재에 맞서 민주당 창당에 참여하며 4·19혁명 후 민주당 내각의 외무부장관(수석국무위원)이 된다. 그러나 뒤이은 5·16군사정변으로 금연은 이후 반독재 민주화투쟁에 앞장선다. 그리고 연이어 일어난 민주화회복국민운동은 금연과 이태영이 나란히 주도해 주목을 받게 된다. 금연은 1977년 명동성당 구국선언사건으로 3년형을 언도받고 국회의원직을 박탈당하며, 아내 이태영까지 변호사 자격을 상실한다.

내 70 평생을 두고 최대의 초상집이 된 우리 집에 돌아왔을 때였다. 아내는 남편인 내 걱정만 해주었고 나 역시 아내 걱정만을 했다. 하지만 우리 부부의 자격 상실이나 직위 박탈보다 더욱 못내 섭섭한 것은 그날로 사법부에 대해 마지막으로 걸고 있던 희미한 기대마저 무너져버린 사실이었다. 그날은 법조인 스스로가 정부의 시녀로 전락해 안일하게 자리를 더럽힌 치욕의 날이 되었다. (『오직 한 길로』)

금연은 1982년 4월 23일 서울 봉원동 자택에서 별세, 사회장으로 서울 동작동 국립묘지 국가유공자 묘역에 안장된다. 이후 이태영은 정치를 하라는 권고를 받았으나 끝내 사양했다. 이태영 역시 1998년 12월 17일 봉원동 자택에서 별세, 사회장으로 서울 동작동 국립묘지 국가유공자 묘역에 안장됐다. 그 후 바뀐 정부의 국무회의 의결로 정일형·이태영 부부는 하나의 묘비에 '평생 동지'로 나란히 이름을 올려 합장되었다.

금연과 이태영은 1남 3녀를 두었다. 아들 대철(67·서울법대, 미주리대학 박사, 민주당 대표 역임) 씨는 김덕신(68·이화여대 사회학과, 연세대 신학석사) 씨와 결혼했다. 덕신 씨는 YWCA 이사이며 그의 조모가 국회의원을 지낸 박현숙 씨다. 장남 호준(40·뉴욕대학 석사) 씨는 청와대 비서관을 거쳐 민주당 서울 중구 위원장으로 2012년 국회의원에 당선됐다. 차남 세준(30) 씨는 미 캘리포니아대학에 재학 중이며, 딸 혜준(38) 씨는 FTT(패션학교) 출신이다. 금연의 장녀 진숙(72·이화여대 사학과 졸) 씨는 장면 총리 비서실장을 지낸 김흥한(작고) 씨와 결혼하여 4남매를 두었다. 장남 김유동(47·서울법대 졸) 씨는 청석개발 대표, 차남 김윤동(44·조지워싱턴대학 MBA) 씨는 일진자동차 대표이며, 맏딸이 미경(49·이화여대 경제학과 졸) 씨, 차녀가 미동(48·이화여대 가정대 졸) 씨다. 금연의 차녀 선숙(70·서울법대 졸) 씨는 법무법인 양현 대표 김의재(74·서울법대 졸) 씨와 결혼했다. 장남 영석(41·하버드대학 석사) 씨는 건국대 건축과 교수, 차남 영훈(38·옥스퍼드대학 MBA) 씨는 푸드네트워크 대표이다. 금연의 3녀 미숙(63·이화여대 미대 졸) 씨는 한국가구박물관장으로 동부산업 대표인 심철(62·연세대 경제학과 졸) 씨와 결혼했다. 장남 종현(36·런던경제대학 석사) 씨는 한국가구박물관 부관장이며 차남 주현(34·스위스 HIM 호텔학 준석사) 씨는 푸드어소시에이션 대표이다.

내가 본 금연 정일형

금연 선생을 치음 뵌 것은 1952년 늦봄 임시수도 부산에서 이른바 정치파동이 소용돌이치고 있을 무렵이었다. 대낮에 무장한 헌병부대가 야당 의원이 탄 국회의원 전용버스를 견인차로 끌어갔고 정 박사 일행은 날조된 국제공산당이 되어 한참 동안 옥고를 치러야 했다. 당시 정 박사가 입버릇처럼 말씀하시던 것이 아직도 내 귓전을 때리는 것만 같다.

"임자, 우리는 숙명적으로 자유민주주의를 해야 살 수 있어. 유엔군이 왜 이곳까지 와서 매일같이 피를 흘리며 싸우고 있겠소? 자유민주주의를 지키겠다는 겁니다. 그런데 우리 스스로 자유민주주의를 포기하면 어찌 되는 거요. 독재는 붉은 독재나 흰 독재나 매한가지요. 꼭 망하게 돼 있는 거요."

외유내강이랄까, 늘 온유하면서도 원칙과 신념으로 행동하는 정치가였다. 노자가 말한 유지승강(柔之勝剛)의 기품이었다.

박권상(전 KBS 사장)

내가 본 이태영

나는 1984년 《조선일보》 출판부장 때 이태영 박사님의 「아침논단」 《조선일보》 칼럼을 책으로 내려고 그분을 처음 뵈었다. 온화한 풍모에 자상한 성격이어서 그 후 그분의 바쁜 저작활동을 보람을 느끼면서 거들어드릴 수 있었다. 매우 활달하면서도 없는 이웃을 보면 참지 못하고 어떻게 해서든지 꼭 도움을 주고자 애쓰시는 연민의 정에 감동하곤 했다. 그러면서도 가정주부에다 남편인 정일형 박사의 바쁜 정치 일정을 빈틈없이 내조하는 이 박사의 일상은 곧 현대판 사임당 신씨였다.

늘 시간에 쫓기면서도 오로지 여성의 인권을 위해 가정법률상담소를 창설해 이끌어왔으며, 「한국의 이혼 연구」라는 논문을 서울대에 제출하여 법학박사 학위를 받기도 했다. 이 박사 스스로 회상하듯이 '어린 시절부터 야생녀처럼 억척스럽게 살아온 집념의 생애'를 남편과 더불어 새끼 꼬듯이 사신 분으로 기억한다.

이진섭(전 국회공보관)

금연 정일형

1904년	2월 23일, 황해도 안악군 장연면 저도리에서 태어남
1912년	진남포 삼존학교 입학
1921년	평양 광성고보 졸업

1935년	미국 드류 대학원 사회학과 졸업, 철학박사 학위 받음
1940-1945년	일제하 영어 생활
1945년	과도정부 인사행정처장 및 물자행정처장
1960년	제2공화정(장면 내각) 수석국무위원 및 외무부장관
1973년	신민당 대표
1977년	명동성당 구국선언사건으로 3년형 언도, 국회의원직 박탈됨
1982년	4월 23일, 서울 봉원동 자택에서 별세, 동작동 국립묘지 독립유공자 묘역에 안장

이태영

1914년	9월 18일, 평북 운산군 진동 마을에서 태어남
1919년	광동소학교에 입학
1931년	평양 정의여고 졸업
1936년	이화여전 가사과 졸업, 12월 26일 정일형과 결혼
1950년	서울법대 졸업
1952년	제2회 고등고시 합격
1956년	여성법률상담소 설립
1975년	막사이사이상 수상
1984년	제1회 국제법률봉사상 수상
1998년	12월 17일, 서울 봉원동 자택에서 별세. 사회장으로 서울 동작동 국립묘지 국가유공자 묘역에 안장

25
추계 최은희

추계(秋溪) 최은희(崔恩喜)는 한국 최초의 일간지 여기자이며, 3·1독립만세운동 때 여학생으로 시위에 앞장서서 옥고를 치른 애국지사이다.

"최 여사와는 도쿄 유학 시절 동문수학을 했고, 8년 동안 대한부인회 일을 같이 했다. 그는 지성인(知性人)이요, 지성인(至誠人)이다. 박학다문하고, 참대와 같이 곧은 사람이며, 부지런하고 끈질기고 열정적인 인물이다."

박순천 전 민주당 대표의 말이다.

"선생에 대한 존경은 비단 신문계의 대선배라는 점에만 있는 것이 아니다. 선생은 여성으로서 오히려 민족독립운동의 일익을 담당하시어 옥살이까지 하신 분으로 알고 있다. 선생의 그러한 의(義) 내지 사회정의야말로 기자 정신의 척추라고 하고 싶다."

언론인 천관우씨의 말이다.

"최은희 여사는 1904년에 개화주의 애국지사인 최미당 선생의 막내딸로 태어나 3·1운동 때는 경성여고보의 학생으로 만세시위의 선봉에 섰으며, 왜경에게 투옥되어 체형까지 받아 소위 불령선인의 요시찰인이 되었다. 그 후 우리나라 초대 여기자가 되어서는 당시 신문지상에 게재가 금지된 독립운동, 특히 여성운동의 비화들을 누구보다도 많이 탐지하고 몸소 체험했던 것이다."

최영희 전 국사편찬위원장의 말이다.

추계는 1904년 11월 21일 황해도 연백군 은천면 연남리 301번지에서 탐진(耽津) 최씨 최병규(崔秉奎)와 달성(達城) 서씨 서덕경(徐德瓊) 사이에 5남 5녀 중 5녀로 태어났다.

나의 부계는 한학자로 해주에서 7대를 살았었는데 3대 독자이신 내 아버님이 젊어서 내 조부님의 3년상을 마치고 서울에 올라와 경무부 판임 벼슬을 지냈다 한다.…… 내 선친은 뜻한 바 있어 일찍이 승진길을 버리고, 팔도강산을 유람하던 끝에 낙향한 곳이 연고지 아닌 배천이었다. 지리적으로 제2고향인 해주에서 가깝기도 하려니와 풍광이 명미하고 산수가 아름다우며, 비옥한 토지, 순후한 인심이 자못 마음을 사로잡았던 것 같다. (『최은희 전집 5』)

추계의 부친은 배천에 토지를 많이 사고 농장을 장만했다. 그는 평안북도 운산금광에도 손을 대 채광하는 외국인들과 대결했다. 광산업으로 3천석지기 전답을 세 번 둘러엎고 일으켰다는 소문의 주인공이다. 그는 배천읍 일대에 학교 셋을 세웠다. 동흥, 영명 두 학교는 나중에 합병하여 동명학교로 되고, 용덕학교는 농민교육을 했다. 부친의 임종을 지켜본 추계의 회고담을 옮겨본다.

배천에서는 군민일동의 명의로 연두 오복수(五福壽) 한 필에 검정 법단으로 선을 둘러 만장을 지어 연백군수 이하 민간유지, 전날의 학교 관계자와 문하생 등 30여 명이 와서 9일장을 참례하고, 그들이 반우제(返虞祭)를 치렀다. 그날 해주에 있는 인력거 42채가 총동원, 말 여덟 필, 밑가마 셋, 백가마 여덟. 해주와 인근 고을에서 모여든 수백 명의 회장자가 조기와 만장에 쌓여 선영으로 모시는 영어의 뒤를 따랐다. 지금의 사회장 같다고 할 것이다.
(『최은희 전집 5』)

추계는 1914년 고향의 창동소학교를 졸업하고 해주의 의정여학교 고등과에 입학한다. 이곳에서는 학감 최두현, 교무주임 노선형이 특별히 총명한 몇 학생을 골라 매 주일 은밀한 장소에서 일제 총독부의 학정과 일본인의 악행을 가르쳐 민족혼을 앙양시켰다.

추계는 1917년 경성여자고등보통학교에 입학하면서 한층 더 성숙된 서클 활동을 한다. 박희도(3·1운동 33인의 한 분)의 지도로 20여 명으로 늘어난 회원들은 《매일신보》에 난 가출 소녀의 딱한 사정의 기사를 읽고, 인천의 사창가에 팔려 간 그녀를 구출한다. 교내 모금운동과 스스로 만든 수공예품을 팔아 170원을 마련해낸 것이다.

1919년 추계는 졸업을 앞둔 경성여고보 본과 3학년에 재학 중인 16세의 소녀였다. 당시 서울 안에 상당수의 여학교가 있었으나 3·1만세시위 대열에 단체로 참가한 여학교는 이 학교뿐이었다. 경성여고보는 전국의 재원과 문벌 있는 가정의 규수들이 모인 만큼 일찍부터 민족운동 지도자들의 이 학교에 대한 관심은 각별했다. 추계는 비밀서클의 중심이 되어 박희도의 지도로 독립선언문을 입수하여 만세시위에 가담한다.

육조 앞 광장에는 벌써 많은 사람이 모여 있었다. 파고다공원 앞문으로 나온 대열과 거리의 인파들이 홍수처럼 불어나서 합류했다. 말을 탄 헌병과 기마 순사들은 말 머리를 이리저리 들이대서 사람들을 헤치며, 손수건을 꺼내어 혈서를 쓰는 청년, 손가락을 깨물어 태극기를 그리는 청년들이 이리 번쩍 저리 번쩍 나는 듯이 공중으로 몸을 솟구쳐 올린다. 발을 구르고 몸부림을 치고 열변을 토하는 청년들도 있었다. 그 틈에서 우리 여학생들은 기고만장해서 목이 터져라 하고 독립만세를 불러댔다. (『최은희 전집 5』)

추계는 서대문형무소에 수감되어 24일 만에 풀려나 뒤이어 고향으로 내려가 황해도 배천에서 만세시위운동을 주동하고 해주지방법원에서 6개월의 징역을 언도받는다. 그녀는 서울에서 남학생들에게 받은 '동포여 일어서자' '경고 아 2천만 동포(警告我二千萬同胞)' 등의 삐라와 《독립신문》 등을 가져다 나눠 준다. 이후 도쿄로 유학을 떠날 때까지 경찰의 감시를 받으며 아홉 차례 연행되거나 유치장 신세를 졌다.

1920년 추계가 일본 유학길에 오르자 요시찰인이 붉은 딱지가 붙어 서울에서부터 도쿄역에 내릴 때까지 이동경찰이 뒤를 따랐다. 도쿄역에는 오기선(오천석 전 문교부장관 선친) 목사가 마중 나와, 그 댁으로 가서 일진영어학교 속성과에 입학한다. 그곳에서는 경성여고보 선배인 최남선의 누이동생 설경과 함께 공부한다. 추계가 1922년 일본여자대학에 입학한 후에도 형사가 날마다 학교 정문에서 지키고 있었다. 도쿄 유학생들은 3월 1일이면 히비야공원이나 우에노공원에 모여 독립선언 기념식을 거행하고 만세를 불렀다. 황신덕, 박순천, 이현경이 사회사업부 한 반에서 행동을 같이 했다.

그녀는 어느 비 오는 날 하학길에 뒤쫓는 형사를 반대 방향 전철역으로 이끌어내 스토킹꾼으로 몰아 핀잔을 주는 기지를 발휘한다. 미행 형사가 뒤쫓아와 원망 어린 하소연을 하자 "그런 직업을 그만두면 될 것 아니냐"고 쏘아붙인다.

그녀는 한국인을 업신여기는 도쿄 바닥에서도 한복을 즐겨 입었다. "죠센징 죠센징, 짱고라 짱고라" 하고 아이들이 줄줄 따라다녔지만, 못 들은 체하고 곧은 자세로 걸어가면 저희들도 멋쩍어서 그대로 돌아가 버린다. 평상시 학교에는 더러움이 잘 타지 않는 일본 옷을 입고 다녔지만, 교내외 특별 행사나 학급에서 무슨 모임이 있을 때는 자랑스럽게 한복을 입었다.

추계는 1924년 대학 3학년 때 여름방학을 맞아 춘원 이광수의 집을 방문한다. 그녀는 춘원의 부인 허영숙과 친했다. 산부인과 의사인 허영숙으로부터 한 부호가 진료비를 주지 않아 애를 먹고 있다는 말을 듣고 해결사를 자청했다. 그녀의 인생길이 바뀌는 순간이다.

그 사연인즉 이러하다. 몇 달 전 황금정, 지금의 롯데호텔 부근에 살던 큰 부호가 그 부인이 산고를 겪게 되니 개업의 허영숙을 청했다. 진료가 끝난 다음 허 의사는 왕진비, 조산료, 처치료, 간호부 일당 등 항목으로 합계 85원 10전의 청구서를 보냈다. 그러나 이 부호는 "무슨 돈이 그렇게 많으냐. 부당이득이니까 그대로는 못 보내겠다. 회계를 다시 뽑아 가지고 오너라" 하며 사뭇 명령조이더라는 것이다.

이튿날 아침 추계는 이 부호의 집으로 달려갔다. 주인이 출타 중이라는 말을 들은 그녀는 마루에 돗자리를 펴고 드러누워서는 냉면을 배달시켜 먹고 낮잠을 잤다. 오후에 돌아온 주인은 '엉뚱한 돈'이라며 딴전을 피웠다. 추계가 꿈쩍 않고 버티자 타협을 시도하던 주인은 50원에서 60원, 70원, 80원까지 올리다가 그녀가 "종일 이 집에서 치마에 묻힌 먼

추계 최은희는 『한국 근대 여성사(상·중·하)』, 『한국 개화여성 열전』, 『여성 전진 70년』(초대 여기자의 회고) 등의 저술을 남겼다.

지는 털고 갈망정 단돈 10원도 깎아 드리지는 못하겠소" 하자 결국 제값을 다 주고 말았다.

이때《조선일보》는 '부인기자'를 구하고 있었다. 당시는 기혼, 미혼 상관 없이 여기자를 모두 부인기자라고 불렀다. 이광수는 편집고문 이상협에게 추계를 추천하면서 진료비를 받아낸 일화를 들려주고 "그만한 배짱과 수완이면 넉넉하지 않겠느냐" 하며 "문장은 내 아내와 편지 왕래하는 것을 보니까 신문기사 쓰기에는 넘치는 정도"라고 말했다. 편집국장 민태원도 "도쿄서 나도 그 아가씨를 보았는데 활발하고 붙임성이 있어 구실을 할 것 같다"고 말해 추계는《조선일보》여기자로 발탁된다. 추계란 아호 두 춘원이 지어주었다. 그의 부인 허영숙의 아호 춘계와 맞춘 것이다.

1924년 10월 추계는 대학 졸업장을 포기하고《조선일보》에 입사하자 곧 스타기자로 각광을 받는다. 이름과 얼굴을 알리게 된 계기는 '변장 탐방' 출동이었다. 그녀가 출동하던 날《조선일보》는 "이번에는 특별히 부인기자가 신출귀몰한 변장으로 대담히 출동하기로 했습니다" 하고 독자의 흥미를 유도했다. 이날 아침 수표동《조선일보》사옥 앞은 그녀의 얼굴을 미리 보아두기 위해 몰려든 남자들로 장사진을 이뤘다.

최은희는 '땟국물이 시커먼' 행랑어멈의 옷을 빌려 입고 서대문으로 출동했다. 한 살배기 아기를 들쳐 업고 무청까지 한 아름 안은 채였다. 그는 무교동, 광화문, 청진동, 종로 등을 거쳐 끝까지 사람들에게 들키지 않고 신문사로 돌아왔다. 신문사 앞에 진을 치고 있던 사람들은 "설마 저렇게 차렸을 줄이야 누가 알았담" "나도 어린애 업은 사람을 퍽 주의해서 보았지만 저렇게 반 거지 같은 사람은 안 보았지"라며 탄식했다. (『조선일보 사람들』)

추계가 《조선일보》에 입사한 지 1개월쯤 후 《동아일보》에서는 허정숙(허헌 변호사의 딸, 소설가 허근욱의 언니)을 여기자로 채용했다. 그 뒤에 허영숙(이광수 부인)·이현경(일본여대 출신)·최의순(도쿄여고사범 출신)이 있었고, 황신덕은 《시대일보》 기자를 거쳐 《동아일보》 자매지 《신가정》 잡지기자로 있었으며, 《매일신보》에는 김명순(김동인의 소설 『김연실전』의 실제 주인공)이 있었다.

추계는 전파에 목소리를 넣어 우리나라 최초의 방송인이 되기도 한다. 1924년 12월 17일부터 3일간 《조선일보》 주최 독자를 위한 무선전화 시험 공개방송을 할 때 아나운서로 나서 "지금부터 독자 여러분이 고대하시던 조선일보사 주최 무선전화 공개방송 시험이 시작되겠습니다"라는 방송을 했다. 그녀가 하는 일은 거의 여성 최초의 기록이었다. 1925년 7월 대구에서 열린 남조선 여자정구대회에서는 여성 최초로 시구를 했다. 이해 12월에는 《조선일보》 비행사 신용인(신용욱의 개명 전 이름)의 비행기에 동승한 뒤 5회에 걸쳐 탑승기를 썼다.

1925년 7월 한강 유역에서 대홍수가 발생하자 추계는 조선여자청년회, 경성여자기독교청년회, 조선여성동우회 등의 회원들을 중심으로 구호반을 조직하고 자동차에 '조선일보 부인구호반'이라는 깃발을 꽂았다. 그녀는 기생들까지도 구호반원으로 동원하는 수완을 발휘한다.

기생들은 자기들 부류 이외의 젊은 여성은 적대시하기 마련이다. 이런 사실을 안 추계는 술자리에서 역으로 기생들에게 술을 따라주었다. 이에 감복한 기생들은 그 후부터 아예 추계의 편이 되어 추계가 구호활동을 벌일 때에 발 벗고 나섰다. 그들은 권번 기생 40여 명에게서 돈을 거둬 《조선일보》 왕십리 구호소에 수용된 이재민 1500여 명에게 자기들이 친히 쌀밥과 고깃국을 끓여 대접했다.

추계는 6·10만세운동 직전에는 검찰이 벌인 대대적인 검거 선풍을 특종 보도해 '신문계의 패왕'이라는 칭호를 받기도 한다. 추계는 인사동 조선극장에서 4대 일간지 사회부 맹장 기자들과 함께 영화를 보고 밤늦게 나오다 빗길에서 자동차에 타고 있는 종로경찰서 고등계 주임 미와 경부를 발견한다. 그러자 얼른 다른 기자들을 따돌리고 미와 경부를 추적하여 종로경찰서로 들어가 취조실에서 낯익은 얼굴들과 접하게 된다.

> 개벽사의 김기전, 차상찬, 방정환, 박달성 씨 등을 각각 분리하여 배치한 방속을 둘러보고, 즉시 거리로 나와 인력거를 잡아타고 편집국장 민대원 씨 댁으로 달려갔다. 대문을 두들겨서 그분을 깨워 가지고 자초지종의 전말을 보고했다. 그는 사회부장, 종로서 출입기자, 공무국 각급 책임자, 배달부까지 전화로 숙직사원에게 집결시켜 놓게 하고, 필자와 함께 인력거로 신문사에 들어갔다. 쥐도 새도 모르게 이 사건을 탐지하여 6월 7일 오전 2시 호외의 요령을 흔든 것은 《조선일보》 하나뿐이었다. (『최은희 전집 5』)

《조선일보》 최초 여기자로 "각사 역대 여기자 중 제일 활동을 많이 하고 제일 성적을 많이 낸 분"으로 "그의 재필(才筆)과 활완(活腕), 건각(健脚)은 여간한 남자 기자로는 앙망(仰望)도 못할 것"(《개벽》, 1935년 3월)이라는 평가를 받았다. 그녀에게는 적극적이고 당찬 성격 때문에 '말괄량이' 혹은 '수염난 여자' 등의 별명이 붙었다. 남자 기자도 취재하기 힘든 매음굴, 거지굴 등을 누비고 다녔다.

추계는 "당시 여기자는 명물 중의 명물이었다"면서 "아무리 경비가 삼엄한 곳이라도 무사 통과되었으며 외국 영사관이나 구 황실, 옛날 중신들의 가정에서 연회가 있어 사장에게 초청장을 보낼 때에는 부인기자에게도 반드시 초청장이 왔다"며 "무관의 제왕 노릇을 톡톡히 했다"고 술회했다.

1927년 2월 15일 민족의 반일단체인 신간회가 탄생하자 추계는 차미리아, 김활란, 유각경, 황신덕 등과 함께 그 자매단체인 근우회를 결성한다.

추계는 1930년 7월 7일 광주(廣州) 이씨 미창(米倉) 이석영(李錫泳)과 결혼한다. 그는 한음 이덕형의 후예이며, 일본대학 법과 출신으로 법원에 근무했다. 추계는 결혼 후 신문사를 그만두고 집안 살림에 전념하다가 해방 후에는 여권실천운동자클럽 대표가 되어 최초의 관립학교 여교장을 탄생시키는 주역이 된다. 1952년에는 대한부인회 활동으로 '어머니날'을 제정케 한다. 1968년에는 3·1운동 여성참가자봉사회 회장이 되어 동작동에 3·1공원을 건립한다.

추계는 다섯 권짜리 『한국 개화여성 열전』을 남기고 1985년 8월 16일 서울 방배동 삼호아파트 자택에서 별세하며, 대전 국립묘지 독립유공자 묘역에 안장된다. 추계는 투병 중이던 1983년 5월 5000만 원을 《조선일보》에 기탁했다. 《조선일보》는 그 기탁금을 바탕으로 '최은희 여기자상'을 제정하여 1984년부터 매년 시상하고 있다.

추계는 이석영과의 사이에 3남매를 두었다. 장남 이달순(75·중앙대 정치외교학박사, 수원대 총장 역임) 씨는 최번자(별세·숙명여대 경영학과 졸) 씨와 결혼하여 3남매를 두었다. 장남 근백(47·중앙대 정치학석사) 씨는 정향국(43·국민대 실내디자인 대학원 수료) 씨와 결혼했으며, 정 씨가 대표직을 맡고 있는 ㈜공간추계가 최근 조선일보박물관 건립 실내디자인 공모에 당선됐다. 차남 근중(46) 씨는 영국 런던대학 경제학박사이며, 딸 근주(44·중앙대 미대 졸) 씨는 수원과학대 경영학과 교수인 김선철(49·고려대 경영학박사) 씨와 결혼했다.

추계의 장녀 이미순(73·서울대 농업생명과학대 대학원 졸, 미국 코넬대학 농학박사) 씨는 덕성여대 식품영양학과 명예교수로, 김의훈(79·한양대 물리학과 명예교수, 이학박사) 씨와 결혼하여 3남매를 두었다. 아들 김형우(34) 씨는 영국 런던대학 고고학석사이며, 장녀 보연(39) 씨는 미국 새크레드 하트대학 문학사, 차녀 수연(37) 씨는 영국 에쎄스대학 고고학석사이다. 추계의 차녀 혜순(69·서울대 국문학과 졸, 미국 일리노이대학 문학석사, 대만사범대 중국문학박사) 씨는 이화여대 국문학과 명예교수로, 고려대 농학과 명예교수인 김문진(79·서울대 화학교육과 졸, 독일 기센대학 농학박사) 씨와 결혼하여 남매를 두었다. 장녀 명혜(36) 씨는 영국 브리스톨대학에서 박사과정(영화 전공)을 이수 중이며, 장남 명수(35·고려대 사회학박사, 미국 남가주대학 연구교수 역임) 씨는 고려대 사회학과 교수이다.

내가 본 추계 최은희

나는 《서울신문》 기자 시절 선생님을 자택으로 찾아뵙고 인터뷰를 한 적이 있다. 낡은 커튼을 한쪽으로 밀어놓고, 작은 마당이 내다보이는 마루에서 소반 위에 원고지를 놓고 글 쓰시던 모습이 잊히지 않는다.

  선생님은 깨끗하게 늙어가시는 한국의 전형적인 어머니상으로 꼿꼿한 자세로 앉아 회고담을 들려주셨다. 한번은 기생들을 양성하는 권번의 실상을 취재하기 위해 기생 지망생처럼 차려입고 잠입하여 남성 기자가 할 수 없는 일을 했다는 회고담을 하시면서 스스로 파안대소를 했다. 또 우리나라에서 처음으로 프로펠라 항공기로 서울 상공을 도는 이벤트를 할 때 남자 기자들이 서로 나서는 바람에 이들을 물리치고 유일한 여기자로 비행 취재기자로 낙착되어 서울 상공을 비행했던 용감한 취재 체험담도 들려주셨다.

  최은희 선생님은 선구적인 기자 생활뿐 아니라 일제강점기에 독립운동에도 투신하셨던 애국지사이시다. 참으로 존경스럽고 자랑스런 역사의 산증인이다.

김후란(시인, 전 언론인)

추계 최은희

1904년	11월 21일, 황해도 연백군 은천면 연계리에서 태어남
1917년	해주 의정여학교 졸업
1919년	경성여자고등보통학교 재학 때 3·1운동에 참가, 서대문형무소에 구금됨
1922년	일본 도쿄 일진영어학교 졸업
1925년	일본여자대학 사회사업부 3학년 수료,《조선일보》입사
1927년	근우회 창설, 중앙집행위원 및 재정부장
1945년	여권실천운동자클럽 대표 취임
1968년	3·1운동 여성참가자봉사회 회장에 취임
1984년	8월 16일, 서울 서초구 방배동 자택에서 별세

26
화강 최대교

화강(華剛) 최대교(崔大敎)는 청렴·강직한 검사의 표상으로 꼽혀온 인물이다. 검소한 생활과 곧은 성품으로 법조계의 존경을 받고 있다. 2005년 검찰은 '이준 검사상'과 '최대교 검사상'을 제정했다.

'가을 강은 맑지만 부드러워, 배를 띄우지 못하는 얼음강과 다르다(秋水之淸淸而柔 不如氷江不可舟).'

초대 감찰위원장을 지낸, 국사학자 위당 정인보가 화강을 가리켜 읊은 시의 한 구절이다. '대쪽검사' '불의와 타협 없는 소신파'이면서도 부드럽고 자상하기도 한 화강의 인간미를 잘 나타내고 있다.

저명한 세계적 형법학자인 유기천 서울대 총장은 화강을 '가장 본받을 만한 청백리 법조인'으로 법대생들에게 가르치기도 했다. 화강이란 아호도 '강화(江華)에 본관을 둔 강직한 사람'이 되라고 위당이 지어준 것이다.

화강은 1901년 1월 21일 전북 익산군 삼기면에서 농사를 짓던 강화 최씨 현중과 경주 최씨 사이에 3남 2녀 중 장남으로 태어났다. 그가 태어난 곳은 용화산(미륵산) 서쪽에서 내려다보이는 넓은 평야였다. 그는 13세까지 서당에 다니다가 15세 때 금마공립보통학교에 입학하여 12km 거리를 걸어서 통학했다. 18살 때 경성제일고보에 입학하여 1923년에 졸업한다. 이어 일본 호세이(法政)대학 예과를 거쳐 1929년에 법학과를 졸업한다.

화강은 1932년 일본 고등문관시험 사법과에 합격하며, 평양지법 검사국 시보를 거쳐 1934년 검사대리가 된다. 이후 진주지청·부산지방법원에서 함흥·광주지청을 거쳐 정읍지청장으로 해방을 맞는다. 화강의 청렴·강직한 습성은 젊은 시절부터 몸에 배어 정읍지청장 때 김장철에 이웃집에서 건네주는 김치 항아리조차 받지 않았다고 한다.

일제 때 검사는 일하기가 쉬웠어요. 법대로만 처리하면 아무런 간섭이 없었습니다. 법률 적용이 문제가 되어서 횡령이 되느냐 사기가 되느냐 하는 문제가 있을 때, 횡령이 된다든가 사기가 된다는 이런 얘기는 해도 사건을 이래라저래라 하지는 않았습니다. …… 일제 때는 법대로만 하면 한국 사람이라고 해서 차별을 하지 않았고 간섭도 하지 않았습니다. (「원로 법조인과의 대화」, 대담자: 김준수 변호사)

화강은 검찰뿐만 아니라 법원을 비롯한 일제 사법제도에 대해서도 아낌없는 신뢰를 보낸다. 3·1운동 관련자에 대한 판결을 분석하면서 "내란죄를 주장한 검찰에 대하여 법원은 그보다 가벼운 보안법, 출판법 위반을 적용하여 최고형을 받은 것이 3년에 그쳤다"(『내가 보고 들은 일들』, 최대교)고 말한다.

그러면 화강은 일제강점기에 대한 향수에 젖어 있는 것일까? 이에 대해서는 화강이 해방 이후의 격동기를 어떻게 보냈는지를 검토해보아야 한다는 지적이 있다.

반민특위사건에서 보듯이 입법·사법에 대한 행정부의 유린 행위가 횡행하며, 검찰총장을 고등검사장으로 발령 내는 등 간섭을 넘어서서 상식을 벗어난 탄압이 횡행하는 속에서 자신이 소중히 여기는 소신과 원칙이 각종 사안에서 훼손되는 것을 겪다 못해 사직하게 되는 그의 궤적은 우리 사법 현실에 대한 자괴감을 일으키지 않을 수 없다. 화강은 이런 낙후된 환경이 하루빨리 개선되기를 희망하고 스스로 그 모범을 보이려 애썼던 인물이다.
(『화강 최대교 선생의 생애와 사상』, 임상혁 숭실대 교수)

해방 후 1945년 11월 19일 미군정청은 화강을 전주지법 검사장으로 발령한다. 정부 수립 뒤에는 서울지검장에 취임하는데, 1949년 9월까지 10개월가량 근무하는 데 그쳤다. 결국 해방 이후 검사 재직기간은 4년 정도이다. 그러나 짧은 동안이지만, 격동기였던 만큼 수많은 대형 사건들이 그를 거쳐 갔다. 특히 그가 서울지검장으로서 지낸 10개월 동안에는 우리 현대사의 큰 궤적을 그리는 사건들로 가득 차 있다. 반민특위 간부 암살음모사건, 판사 살해사건, 국회 프락치사건, 임영신 상공부장관 독직사건, 백범 암살사건 등을 꼽을 수 있다. 그러나 일제강점기 때와 달리 사건 처리를 놓고 사사건건 정치의 입김이 작용하여 그의 꼿꼿한 법치 정신은 크게 손상을 입고 여러모로 충돌에 겨워하게 된다.

우선 화강의 대쪽 성품이 단적으로 드러난 케이스로 1949년 당시 임영신 상공장관을 독직 혐의로 기소한 사건을 들 수 있다. 이해 4월 초 감찰위원회는 상공장관에 대해 업무상 횡령, 사기, 수회 등 혐의 사실을 잡고, 파면 결의와 함께 검찰에 고발해 왔다. 그때의 감찰위원장은 역시 대쪽처럼 곧고 깐깐하기로 이름난 정인보(6·25 때 납북)였다. 화강은 즉시 강석복 검사에게 수사하도록 지시했다. 첫 수사에서 상공부장관이 1948년 12월 경북 안동 국회의원선거 때 대구 모 메리야스 공장 관리인 이 모 씨로부터 270만 원의 뇌물을 받은 사실을 밝혀냈다. 그러나 임 장관은 자기가 모르는 사이에 선거 사무장이던 여동생 임영선 씨가 이 돈을 받아 선거 비용으로 쓴 것이라면서, 자신은 관련이 없다고 했다.

나는 증거인멸을 우려, 4월 4일 임영선 씨를 구속했다. 그러자 언니인 임 장관은 여동생의 세 살 된 어린애를 안고 경무대로 찾아갔다. 우는 어린애를 달래며 "어린애가 다 죽게 됐습니다. 애 엄마를 구속하는 것은 인도상 벗어난 일입니다"라면서 동생의 석방을 하소연했다. 이러한 읍소에 이 대통령은 법무부장관 이인 씨를 불러 석방하도록 지시했다. 이 장관은 검찰총장 권승렬 씨에게 석방해주라고 명령했다. 권 총장은 난처한 표정으로 나를 불렀다. 명령이나 지시라기보다는 석방하는 것이 어떻겠느냐는 '의사 타진'을 해온 것이다. 나는 임영선 씨를 불러 물어보았다. …… 나는 권 총장에게 갔다. 선거 사무를 볼 때에도 애를 데리고 다니지 않았다는 점과 사건의 중요성으로 봐 증거 수집을 위해 구속이 필요하다고 강조했다. (『화강 최대교』, 오소백)

그때 임 장관을 총애하던 이승만 대통령은 법무장관, 검찰총장을 통해 임 장관의 기소를 막으려 했으나 화강은 끝내 현직 장관을 불러 조사한 뒤 기소하고 말았다. 이 때문에 이 정권의 미움을 산 그는 얼마 뒤 옷을 벗어야 했다. 막강한 '독립운동 프리미엄' 세력에 맞선 법치세력의 장렬한 패배였던 셈이다.

화강 최대교 선생의 가장 큰 업적은 임영신 장관 독직사건에서 많은 정치적 압력을 뿌리치고, 자신이 옳다고 생각한 검사의 길을 지켰다는 것이다. 미국의 조지워싱턴, 하버드, 프린스턴의 세 명문 대학에서 학위를 취득하고, 30여 년간 해외에서 한국의 독립운동을 해오다 해방을 맞아 귀국한 이승만의 정치권력과 일본의 호오세이대학을 졸업하고 일본 고등문관시험에 합격하여 검사로 활동하다 해방 후 서울지검장으로 근무하게 된 화강 선생은 임영신 장관 독직사건을 계기로 서로 맞닥뜨리게 된다. (「화강 최대교 검사 토론문」, 오영근 한양대 법대 교수)

화강이 이처럼 불리한 여건에서도 정치권력에 당당히 맞설 수 있었던 힘의 원천은 청렴한 생활에 바탕을 둔 곧은 기개였다. 서울지검장 때 그의 월급은 1만 7000원. 쌀 한 가마 정도 살 수 있는 돈이었다. 어려운 가계를 꾸려나가기 위해 집에서는 아내가 화강 몰래 봉투를 만들어 팔 정도였다.

오늘날의 법조인들을 위협하는 것은 정치권력보다는 오히려 법조인들 자신의 출세욕이고, 이에 편승하여 집요한 로비를 벌이는 경제권력이다. 경제권력은 언론, 학연, 지연을 동원하여 법조인들에게 끊임없이 압력을 가하거나 회유를 시도한다. …… 재벌회장을 선처해달라는 청탁을 하는 친구, 선배, 후배, 친척들, 고향 사람들, 회장의 처벌은 곧 기업의 멸망을 의미한다는 논조를 쏟아내는 언론들, 어제 재벌을 향해 뻗던 칼날을 재조(在曹)의 옷을 벗고서는 후배들을 향해 휘두르는 선배들에 둘러싸여 있는 오늘날의 법조인들에게 진정 필요한 것은 화강 선생과 같은 선배들의 기개이다. 그리고 이러한 기개는 평소 청렴한 생활을 통해 길러지는 것이다. (「화강 최대교 검사 토론문」)

이즈음 화강은 백범 암살사건이란 또 하나의 운명적 대결과 만나게 된다. 1949년 6월 26일 일요일. 당시 그는 집에서 점심을 먹고 별 할 일도 없고 해서 낮 1시경 검찰청에 나갔다. 그리고 반 시간쯤 지나 당직 중이던 이원희 부장검사가 허겁지겁 3층 화강의 방으로 뛰어 들어왔다.
"검사장님 김구 선생께서 암살당했다는 보고가 들어 왔습니다."
"뭐요?"
화강은 순간 감전이나 된 듯 충격을 받고 벌떡 일어나 밖으로 뛰어나갔다.
화강은 이 부장검사와 함께 김구 선생의 숙소인 경교장으로 지프를 타고 달렸다. 현장검증을 하기 위해서였다. 도중 관할서인 서대문경찰서에 들렀다. 경찰서 문을 열면서 "누구 간부 없어?" 하고 소리쳤다.
"서장님은 숙직실에 계십니다."
한 순경이 지하실에 있는 숙직실로 안내했다. 당시 서장이던 이하성 씨는 신발을 신고 모자를 쓴 채 누워 있다가 깜짝 놀라며 일어났다.
"아니, 김구 선생께서 암살당했다는데 현장엔 안 가고 왜 이러고 있는 거요?"
대뜸 나무라자 이 서장은 흥분해 있으면서도, 겁에 질린 표정으로 손을 내저으며 말을 더듬었다.
"검사장님 모……못 갑니다. 헌병들이 지켜서서 절대 못 들어가게 합니다."

전라북도 전주시 덕진공원에 있는 법조인 김홍섭, 김병로, 최대교의 동상(왼쪽부터).

화강과 이 부장검사는 경교장에 가서 헌병들과 옥신각신하다가 밀려나 검찰 본연의 임무인 현장검증을 할 수 없었다.

검사장으로서의 체면도 체면이지만 수사상 도저히 있을 수 없는 처사였다. 민간인 피살사건에서 검사의 현장검증이 폭력에 의해 저지되니 나의 32년 검사 생활에 있어 이 사건이 처음이자 유일한 것이었다. 앞으로도 이런 괴변이 또 있을까? 검찰청에 돌아와 청사 앞에서 이 부장검사와 한참 동안 멍하니 서 있었다. 5분쯤 지나서였을까. 몸집이 작은 그 헌병대위가 달려왔다. 그는 정중히 사과하면서 "안내하겠으니 검증하도록 하십시오"라고 말했다. 화가 풀리지 않았지만 직무수행을 위해 그를 따라나섰다. 김구 선생의 시신은 흰 광목으로 덮여 있었다. (『화강 최대교』)

약 30분 동안 현장을 검증한 후 화강은 곧바로 김익진 검찰총장에게 전화를 걸었으나 마침 부재중이어서 권승렬 법무장관의 관사로 달려갔다. 화강은 권 장관과 함께 신당동에 있는 이범석 국무총리 관사로 갔다. '수렵 출장 중'이라고 정문에 두꺼운 종이가 붙어 있었다. 그 길로 공덕동으로 신성모 국방장관을 찾아갔다. 권 장관이 "김구 선생이 돌아가셔서 왔다"고 하자 신 장관은 묘한 표정을 지으며 "이제 민주주의가 되었군" 하고 뜻 모를 첫마디를 던졌다고 화강은 당시의 상황을 전한다.

결국 백범 암살사건 용의자에 대한 영장 청구는 담당 검사장인 화강을 따돌리고 검찰총장이 '직접' 영장을 청구하는 위법 사례로 남게 됐다.

계통을 무시한 이 처사에 나는 너무나 분격했다. 즉시 김 총장을 찾아가 따졌다. 김 총장은 몹시 난처한 표정을 지으며 손가락으로 경무대 쪽을 가리키며 말했다. "저 영감태기가 노망이 들었지…… 저 영감이 최 검사장한테는 일절 비밀로 하라고 해서 그리 된 거요. 양해해주시오." (『화강 최대교』)

화강은 즉각 사표를 제출했으나 권 장관이 집까지 찾아와 반려했다. 그러나 약 한 달 후 임영신 장관 독직사건을 기소하고 1952년 9월 23일 사직한다. 화강이 서울지검장이었을 때, 하루는 점심시간쯤에 집에서 갖고 온 누룽지를 서랍 속에서 꺼내 먹고 있다가 출입기자에게 들켰다. 씹지도 않고 넘겨버렸으나, 기자는 마침 책상 위에 있는 누룽지 조각을 목격했다. 그때부터 '누룽지 검사'라는 별명이 번진 것이다. 한번은 친구와 함께 길을 가다 통행금지 시간에 경찰 검문을 받은 적이 있다. 그는 다소곳이 경찰관의 지시를 따르며 끝까지 검사장의 신분을 밝히지 않았다.

화강은 1·4후퇴 때 경북 김천으로 피난 가 그곳에서 변호사 개업을 했다. 그러다가 부산으로 가서 1952년 감찰위원에 임명된다. 그러나 반정부주의자라는 모함을 받아 1년여 만에 물러난다. 부산 피난살이 때는 잠시 부두에서 막노동을 하기도 했다. 장남 종백(70·변호사) 씨는 지난날을 이렇게 말한다.

"우리도 학교에 갔다 오면 방 안에 들어앉아 어머니의 봉투 붙이는 일을 도왔어요. 봉투를 잘못 붙이면 속에까지 풀이 들어가 봉투가 안 열려요. 그래서 어머니는 저희들에게 봉투 속에 마분지를 붙이라고 했어요. 아버지가 월급을 제때에 갖다 주지 않는 바람에 수업료를 못 내 학교에서 쫓겨난 기억이 지금도 뚜렷합니다."

그때 종백 씨가 다니던 서울고교는 수업료를 못 낼 경우 등교하지 못하도록 했다고 한다.

4·19혁명 후 화강은 10년 만에 서울고검장으로 검찰에 복귀한다. 당시 민주당 정권의 검찰총장 물망에 오르기도 했으나 정치 로비에 밀렸다는 후문이다. 당시 기름 한 방울 나오지 않는 나라에 관용차가 너무 많다고 학생들이 시위를 벌였다. 그는 학생들의 주장에 '백번 옳다'며 그날로 서울고검장 차를 없애버렸다. 다음 날부터 아현동 집에서 서소문 검찰청까지 걸어 다녔다. 이를 계기로 수사용 지프 한 대만 본청에 남기고 관용차를 없앴다. 차장검사, 서기과장 등 고검 간부들도 전차나 도보 통근을 해야 했다.

이어 5·16군사정변이 나자 화강에게 혁명검찰부장을 맡으라는 제의가 왔다. 그는 일언지하에 거절했다. 서울고검장 일은 계속했으나 1963년 민정이양과 함께 검찰을 떠난다.

1963년 12월 31일 법무장관(민복기)이 나를 부르더니 대위인가 소령인가 하던 30대 사람이 검찰총장이 되었는데 60이 넘은 사람이 고등검사장으로 있는 건 좀 뭣하지 않느냐 해서 그만두었지요. 하지만 검찰총장을 하려면 일

정한 자격요건이 있어야 하도록 되어 있어요. 이런 규정을 무시하고 그 사람을 검찰총장 시킨 것은 서로 짜고 한 거요. (『화강 최대교』)

화강은 1962년 정부에서 고등고시위원으로 임명하려 하자 자신의 아들이 응시원서를 낸 상태이기 때문에 고사한 일도 있다.

화강은 1964년부터 변호사 생활을 했다. 그는 아현동 자택에서 영등포 사거리에 있는 변호사 사무실까지 버스로 출퇴근했다. 2평 남짓한 그의 사무실에는 한여름의 찜통더위에도 에어컨은커녕 그 흔한 선풍기 돌아가는 모습도 구경하기 어려웠다. 그의 아현동 자택은 40년 넘게 산 28평의 낡은 한옥이었다.

화강은 1992년 10월 21일 서울 청량리 성바오로병원에서 별세, 경기도 안성시 일죽면 고은리 선영에 안장된다.

화강은 최기효와 사이에 2남 5녀를 두었다. 장남 종백(70·서울대 사법대학원 졸업) 씨는 부장판사를 역임, 하유원(66·이화여대 국문과 졸업) 씨와 결혼하여 4남매를 두었다. 종백 씨의 아들 낙준(39·연세대 법대 졸업) 씨는 국회 비서직 공무원이며, 맏딸 세려(43·이화여대 법대 졸업) 씨는 백제흠(46·서울법대 졸업) 씨와 결혼했다. 제흠 씨는 서울지법 판사를 거쳐 김&장 로펌 변호사로 근무하고 있다. 차녀 미려(41·건국대 미대 졸업) 씨는 박동진(41·기아차 과장) 씨, 3녀 수려(33·연세대 음대 졸업) 씨는 황성원(41·삼성그룹 차장) 씨와 결혼했다.

화강의 차남 종인(60·사업) 씨는 김서향(홍익대 미대 졸업) 씨와 결혼했다. 화강의 차녀 양혜(66·이화여대 정외과 졸업) 씨는 김웅겸(일리노이공대 졸업) 씨와 결혼하여 미국에서 사업 중이다. 화강의 3녀 종혜(63·홍익대 미대 졸업) 씨는 노경국(재미 의사) 씨와 결혼했다. 화강의 4녀 경혜(59·경희대 음대 졸업) 씨는 최병국(한양대 교수) 씨와 결혼했으며, 5녀 영혜(56·이화여대 음대 졸업) 씨의 남편은 국회의원 공성진 씨다.

내가 본 화강 최대교

나는 화강 선생님 일가가 1·4후퇴 때 김천으로 피난 오셔서 그분의 맏아들과 초등학교와 중학교 동급생으로 깊은 인연을 맺게 됐다. 무뚝뚝해 보이는 첫인상과는 달리 그분은 사적인 자리에서는 유머와 농담도 풍부했다. 변호사 시절 화강 선생님은 명절 때면 우편배달부에게 몇 푼이라도 떡값을 꼭 쥐어줬다. 아들 종백이 고시 공부할 때는 날마다 신문 등의 참고자료를 공부방에 챙겨 넣어주시는 자상한 부정도 보이셨다. 피난 시절 그분의 집은 김천 시내에서 10km쯤 떨어진 농촌이었다. 그분은 시내에 있는 사무실이나 법원 검찰청에 외진 산길로 걸어서 출퇴근하셨다.

4·19 때 우리는 대학생(당시 서울법대 재학)으로 기름 절약을 위한 자가용 차 타지 않기 시위를 벌였는데, 당시 서울고검장으로 복권된 화강 선생님은 가장 먼저 솔선수범하셔 걸어서 출퇴근하셨다. 당시 민주당 정권의 검찰총장 물망에 오르기도 했는데, 만약 그때 그분이 법치 실현의 주역을 맡았더라면 장면 내각은 보다 더 안정된 기반을 잡을 수가 있지 않았을까 하는 아쉬움이 있다.

김용수(한국노인병재단 이사장)

화강 최대교

1901년	1월 21일, 전북 익산군 삼기면에서 최현중과 경주 최씨 사이에 장남으로 태어남
1923년	경성제일고보 졸업
1929년	일본 호세이대학 법학과 졸업
1932년	일본 고등문관시험 사법과 합격
1935년	평양지방법원 검사
1945년	전주지검 검사장
1948년	서울지검 검사장
1949년	백범 암살사건 현장검증, 임영신 장관 독직사건 기소
1960년	서울고검 검사장
1992년	10월 21일, 서울 청량리 성바오로병원에서 별세, 경기도 안성시 일죽면 고은리 선영에 안장

27
현민 유진오

현민(玄民) 유진오(兪鎭午)는 법학자와 교육자, 문필가와 정치인으로 한국 현대사에 두루 발자취를 남겼다. 일제하 개교한 경성제대에서 수석입학에 수석졸업으로 그는 일본 학생들을 압도한 한국의 대표 지성으로 꼽히고 있다. 또 한국 문단의 대표적 작가의 한 사람으로 활동해왔으며, 해방 후에는 헌법 제정의 주역을 맡았는가 하면 오늘의 고려대학교를 한국 굴지의 일류 사학으로 일궈내기도 했다.

현민은 1906년 5월 13일 서울 종로구 화동 137번지에서 유치형(兪致衡)과 밀양 박씨 사이에 10남매 중 장남으로 태어났다. 현민은 유길준, 유성준, 유진태 등과 같은 기계(杞溪) 유씨의 일찍이 개화된 집안 출신이다. 부친인 유치형도 관비 유학생으로 일본에 유학하여 법학을 공부한 후 귀국, 법률기초위원 등을 역임하고 보성전문학교에서 법학을 강의했다.

"제 본적도 화동 137번지이지요. 할아버지께서 이곳에서 사셨고 아버지께서 자라신 곳이지요. 화동이란 지명은 현재 행정구역에서는 없어졌는데, 안국동에서 조금 더 들어간 한국일보사 부근으로, 지금은 수송동이라고 하지요."

현민의 차남 완 씨의 말이다.

현민은 1918년 재동보통학교를 졸업하며, 이듬해 4월에 경성고보에 입학하고, 10월에 성진순(成辰順)과 결혼한다. 1924년 봄에 조선인과 일본인이 한자리에서 실력을 겨룬 '제1회 대학예과 고등학교 입학모의시험'에서 수석을 차지하기도 했다. 이어서 곧 경성제국대학 예과 문과A에 입학하여 1926년에 법문학부 법학과에 입학한다.

경성제대 입시를 눈앞에 두고 제1회 대학예과 모의시험이 있었다. 경성고보, 경성중, 용산중 등 세 학교 학생 또는 조선과 일본 학생의 실력 경쟁시험장이었다. 시험 결과는 뜻밖에도 내가 수석이라, 나 자신도 크게 의외였다. 이 모의시험으로 나는 자신의 실력에 대한 확신을 갖게 되었고, 동급생들도 일본인 중학생에 대한 그때까지의 열등감을 씻게 되었다. (『경성제국대학』, 현민의 회고, 이충우)

현민은 대학 생활에서 공부만이 아니라 자유와 낭만을 마음껏 구가했다. 그는 법학보다도 문학과 철학에 더 흥미를 느꼈으며, 한때 철학과로 전과원까지 냈다. 그러나 전과는 허락되지 않아, 법과에 눌러앉게 되었다. 이 무렵 그는 낙산문학회를 조직하여 문학활동을 했으며, 김계숙(서울대 대학원장 역임), 전승범 등과 조선경제연구회를 조직하여 사회주의 사상에 열을 올리기도 한다. 그는 일기에서 자기의 생각과 느낌을 솔직히 적곤 했는데, 이것이 후일 조선경제연구회에 대한 경찰의 조사 과정에서 진땀을 빼는 화근이 되어 다시는 일기를 쓰지 않기로 결심했다.

중학 5년 시절에는 이재학 군, 후에 화가가 된 김주경 군 등을 포함한 급우들끼리 모여 『십자가』라는 시집을 간행했는데 『십자가』는 우리가 대학 예과에 입학한 뒤에도 몇 호 간행했던 것으로 기억한다. 대학 예과 입학시험에 내가 수석으로 합격했다 하여 신문기자가 찾아왔는데, 인사를 하고 보니 나도향이었다. 도향은 그때 신문에 장편 『환희』를 연재하고 있어서 나도 이미 알고 있던 사람인데, 알고 보니 나보다 2~3세 연상밖에 안 되는 젊은 사람이었다. 그때 우리나라 신문학은 그만큼 젊었던 것이다. (「나의 문단교우록」, 유진오, 《사상계》 특별증간호, 1962년 2월)

현민은 대학 1학년 때 영문과 청강생으로 입학했던 춘원 이광수를 교정에서 만나 상당한 쇼크를 받았다고 한다. 춘원은 그때 이미 문예지 《조선문단》의 주재자로, 『무정』 등의 장편소설 작가로, 3·1독립운동 관여자로, 동아일보사 간부의 일원으로 사회적 지위와 명성이 확고한 인물이었기 때문이다. 현민이 춘원에게 칭찬받은 얘기.

1938년 내가 『창랑정기(滄浪亭記)』를 신문에 발표한 지 얼마 뒤의 일이다. 우연히 종로에 있던 다방 삼영에 들렀더니 춘원이 앉아 있다가 나의 손을 붙들면서 "참 좋더군요. 걸작입니다. 읽으면서 자꾸 무릎을 쳤습니다" 했다. 무슨 영문인 줄 몰라 어리둥절하고 있으니까 "'창랑정기' 말입니다. 좋다 좋다 하면서 자꾸 무릎을 쳤더니 옆에 있던 아들놈이 무에 그리 좋으냐고 하기에 '너는 아직 모른다. 이담에나 안다 했지요'" 하고 설명을 붙였다. 그것이 나의 소설에 대한 춘원이 칭찬해준 처음이요, 마지막이었다. (앞의 책)

현민의 소설은 1927년에서 1935년까지 발표된 노동소설과 그 이후

1944년까지 발표된 시정(市井)소설로 나뉜다. 『김강사와 T교수』, 『5월의 구직자』 등은 노동소설, 『행로』, 『산울림』 등은 시정소설이다. 부유한 가정에서 태어나 엘리트 교육을 받았지만 항상 실국(失國) 시대의 실직자와 빈한층의 궁핍 문제에 대해 고심하여 많은 지식인 팬들이 있었다.

한편 현민은 첫 부인과의 사별로 1928년에 박복례와 재혼한다. 김계숙, 이종수, 김선진 등과 조선사회사상연구소를 설립하고, 이후 이 연구소에서 이강국·박문규·최용달 등과 분담 집필하여 『조선사회운동사』를 편찬했다. 이 때문에 그는 일경의 수사를 받기도 한다. 1929년 경성제대를 졸업하면서 본격적인 학자의 길로 들어선다. 1931년에는 법철학연구소의 조수로 있으면서 법학통론을 강의했다. 특별임용으로 판사를 시켜줄 터이니 재판소로 오라는 일본인 경성지방법원장의 파격적인 특혜 권고도 마다하고 현민은 1932년 보성전문으로 와달라는 인촌의 간곡한 권유를 수락한다.

이리하여 현민은 1932년 4월 인촌이 보성전문의 경영을 맡게 되면서 보전의 전임강사로 취임했고, 헌법·행정법·국제공법의 강의를 담당했다. 주권을 상실하여 독립국가를 이루지 못한 당시로서는 공법, 특히 헌법을 전공하여 깊이 있게 공부한 사람을 찾기 어려운 시절이었다. 때문에 그의 타고난 재능은 더욱 빛을 발하여 헌법 분야의 독보적인 존재로 부각되었다.

현민은 1939년에 보성전문 법학과장이 되었으며, 1944년 총독부에 의해 그 학교가 경성척식경제전문학교로 강제개편된 이후 동교 교수직을 사임한다. 광복 후 보성전문을 복원하여 교수 겸 법학과장이 된 현민은 경성대학 법문학부 교수도 겸직하면서 법학계의 새 출발뿐만 아니라 한국의 대학 재건에 주역으로 나서게 된다. 이러한 명망에 따라 현민은 헌법 제정에 즈음하여 좌파와 우파, 임정 계열과 미군정을 망라한 여러 정치적 세력들에게 헌법 초안의 작성을 의뢰받는 독보적 존재가 되었다. 결국 그는 과도정부 사법부 안에 설치된 조선법전편찬위원회의 하부조직으로 구성된 헌법기초분과위원회의 위원으로 헌법 초안을 작성하게 된다.

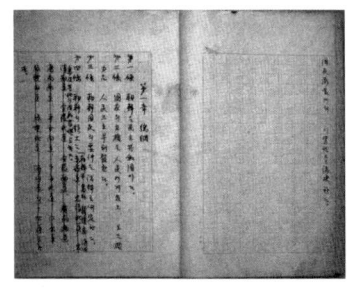

현민 유진오가 작성한 제헌헌법 초안.

"현민에 의해 작성된 헌법 초안은 양원제의회, 내각책임제, 농지개혁·주요 기업의 국영 등을 내용으로 하는 것으로서, 바이마르헌법을 많이 참조했지요. 일본제국주의 헌법을 배우고 강의했던 분이 우리 헌법 제정에 있어 일제 헌법에서 탈피한 것은 놀라운 일이지요. 국가의 목적을 루소의 사회계약설 등에 따라 자유와 평등과 복지가 넘쳐흐르는 국민주권적인 민주국가로 규정한 것은 선견지명의 탁견이었지요. 뿐만 아니라 경제적·사회적 민주주의까지 주장하여 경제조항까지 둔 것을 보면 진보적인 학자였음을 알 수 있습니다."

김철수 전 탐라대 총장의 말이다.

1948년 국회 헌법기초위원회는 '유진오안'을 거의 원안대로 받아들였다. 하지만 권력구조에 있어 내각책임제는 당시 이미 유일한 대통령 후보로 예정되어 있었던 이승만 국회의장의 반대에 부딪혀 마지막에 돌연 대통령중심제로 바꿀 수밖에 없었다. 이러한 우여곡절 끝에 마련된 헌법기초안은 6월 30일 국회에 넘겨져 7월 12일 만장일치로 통과되어 대한민국의 건국헌법이 탄생한 것이다.

이처럼 대한민국 건국의 기틀인 헌법을 기초한 사실에 대해 고려대 심재우 교수는 현민을 '대한민국 헌법의 아버지'라고 평하고 있다.

유진오는 자신이 제2의 건국인 대한민국 헌법을 기초하지 않을 수 없는 숙명적 존재임을 자각하고, 그러한 기회가 주어진 것을 본인으로서는 큰 영광과 행운으로 여겼고, 또한 독립된 조국의 국헌을 손수 만든다는 데 대한 자부심과 책임감 그리고 사명감 등으로 고무되어 있었다. 또한 그 헌법 초안이 완성되었을 때 당시 국회의장이던 이승만 박사는 "흘륭하오. 우리 한국 사람 중에 헌법을 기초할 사람이 있을 줄은 몰랐소"라고 하며 경탄에 찬 칭송을 해주었다고 한다. 우리가 여기서 '대한민국을 세운 사람들' 가운데 한 사람으로서 유진오를 꼽는 까닭은 그가 새롭게 건국된 대한민국의 민족사적 과제인 헌법적 기초를 마련한 역사적 인물인 때문이요, 그러한 뜻에서 그를 대한민국 '헌법의 아버지'라고 부르는 것이다. (『대한민국을 세운 사람들』, 한국사 시민강좌 제43집)

고려대 박물관에는 현민의 유족이 기증한 대한민국 헌법 초고가 별도의 플라스틱함에 보존되어 있다. 박물관 측은 2006년 현민 탄신 100주년 기념행사 이후 처음으로 필자에게 공개했다. 국가기록물 제1호로 지정된 국보급 문화재인 때문이다. 현민의 둘째 아들 완 씨도 "어렸을 때부터 낯익은 부친의 필적이 틀림없다"면서 감개 어린 표정을 지었다. "현민은 총장 시절 그의 폭넓은 교분으로 수많은 값진 컬렉션을 기부받아 오늘의 고대 박물관이 풍부한 수장품을 갖추게 한 주인공"이라고 민경현 관장이 고마워했다. 구당 유길준의 『서유견문』도 이곳에 소장되어 있다. 김상덕 기록자료실 과장에 의하면 구당의 아들인 유억겸 교수가 해방 후 연희대 총장을 역임하기도 했지만, 현민이 기계 유씨 문중 어른들을 설득해서 기어이 고대 쪽으로 가져왔다는 것이다.

현민은 헌법기초전문위원 때부터 초대 법제처장을 거쳐 만 1년여 동안 헌법과 법률 제정에 힘쓰다가 1949년 6월 고려대학교로 돌아와 대학총장으로서 대한민국의 대학다운 대학을 새로 세우는 일에 몰두한다.

"법과와 상과로 구성되어 있던 보성전문을 인문계, 사회계, 자연계, 이공계, 사범계, 의학계 등으로 확장시켜서 명실공히 종합대학으로 만들었고, 그렇게 하여 종래의 고대 학풍인 '행동하는 고대'를 '사색하는 고대'로, '야성적 고대'를 '지성적 고대'로 전환시켰다. 보성'전문학교'를 세운 사람은 김성수였지만, 그것을 고려'대학교'로 만든 사람은 유진오였다."

심재우 고려대 명예교수의 말이다.

현민은 역사적 사실에서 고려대학교의 창학정신이 '교육구국'임을 찾아내 '민족의 대학'으로 승화시킨다.

> 현민 선생은 매천 황현의 『매천야록』에서 고려대학교의 창설자 이용익 선생이 을사조약으로 국운이 기운 것을 알고 조선을 떠나 노령의 해삼위에서 객사할 때(1907년) 임금에게 '청광개학교 교육인재 이복국권(請廣開學校 敎育人材 以復國權)'이라는 상소를 남겨놓은 사실을 발견하고서……. (「교육자로서의 현민 유진오」, 박영식 전 연세대 총장)

현민은 1955년 5월 고려대 창립 50주년 기념사에서 '이용익이 신교육제도를 채택하여 시정하고자 한 것이 무엇이었는가'를 자문하고, 그 회답을 고려대 초대 총장 현상윤의 『조선유학사』에서 구하고 있다. 그것은 조선시대에 숭상하던 유학의 말폐(末弊)로서 다음 다섯을 들고 있다. 첫째는 인재를 문벌에 의하여 등용한 부패한 봉건주의 타파, 둘째는 자기와 자기 가족만을 알고 국가와 민족을 망각한 이기주의의 배제, 셋째는 학문 연구와 국정 논의에서 정당한 비판과 공평한 의견을 가로막는 종파주의의 타파, 넷째는 병역과 국방을 가벼이 하는 문약의 일소, 다섯째는 상공업에 힘쓰지 않고 빈궁을 합리화하는 염세·은둔 사상의 타도인데, 이것은 지금도 고려대학교의 교육목표가 아닐 수 없다고 했다.

한일국교 정상화의 초석을 까는 데에도 현민은 힘썼다. 일어는 물론 영어와 독일어, 한학에 이르기까지 통달한 현민은 5척 단구에 학생 때 철봉으로 단련시킨 건강과 외유내강의 성품으로 1951년 한일회담의 대표역을 맡았다. 법제처장 당시 현민은 이미 이순탁 기획처장과 함께 '36년 동안 일제로부터 받은 피해를 보상받아야 하지 않겠느냐'는 생각으로 이미 「대일배상요구조서」를 작성했다.

현민은 1951년 10월 한일 예비회담에서부터 한국 측 대표로 참석하여 재산청구권 문제와 어업 문제로, 또 1953년 4월의 2차회담은 평화선 문제와 재일교포의 강제퇴치 문제로, 같은 해 10월의 3차회담은 '구보다 망언' 문제로, 1958년 4월의 4차회담은 재일교포 북송 문제와 자유당 정권의 붕괴로, 1960년 10월의 5차회담은 5·16쿠데타 발발로 회담이 중단되기까지 10년의 세월을 대표와 수석대표를 차례로 역임하면서 노심초사했다.

둘째 부인과 사별한 현민은 1956년 5월 내과의사인 이용재(이명래 고약집 따님) 여사와 결혼한다.

"어머님은 부친과 15살이나 차이가 나서 남편이자 아버지처럼 섬기셨지요. 사회 저명인사로서, 대스승으로 모셨지요. 한번은 프랑스 대사가 관저로 두 분을 만찬에 초대하고서는 모친에게 '지금도 개업을 하고 있냐'고 물었대요. 그러자 부친께서는 아니라고 대답하셨는데, 모친께서는 '한 사람을 위해 개업 중'이라고 하셨대요. 그처럼 부친의 건강을 지극히 돌보셨다는 것이지요."

셋째 아들 종 씨의 말이다.

1960년 4·19혁명을 겪으며 현민은 당시 혁명의 주역이던 고려대를 책임지는 총장으로서 슬기로운 용단을 보였다는 평을 듣고 있다. 5·16군사정변 후에는 잠시 재건국민운동본부장직을 맡기도 한다.

현민은 고려대 총장 은퇴 후 1966년 민중당의 대통령 후보로 정계에 나선다. 이듬해 신한당과 통합야당을 이룬 신민당에서 윤보선에게 대통령 후보를 양보하는 대승적 태도로 한국 정치에 신선한 충격을 불어넣기도 했다.

현민은 1987년 8월 30일 서울대병원에서 별세, 사회장으로 경기도 하남시 중부면 상산곡동 선영에 안장된다. 현민은 별세 후 친일 시비로 고려대 내 빈소 설치 문제로 곤욕스런 상황을 맞기도 했다. 2006년에 열린, 그의 탄신 100주년 학술대회에서 마침 이 문제가 다뤄져 그 대강을 옮겨본다.

1948년 9월 김구의 한독당 계열인 민족정경문화연구소의 「친일파 군상」이라는 보고서에 의하면 ① 자진해서 나서서 성심으로 활동한 자와 ② 피동적으로 끌려서 활동하는 체한 자들 중에서 현민은 후자 쪽으로 분류하고 있다. (「정치지도자로서의 현민 유진오」, 김중위)

주제 발표자 김중위(전 국회의원) 씨에 의하면 현민은 '일제에 의해 강제로 동원되는 아픔을 참으면서 앞으로 독립할 조국을 위해 스스로 내일을 준비해온 엘리트 지식인들'로 분류된다.

현민은 7남매를 두었다. 장남 광(작고) 씨는 프린스턴대학 핵물리학박사로 미 정부의 보안관리를 받아와서 현민이 '미국에 빼앗긴 아들'이라고 애석해했다고 한다. 차남 완(70·펜실베이니아대학 도시계획학박사) 씨는 연세대 명예교수로, 최양자(70·위스콘신대학 졸, 회계학) 씨와 결혼했다. 삼남 종(55·펜실베이니아대학 졸, 작곡) 씨는 포항시립교향악단 상임지휘자이다. 현민의 맏딸 효숙(82·서울사대 영문과 졸) 씨의 남편은 일조각 사장 한만년(작고) 씨, 차녀 충숙(78·이화여대 미대 졸) 씨는 박동진(89·일 주오대학 졸) 전 외무부장관과 결혼했다. 현민의 3녀 인숙(76·이화여대 심리학과 졸) 씨는 성모병원장을 역임한 안용팔(작고) 씨와 결혼했으며, 4녀 경숙(72·미 조지타운대학 불문과 졸) 씨는 삼성조선 사장을 지낸 서영하(작고) 씨와 결혼했다.

내가 본 현민 유진오

현민 선생님 집안과는 세교(世交)하고 지내는 사이여서 나는 어려서부터 그분을 뵙곤 했다. 그 후 대학에 들어와서는 죽 스승으로 모셨고, 총장님을 새카만 후배 교수로서, 그리고 그 후 한참 지나서는 그분의 뒤를 이어 내가 총장 일을 하게 되었으니 대단한 인연이라 할 것이다. 우선 현민이란 아호는 노장사상에서 나온 아득하고도 깊은, 현묘하고도 오묘한 무궁무진한 의미를 담고 있다고 할 수 있다. 그런 차원에서 그분은 일제하 핍박받는 우리 민중의 구원책을 연구하고 고민하는 삶을 산 것이다.

흔히 현민 선생을 일러 하늘이 낸 영재라 하여 수재니 천재니 칭송한다. 그러나 내가 아는 한 그분은 배움을 시작한 유소년기 이래 생을 다하는 그날까지 단 일각의 촌음도 허튼일로 소비하는 일이 없었다. 어느 하루도 새벽 한두 시 이전에는 잠자리에 드는 일 없이 절차탁마의 노력을 다하신 분이셨다. 매사에 그 진지하심과 다함 없는 정성만으로도 선생은 한 인간으로서 존경과 흠모를 받아 마땅한 분이다.

홍일식(한국인문사회연구원장, 전 고려대 총장)

현민 유진오

1906년	5월 13일, 서울 종로구 화동 137번지에서 유치형과 밀양 박씨 사이에 장남으로 태어남
1918년	재동보통학교 졸업
1924년	경성제일고보를 거쳐 경성제대 예과 입학
1929년	경성제대 수석졸업
1935년	『김강사와 T교수』 등 문제작 발표
1948년	대한민국 헌법기초위원. 초대 법제처장
1951년	전시연합대학 총장. 한일회담 대표
1960년	4·18 고대생 시위를 의거로, 4·19를 혁명으로 규정
1961년	국가재건운동본부장
1966년	민중당 대통령 후보 지명
1987년	8월 30일, 서울대병원에서 별세. 사회장으로 경기도 하남시 중부면 상산곡동 선영에 안장

28
여당 김재원

　여당(藜堂) 김재원(金載元)은 초대 국립박물관장으로 25년간 재직하면서 국립박물관의 기틀을 잡았다. 그는 6·25전쟁 중에 중요 문화재를 고스란히 피난시켜 전란 속에서 국보를 지켜낸 공로자로 칭송받고 있다. 한국 최초로 미국과 유럽에서 국보해외전시회를 열어 한국 문화를 세계에 널리 알린 글로벌 문화인으로 기억되고 있다. 그의 아호는 '검소한 생활을 뜻하고자 한 것'이라고 이두현 교수가 풀이했다. 여당은 박물관장으로 평생 사리사욕을 탐하는 골동품 수집을 멀리해 후학들에게 솔선수범했다.
　여당은 미술사, 고고학 분야에서 인재 양성에도 힘써 김원룡 교수를 비롯하여 안휘준, 정영화, 이난영 등의 제자들을 미국, 프랑스 등지로 유학 보내 쟁쟁한 전문가로 키우기도 했다. 자신의 두 딸도 미술사 공부를 시켜 장녀 리나 씨는 미국 하버드대학 박사에 한국미술사학회 회장과 ICOMOS(국제기념물유적협의회) 한국위원회 위원장을 역임했으며, 셋째 딸 영나 씨는 한국근현대미술사학회 회장, 서양미술사학회 회장, 서울대 박물관장을 역임하고 부친의 대를 이은 첫 부녀 국립박물관장으로 2011년 2월에 취임했다. 척박했던 초창기의 한국 박물관의 기초를 다진 부친의 맥을 이어 21세기형 국립중앙박물관의 위상 발전에 어떻게 기여할지 기대를 모으고 있다.

여당은 1909년 2월 22일(음력) 함남 함주군 주지면 흥상리 207번지에서 전주(全州) 김씨 김학호(金鶴鎬)와 전주 이씨 이헌준(李獻俊) 사이에 형제 중 장남으로 태어났다.

내가 태어난 곳은 지경(地境)이라는 곳이다. 함흥에서 남쪽 국도로 30리를 가면 주이천이라는 내가 있는데 그곳이 바로 지경이며, 그곳을 경계로 함흥군과 정평군이 갈린다. 지경에는 300호가량의 촌락이 있었다. 닷새에 한 번 장이 섰는데 동쪽 약 20여 리에 있는 연포라는 어촌에서 생선장수가 왔던 관계로 지경은 농산물이 풍부한 살기 좋은 곳이었다. (『박물관과 한평생』, 김재원)

지경은 이 지역에서 제일 처음으로 개화 바람이 분 곳이기도 했다. 1905년경에 동네 유지들이 흥남학교라는 사립학교를 세웠다. 여당 집안은 지경에서 가장 유력한 유지였으므로 많은 돈을 기부하여 흥남학교를 후원했다.

우리 집안은 이 지방에서 '보포리집'이라 불리었던 제일 큰 부잣집이었다. 그 재산은 주로 해사(海事)에서 연유했다. 해사라는 것은 명태어업을 말한다. 함경도 일대의 제일 큰 재원은 어업이고, 그중에서도 명태잡이였다. 사업의 방법은 자본을 가진 사람이 어부들에게 장비와 양식을 선불하고, 겨울에 명태가 잡히면 그것을 말려서 북어를 만드는 것이다. (『박물관과 한평생』)

그러나 어린 시절의 여당은 외롭고 우울했다. 부친이 3살 때 작고한 데다 모친마저 8살에 재가하여 어린 그는 조모 밑에서 자랐다. 여당은 8살 때 흥남학교에 입학하며, 14살 때에 함흥고보에 입학한다. 그러나 장티푸스에 걸리는 바람에 1년을 유급한다.

나는 다음 해인 1926년 4월, 함흥고보 5학년에 다시 입학했다. 4년 동안 함께 공부하던 학우들은 모두 일 년 먼저 졸업했고, 그중에는 좋은 상급학교에 다니는 친구들도 있었다. 어제까지의 하급생들과 같이 공부하는 것이 대단히 괴로웠다. 그러나 중학교 졸업장은 필요했기 때문에 일 년을 더 다녔다. 그때 일 년 늦은 괴로움은 상당히 컸던 모양으로 지금도 그때의 꿈을 꾸는 일이 있다. (『박물관과 한평생』)

이즈음 여당은 동네 친척 형이 독일 유학을 다녀온 사실에 자극을 받는다. 그는 우리나라에서 처음으로 멘델스존의 바이올린 콘체르트를 연주했으며, 독일 부인도 데려왔다. 하지만 여당은 그를 유학의 성공 모델로 삼기보다는 자신이 고향을 떠나 더 넓은 세계로 나가기 위한 대안으로 생각한 듯하다. 그는 일본 유학을 하려던 생각을 독일행으로 바꾸기로 다짐한다.

1929년 6월 여당은 시베리아 횡단철도에 몸을 싣는다. 자기 몫의 토지 일부를 대부받아 마련한 유학비 500원을 가지고 떠난다. 그는 독일에 먼저 와 있던 『압록강은 흐른다』의 저자 이미륵(본명: 이의경)의 멘토를 받아 뮌헨대학 교육학과에 입학한다. 그 사이 가세가 기울어 그의 유학 생활은 무척 곤궁해진다.

방값을 제때에 내본 일이 없었다. 또한 끼니를 거르는 일도 하루 이틀이 아니었다. 독일의 겨울은 춥고 길다. 그 춥고 기나긴 겨울밤, 나는 공복으로 누워서 잠을 이루지 못하는 때가 많았다. 멀리서 교회의 종소리가 들리는데 15분마다 한 번씩 치는 종소리를 듣고 있다가 겨우 잠이 든다 해도 배가 고파서 곧 다시 깨어나기 마련이었다. 게다가 잠깐씩 자다가 깨면 온몸에 땀까지 났다. (『박물관과 한평생』)

여당은 1934년 철학부 교육학 및 고고학 전공으로 문학박사 학위를 받는다. 이어 그는 벨기에로 가서 켄트국립대학 칼 헨체 교수의 조수로 6년간 동양미술을 연구한다. 그곳에는 한·중·일의 고고학과 미술에 관한 중요한 책들이 거의 다 구비되어 있었다. 한국에 관한 것은 총독부의 고적 조사보고도 있었으며, 중국 미술에 관한 정리도 잘 되어 있어 연구에 큰 도움이 되었다.

제2차 세계대전이 일어난 후 1940년 4월 독일은 덴마크를 점령하고 노르웨이까지 진격했다. 여당은 이즈음 《조선일보》에 기사를 보내는데, "홍종인 씨가 《아사히신문》 특파원이 보낸 기사에 못지않은 내용이라고 말했다"고 떠올리고 있다.

나는 계속해서 《조선일보》에 글을 써 보냈는데 한번은 내 사진까지 실렸다. 그런데 그것이 오래된 데다가 인상도 졸장부같이 보여서 홍종인 씨에게 새 사진을 보내면서 먼저 보낸 사진으로는 귀국 후 신부감을 고르는 데 지장이 있으리라고 써 보냈더니 새 사진을 내어 주었다. 홍종인 씨를 알게 된 것은 내가 1937년에 일시 귀국했을 때였다. 지식욕이 왕성했지만 그때까지 외국에 나갈 기회가 없었던 그는 내가 서울에 올 때마다 나를 만났고, 고국을 떠날 때면 가끔 기사를 써 보내달라고 부탁했다. 그는 고료는 줄 수 없으나 대신 빠지지 않고 신문을 보내주겠다고 약속했는데 그 약속을 지켜주어서 나는 항상 조선 사정을 알고 지낼 수 있었다. (『박물관과 한평생』)

여당은 1940년 귀국하여 보성전문 강사가 된다. 당시 장덕수, 유진오, 손진태 등이 교수 진영을 이루고 있었다. 이듬해 그는 북청 출신의 변호사인 이정준(李楨準)의 딸 이채희(李彩熙)와 4월 6일 서대문 고려병원(현 강북삼성병원) 부근 천향각 호텔에서 사모관대 구식으로 결혼식을 올린다. 신부는 도쿄여의전을 나온 의사였는데 결혼식에는 김성수, 유진오, 옥경진 등 명사들이 참석했다.

1945년 8월 15일 정오 여당은 일제의 항복 방송을 듣고 곧장 조선총독부 박물관으로 찾아간다. 그는 박물관의 현황부터 파악한 후 당시 학술원 산하에서 모든 학술기관을 접수 중이던 백남운을 만나 협의한다. 여당은 백남운에게서 여비를 받아 가지고 우선 경주로 가서 일인 박물관장과 협의한 후 최순봉 씨를 후임으로 결정한다. 9월 7일 미군이 서울에 입성하자 문교 담당자 로키드 대령을 만난다.

내가 벨기에에서 쓰던 'Ph. D. 김재원'이라는 명함을 보였더니 그는 크게 기뻐하고 '굳맨' '베리 굳맨'이라고 좋은 사람을 발견한 것을 기뻐했다. 지금 생각하면 그때 그 명함을 내고 좀 더 좋은 자리를 원했더라면 영달도 속히 되고 수지도 맞는 자리를 차지했을 것을 고작 박물관장 자리를 얻은 것이 큰 실수였다고 고소하는 일이 많다. (『경복궁 야화』, 김재원)

김재원이 초대 국립박물관장으로 재직 시 박물관을 찾은 손님과 함께 찍은 기념사진(앞줄 왼쪽 두 번째).

여당은 1945년 9월 17일 정부 수립 전에 미군정청에 의해 박물관장으로 임명된다. 그때 "저명한 고고학자 김재원을 박물관장에 임명했다"고 라디오에서 여러 차례 방송된다. 그의 나이 36세 때다.

아버님은 1935년부터 6년간 벨기에에서 중국 고고학을 전공한 독일인 헨체 교수의 연구조수로 생활하며 중국 고고학, 동양 미술사를 공부하셨습니다. 유학 후에 힌 국으로 들이외 해방이 되지 일본인들이 떠나고 미국인들이 오니까 사람들이 겁을 냈지만, 아버님은 독일어도 유창하고 영어도 잘하시니 겁을 안 내셨습니다. 별명이 불독이라고 들었는데, 그만큼 소신껏 밀어붙이는 것을 잘하셨습니다. 해방 이후에는 미군정청으로부터 박물관장으로 임명되셨습니다. (『박물관에 살다』, 장녀 리나 씨)

여당은 '박물관 초도 순시'에 나선다. 부여에서는 아직도 남아 있는 일본인 관장 대신 홍사준을 관장으로 앉힌다. 공주에서는 공주고적현창회의 진열실을 관리하던 유시종 씨의 요청을 받아들여 진열실을 박물관 분관으로 승격하여 분관장직을 맡긴다. 이어 일제 말 경주에 소개되었던 대형 금동반가사유상, 금관, 금제요대 등 가장 중요한 국보와 문양벽돌 등을 가지고 풍기를 거쳐 서울로 돌아온다.

풍기에서 밤을 지내게 된 이유는 이곳에 나의 가까운 친척의 한 사람이 있었던 까닭도 있다. 피곤한 우리는 금관, 반가사유상 같은 우리나라의 최고 국보를 실은 우리 차를 지서에 가져다가 밤새 잘 보관하라는 한마디만 남기고 숙소로 돌아왔다. 그때의 각자의 애국심은 대단하여 이것이 우리나라의 국보라는 말 한마디로 어느 누구도 감히 그 차에 손을 댄 사람이 없었다.
(『경복궁 야화』)

여당은 1946년 봄 미군정과 교섭하여 경주 호우총을 발굴한다. 호우총은 신라 시대 무덤으로 광복 후 이루어진 한국 최초의 유적 발굴이다. 발굴이 시작되자 이병도, 송석하, 조윤제, 이숭녕 등 진단학회 회원들이 대거 경주로 몰려왔다. 당시 학계로서는 유례 드문 관심거리였던 때문이다.

"해방 후 일본 사람들이 다 떠나고 나니 박물관 업무를 아는 사람이 없었는데, 박물관에 근무하던 고고학자 아리미쓰 교이치(有光敎一)의 귀국을 지연시켜 박물관 업무를 인수인계하게 했고, 또한 경주 호우총 발굴에도 같이 참가하게 했지요. 호우총을 발굴할 때에는 아직 우리나라에 고고학자, 미술사학자가 거의 없을 때여서 아리미쓰 선생의 경험을 살려 광개토대왕의 명문이 있는 고구려 시대의 청동 그릇인 '을묘년명청동호우'를 발굴했습니다."

장녀 리나 씨의 말이다.

여당은 이어 개성에 가서 새 분관장에 진홍섭 씨를 임명한다. 이때 개성에 주둔하는 미군들이 그들의 간이병사(콘세트)를 만월대에 만들기 시작하자 시민들이 떠들기 시작했다.

"만월대를 파헤치다니, 그런 일이 있을 수 있나!"

만월대는 옛 고려 궁전이 있던 자리로 개성 시민들이 큰 애착을 가지고 있던 곳이다. 여당은 곧 미군들에게 주의를 환기시켰으나 별 반응이 없자 때마침 내한한 하버드대학의 유명한 위너 교수와 볼스 박사를 움직인다. 동양 문화와 미술에 관심이 많은 그들은 곧 지프를 몰아 만월대에 가서 상호 간의 몰이해에서 자칫 불행한 사태로 번질 뻔한 일을 선처해준다. 여당은 이듬해 38선 접경 부근에 있는 개성박물관이 위태롭다고 생각하여 진홍섭 관장의 반대를 무릅쓰고 고려자기 등 귀중 진열품을 중앙박물관으로 옮겨 온다. 그 뒤 개성이 북한으로 넘어갔으니 여당의 선견지명이었던 셈이다.

6·25전쟁 중에도 여당은 위험을 무릅쓰고 서울에 남아 있다가 9·28서울탈환 때 문화재를 수호한다.

성북동에서는 전형필 씨 댁에서 북한 요원들의 감시 하에 전 씨의 수집품을 포장하고 있었다. 그것을 빨리 마칠수록 그들이 전 씨의 물건까지 합쳐서 두 박물관의 수장품까지 북으로 가지고 갈 확률이 큰 것이다. 우리 측에서는 지연작전을 폈다. 고려자기를 포장했다. 크기를 재지 않고 했다고 하여 다시 풀었다가 쌌다. 또 고려자기를 싸는 데는 아무리 하여도 많은 종이를 써야 하고, 회화는 습기가 안 들도록 싸야 되고, 불상은 머리 부분이 약하다는 등 등의 이유를 들어 3일 만에 겨우 5개의 포장을 마쳤다. (『경복궁 야화』)

이렇게 지연작전을 하는 사이에 때는 이미 늦었다. 그들은 모두 팽개

치고 북으로 도망쳤다. 국보 수호작전의 하이라이트는 38선을 넘었던 국군과 유엔군이 중공군에 밀려 후퇴하던 때였다. 여당은 백낙준 문교부장관에게 두 번, 세 번 찾아가 박물관 문화재를 우선적으로 피난시켜야 한다고 역설한다. 백 장관은 여당에게 영문 지침서를 써준다. 비밀리에 작전 수행을 위한 기지를 발휘한 것이다. 이듬해 여당은 최순우를 다시 서울로 보내 미처 소개하지 못했던 서역 유물도 가져온다.

"부친께서 전쟁 때 서역 벽화를 안전하게 부산으로 옮겼고, 나중에는 경주박물관으로 옮겼습니다. 이것은 오타니 컬렉션이라고 하여 일본의 오타니 고즈이(大谷光瑞)가 만주 지역의 철도 이권을 따기 위해 총독부에 준 것이라고 하는데, 그 일부는 일본에, 또 중국 다롄에도 있다고 합니다. 베를린박물관에 있던 서역 벽화의 일부는 전시관 벽에 붙여놓았는데 전쟁 중에 파괴되어 우리가 가진 서역 벽화가 세계적인 유물이라는 것을 부친께서는 잘 알고 계셨지요."

삼녀 영나 씨의 말이다.

여당은 이후 미국과 유럽에서 국보전시회를 열어 전쟁으로 찌든 한국의 이미지를 문화국가로 돋보이는 국위선양에 앞장선다.

"1957년 12월 15일부터 워싱턴의 내셔널 갤러리에서 우리 국보의 해외 전시를 시작했습니다. 사람들이 한국이 전쟁으로 피폐한 것만 떠올리는데, 문화를 소개할 필요가 있지 않겠느냐 해서 다시 전시 기획을 시작했어요. 그때 우리나라는 돈이 없으니까 미국이 부담하라고 해서 미국 해군함정으로 유물을 운반하고, 보험은 미국 8개 도시의 박물관이 조금씩 내고, 우리는 포장할 때 필요한 인력을 동원했습니다. 그렇게 해서 미국 전시가 열렸습니다. 1957년부터 1958년까지 한 미국 전시가 첫 해외 전시였습니다. 1962년에는 유럽 몇 나라를 순회 전시했지요."

장녀 리나 씨의 말이다.

여당은 1968년에 하버드·옌칭학사 서울지부 동아문화연구위원회장에 취임하며, 한국고고학회를 창립하고 초대 회장에 취임한다. 해방 후 진단학회 재건에 힘쓴 그는 「단군조선의 신연구」를 내 "단군신화가 『삼국유사』의 저자에 의하여 조작된 것이란 주장을 근본적으로 깨뜨려버린 것"(이기백)이라는 평가를 받고 있다.

여당은 1990년 4월 12일 서울 영등포구 여의도 시범아파트 자택에서 별세, 경기도 광주시 한남공원묘원에 안장된다.

여당은 이채원과 사이에 1남 3녀를 두었다. 아들 한집(61·텍사스대학 A&M 박사) 씨는 아주대 생명과학부 교수로, 이정순(이태호 전 수출입은행장 딸) 씨와 사이에 1남 2녀를 두었다. 한집 씨의 아들 헌창 씨는 미 시라큐스 대학원에, 장녀 미검 씨는 드렉셀대학에 재학 중이고, 차녀 현옥 씨는 고교생이다. 여당의 장녀 리나(69) 씨는 이량(70·전 쿠웨이트 대사) 씨와 결혼하여 남매를 두었다. 리나 씨의 아들 이권 씨는 부인 이언희 씨와 부부 영화감독이다. 딸 이수진 씨는 이준 문(시업) 씨와 결혼했다. 여당이 차녀 신나(68·전 서울시립동부병원 소아과 과장) 씨는 이호 전 법무부·내무부장관의 아들인 이동(서울시 부시장, 서울시립대 총장 역임) 씨와 결혼하여 2남 1녀를 두었다. 신나 씨의 장남 이승 씨는 미국 구글사 연구원이고, 차남 이창 씨는 서울시시정개발연구원이며, 딸 이향 씨는 건축가이다. 여당의 3녀 영나(60) 씨는 미국 뮬렌버그대학을 졸업했으며, 오하이오 주립대학 박사이다.

내가 본 여당 김재원

여당 선생을 처음 뵌 것은 대학 재학 중 군대를 다녀와 복학했던 1964년경으로 기억된다. 당시 선생님께서는 국립박물관의 초대 관장으로 계시면서 서울대 고고인류학과에 출강하셨다. 수강 학생들로 하여금 읽고 번역하게 하신 후에 보충설명을 해주시곤 했다. 강의 중에 화창한 날씨의 창밖을 자주 내다보시며 구수하게 말씀하시던 모습이 아직도 눈에 선하다.

대학 고학년 때 어느 날 선생님은 나를 덕수궁 박물관장실로 부르시더니 미술사의 중요성을 말씀하시면서 내 전공으로 잡아주셨다. 선생님 덕분으로 나는 우리나라 미술사 첫 유학생으로 하버드대학으로 유학을 가게 되었다. 유학 준비 중에는 영작 공부도 손수 시키고, 입학원서 작성 및 출국 수속까지 적극 도와주셨다. 선생님의 너그럽고 자상하신 배려가 없었다면 가난하고 능력 없는 필자가 무슨 재주로 그 등록금 비싸고 세계 제일이라는 명문 대학에 유학하며, 고급 학문인 미술사를 공부할 수 있었겠는가. 선생님께서는 우리나라 학계를 넓게 조망하시고 고고학, 미술사, 국사 등 국학의 발전과 인재 양성의 필요성을 절감하셨던 것으로 믿어진다.

안휘준(전 서울대 고고인류학과 교수)

여당 김재원

1909년	2월 22일(음력), 함남 함주군 주지면 흥상리 207번지에서 태어남
1927년	함흥고보 졸업
1929년	독일 뮌헨대학 입학
1934년	뮌헨대학에서 교육학 및 고고학 전공, 문학박사 학위 취득

1934-1940년	벨기에 켄트국립대학 칼 헨첸 교수 조교
1940년	보성전문학교 강사
1945년	국립박물관장 취임
1957년	국보해외전시관리관으로 미국 주재
1968년	하버드 · 옌칭학사 서울지부 동아문화연구위위원장
1972년	일본 다카마쓰 고분 발견 일본 · 한국 · 북한 합동 고고학자회의 한국 측 단장
1990년	4월 12일, 서울 영등포구 여의도 시범아파트 자택에서 별세

29
일가 김용기

"일하기 싫으면 먹지도 말라." 기독교 정신으로 우리 농촌을 젖과 꿀이 흐르는 복지(福地)로 일군 이상촌 운동가 일가(一家) 김용기(金容基). 그는 새마을운동의 요람인 가나안농군학교를 창립한 인물이다. 그는 일제하 창씨개명, 동방요배, 신사참배를 정면으로 거부한 독립지사였다.

일가는 1909년 9월 5일 경기도 양주군 와부면 능내리 봉안 부락에서 김춘교(金春敎)와 김공윤(金公允) 사이에 다섯 아들 중 넷째로 태어났다. 그의 집안은 대대로 유교적 가풍이 엄한 안동 김씨로서, 논 15마지기와 밭 1800평을 지닌 중농이었다. 그가 태어난 마을 뒤에는 도내에서도 제일 높은 예봉산이 좌우로 작은 연봉들을 거느리고 우뚝 솟아 있으며, 앞으로는 푸른 한강이 흐르는 산자수명한 고장이다.

김용기는 세 살 때 몹시 앓아 아버지가 무척 가슴 아파했다. 그때 전도사가 찾아와 작은 책자를 주었는데, 다음과 같은 글귀가 적혀 있었다.

"하나님이 세상을 이처럼 사랑하사 독생자를 주셨으니 저를 믿는 자마다 멸망치 않고 영생을 얻으리라"(요한복음 3장 16절)

한학자인 아버지는 이 말씀을 '순천자흥 역천자망(順天者興 逆天者亡: 하늘의 뜻을 따르는 사람은 흥하고, 하늘의 뜻을 거역하는 자는 망한다)'의 뜻으로 받아들였고, 기독교를 믿게 되었다.

내가 철들 무렵, 아버지가 어린 나에게 때때로 들려주신 말씀이 있었다. "이 세상에서 가장 부끄러워해야 할 것이 일 않고 앉아서 먹는 일이며, 땀을 흘려서 먹는 것이야말로 가장 떳떳한 일이다"라고. (『가나안으로 가는 길』, 김용기)

1915년 마을 서당에서 『명심보감』, 『통감』, 『소학』 등을 배우며, 1919년 마을의 3·1운동을 아버지가 주도하여 수백 명의 행렬을 이끄는 모습을 일가도 보았다. 그 후 그는 여운형이 설립한 광동학교에 입학하여 성경, 지리, 역사 등을 배운다. 성적이 뛰어나고 통솔력도 지녀 반장으로 선출되기도 했으며, 여운형의 독립정신에 많은 감명을 받기도 했다.

일기는 1926년 김봉희와 결혼하며, 8월에는 일제와 싸우려는 야심을 품고 마적단에 들어가기 위해 만주로 간다. 그곳 봉천의 서탑교회 이성락 목사를 만나 자신의 포부를 밝혔다. 그러나 그의 계획이 현실적으로 가당치 않다는 설득에 두 달 만에 귀향했다. 1934년 "너는 꼭 농사꾼이 돼라"는 아버지의 유언을 받게 된다.

일가는 농사를 짓기 시작한 지 2년 만에 '동네에서 제일 농사를 잘 짓는 일꾼'이라는 칭호를 듣게 된다. 그의 근면과 기술을 동네 선배 농사꾼들이 따르게 되었으며, 마침내 어린 나이이면서도 동네 두레패에서 부령좌(副領座)의 자리를 맡기에 이르렀다. 그러나 이 무렵 외지에 있던 그의 형이 돌아와 집을 맡게 되어 일가는 무일푼으로 분가하게 된다. 그는 이상촌 건설에 필요한 자금을 마련하기 위해 철도 공사판에 가서 장사를 했다. 200원을 이잣돈으로 빌려 잡화상과 이발소를 겸한 가게를 차렸다. 철도 공사가 끝날 때까지 만 2년 동안 장사를 했다. 5000원이란 목표액 중 3500원이 마련되었으니, 그의 꿈은 이미 반 이상 실현된 셈이었다. 그러나 단 1석 때문에 천석꾼이 되지 못한 사람의 한과 비슷한 심리 때문에 그는 일을 착수하지 못하고 있었다. 더구나 돈벌이가 과히 어렵지 않다는 자만심도 생겨 그까짓 1500원쯤은 곧 벌 수 있을 것 같았다. 일확천금의 욕심까지 생겨 금광에 손을 댔으나 다시 무일푼의 신세로 전락한다.

희망에 부푼 나는 매일 광부들과 똑같이 일어나 손에 못이 박히도록 산을 파들어 갔으나, 조금도 고생스러운 줄을 몰랐다. 그러나 그렇게 1년을 넘게 파도 그 합금률이 높은 광맥은 어느 줄기로 뻗어 들어갔는지 나타나지 않았고 …… 그런 식으로 반년 동안이나 더 산을 판 후에야 나는 비로소 당초에 들고 왔던 표품석이 다른 광산에서 채굴된 가짜라는 것을 알게 되었다. 그때는 물론 장사해서 벌어들인 3500원이 다 날아가 버리고 난 후였다. (『가나안으로 가는 길』)

장사 기간 2년까지 합하여 3년 반이 완전히 헛수고로 끝난 셈이었다. 부친의 유언이 다시 떠올라 일생을 농사에 종사할 것을 거듭 다짐한다.

유휴지 얼마라도 구하기 위해 당시 이웃에 돈놀이하는 사람이 있다는 소문을 듣고 무작정 찾아갔다. 돈 400원만 꾸어줄 것을 요청하자 그는 빤히 쳐다보다가 이렇게 말했다. "대체 담보물 없는 당신을 어떻게 믿겠소?"

그 말에 일가는 이렇게 말했다. "담보물이 먼저요, 사람이 먼저요? 나의 이 젊은 몸뚱이 이상의 담보물이 어디에 있단 말이오? 내가 사업에 실패한다면 당신은 단지 나에게 빌린 돈만 떼일 뿐이지만, 나는 그대로 망하는 것이 아니겠소?"
그러자 주인은 한참 바라보다가 "당신 같은 사람은 처음 보았소. 당신이 말한 돈을 줄 테니 아무쪼록 성공하도록 하시오" 하고는 400원을 내주었다.
(『가나안으로 가는 길』)

일가는 90원으로 마을 너머의 산 3000평을 샀다. 나머지 돈을 과목과 간작(間作)용 종자, 비료대, 식량대 등으로 남기고, 우선 부인과 함께 개간에 착수한다.

개간은 노동 중에도 중노동에 속하는 일인데, 아내는 그 노동을 감당하기가 몹시 힘에 겨워 곁에서 보기에도 애처로웠다. 그러니 자연 나의 분담이 많아질 수밖에 없었고, 그만큼 일의 진전은 더디었다. 게다가 또 주변 사람들의 비난이 이만저만이 아니어서, 그것은 우리들, 특히 아내의 사기에 적잖은 영향을 주고 있었다. "똑똑한 사람이 오죽 할 일이 없어 황무지를 파고 있느냐"는 것이었고, 5촌 당숙은 "너 같은 놈이 우리 집안에 태어난 것이 유감"이라고 힐난했다. 처가에서도 장인어른이 당신의 딸을 나 같은 사람한테 시집보낸 것이 못내 원통하다고 했다. …… 남들이야 뭐라고 하든 우리 부부는 내일에 실현할 큰 꿈을 안고 오늘의 괴로움을 달래며 꾸준히 일을 해 나갔다. …… 우리는 그 일에 차츰 익숙해지고 틀이 잡혀가게 되어 남모르는 기쁨까지 누리게 되었다. (『가나안으로 가는 길』)

일가는 개간한 자리에 차례로 과목을 심고 고구마를 간작한다. 고구마는 개간 첫해부터 대풍이 들어 무려 40가마니를 생산했다. 이는 이웃 마을을 통틀어서도 큰 수확이어서, 그를 비난하고 비웃던 모든 사람들이 선망하게 되었다. 황무지였던 그 산야는 3년 만에 비옥한 옥토로 변했으며, 그 값도 10배가 넘는 1200원이 되었으니 참으로 놀라운 일이었다. 그는 이 땅을 팔아 빚을 갚고 남은 800원으로 마을 앞의 산야 4100평을 우선 사서 개간에 착수한다. 그의 형제들과 그를 비난하던 마을 사람들이 이제는 그를 칭찬하게 되어 동지로 끌어모았다. 희망자가 운집했으나 마을의 이상적인 호구 수를 10가호로 정하고 그 이상은 받아들이지 않기로 했다. 아무리 돈이 많은 사람이라도 필요 없는 외관의 사치는 금지시켰다. 창을 많이 내어 채광과 환기가 잘되도록 하고, 울타리는 담장 대신 집 둘레에 무궁화 나무를 비롯한 여러 꽃나무를 심게 했다.

그리고 집집마다 산양을 한 마리 이상씩 기르게 하여 그 젖을 짜 먹게 함으로써 건강과 영양을 도모했다. 또 닭을 비롯한 토끼, 돼지 등 가축을 기르게 하여 소득을 높이도록 했다. 생산성이 낮은 논농사를 피하고 선진국들의 농사 방식에 따라 밭농사와 과수 재배 위주로 했다. 과목들 사이에 고구마를 간작했다. 고구마는 토박한 땅에도 좋은 성과를 거둘 수 있기 때문이었다. 그런데 고구마의 장기저장이 곤란하여 1년 내내 두고 식량으로 삼을 수가 없었다. 일가는 3년간 무려 120가마니의 고구마를 썩히고 드디어 만 1년 동안의 지하저장법에 성공했다. 우리나라나 일본에서는 연구하지 못했던 방법으로 1년간 저장은 이것이 처음이었다.

먹는 것도 쌀 주식을, 잡곡·고구마 등으로 대치시켰으며, 옷도 일절 사치를 금하고 생활과 활동에 편리한 의복으로 모두 개조해나갔다. 농

1962년 제1가나안농군학교 1기 졸업식 사진.

기구도 가래, 쟁기 등 자주 사용하지 않는 농구는 부락 공동으로 돌려가며 쓰고, 부락 공동자금을 만들어 부락 공공의 일에만 사용하고, 부락민이 저축한 돈을 무이자로 필요할 때 5~10년의 연부상환제로 대부해주었다. '봉안 이상촌'은 눈부신 발전을 했다. 40명이던 주민이 5년 후에는 64명이 되었고, 밭 6500평이 1만 3700평으로, 과수원 4000평이 1만 2000평으로 각각 늘어났다.

그러나 일제의 탄압 선풍은 봉안 마을에도 휘몰아쳤다. 창씨개명을 끝내 거부해 맏아들이 퇴학을 당하고, 일가는 신사참배와 동방요배를 거부하여 경찰서에 불려 가 발길로 채이고 얻어맞곤 했다. 마침내 일인 고등계 주임까지 나서 한바탕 족친 후 다른 사람은 다 하는데 유독 그만이 하지 않는 이유를 대라는 것이었다.

"묵념하면서 속으로 천황 폐하를 욕하는지 어쩌는지를 누가 알겠소? 사람의 마음속을 측정하는 기계가 있으면 모르지만, 그렇지 않다면 차라리 하지 않으면 천황 폐하도 욕을 먹지 않고 내가 믿고 있는 하나님도 욕되게 하지 않는 것이니 서로 좋은 것 아니오?' 아버지 말씀에 형사는 '네 말이 옳다'면서 '그런 따위로 하는 국민의례라면 당연히 그만두는 것이 낫다'고 수긍했다는 것이지요."

3남 평일 씨의 말이다.

1943년 일가는 미치광이로 가장한 독립투사들을 비롯한 학병 탈주자들을 봉안 이상촌에 숨어 살게 한다. 여운형도 이곳으로 피신했다가 해방을 맞는다. 일가도 해방 후 '이상촌 운동'을 일으키기 위해 상경한다. 이해 12월 28일에는 신탁통치 반대선언문 수천 장을 살포한 혐의로 체포된다. 군정재판에서 5년 형을 받았으나, 홍순엽 등 변호인의 탄원으로 석방되었다. 당시 선언문 요지는 '남쪽의 미군도, 북쪽의 소련군도 물러가라'였으며, '미군도 물러 가라'는 것이 말썽난 대목이었다. 이듬해 일가는 고양군 구리리에 삼각산 농장을 개척한다. 이 무렵 농장에 김성수, 조병옥, 유영환, 함석헌, 이형필 등이 찾아왔다.

1952년 5월 일가는 용인군 원삼면 사암리에 6만여 평의 산판을 구입하여 '에덴향' 건설에 착수한다. 그는 "오랜 개척 생활 중 이때처럼 고생한 시절도 없었다"고 술회했다. "맥주 깡통으로 식기를 만들어 그것을 1호, 2호, 3호의 등급을 매긴 후 노동의 경중에 따라 가족들이 먹었을 정도였다"고 한다.

1954년 11월 광주군 동부면 풍산리(현 하남시)에 황무지 1만여 평을 구입하여 '가나안농장' 건설에 착수한다. 이해 겨울에는 세 아들과 함께 4인조 악단을 만들어 농촌계몽 강연을 한다. 의식주 생활 개선과 의식의 간소화, 미신 타파 등 생활 혁명에 관한 것이었다. 5년 후 딸기, 토마토, 양배추 등의 채소와 고구마, 감자 등을 재배하면서 양계, 양봉도 하는 다각농을 시도하여 전천후 농장을 만들었다. 그 영농 방법을 배우려고 많은 사람들이 찾아왔다. 아울러 '가나안 달걀'과 '가나안 꿀'이 시중에서 호평을 받았다.

1961년 5·16 후 재건국민운동본부 경기도 지부의 위촉으로 3000여 명을 교육한다. 이듬해 2월 1일 가나안농군학교를 개교, 32명의 1회 졸업생을 냈다. 2월 9일에는 박정희 대통령이 최고위원 전원과 장관 전원을 대동하고 가나안 농장과 학교를 둘러보고, 이렇게 소감을 말했다.

"이 가정, 이 농장은 우리보다 앞서 혁명을 했습니다. 우리 국민이 모두 이렇게 한다면 우리나라의 후진성이 급속히 없어지게 될 것입니다."

1966년 일가는 막사이사이상(사회공익 부문)을 수상하는 아시아 최초의 농민이 되었다. 이때 국내외 언론은 이 같은 대상이 한 농민에게 주어졌다는 사실을 대서특필했다. 이후 일가는 군부대, 정부 부처, 기업체, 대학 등의 초청으로 많은 강연을 하며, 1973년에는 강원도 원성군 신림면 용암리의 치악산 중턱(해발 500m)을 개간한다. 이곳에 제2가나안농군학교도 개교한다.

일가는 1988년 8월 1일 하남시 풍산동 산52의 2, 제1가나안농군학교에서 별세, 강원도 원성군 신림동 용암리 선영에 안장된다.

일가는 김봉희와 사이에 5남매를 두었다. 맏아들 종일(82·장로교신학대 졸) 씨는 가나안복지회 이사장이며, 윤숙종(79·장로교신학대 졸) 씨와 결혼했다. 둘째 아들 범일(75·장로교신학대 졸) 씨는 제2가나안농군학교 교장이며, 홍미혜(67·상지대 졸) 씨와 결혼했다. 셋째 아들 평일(68·한양대 공학대학원 졸, 경영학) 씨는 이화섭(65·이화여대 정치외교과 졸) 씨와 결혼했다. 이 씨는 가나안청소년교육원장이며, 외조모가 이화여대 재단이사장을 역임한 김영희 씨다. 이 씨는 가나안농군학교에 입교하여 일가 집안과 인연을 맺었으며, 일가의 맏딸 활란(72·피어선대학 졸) 씨와 결혼한 임영철(75·한양대 교육학박사) 씨 역시 농군학교 출신으로 가나안농군학교 교장을 역임했다. 둘째 딸 찬란(61·이화여대 기독교교육과 졸) 씨는 서울여대 교수로, 김기석(62·서울사대 교수 교육학) 씨와 결혼했다. 평일 씨의 아들 천명(39) 씨가 제1가나안농군학교 기획실장을 맡고 있어 일가의 맥을 잇는 3세대다.

내가 본 일가 김용기

나는 1963년 서울지법 판사 때 가나안농장으로 가서 일가 선생님을 처음 뵈었다. 그분은 매사 솔선수범하는 농촌지도자여서 교훈도 많이 얻고, 깊이 추앙하게 되었다. 일제의 혹독한 탄압 하에서도 신사참배를 거부한 독실한 신앙인인 데다 창씨개명, 동방요배도 물리친 꿋꿋한 애국자이셨다. 또 빈곤한 우리 농촌에서 부흥운동을 일으켜서 잘사는 농촌으로 가꾸신 분이다. 쓸모없는 황무지를 개간해 젖과 꿀이 흐르는 옥토로 변모시킨 개척자로 길이 기억될 인물이다.

그분이 1962년 하남에 세운 제1가나안농군학교와 1973년 원주에 세운 제2가나안농군학교는 그동안 군, 공무원, 직장인, 심지어 죄수들까지 70만 명이나 받아들여 유능한 농촌지도자, 사회지도자로 키워낸 산실이다. 뿐만 아니라 공산권, 이슬람권 국가 등 11곳에 해외 가나안농군학교가 진출해 '한류 농업'의 본거지로도 주목받고 있다. 일가의 이런 사업은 그 자체가 희생이 따르고 정신적·육체적으로 어려운 일인데도 자녀들이 그 유지를 받들어 계승하는 지극한 효심에 나는 늘 감동하고 있다.

김상원(호서학원 이사장, 전 대법관)

일가 김용기

1909년	9월 5일, 경기도 양주군 와부면 능내리 봉안 마을에서 출생
1915년	마을 서당에서 『명심보감』, 『통감』, 『소학』 등을 배움
1922년	기독교 계통의 광동학교에 입학
1926년	광동학교를 졸업, 김봉희와 결혼
1937년	봉안 이상촌 건설
1941년	일제의 창씨개명, 신사참배, 동방요배를 거부, 항거
1946년	경기도 고양군 은평면 구기리에 삼각산 농장 개척
1954년	경기도 광주군 동부면 풍산리에 가나안농장 건설 착수
1962년	가나안농군학교 개교
1966년	막사이사이상(사회공익 부문) 수상
1973년	강원도 원성군 신림면에 제2가나안농군학교 개교
1988년	8월 1일, 제1가나안농군학교에서 별세. 강원도 원성군 신림면 용암리 선영에 안장

30
심당 이병린

심당(心堂) 이병린(李丙璘)은 '한국 법조계의 의인(義人)'으로 추앙받아 왔다. 그는 제3공화국 정권의 비상계엄령 등에 맞서다 두 번이나 구속되면서도 이에 굴하지 않고 정면대결하여 스스로 한국 법조인의 기개를 지킨 용기 있는 변호사이다. 대한변호사협회는 2003년에 심당을 '변호사로서 일관된 활동을 통하여 의로운 법률가상을 뚜렷이 보여준 인물'로 선정했다. 서울 서초동 변호사회관 로비에 그의 흉상을 세웠다. 한국 법조사상 초유의 일이다.

심당은 1911년 2월 3일 경기도 양평군 단월면 산음리에서 한의사 이명구(李鳴九)와 의병대장 유인석의 증손녀 유영랑(柳寧娘) 사이에 3형제 중 막내로 태어났다. 호랑이 소리가 들리던 용문산 기슭이었다. 부친은 한문을 많이 한 천재적 인물이었으나 나라가 망하자 염세증에 걸려 술만 마시다가 48세에 별세했다.

"외가 하나는 잘 타고났습니다. 어머니는 의암 유인석의 증손녀여서, 한국 부인으로는 모범 될 만한 분이었습니다. 할머니는 또 남궁억 씨의

당질이었습니다. 우리 고조할아버지가 대학자이시고." (최일남과의 인터뷰, 《신동아》 1982년 12월호)

그는 어린 시절 무척 장난꾸러기였다고 회고한다. 길 가던 사람이 걸리면 넘어지라고 길가에 풀로 올가미를 만들고, 남의 논에 들어가 모를 모조리 뽑아버린 적도 있었다. 그 대가로 소에게 절을 하는 벌도 받았다.

심당은 잠시 연천에 살면서 1925년에 연천보통학교를 졸업한다. 이듬해 부친의 권유로 최유순(崔庚順)과 결혼하며, 1930년에 경기제일고등보통학교(현 경기고)를 졸업한다. 당시 동문으로는 유홍렬(전 서울대 총장서리), 김갑수(전 대법관), 배성기(전 국회의원) 등이 있다.

학교 다닐 때는 무척 고생을 했다. 학비가 없는 것은 물론이고 겨울에는 내의 없이 광목셔츠로 추위를 견뎠다. 그래도 공부는 열심히 해서 하학하는 대로 이범승(李範昇) 씨가 경영하던 동아부인상회(화신백화점 자리) 뒤 시민도서관에 처박히다시피 했다. 하루는 바지 궁둥이가 뻥하게 뚫어져 친구에게 돈을 빌리러 갔다가 거절당한 적이 있었다. 그 친구는 훗날 이병린이 차리고 있는 변호사 사무실로 돈을 빌리러 왔었다. 그는 두말 않고 꾸어주었다.

집안에 자기 아니면 벌이를 할 사람이 없어서 사범학교로 진학했다. 1931년 경성사범을 졸업하고 안성공립보통학교, 서울매동공립보통학교, 경성상업실수학교(덕수상고) 교사를 거쳐 1940년 조선변호사시험에 합격한다.

"만주사변을 일으키고 창씨개명을 하고 우리말을 못 쓰게 하고 해서 일인들의 멸시와 박해가 점점 심해집니다. 그런 판국에서 그래도 한국인으로서 좀 해볼 만한 직업이 무얼까 하고 궁리하다가 변호사를 택했지요. 독학이었습니다. 남대문로에 있던 총독부 도서관에 개근을 했지요. 아침 10시에 나가서 밤 10시에 돌아오는 생활이 계속되었습니다. 전차삯이 궁하기는 했으나 한시도 책을 놓지 않았습니다. 현저동에 살 때였는데 전차 속에서 책을 보다가 종점까지 간 일이 한두 번이 아니었습니다." (최일남과의 인터뷰)

처음에는 예비시험(작문)에서 떨어졌다. 생계가 어려워 마포에서 장작장사를 시작했다. 그러다가 1940년 두 번째 시험에 합격했다. 그것이 일제강점기 변호사시험으로는 마지막이었다. 합격 동기로는 김홍섭, 김섭 등이 있다. 1942년 함북 청진에서 법률사무소를 개설했다.

심당은 1957년에 서울변호사회 부회장을 맡고 대한변호사협회 총무를 맡아 대한변협과의 인연을 쌓아간다. 그는 1960년 3·15부정선거로 빚어진 마산소요사건 때에는 대한변협의 일원으로 진상조사에 앞장섰다. 4·19혁명 직후에 서울지검 검사장으로 발탁될 기회가 있었으나 거절했다. 그는 시종일관 재야 법조인으로서 법치주의의 확립을 위해 노력했고, 또 그를 위하여 항상 깨끗한 생활을 솔선수범했다.

1961년 초여름에 그가 귀속재산소청심의위원으로 있을 때, 귀속재산 관리권 문제로 다투던 한 목재회사에서 공정히 심의해주었다는 뜻으로 송이버섯 한 상자를 보내왔다. 그의 사무장이 별 생각 없이 받아두었는데, 이 변호사가 호통치는 바람에 주인을 찾아 돌려주느라고 5일 동안이나 고생했던 일도 있었다. 조금이라도 의심을 받을 일은 남기지 않으려는 강직한 그의 성품이 엿보이는 일화다. (『한국의 법률가』, 최종고)

심당은 1963년에는 중앙선거관리위원회 부위원장직을 맡으며, 이듬해 5월 대한변협회장에 취임한다. 그해 3월 24일 서울대생들의 데모를 시발로 한일회담 반대와 학원사찰을 규탄하는 성토대회와 시위, 단식이 대학가에서 3개월 동안 파상적으로 전개되었다. 한일회담 반대시위에 나섰던 학생들에 대한 구속영장이 법원에서 기각되자 이에 불만을 품은 무장군인 13명이 5월 21일 새벽 서울형사지법에 난입하여 소동을 벌였다. 무장군인들은 이어 전날 숙직 판사였던 양헌 판사의 집으로 몰려가 영장 발부를 강요하기도 했다. 사법부는 공개적으로 들고 일어나지 못하고 속으로만 끓고 있는 상황에서 변협이 앞장서서 문제를 제기했다.

심당은 사건이 터진 4일 뒤인 5월 25일 "무장군인 난입사건은 사법권을 침해하고 민주주의의 기본질서를 파괴하는 중대한 문제"라고 성명을 발표했다. 이 성명은 소동을 벌인 군인들을 군형법과 형법에 규정된 특수소요공무집행방해 및 특수주거침입죄 등의 경합범에 해당하므로 진상과 배후를 철저히 규명하여 관련자를 엄중처단하라고 촉구했다. 이 사건은 그해 7월 10일 6관구 보통군법회의에서 5명이 3~5년의 선고를 받는 선에서 마무리되었다.

1964년 6월 3일 밤 서울 시내에는 비상계엄령이 선포되었다. 이른바 6·3사태였다. 반정부 시위는 6월 3일 절정에 달해 '박정희 정권 타도'를 외치는 실력행사로까지 발전했다. 2만여 명의 대학생이 청와대를 눈앞에 둔 효자동 입구까지 진출하여 경찰과 충돌하면서 유혈사태까지 빚자 계엄령을 선포했다. 서슬이 시퍼런 계엄군이 출동해 치안을 담당하고 있는 판에 대한변협은 6월 22일 '인권에 관한 건의서'라는 유인물을 만들어 각 신문사와 법원 출입기자들에게 배포하는 대담한 액션을 취했다.

5개항으로 된 주요 골자는 불법적인 비상계엄 해제와 6·3사태 관련 구속자 석방 등이었다. 당시 계엄법 제4조는 비상계엄 선포요건을 '전쟁이나 사변에 있어서 적에게 포위된 때'로 규정하고 있었다. 변협은 바로 이 조문을 들이대며 6·3사태는 전쟁도 사변도 아니며, 적에게 포위된 상태도 아니므로 계엄 선포는 위법조치라는 주장을 했으니, 정부에 대한 정면도전을 한 셈이다.

심당은 이 건의서와 관련하여 대한변협사무장 김동주와 함께 서대문서에 영장 없이 구속된다. 이 사실은 당시 7월 5일자 신문에 처음으로 발표되었으나, 다만 구속 사실만 보도되었을 뿐 이른바 건의서 내용 등은 보도에서 제외되었다. 통제 하에 있는 언론이 보도할 수 있는 한계였다.

심당은 건의서를 만들기 위해 6월 20일 변협 상무회의를 주제하여 계엄사령관의 집회금지조치를 위반했고, 계엄당국의 사전검열을 받지 않은 채 건의서 100부를 등사해 대통령, 국무총리, 계엄사령관에게 등기우송하는 한편 언론기관에 배부한 것이 계엄포고령 위반사항이라는 것이었다.

심당은 구속되자 "건의서를 내기로 결의한 변협 상무회의는 당초부터 6월 초에 열기로 예정되어 있었는 데다 계엄령이 선포된 뒤인 6월 9일에는 변협회의도 집회 허가를 얻어야 되느냐고, 계엄당국에 질의했으나 회답이 없지 않았느냐"고 따졌다. 그는 "6월 9일에는 포고령으로 집회금지를 완화하는 조치를 내려, 관공서 회사 조합 등의 회의는 무방하게 되었다"면서 "대한변협은 일개 조합만도 못하다는 말이냐. 어떤 근거로 변협이 직무집행사의 집회조차 열 수 없다는 것이냐"고 항의했다.

심당 등이 6월 30일 육군본부 보통군법회의 검찰부로 회부되자 130여 명의 변호사들은 변호인단을 구성하여 법정투쟁에 나섰다. 현직 변협회장이 구속된 것도 처음이었고, 130여 명의 변호인단이 구성된 것도 당시로는 최대 규모였다. 변호인단은 심당에 대한 구속적부심사를 신청했고, 기각되자 즉시 항고를 했으나 역시 받아들여지지 않았다.

관계 당국에서는 변협이 건의한 내용을 취소한다는 성명만 내주면 이 회장을 풀어주겠다는 뜻을 비쳐왔습니다. 동료 변호사 몇 사람과 함께 구치소로 이 회장을 찾아가 이런 뜻을 전하면서 우선 구속이 풀려야 될 것 아니냐고 말했지요. 이 회장은 대뜸 "당신들이 변호사냐. 젊은 사람들이 그렇게 의지가 약하냐"면서 화를 냈어요. 그는 대법원까지 올라가 판단을 받아보겠다며 소신을 굽히지 않았습니다. (『법에 사는 사람들』, 강순원 변호사)

심당은 7월 28일 계엄이 해제되자 공소가 취하되어 공소기각 결정을 받고 출감하기까지 32일간의 옥고를 치른다. 그는 석방되는 순간에도 "죄가 있다고 구속되었으니 재판을 받아보고 나가겠다"고 고집하다가 계엄령 해제에 따른 자동석방이란 얘기를 듣고서야 구치소 문을 나섰다.

심당은 변협회장 임기가 끝난 뒤인 1969년 9월 12일에는 특정인의 장기집권을 위한 삼선개헌을 반대한다는 호헌선언문과 국회의원들에게 보내는 메시지를 동료 변호사 30여 명과 함께 서명하여 발표한다. 그는 또 개헌아이 국회에서 변측 통과되자 그해 10월 6일 김명윤, 성태경, 신순언, 신태악, 주도윤 변호사 등 5명과 함께 개헌안 무효 선언서를 발표한다. 서명한 변호사는 32명이었다.

심당은 1971년 4월 19일 결성된 민주수호국민협의회의 공동대표가 되면서 본격적으로 민주화투쟁에 앞장선다. 김재준, 천관우 씨도 함께 대표위원으로 선출되었다. 민수협은 이해 4월 5일 심당과 천관우, 양호민, 조향록, 이병용, 강기철, 남정현, 김정례 씨 등 11명이 모여 발족을 결의하고, 선언문 작성과 연락 책임 등을 심당과 천 씨에게 일임한 데서 출범한다. 4월 8일 각계 인사 46명의 서명을 받아 민주수호 선언을 채택하고, 4월 19일 민수협 결성대회를 개최한다. 5월 18일 민수협은 서울대·고려

1970년대 민주화운동을 위해 자리를 함께 한 계훈제, 장준하, 김재준, 함석헌, 이병린 (왼쪽부터).

대 학생 구속사건, 10월 15일 서울 일원에 위수령선포사건 등 불법적인 정치권력 행사로 인한 사건들에 대해 성명서를 발표하고, 법정투쟁을 벌인다.

1971년 12월 6일 박 대통령은 국가비상사태를 선언한다. 심당은 민수협이 국회와 대통령에게 낼 청원서와 건의서를 만들어 우송하려다 수사기관에 연행되어 4일 동안 고초를 겪는다. 건의서 등의 문안은 심당이 기초하여 운영위원회에서 수정·통과된 것이었다. 1972년 8월 15일 오후 2시쯤 심당과 장준하 씨 등 운영위원들이 청원서와 건의서를 우송하러 안국동 우체국으로 가던 중 종로경찰서에 연행되고 유인물은 모두 압수된다. 심당만 중앙정보부로 넘겨지고 다른 사람들은 모두 풀려났다. 정보부에 다녀온 후로 심적 타격이 매우 심하여 오랫동안 괴로워했으며, 약 6개월 가량 야당 지도자들과 공개적인 접촉을 끊는다.

그러나 다시 활동을 시작하여 긴급조치 위반 구속자들의 변론을 한다. 특히 두드러진 사건은 강신옥 변호사와 김지하 씨 필화사건이었다.

심당은 1974년 11월 27일 유신체제를 정면으로 반대하는 민주회복국민회의선언문에 서명한다. 12월 25일 창립총회에서 임시의장을 맡았던 심당은 개헌청원 서명운동과 개헌 문제 강연회를 열려고 했으나, 당국의 압력으로 무산된다.

이어 1975년 1월 17일 심당은 간통 혐의로 구속된다. 종로2가 M일식

집 마담과 호텔에서 수차례 밀회를 한 혐의였다. 하지만 심당은 부인과 사별한 데다 사건 여인도 남편과 사실상 이혼하여 별거 중이었다. 여인의 전남편을 꼬여 사건을 만들고, 국민회의 대표직을 사임하도록 회유하는 비열한 압력에 맞서다 구속된 것이다.

22일 만에 석방된 심당은 지방으로 내려가 안동, 김천 등지에서 변호사 활동을 벌이다 1986년 8월 21일 서울 불광동 자택에서 별세, 경기도 용인공원묘원에 안장된다.

심당은 최유순과 사이에 5남 3녀를 두었다. 장남 세영(작고·서울법대 졸) 씨는 1954년 서울대 입시에서 전체 수석을 했다. 2남 태영(73·고려대 경제학과 졸, 재미) 씨는 MBC포항 사장을 역임했으며, 서정자(66·효성여대 졸) 씨와 결혼하여 주현(미 어번대학 졸), 은주(홍익대 건축학과 졸) 씨 두 딸을 두었다. 주현 씨는 최시명(어번대학 졸, 블루크로스 보험사 근무) 씨와 결혼했으며, 은주 씨는 박지원(홍익대 건축학과 대학원 졸, 동하엔지니어링 근무) 씨와 결혼했다.

심당의 3남 요영(70·서울대 화공학과 졸, 미 아이오아대학 화공학박사) 씨는 미 어번대학 화공학과 교수로 목영화(63·서울미대 졸) 씨와 결혼했으며, 소연(미 노스웨스턴대학 법학대학원 졸, 미 알라바마 주립대학 법학대학원 교수), 소정(미 밴더빌트대학 경제학과 졸, 스타벅스 본사 근무) 두 딸을 두었다. 소정 씨는 아론 브래디(미 듀크대학 졸, 아마존닷컴 근무) 씨와 결혼했다. 심당의 4남 해영(63·서울의대 졸) 씨는 위생병원 안과과장으로 김혜영(57·외대 불어과 졸) 씨와 결혼하여 정무(서울대 조선공학과 졸, 대우조선 근무) 씨를 두었다. 5남 재영(58·서울대 화공학과 졸, 미 퍼듀대학 화공학박사) 씨는 오혜근(57·덕성여대 영문과 졸) 씨와 결혼하여 뉴욕대학을 수석졸업한 지현(몬트리올 투자은행 근무) 씨와 도경(브리티시 컬럼비아대학 재학) 씨 두 딸을 두었다.

심당의 장녀 경영(79·배화여고 졸) 씨는 박지원(별세·연세대 졸) 씨와 결혼하여 3남매를 두었다. 장남 상준(서울대 화공학과 졸, 미 어번대학 화공학박사) 씨는 경원대 화학생명공학과 교수로, 장정희(서울대 영문학박사, 광운대 영문학과 교수) 씨와 결혼했다. 이경영 씨의 장녀 박상미(이화여대 영문과 졸) 씨는 수원대 경상대 학장인 배경일(서울대 경제학과 졸, 코넬대학 경제학박사) 씨와 결혼하여 아들 정훈(서울대 경제학과 졸, UBS HK 이사) 씨와 딸 정민(서울대 영문과 박사과정) 씨를 두었다. 이경영 씨의 차녀 유미(서울대 영문과 졸, 조지워싱턴대학 영문학박사, 조지타운대학 여성학 교수) 씨는 이종훈(미 FTA 의학전문심사원, 병리학과 전문의) 씨와 결혼하여 딸 미한 씨를 두었다. 이미한 씨는 예일대학 인문사회대학을 수석으로 졸업했으며, 2005년 링컨기념관 개관식 에세이 대상을 수상한 재원이다.

심당의 차녀 경자(66·이화여대 영문과 졸) 씨는 정규상(69·서울대 토목공학과 졸, SK건설 전무 역임) 씨와 결혼하여 3자매를 두었다. 장녀 정윤경(서울대 심리학과 졸, 시카고대학 심리학박사) 씨는 가톨릭대 심리학과 교수로, 윤도영(서울대 화공학과 졸, 화공학박사, 광운대 화공학과 교수) 씨와 결혼했다. 차녀는 윤주(이화여대 무용학과·의상학과 졸) 씨다. 3녀 윤미(이화여대 영문과 졸, 프랑스 아시우세 MBA, 빠리바은행 홍콩지점 근무) 씨는 홍의제(고려대 경제학과 졸, 공인회계사, 골드만삭스 홍콩지점 근무) 씨와 결혼했다.

심당의 3녀 보영(61·연세대 영문과 졸) 씨는 최병곤(66·서울대 사회학과 졸, 하나은행본부장 역임) 씨와 결혼하여 형제를 두었다. 장남 준기(연세대 경영학과 졸, 삼정회계법인 근무) 씨는 이윤경(건국대 경영학과 졸, 법무법인 주원 근무) 씨와 결혼했으며, 차남 민기(서울대 화공학과 졸, 변리사) 씨는 에센특허법률사무소에 근무하고 있다.

내가 본 심당 이병린

　나는 1974년 개업 3년차 때 앰네스티 인터네셔널(국제사면위원회) 활동을 도우면서 인권변호사의 대선배인 심당 선생과 인연을 맺게 되었다. 그분은 당시 앰네스티 한국지부장을 맡고 있었으며, 나는 민청학련사건을 맡음과 동시에 그분이 하시는 일에 관여하게 된 것이다. 양심범 지원, 사형 폐지, 고문 방지가 세 가지 모토인데, 앰네스티 활동을 처음 해보니까 신 나고 보람을 느끼게 되었다. 내가 열심히 일하니까 회칙에도 없는 직함으로 감사를 맡기기도 했다. 당시 이사격의 지도부에는 부완혁 씨, 계훈제 씨도 있었다.

　심당 선생은 우리가 하늘같이 모셨던 분으로, 법정활동 외에도 대한변협회장을 두 번 역임하면서 군부독재체제에 항거하여 민권을 옹호했고, 그러다가 보안사에 끌려가서 엄청난 고문을 당한 적도 있다. 그분은 인권변호사의 사표이자 행동하는 법조인들의 표상으로, 나는 그 밑에서 많은 영향을 받았다. 1975년 선생께서 지방으로 내려가시면서 수전증에 떨리는 손으로 쓰신 서신을 나는 가보로 보관하고 있다. 바로 이 편지는 한 시대를 활약하던 원로 법조인이 후배 세대에게 인권변호의 일을 다짐하고 넘겨주는 승계의 의미를 담고 있다고 할 수 있다.

홍성우(변호사)

심당 이병린

1911년	2월 3일, 경기도 양평군 단월면 산음리에서 이명구와 유영랑 사이에 3형제 중 막내로 태어남
1926년	최유순과 결혼
1930년	경기고등보통학교 졸업

1931년	경성사범 연습과 졸업
1940년	조선변호사시험에 합격
1964년	5월, 대한변협회장에 피선
1964년	6월 22일, 6·3사태와 관련한 비상계엄 해제, 구속자 석방을 요구하는 '인권에 관한 건의서'를 발표. 32일간 구속됨
1971년	민주수호협의회 공동대표로 취임
1974년	민주회복국민회의 대표위원으로 피선
1986년	8월 21일, 서울 불광동 자택에서 별세. 경기도 용인공원묘원에 안장됨

31
성산 장기려

성산(聖山) 장기려(張起呂)는 의료봉사를 통해 인간 사랑을 실천해온 참 인술의 표본으로 알려진 인물이다. 그는 개인의 영리와 영달을 접고, 이웃과 사회에 봉사하는 삶을 쪽방촌에서 실현한 이 시대의 성의(聖醫)로 평가받는다. 서울대 의대 전신인 일제하 경성의전을 수석으로 졸업한 한국 제1의 외과의인 성산은 2006년 과학의 날을 맞아 임상의(臨床醫)로서는 허준에 이어 두 번째로 '한국과학기술인 명예의전당'에 헌정되기도 했다.

장기려가 우리나라 의학계에 남긴 업적은 크나크다. 한국 외과의의 거두인 백인제의 수제자인 장기려는 일제 때 이미 간암 수술을 성공한 적이 있었다. 당시 간암 수술 성공은 아시아권에서는 처음 있는 일이었다. 국내에서 간외과 수술의 제1인자로 통하는 장기려가 이끄는 부산의대 간외과 연구팀은 수백 번의 실험을 거쳐 간 대량 절제수술에 성공, 대한의학회의 학술상을 수상하기도 했다. 대한의학회에서는 이 공적을 기려 '간의 날'까지 제정했었다.(『광복 50년 한국을 바꾼 100인』)

성산은 1912년 8월 14일(음력) 평북 용천군 양하면 입암동에서 장운섭(張雲燮)과 최윤경(崔允卿) 사이에 차남으로 태어났다. 그는 할아버지가 400석을 타작할 만큼 유복한 어린 시절을 보냈다. 부친은 마을의 향유사(사무를 맡아보는 직무)로, 친구를 좋아해서 1년 내내 술을 마셨다. 성산은 부친이 들려준 성경 이야기가 삶의 모태가 되었다고 술회하고 있다. 그러나 성산은 장난꾸러기이기도 했다. 딱지치기, 손뼘으로 땅재먹기, 도끼 치기, 팽이 돌리기, 그 밖에 아이들이 좋아하는 것은 다 했다.

하루는 큰 아이의 팽이가 돌을 갈아 만든 것이어서, 늘 이기는 것을 보고 탐이 나서 신발장에 떨어져 있을 때에 그것을 몰래 훔쳤다. 그리고 그것을 내 것이라고 우겨댔다. 그때부터 다른 아이들과 팽이 돌리기를 하면 당연히 이겼지만 나의 마음은 기쁘지 않았다. 도리어 그 돌 팽이의 주인 아이를 피해 다니기 시작했다. 그런데 어느 날 교회 부흥회에서 부흥목사가 "도둑질한 죄를 회개하시오"라고 외치는 목소리에 나는 놀라 회개하지 않을 수 없었다. 나는 곧바로 그 팽이의 주인인 아이에게 당시 2전짜리 동전 하나를 갖다 주고 "내가 도둑질했다"고 고백하고 용서해달라고 빌었다. (『성산 장기려 박사의 삶』, 부산과학기술협의회)

성산은 1916년 부친이 설립해 교장을 맡고 있던 의성소학교에 입학한다. 이 학교에서는 일본말을 가르치지 않고 성경을 가르쳤다.

1~2학년 때로 기억되는데, 친구들이 종이에 담배를 말아 피우는 것이 하도

좋게 보여 따라 피우다 학교 선생으로 와 있던 사촌 형 장기원(전 연세대 부총장)에게 손바닥을 자로 맞은 적이 있었다. 그때 회개한 후 지금까지 담배를 피우지 않게 됐다. (『성산 장기려 박사의 삶』)

기독교 계통의 학교였던 그곳에서 성산은 평생 마음속으로 흠모할 만한 인물, 즉 예수를 만나게 된다.

"아버지, 예수님께서는 네 이웃을 네 몸같이 사랑하라고 했는데, 일본은 왜 우릴 못살게 구는 겁니까?"
"그것은 일본이 잘못하고 있는 거야."
"그럼 일본은 하나님한테 벌을 받게 되는 거예요?"
"하지만 예수님은 또 이런 말도 하지 않았니? 원수를 사랑하라고 말이야."
기려는 그제야 고개를 끄덕였다. 그런 기려의 모습을 아버지는 흐뭇한 미소로 바라보셨다. 그러나 기려의 질문은 끊임없이 계속됐다.
"그럼 왼손이 하는 일을 오른손이 모르게 하라는 거는 무슨 뜻입니까?"
"그것은 착한 일을 했다고 마구 자랑하고 내세우는 것이 나쁘다 그 말이야. 좋은 일을 할 때는 아무도 모르게 하라는 거다."
"그럼 왼뺨을 맞거든 오른뺨도 내주라는 거는 뭡니까? 이거는 아무래도 바보나 하는 일 같애요."
"그거는 참으라는 거야. 사랑은 오래 참고, 사랑은 온유하며, 사랑은 무례히 행치 않는 거라고 하지 않니? 그렇게 살면 이 세상에 싸움 같은 것은 일어나지 않는다 이 말이야." (『한국의 슈바이처 장기려』, 최은숙)

성산은 1923년 개성 송도고보에 입학한다. 그러나 이때는 집안의 가세가 기울어가 하숙비를 절약하기 위해 초가집 뜰방에서 사촌 형, 고향 친구와 셋이서 함께 지냈다. 호미 좁쌀밥에 반찬은 두세 가지로 만족할 수밖에 없었다. 당시 성산이 화투놀이에 빠졌던 얘기.

> 테니스를 하고 하숙집에 돌아와 저녁밥을 먹고 나면 곧장 친구 집으로 달려갔다. 그러곤 친구 3~4명이 어울려 화투놀이를 벌였다. 이 놀이가 어찌나 재미있었던지 거의 매일 어울리곤 했다. 공부는 뒷전이었다. …… 3학년에 진급한 어느 날 불현듯 '나는 불효자식이구나' 하는 경각심이 일어났다. 아버님은 매달 20~30원의 학비를 보내주시기 위해 친구들을 찾아다니며 돈을 꾸기도 하는데, 나는 매일 화투놀이나 하고 세월을 헛되이 보내고 있으니 '나는 하나님 앞에 설 수 없는 불효자식이다' 하는 생각이 내 마음을 마구 때리는 것이었다. 나는 하나님 앞에 고백하고 회개했다. (『성산 장기려 박사의 삶』)

성산은 고보 시절 이성 간 연애는 해보지 못했다고 실토하고 있다. 호수돈여고 학예회 때 구경 갔다가 연기를 잘했던 같은 학년의 모윤숙에게 마음이 끌렸으나 고백은 하지 못했다고 밝히기도 했다.

> 하나님, 의과대학에 들어가게만 해주신다면 가난한 사람들을 위해서 평생을 바치겠습니다. 하나님 앞에 굳게 서약합니다. 아멘. (『한국의 슈바이처 장기려』)

성산은 1928년 경성의전에 입학한다. 그리고 하나님과의 약속을 평생 동안 성실하게 지켜냈다. 졸업을 앞두고 학교에 남기로 했으나 내과 교실의 조수가 되어도 보수는 전혀 없다고 했다. 당장은 생활비를 대줄 수 있는 신부를 찾아 결혼 생활을 하면서 공부를 더 할 수밖에 없겠다고 생각했다.

경성의전 동기인 백기호 군에게 이 같은 사연을 말하고 구혼자를 소개시켜 줄 것을 간청했다. 그랬더니 백 군은 우리들의 대선배이신 김하식 씨가 성대 의학부 스기하라 약리학 교실에서 의학박사 학위논문을 준비 중인데, 그의 따님이 그해(1931년) 평양 서문고녀를 졸업하고 집에 있으면서 구혼자를 찾고 있다고 귀띔을 해줬다. 물론 졸업을 앞두고 다른 혼담들이 없었던 건 아니었다. 기원 형님은 최이순 양을 권유했지만 천하의 재원인 최 양에게 프러포즈를 할 만한 용기가 나지 않았다. …… 아무튼 나는 백 군의 소개로 김씨 댁을 찾아보았다. 나는 결혼에 대해 생각하지 않을 수 없게 됐다. 하나님이 짝지어 주신 줄 믿고 살면 살 수 있을 것이 아니겠는가 하는 생각이 들었다.
(『성산 장기려 박사의 삶』)

성산은 1932년 4월 9일 의사 김하식의 딸 봉숙과 결혼했다. 이해 경성의전을 수석으로 졸업하고 당대 최고의 외과의 백인제의 조수(조교)로 남게 된다. 당시 의학계 최고의 실력자 백인제 교수의 수제자가 되는 행운을 얻은 것이다. 그러나 생활은 쪼들렸다. 6년간의 조수 생활을 겨우 마무리한 성산은 드디어 그렇게 원하던 강사가 되었다. 그러자 일단 월급이 갑절로 뛰어 80원이 되었다. 그런대로 먹고살 만한 형편은 되었지만, 서적 구입비 등 나가는 돈도 만만치 않아 아예 부모님을 서울로 모시기로 했다.

부모님이 올라오자 기려는 아내에게 주던 월급 40원을 아버님께 직접 드리기로 했다. 부모님을 기쁘게 해드리는 일이라면 그보다 더한 일도 할 수 있는 기려였다. 아내는 얼굴조차 마주 대하기 어려운 시아버지로부터 생활비를 타 써야 함에도 불구하고 불평 한마디 하지 않았다. 그 조그만 몸 어디에 그런 바다같이 넓은 아량이 담겨 있는가 기려로서는 신기하기만 했다. (『한국의 슈바이처 장기려』)

1940년 성산은 「충수염(맹장염) 및 충수염성 복막염의 세균학적 연구」로 박사 학위를 받는다. 그의 연구 성과가 참고되어 그 후 충수치료제가 개발·보급되기도 했다. 박사 학위를 가진 의사와 안 가진 의사는 하늘과 땅 차이인데, 논문을 합격시킨 백 교수는 곧바로 논문을 독일의 동기 동창에게 보냈다. 약품 개발을 서둘라는 편지와 함께, 그리고 논문은 나고야대학에 보내졌다. 심사위원장인 일본인 외과 교수가 나고야대학에 있었기 때문이다. 얼마 후 나고야에서 "당신의 논문은 의학사에 매우 큰 도움이 될 것입니다"라는 답장이 도착했다. 심사가 엄격했던 만큼 당시 박사 학위의 권위는 대단한 것이었다.

어느 날 백 교수는 성산을 데리고 한 병실로 들어갔다. 백 교수는 성산의 나지막한 어깨를 짚으며 말했다.

"춘원, 이제 안심해요. 여기 최고의 주치의를 내가 데려왔으니 말이오."

춘원은 퇴원하자 장편소설 『사랑』을 썼다. 6개월 입원 중에 치료를 하면서 의학지식까지 얻고 자료수집도 충분히 한 셈이었다. 소설의 주인공인 안빈이 곧 성산을 모델로 한 것이라고 당시 의학계에서는 화제가 되기도 했다.

성산은 1940년 평양연합기독병원에서 외과과장으로 일한다.

백 선생님은 그때에 나를 입지전의 인물이라고 《동아일보》에 글을 써주셨다. 아마도 내가 평양연합기독병원으로 갈 때에 선생님께서 소개해주신 대전도립병원 외과과장(고등관) 자리를 마다하고 굳이 기독병원으로 간 것과 자신의 생일에 다른 사람들처럼 떠들지 않았다는 것들을 감안하시어 하신 사랑의 말씀으로 받아들이며…… 대전도립병원을 고사한 것은 일본인들 사이에서 일하기 싫었고 무엇보다 하나님께 서약한 시골의사가 되기 위해서였다. (『성산 장기려 박사의 삶』)

성산은 외과과장 때인 1942년 여름 무의촌 진료를 나갔다가 경찰에 붙잡혀 12일 동안 유치장에 구류된다. 김교신의 《성서조선》을 정기 구독한 때문이었다. 「조와(弔蛙)」라는 글이 일제의 탄압정치와 조선의 독립을 암시한 글이라는 이유로 말썽이 되어 《성서조선》은 폐간되고 김교신도 잡혀갔으며, 정기구독자까지 일제 검거를 한 것이다.

이듬해 성산은 간암 환자 수술에 최초로 성공, 이를 조선의학회지에 발표했다. 성산이 간암 수술에 성공했다는 소식이 며칠을 두고 신문에 나자 이상한 소문이 나돌았다. 책에서도 안 된다는 병을 고쳤으니 사람이 아니라는 것이다. 시골로 나가 진료를 할 때 청진기를 가리키며 한 노인이 무릎을 내밀었다.

"그 기계 한 번만 대주시라요."

청진기를 대기만 하면 거기 붙은 병마가 놀라서 도망갈 것이라는 생각이 그들에겐 신앙처럼 굳어 있었다. 성산을 아예 신통력을 부리는 신의(神醫)로 믿은 것이다. 그렇지만 가난한 환자가 퇴원비가 없어 병원에 묶여 있으면 성산은 그 모양이 도리어 보기 민망해서 몇 번 입원비를 대신 내준 일도 있었다. 그 소문이 부친의 귀에까지 들어간 모양이었다. 심약

한 아들이 치료비도 제대로 못 받는다고 걱정이었다. 이런 의업 자체의 일 밖에서 조여오는 갖가지 스트레스가 불면증을 몰고 와서 성산은 신경쇠약으로 묘향산 약수에서 요양 중에 8·15해방을 맞는다.

성산은 공산치하에서 평양 도립병원장, 김일성대학 외과 교수 등으로 온갖 우여곡절을 겪는다. 김일성의 맹장염 수술을 소련 군의관에게 떠넘겨 시비의 소용돌이에서 벗어나기도 한다.

소련 군의관 중령이 하는 시술이라 아무 말도 못하고 있었다. …… 혼이 나가는 것 같은 비명소리가 한참 이어진 후에야 안에서 나온 간호원이 환자의 소식을 바깥 사람들에게 전했다. '장군님의 병'을 오진하는 것은 있을 수 없는 일이므로 통증의 원인을 밝히는 검사 때문에 결국 김일성은 보통 환자보다 훨씬 더 심한 고통을 겪어야만 했다. 그 후 김일성은 수술기피증을 가지게 됐는데, 당시 요로검사 때문이었다. 그는 차라리 죽으면 죽었지 그런 고통을 다시 참을 수 없다며, 수술이라면 아예 얘기조차 꺼내지 못하게 했다는 것이다. (『한국의 슈바이처 장기려』)

1950년 10월 20일 국군이 평양을 점령했고, 숨어 있던 성산은 임시 개설된 의원에서 자원봉사자로 일하다가 12월 3일 유엔군과 국군이 후퇴할 때에 같이 따라서 남하했다. 다급했던 피난이어서 차남 가용만 데리고 왔다. 부산에 와서 제3육군병원에서 진료를 시작했다.

이듬해 6월 20일. 바로 복음병원이 태동한 날이다. 설립자 전영창은 미국 신학교에 유학 중 졸업을 1주일 앞두고 친구들에게 조국 동포를 구하러 간다며 5000달러를 모금해 왔다. 그리고 유엔 민사원조처를 찾아가 노르웨이인 넬슨 씨로부터 '의원을 개원하면 하루 50명분의 약품을

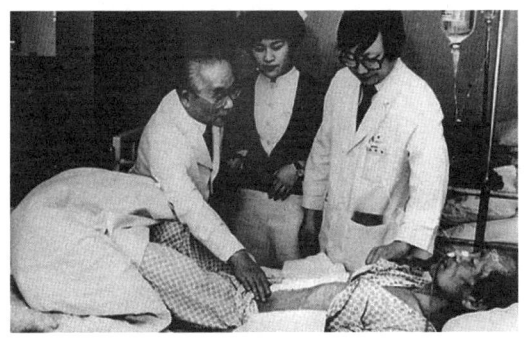

1975년에 설립된 부산시 동구 수정동 청십자병원에서 회진을 돌며 환자의 상태를 살펴보는 장기려 박사.

주겠다'는 약속을 받는다. 그러자 간첩 혐의로 한때 어려웠던 성산의 구명운동에 앞장섰던 한산동 초량교회 목사의 권유를 받아, 성산은 전영창과 복음병원을 함께 하기로 했다. 부산 영도구 남항동 제3영도교회 안 창고를 수리해 개원한 것이다. 의사 2명에 약사 및 사무원 등 모두 9명이었고, 이들의 가족 44명이 크리스첸 개척교회에서 보내주는 500달러를 갖고 생활하면서 무료 진료를 계속했다. 모두 어려웠던 때였으므로 성산의 제의로 직위와 관계없이 가족 수대로 나눠 생활했다.

무료 진료, 무료 봉사라는 소문이 퍼지면서 환자들이 밀려들었다. 성산은 의술이 인술의 길임을 말없이 행동으로 보여주고, 그 후 민간인 의료보험의 씨앗이 된 청십자의료보험조합 설립에도 앞장섰다. 이러한 헌신적인 인술의 실천으로 성산은 1979년 막사이사이상을 수상하며, 그 외에도 많은 상을 받지만 그는 오히려 그것들을 부끄럽게 생각했다. 오른손이 하는 일을 왼손이 몰라야 하는데, 상을 받는다는 것은 그 같은 뜻과 맞지 않는다는 것이다. 만년에 그의 후배들이 흉상을 마련하려고 입체사진을 찍자고 했으나 성산은 펄쩍 뛰며 "내 흉상을 만드는 자, 지옥에 떨어지리라"고 화를 내며 물리쳤다.

그는 평생 자기 소유의 집 한 칸 없이 철저한 무소유의 삶을 실천한 인물이기도 하다. 단독으로 한 외과수술만도 1만 회가 넘는 그는 '한국의 슈바이처' '살아 있는 푸른 십자가' '하나님의 사절' '복음의 등불' 등으로 지칭되며 이 땅에 사랑을 나눠오다 1995년 12월 24일 서울 백병원에서 별세, 경기도 마석 모란공원묘지에 안장된다.

성산은 김봉숙과 사이에 3남 3녀를 두었다. 함께 월남한 차남 가용(별세) 씨는 부친의 대를 이어 서울대 의대 박사로서, 서울대 의대 해부학 교수와 제주대 의대 학장을 지냈다. 가용 씨의 부인 윤순자(74) 씨도 이화여대 의대를 나와 윤안과 원장을 지냈다. 가용 씨는 1남 1녀를 두었다. 아들 여구(47) 씨 역시 중앙대 의대 박사로, 바로 성산이 별세한 백병원의 응급실장이며, 가용 씨의 딸 예원(40·이화여대 교육대학원 졸업) 씨는 김진욱(40·외국어대 법대 졸업) 씨와 결혼했다. 여구 씨는 이정선(42·이화여대 음대 대학원 졸업, 전 명지대 강사) 씨와 결혼, 지인(16·영동고 1년)을 두었다. 현재 북한에는 부인 김봉숙(98) 씨가 생존해 있으며, 장남 택용(78·약사) 씨는 군장성 출신으로, 3남 1녀 중 아들(준박사)과 딸이 모두 의사이다. 삼남 인용(작고) 씨는 김일성대학 박사로 강계의대 교수를 지냈으며, 아들 2명 모두 준박사이다.

성산의 장녀 신용(73) 씨는 김책공대 출신으로 식료품회사 연구원이었으며, 2남 1녀 중 의사가 2명(아들, 딸)이며 다른 아들이 준박사이다. 성산의 차녀 성용(71·김일성대학 박사) 씨는 평양암연구센터 연구원이었으며, 2남 1녀(모두 박사) 중 아들 2명이 교수이고, 딸 1명이 IT 연구원이다. 성산의 3녀 진용(64·전 교사) 씨는 평양교원대학을 졸업했으며, 1남 1녀를 두었다.

"저는 우선 같은 의사로서 조부님을 존경합니다. 조부님은 1959년에 우리나라 최초로 대량 간절제 수술에 성공하셨지요. 부친께서도 대를 이어 해부학 전문의사가 되셨고, 틈만 나면 책을 읽으셨지요. 모친도 의사이시고, 북한에 계신 어른들 중에도 의사가 여럿이라고 하니 우리는 의사 집안이지요. 저는 특히 조부께서 인연이 깊으신 백병원에 근무하고 있으니 대단한 행운인 셈이지요. 저도 외과의로서 연 2회 캄보디아에 가서 의료봉사를 합니다. 의대를 지망하는 고교생 아들도 데려가지요. 회브론병원이라고 푸놈펜에서 150km쯤 떨어진 낙후지역인데, 조부님 기념사업회에서 지원하고 있어요. 금년에는 조부님 탄신 100주년 사업으로 수술 의료봉사를 시작합니다."

손자 여구 씨의 말이다.

내가 본 성산 장기려

나는 성산 선생님이 설립해서 운영하시는 부산 복음병원에서, 외과 수련의로 그분을 처음 뵈었다. 그분은 자신의 집도 없이 무료병원 건물 옥상에 20평 정도의 공간을 마련하여 이산가족의 외로움을 달래고 있었다. 재혼의 청이 있을 때마다 북에 두고 온 아내가 기다리고 있다고 한결같이 사절했다. 이 세상에서 오직 한 번 참사랑을 나눈 아내에 대해 일생을 두고 미안함을 느껴온 순애보의 실천이었다.

가난한 사람들을 위하는 그분의 열의는 대단했다. 입원비를 못 내 퇴원을 못 하는 환자들을 병원장이 뒷문을 열어줘 야반도주시킨 사례는 아마도 세계 병원사상 없을 것이다. 복지병원 거제도 지소에 가서 일할 때 선생님은 무일푼의 환자에게 주머니를 털어 용돈까지 쥐어주며 도망가게 하신 것이다. 수술을 하실 때도 제1조수로서 실수를 하면 야단치시지 않고 다시 해보라고 친절히 가르쳐주시는, 훌륭한 의사에 자상한 스승으로 깊이 기리고 있다. 나는 그분에게 대학원 진학을 권유받고, 박사학위까지 지도받은 마지막 제자이기도 하다. 성산(聖山)이란 아호는 하늘나라를 늘 사모하는 뜻에서 성실하게 살아가고자 하신 것이라고 한다.

이건오(한동대 부속병원장)

성산 장기려

1911년	8월 14일, 평북 용천군 양하면 입암동에서 장운섭과 최윤경 사이에 차남으로 태어남
1928년	개성 송도고보 졸업
1932년	경성의전 졸업
1940년	평양연합기독병원 외과과장으로 취임, 맹장염 연구로 의학박사(나고야제국대학)
1945년	평양도립병원 원장 취임
1951년	월남 후 부산에서 복음병원 개원
1959년	한국 최초로 간암 제거 수술 성공
1968년	청십자의료보험조합 시작
1979년	막사이사이상 수상
1995년	12월 24일, 서울 백병원에서 별세. 경기도 마석 모란공원묘지에 안장

32
김동진

김동진(金東振)은 국민 누구나가 평소 즐겨 부르는 가곡「봄이 오면」을 열여덟에, 「가고파」를 열아홉 살에 작곡한 한국의 대표 작곡가이다. 「내 마음」, 「수선화」, 「목련화」 등 주옥같은 가곡으로 한국인의 심금을 울려온 그는 신창악곡 오페라「심청전」 등 1000곡이 넘는 작품을 남긴 열정적인 음악인이다. 북한 공산당에게 반동으로 몰린 김동진은 6·25전쟁 때 바이올린 하나만 들고 월남한다. 그 후「행군의 아침」, 「조국찬가」, 「6·25의 노래」 등 수많은 군가와 국민가요를 지어 북한의 '숙청'에 복수한 셈이다. 그는 서양의 발성법과 우리 고유의 판소리를 결합한 신창악이란 새로운 장르를 개척한 '한류 음악'의 원조이기도 하다.

김동진은 1913년 3월 22일 평남 안주에서 김화식(金化湜)과 백금주 사이에 7남매 중 장남으로 태어났다. 조부 김찬성에 이어 목사 일을 보던 부친은 고향에서 3·1만세운동을 지휘하다 2년 6개월의 옥고를 치렀으며, 광복 후 평양 장대현교회에서 시무하다 조부와 함께 순교당했다. 김동진은 강화(江華) 김씨로 경주 김씨의 갈래이다. 신라 경순왕의 셋째 아들 김명종(金鳴鍾)의 7세손을 기세조로 한다. 이분은 고려 명종 때 하음백(河陰伯)에 임명되어 당시 강화의 내란 평정에 공을 세워 '강화 김씨'를 하사받았다. 몽고와의 40년 전쟁이 끝나 개경(개성)으로 천도하자 강화 김씨 집안도 뒤따랐다. 조선이 건국된 후 김명종의 18세손 김광(金光)은 병조참판으로 있던 중 연산군 무오사화 때 화를 입어 평안도 숙천으로 정배당했다.

> 내가 태어난 곳은 평안남도 안주이다. 나의 할아버지가 본촌인 평남 숙천 송저리에서 기독교 신자가 된 후 얼마 뒤에 목사가 되셨다. 본촌에서 나와 안주로 와서 교회를 세우시고 그곳에서 목사 일을 보았으며, 나의 부친도 할아버지의 대를 이어 목사가 되어 계속 안주에서 목회를 하셨다. …… 안주는 작은 도시이며 경의선 철도에서도 멀리 떨어져 경편철도로 신안주에서 20리 정도 들어가야 된다. 그러나 안주는 옛 성터로서 고적도 많고 산수가 아름답다. 그 유명한 청천강을 끼고 안주역에 도착하면 백상루가 눈앞에 나타난다. 백상루에 오르고 싶은 충동을 느껴 누각에 오르면 북으로 청천강의 기다란 강이 맑게 빛나게 흐름을 한눈에 볼 수 있다. (『가고파』, 김동진 자작 에세이)

김동진은 어린 시절 부친이 목회하던 교회의 풍금을 치며 놀다가, 배운 노래를 짚어보기도 한다. 이를 지켜본 부친은 여름방학을 맞아 귀갓길에 바이올린을 사다 준다. 평양신학생이었던 때이고, 김동진은 11세 초등학생이었다. 이즈음 겪은 3·1독립만세사건을 김동진이 떠올리고 있다.

> 아버지가 목사로 있을 때의 일이었으며, 아버지가 교회의 조사일을 보고 계

실 때이었으므로 만세사건의 사전계획은 전부 우리 집에서 계획되고 실행되었다. 태극기를 야밤중에 몰래 숨어 제작하던 일이며 선언문 등의 전단을 프린트하는 작업, 그 밖에 독립만세 부를 장소 등을 전부 집에서 일본 순사 놈들의 눈을 피해가며 은밀히 계획했다. 그때 그 비장하게 굳어 있던 어른들의 표정은 무섭기조차 했다. 비록 어렸을 때 일이지만 비밀리에 하던 일들이 지금도 눈앞에 선하며, 만세 부르던 당일 교회에서 일제히 일어나 태극기를 들고 거리로 쏟아져 나가며 만세를 부를 때 나도 어린 마음에 들떠 그 꽁무니를 따라 나갔다. (『가고파』)

김동진은 1927년 안주 유신학교를 졸업하고, 평양숭실중학에 진학하여 미국인 선교사 말스베리에게 바이올린, 피아노, 화성학과 대위법, 작곡법을 배운다. 전 국민의 애창곡 「봄이 오면」은 그가 중학 5학년 때 작곡한 것이다.

나는 숭실중학에서 기숙사 생활을 하고 있었는데, 어느 날 밤 학교 음악실에 가서 혼자 바이올린 연습을 끝내고 풍금을 치면서 발성 연습을 하고 있었다. 그런데 갑자기 평소 애송하던 파인 김동환 님의 시 「봄이 오면」에서 '건너 마을 젊은 처자'의 악상이 뇌리에 떠올랐다. 동시에 나의 손가락은 어떤 선율을 짚고 있었다. 곡이 완성된 후 나는 한방에서 같이 지내던 장택욱 군에게 처음 그 노래를 배워주어 함께 불렀다. 그래서 이 노래는 삽시간에 온 기숙사에 퍼졌으며 숭실전문학교에까지 파급되어 모르는 학생이 거의 없을 정도로 애창되었다. (『호심의 독백』, 김동진)

김동진은 문학에도 상당히 흥미를 가져 「봄이 오면」뿐만 아니라 주요

한의 「부끄러움」, 이광수의 「외붓 한 자루」 등은 늘 외우고 다니던 애송시였다. 그는 말스베리 선생으로부터 정식으로 바이올린 지도를 받는다. 또 피아노 조율법도 배워 용돈을 벌게 되어 이후 학구 생활에 큰 도움을 받는다. 1932년에 숭실전문에 입학해서도 말스베리 선생에게 바이올린을 배우며, 성악은 루쓰 부인에게 배운다. 루쓰 부인은 숭실농과대학 선생의 부인으로 유명한 성악가였다.

나는 늘 기회 있을 때마다 대학의 작곡과를 지망한 학생이나 작곡하는 이들에게 "작곡가가 꼭 되고 싶다면 먼저 유명한 연주가가 돼라"고 권한다. 연주를 못 하고는 음악 세계를, 특히 멜로디 세계에 들어갈 수도 없으며 음악의 언어, 즉 작곡을 할 수 없다고 이야기한다. 작곡한다는 것이 음악 세계의 사람으로서 음악의 언어를 잘 이야기하는 것이기 때문에 연주는 꼭 필요하다. (『가고파』)

대학 1년생인 김동진은 대동강 뱃사공들의 흥겨운 「뱃노래」를 '어떻게 하면 그대로 오선지에 옮길 수 있을지'를 궁리한다. '어야지여 어야지여' …… 그는 공부방으로 돌아와서는 끙끙 앓며 곡을 붙여나갔다. 가사가 미처 다 정리되지 않아 곡부터 작곡되었으며, 훗날 김동진과 동창인 시인 김현승이 처음 가사를 붙였고, 더 먼 뒷날 이 곡에 절수(節數)를 늘릴 적에 역시 그의 친구인 시인 양명문에게 의뢰하여 절수를 늘렸다. 「뱃노래」는 김동진의 절친한 학우인 이용준(바리톤)을 위해 작곡한 것으로, 평양 음악회에서 발표하여 대단히 좋은 평을 받는다.

대학 2학년 때 김동진은 양주동 선생님으로부터 그의 친구이기도 했던 이은상의 시조 「가고파」 10수(首)를 강의 들었다. 그 시조가 너무나도 큰 감명을 주어 곧 작곡하고 싶은 충동을 일으킨다. 김동진은 그때 이 시조를 현재명이 작곡해 늘 독창하는 것도 듣고 또 그 악보도 보았다. 자기도 이 시를 가지고 한번 작곡해보겠다는 열정에 북받쳐 즉흥적 감흥이 떠오를 때마다 노트에 적어두곤 했다.

하루는 어떤 기회로「봄이 오면」과 함께「가고파」를 나의 스승에게 보여드렸다. 선생님은 깜짝 놀라시면서 "너는 작곡가가 될 수 있으니 앞으로 바이올린뿐만 아니라 화성학, 대위법, 작곡법 등을 배우도록 해라" 하시면서 나에게 숭실전문학교를 졸업할 때까지 전부 가르쳐주셨다. 이 노래는 그 후 친구들이 많이 불러 널리 세상에 알려졌다. 이처럼 이 노래가 유명해지리라고는 꿈에도 몰랐으며, 그 당시에는 몇몇 성악가들의 애창곡으로 무대에도 올려졌다. (『가고파』)

김동진은 나머지 6수는「가고파 후편」이라고 이름 붙여 40년 후인 1973년에 완성시켜 발표한다.

아마도 40년 만에 곡을 완성한 예는 음악사상 없을 것이라고 짐작된다. 20대 작곡 감정과 60대의 작곡 감정이 전혀 다를 것이로되 예술이라는 것은 몸은 늙어도 마음의 표현이기 때문에 시간과 공간을 초월할 수 있다는 것을 잘 말해준다. 내가 20대로 돌아갈 수 있을까 하여 늘 숙제로 삼았던 곡을 60대에도 20대의 감정을 가지고 연결하여 완성한 것이다. 내가 작곡을 전공하게 된 동기도 이「가고파」때문이었다. (『가고파』)

김동진은 숭실전문 영문과 재학 중 이미 6~7편의 가곡을 작곡했다.

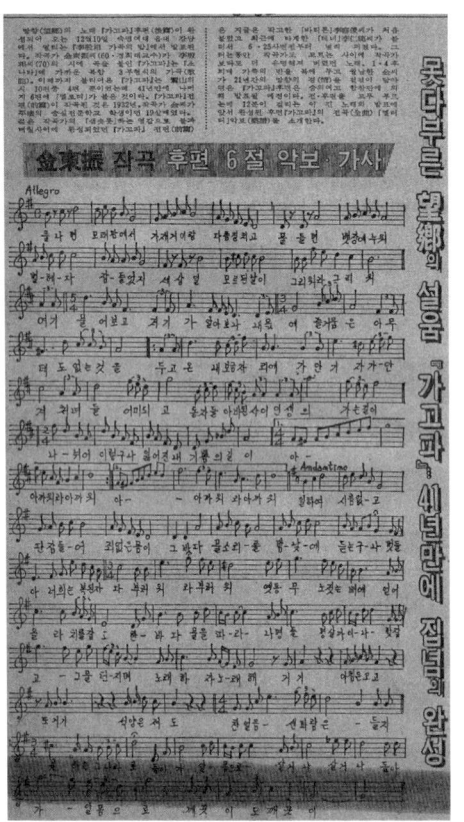

「가고파」 후편 완성을 알리는 신문기사와 그 악보 《서울신문》 1973년 11월 20일자).

당시 평양에서 명창 이동백이 이끄는 창극단의 「심청전」과 「춘향전」 공연을 보고 깊은 감명을 받아 훗날 신창악운동의 밑거름이 된다.

김동진은 1936년 숭실전문을 졸업하고, 미국 유학을 가려 하나 형편이 여의치 않아 일본 고등음악학교에 입학한다. 그는 이곳에서 바이올린과를 택하며, 졸업연주회에서는 부루크의 「바이올린 협주곡」 전 악장을 연주한다.

1938년 일본 고등음악학교를 졸업한 이듬해 김동진은 만주로 향한다. 당시 만주 신경에서는 새로이 교향악단을 조직하기 위해 널리 단원을 모집하고 있었다. 부친의 친구인 신경교회의 김창덕 목사가 그를 꼭 그리로 오라고 종용한 것이다. 그곳에서 그는 만주국 수립 10주년 기념경축음악회에서 한국, 독일, 이탈리아, 일본, 만주 5개국 작곡가들의 작품을 연주할 때 일본 유학 시절의 작품 「양산도를 주제로 한 바이올린 제1악장」을 직접 지휘하여 큰 호평을 받는다.

가곡 「내 마음」과 「수선화」는 당시의 작품인데, 「수선화」는 낭만적인 성격의 그를 매료시킨 나머지 거의 즉흥적으로 건반 위에서 작곡된 것이다. 특히 「내 마음」은 그가 늘 애송하던 초등학교 시절 은사 김동명의 시로서, 적공을 들인 작곡의 사연이 돋보인다.

신경에서 유명한 남호라는 호숫가를 산책하며 이 곡의 멜로디를 얻으려고 애를 썼지만 좀처럼 악상을 얻지 못하던 어느 날 아침 출근길에 조일(朝日)통로를 걸어 동보극장 앞을 지나칠 때 돌연 "내 마음은 호수요 그대 저어오오"의 선율이 떠올랐다. 나는 잊어버릴세라 입속으로 중얼대며 연습장에 와서 오선지에 옮기고 나서야 한숨을 돌렸다. 이 곡이 완성될 무렵 이인범, 김생려 씨 등의 음악인들로 구성된 후생악단이 신경에서 순회음악회를 했는데, 이때 이인범 씨가 내 집에 놀러 왔다가 아직 정리도 안 된 「내 마음」의 초고를 그대로 갖고 한국으로 돌아가 이 노래를 불러 나도 모르는 사이에 한국에 퍼졌던 것이다. (『목련화』, 김동진 가곡집)

1945년 8월 15일 김동진은 만주에서 평양으로 귀국한다. 평양국립교향악단의 전신인 중앙교향악단과 합창단을 조직하여 지휘자 겸 작곡가로 활약한다. 이 시기 작품으로는 「신 밀양아리랑」과 주요한의 「부끄러움」, 김영삼의 「섬색시」가 있으며, 만주 시절에 시작했던 「심청전」은 이때에 비로소 완성한다.

「가고파」는 해방 이후 공산치하 이북에서도 많이 불리었는데, 한번은 무대에서 노래 부를 때 돌연 국립극장장이 중지시켰다. "내 마음 색동옷 입혀 웃고웃고 지나고저 그날 그 눈물 없던 때를 찾아가자 찾아가······" 이 문구가 옛날을 그리워하는 것이니 현재의 공산주의를 싫어하는 것이라고 해석하여 금지곡으로 찍어버렸다. 김동진은 목사의 아들로 기독교 신자라는 이유로 숙청된다. 조부와 부친은 투옥되어 15년형의 선고를 받으며, 끝내 옥사한다.

1950년 6·25전쟁이 발발하자 김동진은 평양에서 서울까지 걸어서 월남한다. 그때가 12월 4일. 김동진은 부서진 대동강 철교를 곡예하듯 건너야 했다.

오직 살아야겠다는 결의와 모험심이 강한 사람만이 철교 위를 다람쥐처럼 기어올라 대동강을 건너고 있는 서늘한 광경은 처참하기 이를 데 없었다. 나도 혼신의 힘을 다하여 하나님을 부르면서 철교를 건넜다. 온몸에 식은 땀이 줄줄 흘러내렸다. 혹한이 몰아치는 북서풍의 차디찬 바람도 차갑다는 느낌을 주지 못했다. 손끝이 아찔아찔하고 엉금엉금 옮기는 두 다리는 부들부들 떨렸다. (『가고파』)

김동진은 그때 대동강을 건너면서 두 누이동생과 숙부도 만났다. 그 중 한 누이동생 선옥(87) 씨는 현재 서울에 살고 있다.

임진강을 거쳐 서울에 온 김동진은 또 다른 난관에 부딪힌다. 헌병의 심문을 받는 순간 그들 일행의 신분을 확인할 증거가 없었다.

생각다 못한 나는 궁여지책으로 "당신 「가고파」라는 노래 아시오?" 하고 물었더니 의외로 두 헌병 모두 안다는 것이었다. "내가 바로 그 노래를 작곡한 김동진이오." "그걸 우리가 어떻게 믿을 수 있단 말입니까?" …… 한 헌병이 자기가 내 음악회를 본 적이 있다면서 그때의 상황을 말하라는 데까지 질문이 발전하고 나서야 두 헌병이 「가고파」에 대한 여러 이야기를 들려주었고,

나는 그때 비로소 「가고파」가 오히려 여기서 널리 불려지고 있다는 것을 알게 되었다. (『내 마음』, 김동진 가곡집)

이후 김동진은 군가보급합창단을 지휘하는 한편 「행군의 아침」, 「병기애호의 노래」 등 많은 군가를 작곡한다. 어릴 적 친구인 시인 양명문과 함께 향로봉을 비롯하여 여러 번 일선 병사를 위문하며 가는 곳마다 사단가, 부대가를 작곡하여 '음악으로 보국'한다.

군복무했던 사람들은 새벽에 「행군의 아침」을 부를 때마다 늘 뭉클한 마음이 솟곤 했다고 한다. "동이 트는 새벽꿈에 고향을 본 후 외투 입고 투구 쓰면 맘이 새로워!" 비록 군가이긴 하지만, 가사와 멜로디를 새겨보면 김동진의 독특한 분위기가 와 닿는다.

"「행군의 아침」은 내려와서 맨 처음 작곡한 거예요. 서울에서 부산으로 가는 찻간에서 작곡했어. 우리나라 사람들은 단조, 마이너를 좋아해요. 그래서 단조를 썼지." (김동진 인터뷰, 《월간조선》, 1999년 3월)

김동진은 해군정훈음악대 창작부장을 거쳐 1953년 서라벌예대 교수가 된다. 당시 주로 음악영화를 다루면서 소월 시에 곡을 붙인 「진달래꽃」, 「길」, 「초혼」, 「못잊어」와 「창문을 열면」을 작곡한다.

1964년 경희대 음대 교수를 거쳐 1974년 경희대 음대 초대 학장이 되며 1981년 예술원 회원이 된다. 김동진이 일생의 대작으로 꼽는 「심청전」은 1978년에 완성한다. 만주에서 쓴 것을 몽땅 찢어버리고 판소리를 배우면서 46년 만에 완성한 작품이다.

그는 1979년 신창악회를 창설하여 회장직을 맡는다. 신창악이란 판소리의 창법을 가곡 오페라에 접목시키려는 시도이다. 우리 전래의 창이 구전으로만 전수되는 것이어서 이를 악보로 남겨 성악곡으로 널리 보급

시키려는 의도에서 시작한 것이다.

"1950년대에 문공부에서 판소리 채보사업이 있었어요. 그때 나운영, 김성태, 나 셋이서 「춘향전」 판소리 채보하는 사업을 맡았는데…… 그때 김소희한테 가서 1년 동안 집을 드나들며 배웠어요. 심사 결과 내 것만 오케이됐어. 국악 하는 사람들 모아놓고 채보한 대로 내가 노래 불렀거든요. 판소리 명창 임방울 알죠? 그때 그분이 새로운 판소리 명창이 나왔다고 그랬어요. 신창악에도 명창이라는 말을 들을 만한 인재가 나와야 해요."(김동진 인터뷰)

김동진은 1986년에 판소리 채보집 『한국정신음악 신창악 작곡집』을 내며, 1990년에는 신창악발표회를 연다.

김동진은 2009년 7월 31일 서울 금호동 자택에서 별세하며, 경기도 남양주시 진건읍 사능리 영락동산에 안장된다.

김동진은 월남해서 결혼한 이보림(83·재령 경신여고 졸) 씨와 사이에 2남 1녀를 두었다. 장남 신영(60·경희대 체육학과 졸) 씨는 신일고 교사를 역임했으며, 차남 신원(50·미 코넬대학 조경학석사, 경희대 박사) 씨는 경희대 교수로 강현경(47·홍익대 조경학석사) 씨와 결혼했다. 딸 신화(55·서울음대 피아노과 졸) 씨는 강영재(60·미 조지아대학 식품위생학박사, 컨설팅회사 운영) 씨와 결혼했다.

내가 본 김동진

김동진 선생은 우리 가곡 수준을 한 단계 끌어올린 선구적 작곡가이다. 그분의 작곡법은 곧 우리 후학들의 교과서라고 할 수 있다. 그분은 유절(有節)가곡에서 통절(通節)가곡을 만드신 분이다. 유절가곡은 「애국가」 같은 것이다. 몇 수의 시가 있다면 각 수마다 똑같은 멜로디가 반복되는 것이다. 김동진 선생보다 시대가 조금 앞선 홍난파나 현제명의 가곡이 유절가곡이다.

이에 비해 통절가곡은 각 수마다 다른 멜로디를 붙인 것이다. 「가고파」가 그렇다. 각 수마다 그 시어(詩語)의 정서, 이미지를 살려 제각기 다른 곡을 붙이는 것이다. '가곡이 한국적이냐, 아니냐'라는 찬반론은 뒤로 하더라도 김동진 선생이 한국 가곡의 한 정형을 만들었다는 데는 이견이 없다. 우리 가곡을 애창가곡 수준에서 예술가곡으로 한 차원 높이신 분이다.

민경찬(한국예술종합학교 교수)

김동진

1913년	3월 22일, 평남 안주에서 태어남
1927년	안주 유신학교 졸업, 평양 숭실중학 입학
1930년	숭실전문학교 졸업
1938년	일본 고등음악학교 바이올린과 졸업
1939년	만주국 신경교향악단에 입단. 제1바이올린 및 작곡 담당
1945년	평양교향악단 및 합창단을 조직
1950년	6·25동란을 맞아 월남
1951년	육군 종군작가단원으로 군가 작곡
1953년	서라벌예대 음악과 교수
1974년	경희대 음악대 학장 취임
1981년	예술원 정회원이 됨
2009년	7월 31일, 서울 금호동 자택에서 별세

33
동리 김시종

　동리(東里) 김시종(金始鍾)은 현대 한국 문단을 이끌어온 걸출한 문인이다. 그는 토속적인 한국 고유한 가치를 지키는 민족문학으로 인본주의의 틀을 다져온 우리 문학의 대부(代父)로 기억되기도 한다.
　"지난 50년간 우리 문학에서의 대부는 김동리였다는 점에 이의를 제기할 사람은 그다지 없을 것이다. …… 좌우라는 개념으로 말하자면 김동리는 대표적 우익이었고 스스로도 그렇게 자처하곤 했지만, 그는 그 이전에 더 깊이 '문학의 본령'에 가장 투철했던 사람이 아니었을까."
　소설가 이호철 씨의 말이다.
　동리는 그 대부라는 이름에 걸맞게 자신의 본분인 소설도 최상급으로 써낼 뿐 아니라, 후진 양성에도 막강한 힘을 발휘했다. 그를 통해 문단에 등단하여 활동한 강신재, 장용학, 김성한, 오영수, 손창섭, 곽학송, 박경리, 최일남, 한말숙, 손장순 등의 원로 중진작가를 비롯하여 이문구, 김주영, 김원일, 오정희, 서영은 등의 서라벌대학 군단으로도 헤아릴 수 없이 많다.

동리는 그의 아호이자 필명이다. 맏형 범부가 지어주었는데 '해가 돋는 곳, 동쪽 마을에 살기로 한다. 그저 햇빛이 좋다'고 동리 스스로 풀이하고 있다. 동리는 1913년 경북 경주시 성건동 186번지에서 1913년 11월 24일(음력) 김임수(金王守)와 허임순(許任順) 사이에 5남매 중 막내로 태어났다. 동리는 연산군 때 무오사화에 얽혀서 부관참시당한 선산 김씨 김종직의 17대손이다. 그 직계 자손들이 화를 피하여 경주군(지금의 월성군) 서면 계림골로 숨어 오랫동안 초야에 묻혀 살아왔다.

동리의 부친 김임수는 제물장사를 하여 집안을 일으켰다. 당시 제사에 쓰는 모든 물건, 즉 제수 과일이나 명태 등의 장사는 썩 잘되었다. 자수성가한 자부심 또한 강했다.

그러나 부친은 여기저기 물건을 해 나르면서 점점 주색을 가까이하게 된다. 술로 세월을 보내게 되고, 동리마저 어린 나이(세 살)에 술찌끼에 맛을 들여 술 취한 모습이 동네 사람들의 구경거리가 되었다. 이 지경이 되자 참을 수 없게 된 모친은 교회에 나가게 된다.

"할머니는 할아버지가 술만 안 잡수신다면 좋겠다는 뜻에서 교회에 나가시게 되었고, 할아버지는 당신의 유일한 낙인 술을 자시지 말라 하니 집안이 뭐가 되겠습니까."

조카 윤홍 씨의 말이다.

동리가 이후 쭉 기독교 계통의 학교를 다니게 된 것도 모친의 영향 때문이었다. 동리는 모친의 입교와 부친의 술주정에서 비롯된 잦은 분란과 무관심으로 점철된 어두운 가정환경 속에서 자라야 했다. 그러나 동리에게 모성의 그리움을 동반한 기독교의 영향은 그의 맏형 범부의 정신적 영향력과 함께 성격 형성에 중대한 일면을 차지하게 된다.

그의 형 범부는 생활에 대해서는 무관심했으나 어릴 때부터 상당히 조숙했다. 어린 나이에도 불구하고 이미 조국을 생각했으며, 독립운동에도 참여했다. 범부(凡父)는 '모든 사람의 아버지가 되실 분'이라고 해서 언제부터인가 사람들이 그렇게 불렀다'는 것이다. 본명은 김정설(金鼎卨)이다.

범부 선생이 열세 살 되던 해 우리나라가 일제에 강제 합방이 되었지요. 나라가 망하고 나서 처음 닥치는 추석이 되었을 때 범부는 좋은 것 없고, 송편은 만들어도 먹고 싶지 않고 울고만 싶더랍니다. 그래서 열여섯 살에는 외동면 치술령산 굴속에 들어가 동지를 10여 명 모아서 독립운동한다고 늘 구상도 하고 나름대로 독립운동을 했습니다. (범부의 큰딸 옥영 씨, 『김동리 삶과 문학』, 김정숙)

이후 범부는 백산상회 도움으로 일본으로 유학 가는데, 백산상회는 백산 안희제 등이 독립운동 자금을 지원하기 위해 1914년 부산에 세운 회사이다. 범부는 워낙 타고난 신동이라 한 번 읽은 책은 거의 다 기억했다. 범부가 일본 교토제대에 다닐 때 학장이 『주역』을 강의했다. 그런데 범부가 그 시간에 참석하지 않자 학장이 불러서 '왜 강의 시간에 오지 않는지'를 물었다. 그러자 범부는 들을 것이 하나도 없다고 대답했다. 학장은 그럼 강의를 한번 해보라고 했다. 그래서 범부는 그 시간에 내내 강의만 했다고 한다. 어렸을 때 공부했던 『주역』을 기억해낸 것이다.

범부는 1915년 도일하여 도요(東洋)대학에서 동양철학을 전공하고, 이어 서양철학을 연구하기 위해 도쿄도 외국어학교에서 영어와 독일어를 수학한다. 그 후 도쿄대학, 교토대학에서 청강생으로 동서양의 철학을 비교연구하고 귀국하여 8·15광복까지 산사를 역방하면서 불교철학

연구에 몰두한다. 1950년 2대 국회의원선거 때 동래에서 당선되고, 후에 계림대학에서 동방사상연구소를 세워 동양철학, 한학 등을 강의한다. 한시와 동양철학에 조예가 깊으며 저서에 『화랑외사』가 있다.

동리는 큰형 범부를 스승으로 생각했으며 어려서부터 마을에서 소문 난 신동이었던 범부를 절대적인 존경의 대상으로 생각했고, 범부 앞에 서는 늘 꿇어앉아서 가르침을 받았다.

동리는 1920년에 경주 제일교회 소속의 계남소학교에 입학한다. 모친이 독실한 신자였으므로 그도 충실한 여름성경학교 학생이었다.

성경학교는 성경 공부나 기도 드리는 일보다 이야기(동화) 듣던 일과 노래 배우던 것만 머릿속에 뚜렷하게 남아 있다. …… 이야기는 지금 알고 보니, 거의 전부가 명작 동화집과 『아라비안나이트』에서 추려낸 것들이었는데, 크레용인가 그런 것으로 큼지막한 종이에 그림까지 그려 붙여놓고, 절실하게 표정까지 지어가며 들려주는 데는 여간한 개구쟁이나 게으름뱅이라도 혹하지 않을 수 없었다. (『나를 찾아서』, 김동리 자전 에세이)

동리는 1926년 대구의 계성중학교에 입학한다. 그는 중학을 마치면 의학전문학교로 진학할 계획이었다. 그러나 계성학교는 전문학교 응시 자격이 없다고 해 2학년을 마치자 서울의 경신학교 보결시험을 치렀다.

그때 경신학교에는 안재학 선생이 교무주임으로 계셨는데, 공초 오상순 선생이 이분과 친분이 있다고 해서 공초 선생이 날 데리고 학교로 갔다. 안재학 선생은 공초 선생과는 일본 경도 학창 시절부터 잘 아는 사이였다고 한다. 공초 선생은 백씨와 친구였다. 내가 중학교 1학년 때 아버지가 돌아가셨는데, 공초 선생은 서울서 그 이튿날 문상을 오셔서 뵌 적이 있었다. (『나를 찾아서』)

경신 시절 동리는 선생님의 추천으로 도스토예프스키의 『카라마조프의 형제』를 비롯하여 『레미제라블』, 『아라비안나이트』, 『메테를링크 선집』 그리고 『세계 문호와 그 창작』이라는 서양인 평론집 등을 읽는다. 경신 4학년 때 당시 맏형 범부가 《중외일보》 고문이어서 여기자로 있던 김말봉이 글을 써보라고 해서 「고독」, 「방랑」, 「기러기」 등 수필을 발표한다. 그 무렵 그는 진학 학자금 문제를 의논하기 위해 부산으로 범부를 찾아간다.

형님은 학자로, 사상가로, 지사로 경상도 일대에서는 모든 뜻있는 이들로부터 존경을 받고 있었지만…… 돈은 본래 없었으므로 그만한 일 한 가지도 뜻대로 되어지지 않았다. 몇 분 친구들에게 부탁해보았으나 결과는 실패였다. 나는 그대로 형님 댁의 식객이 되고 말았다. 그때 형님 댁 골방에는 철학 서적이 한 400~500권 쌓여 있었고, 문학 책도 더러 눈에 띄었기 때문에 나는 그 벽장 속같이 어두운 골방에 틀어박혀서 나한테는 힘에 겨운 플라톤과 괴테 따위를 뒤적이고 있을 수밖에 없었다. (『나를 찾아서』)

1934년 겨울 1935년도 《조선중앙일보》 신춘문예에 소설 「화랑의 후예」가 당선된다. 김동인이 "경쟁자 없이 단연 수위에 올리지 않을 수가 없는 호조 소설이었다"고 선후감을 썼다. "잘못하면 야비한 자극에 흐르기 쉬운 재료를 무게 있게 말미까지 끌고 나간 표현적 기술이라든가, 전 작품을 장식하는 위트며 유머 등도 적당히 끼어서, 범수(凡手)가 아니라는 것을 역력히 증명했다"고 호평했다.

"이 소설은 '조선의 심벌'='황진사'='화랑의 후예'를 작품의 전개 과정에서 밝혀나가는 구조로 이루어져 있다. 즉 이 모든 것이 하나라는 동질성을 확인해가는 소설이라 할 수 있다. 이는 일제치하에서 옛 명성과 명분만 남긴 채 피폐해져 가고 쇠잔해가는 민족정신과 조국의 운명을 조선의 심벌인 황진사를 통해 보여주는 작품이다. (『김동리 삶과 문학』)

이후 동리는 「산화(山火)」, 「바위」, 「무녀도」, 「황토기」, 「등신불(等身佛)」 등 주옥같은 단편을 발표한다. 또 "작가 생활 35년 만에 처음으로 작품을 가지게 되었다"고 스스로 말한 『사반의 십자가』 등의 장편들은 폭넓은 독자층을 확보하며 현대의 고전이 돼 독자의 정신세계를 드높이고 있다.

『사반의 십자가』는 유년 시절 이후부터 교회나 학교에서 받은 서양적 영향에 대한 객관적인 비판이 담겨 있다. ……『사반의 십자가』에서 이스라엘(동양)은 우리나라를, 로마제국(서양)은 일본제국을 상징한다. 해방이 되었다고 해서 '지배-억압'의 구조는 일순간에 사라지는 것이 아니다. 해방이 된 이후까지 계속적으로 억압의 상태에 준하는 식민지 통치의 정신적 후유증을 동리는 기독교 문화(성경과 예수)와 동양 문화(점술 혹은 샤먼과 사반)의 창조적 지양을 통해 보여준다. (『김동리 삶과 문학』)

1936년 《동아일보》 신춘문예에 「산화」가 당선됨으로써 3대 민간신문의 신춘문예를 모두 통과하는 기록을 남긴다. 그는 이미 1934년에는 《조

김동리의 육필 원고(경상북도 경주시 동리목월문학관 소장).

선일보》 신춘문예에 시 「백로」를 내 입선했다.

1937년 경남 사천군 원전에 광명학원이 설립되어 강사로 취임한 동리는 낮 수업이 끝나면 야학을 열어 동네 사람들의 문맹퇴치운동에 심혈을 쏟는다. 야학에서 하는 일이란 아직 우리말을 모르는 어린이나 어른들에게 우리말을 깨우쳐주는 것이었다. 우리말을 가르치지 못하게 되었음에도 불구하고 우리글을 깨우치려고 힘썼다.

동리는 당시 하숙집 딸 김월계와 친해져서 1938년 3월 25일 진주 옥봉 본당 원전 공소에서 혼배성사로 가톨릭식 결혼식을 올린다. 뒤이어 열린 일반 결혼식에서 들러리를 섰던 범부의 딸이며 광명학원 제자였던 김소영이 말한다.

> 숙모님은 그 마을에서 유일한 인텔리 여성이었기 때문에 그때는 선택의 여지가 없었어요. 삼촌이 광명학원 대교정에서 결혼식을 올렸는데 그때 주례선생이 만해 한용운 선생이었던 것으로 기억합니다. (『김동리 삶과 문학』)

1942년 광명학원이 일제 당국에 의해 폐쇄되며, 맏형 범부가 구속되고 가택수색을 당하자 동리는 절필을 한다. 사천에서 해방을 맞은 동리는 사천청년회 회장으로 선출된다. 상경한 동리는 이듬해 조선공산당 계열의 문학가동맹에 대항하여 서정주, 박두진, 조지훈, 박목월, 최태응 등과 청년문학가협회를 결성하고 초대 회장에 선출된다. 이어 공산계의 계급주의 민족문학론에 대항하여 인간주의 민족문학론을 제창하며, 본격문학이란 용어를 최초로 사용한다. 1948년 《민국일보》 편집국장에 취임하며 김동석, 김병규 등의 좌익 문학평론가들과 논쟁을 벌인다.

그는 평생 동안 일관하고 단호하고 씩씩했다. 1940년대 초의 마지막 일제 암흑기에는 초야에 숨었다가 8·15해방이 되자 청년문학가협회를 이끌며 처음부터 뚜렷한 기치를 들고 등장, 일약 당시 우익 문화 진영의 맹장으로 활동을 시작한다. 그러한 그의 출발은, 좌우 대립에서 6·25를 거쳐 남북 분단과 지난 50년 동안의 극렬한 대치 상황으로 이어지는 동안 자연스럽게 남쪽 문단의 대부로 그를 끌어올린다. (『광복 50년 한국을 바꾼 100인』, 이호철, 《월간중앙》 1995년 신년호 별책부록)

동리는 1948년 겨울 서울 명동에 전숙희와 함께 마돈나 다방을 차린 손소희와 로맨스를 벌인다. 손소희는 해방 후 만주에서 귀국하여 소설을 쓰려 했다. 소설 작법 지도를 바라는 손소희를 한무숙이 김동리에게 가보라고 소개한다. 그 당시 다방은 인텔리 여성, 즉 신여성이 경영하는 수준 높은 문화공간으로 지금의 다방과는 의미가 달랐다. 이때 손소희는 다방의 주인으로서 카운터를 보고 있었다. 얼굴도 곱고 젊었을 뿐만 아니라 모나리자처럼 생겼다고 해서 인기가 있었다.

그 당시 손소희의 남편은 《한성일보》 편집국장 심영택이었는데, 인간의 기본적 속성을 억누르기보다는 해방시킨다는 인간중심적 사고를 가지고 있던 동리로서는 손소희와의 사랑을 전혀 불륜으로 생각하지 않았을 뿐 아니라 사랑을 위해서는 목숨을 바쳐도 좋다고까지 생각하고 있었다. 따라서 동리와 손소희의 사랑의 감정은 억눌러야 하는 것이 아니라 오히려 키워나간 것이 '동리가 생각하고 있던 휴머니즘 정신에 가까운 것'이었다고 서정주는 회상한다. 그러나 동리는 이 일로 인해 형 범부로부터 심한 꾸지람을 듣기도 했으며, 봉변도 많이 당했다고 한다. (『김동리 삶과 문학』)

동리는 문학을 이해하지 못하는 자신의 부인과 같이 사는 것은 죽음보다 싫은 숨 막히는 생활로 느껴, 결국 1966년 이혼한다.

두 번째 부인 손소희는 문학 제자로서 동리가 문학가로 성공의 길을 걷게 하는 지원자가 된다. 문단활동의 측면에서 동리의 서라벌예술대학 교수 활동이나 월간지 《한국문학》의 창간 및 운영을 도와주었을 뿐 아니라, 경제적으로 청담동 땅을 사고 집을 짓는 등 집안의 살림을 도맡아서 처리했다. 동리가 문인협회 이사장, 서라벌예술대 학장, 예술원 회장을 역임하고, 잡지사를 경영하는 등 적극적인 사회활동을 할 수 있었던 것은 손소희의 내조 덕이었다.

하지만 동리는 1966년경부터 또 다른 안식처를 찾고 있었다. 자신에게 순종하고 오직 자신만을 쳐다보며 자신의 모든 것이 되어줄 소녀의 존재를 찾고 있었던 것이다. 그가 곧 작가 서영은이며, 그녀는 동리가 선택한 최후의 부인이 된다. 서영은의 존재는 동리로 하여금 여성 탐색을 끝내도록 하지만, 이때 문단의 지위나 명성으로 보아 엄청난 파문을 일으킬 수 있었다. 그러나 부인 손소희는 뛰어난 인내와 결단으로 그들의 사랑을 용서하고 덮어준다.

손 선생은 나를 포용했던 것이다. 그 포용을 통해 손 선생도 나도 새로 태어났다. 드디어 우리는 한 남자를 사랑하게 됨으로써 서로를 등질 수밖에 없는 그 숙명적 덫을 찢고, 한 남자를 사랑하게 된 두 여자로서 우리만이 아는 아픔을 공유하게 되었다. 그런데도 내 마음은 조금도 기쁘지 않았다. (『한 남자를 사랑했네』, 서영은 수필집)

손소희는 1917년 함북 어랑면에서 태어나 함흥 영생여학교를 졸업하고 1937년 일본 니혼대학에 유학 갔으나 신병으로 중퇴한다. 1945년부터 4년간 《만선일보》 기자로 있으면서 문필 생활을 시작한다. 1949년 전숙희, 조경희와 함께 월간지 《혜성》을 펴내고 주간을 맡으며 한국여류문인협회장, 펜클럽한국본부 부위원장 등을 지내다 1987년 별세한다. 『이라기』, 『회심』 등의 작품집에 장편으로 「남풍」, 「태양의 계곡」, 「계절풍」 등을 남겼다.

순수문학과 신인간주의 문학사상으로 문학 인생을 다져온 동리는 1995년 6월 17일 서울 청담동 자택에서 별세하며, 경기도 광주군 오포리 가족묘지에 안장된다.

동리는 5남 1녀를 두었다. 장남 재홍(69·연세대 졸) 씨는 《중앙일보》 기자를 역임했으며, 아동문학 작가이다. 차남 평우(66·서울법대 졸) 씨는 법관으로 7년 재직 후 대한변협회장을 지냈다. 3남 양우(65·경희대 졸) 씨는 동부그룹 임원을 지냈으며, 4남 치홍(63·고려대 법대 졸) 씨는 외교고시에 합격하고 외교관으로 근무했으며, 5남 기홍(별세·외국어대 졸) 씨는 삼성자동차 상무를 지냈다. 동리의 딸 복실(56·중앙대 졸) 씨는 계원여중 교사를 지냈다.

"선친께서는 생전에 외국 구경도 거의 안 하셨지요. 어디나 다 산이 있고 물이 있는데 무엇을 더 볼 것이 있느냐는 것이지요. 동리문학상을

13회째 시상했고, 손소희문학상도 따로 있지요. 모친의 문학활동은 생전에는 부친에 가려져 온 셈이지요. 백부님(범부)께서는 통일 후의 남북을 아우르는 사상을 연구하셨고…… 이분들 기념사업을 제대로 하는 것이 쉽지는 않겠으나 자부심을 가지고 힘써야지요."

차남 평우 씨의 말이다.

내가 본 동리 김시종

나는 1979년 김동리 선생님을 중앙대학교에서 사제지간으로 만나 아예「김동리 연구」를 학위논문으로 택한 인연으로까지 발전했다. 따라서 생전에 동리 선생님을 여러 차례 만날 수 있었으며, 그분은 문학 대인답게 무슨 질문에 대해서든지 스스럼없이 답변해주셔 연구에 많은 도움을 주셨다. 주견을 뚜렷이 하시면서도 인품은 부드러우셔서 따르는 사람들이 많았다.

그분 생전에 "지금은 민족적인 문제가 절실하지 않으므로 집착할 필요가 없지 않느냐"는 질문에 "지금이 그때(일제강점기)와 같이 그렇게 절실하게 모든 사람에게 민족을 생각하게 하는 그런 현실은 아니지만, 지금이라고 민족적일 필요가 없는 것이 아니다"라고 대답하셨다. 그의 문학의 뿌리는 "자연과 민족과 신에 얽힌 샤머니즘이라고 하는 나무"라고 대답한 것이다.

김정숙(경남대 교수)

동리 김시종

1913년	11월 24일(음력), 경북 경주시 성건동 186번지에서 태어남
1920년	계남소학교 입학
1926년	대구 계성중학교 입학
1928년	서울 경신중학교 3학년에 편입학
1935년	《조선중앙일보》 신춘문예에 소설 「화랑의 후예」 당선
1936년	《동아일보》 신춘문예에 소설 「산화」 당선
1946년	청년문학가협회를 결성하고, 회장으로 선출됨
1948년	《민국일보》 편집국장에 취임
1958년	『사반의 십자가』로 예술원상 수상
1970년	문인협회 이사장에 선출됨
1972년	서라벌예술대 학장 취임
1981년	예술원 회장에 선출됨
1995년	6월 17일, 서울 청담동 자택에서 별세

34
단암 이필석

단암(丹菴) 이필석(李珌奭)은 말단 은행원에서 산업은행 총재까지 역임한 입지전적인 인물이다. 6·25전쟁 중에 일본에 유학한 후 『전후 일본 부흥상』이란 연구서를 내 한국 경제의 전후 재건 지침서로 삼게 한 지사형(志士型) 금융인이다. 그는 광복 후 평양 신탁은행 근무 중 소련군 헌병사령부에 맞섰다가 최초로 탈출, 월남한 금융인이기도 하다.

그의 형 병석(炳奭)도 도쿄상대 졸업 후 조선은행 도쿄지점에 근무하다 일본 행정고등문관시험에 합격했으며, 해방 후에는 미군정청의 재무부 이재국장 등을 역임했다. 단암의 장남 봉서(鳳瑞) 씨는 상공, 동력자원부장관을 지냈으며, 그의 장인이 송인상 전 재무부장관에다 동서가 조석래 전 전경련 회장(효성그룹 회장)으로 백부, 부친과 더불어 재계의 한 축을 형성한 셈이다. 그는 서울상대 재학 중 미국 위튼스쿨에 진학해 외국인으로는 처음으로 수석졸업하며, 대학 졸업성적에 따라 하버드대학에 무시험으로 입학하여 석사·박사 학위를 받는 영예를 누린다. 하버드 입학 동기로는 김경원 전 대통령비서실장, 서상철 전 동자부장관, 백낙청 서울대 교수 등이 있다. 1971년에 귀국하여 동자부 기획관리실장, 대통령 경제비서관, 동자부차관·장관, 상공부장관 등을 지냈다. 단암의 차남 경서(景瑞, 서울공대, 미 MIT대 졸, 대학원 기계공학박사) 씨는 1966년 미국음향진동연구소의 선임연구원으로 재직하면서 비행기, 잠수함 등 무기의 소음을 없애는 일을 맡았다. 1969년 KIST의 초청으로 귀국하여 2년간 유체기구연구실장으로 근무하면서 한국 기계공업 육성 방안을 성안했다. 이듬해 국방과학연구소로 옮겨 장거리유도탄개발팀장을 맡아 2년간 개발 가능성을 검토하여 박정희 대통령에게 보고했다.

당시 박정희 대통령은 이북이 사정거리 40~70km인 프로그미사일을 보유하고 있는 데다 노동1호와 핵을 개발한다는 정보를 입수하고, 유도탄을 만들어야겠다고 결심했다고 한다. …… 이북이 서울을 때리면 우리도 평양을 때릴 수 있는 사정거리 200~250km 정도의 중거리유도탄을 만들어야겠다고 결정했다고 한다. 한강에 아파트 한 채를 빌려 중앙정보부 감시 아래 4~5명의 연구원들과 개발 가능성을 검토하는 한편, 국내에 있는 미군 유도탄을 모두 살펴보고, 세계 각국을 돌아다니며 유도탄 개발 상황도 시찰했다. '유도탄의 아버지' 폰 브라운이 근무했던 미국 유도탄연구소 조지마샬센터에서 6개월간 연수를 받기도 했다. (「신 명가」,《조선일보》, 1995년 7월 24일)

이경서 박사는 미국의 반대를 무릅쓰고 '대전기계창'이라는 위장간판을 달고 연구에 몰입하여 1979년 태안반도 안흥에서 로켓 시험발사에 성공한다. 국방과학연구소 부소장으로 재직 중에 한국 제1호 원거리 로켓을 개발하는 실무책임자의 중책을 맡았었다. 그러나 이듬해 신군부의 등장으로 국보위가 발족하면서 미국의 사후승인을 받을 필요를 느낀 신군부 주체들이 국방과학연구소를 사실상 해체하며 숙정(肅正) 제1호로 이 박사는 해임된다.

단암은 1914년 2월 4일 평남 강서군 신정면 연하리에서 이술배(李述培)와 임순애(林順愛) 사이에 2남 1녀 중 차남으로 태어났다. 관향은 교하(交河, 경기도 파주군)이지만, 조상들은 대대로 평양과 진남포 중간에 자리 잡은 강서군에서 거주하며 연간 수백 석의 농사를 짓는 부농이었다.

나는 남북한을 통하여 각 지방을 여행해보았지만 내 고향 강서보다 살기 좋은 곳은 없는 것 같다. 남으로는 유유히 흐르는 대동강을 경계로 중심에는 그리 높지 않은 구릉이 뻗어 있으며, 서로는 황해를 끼고 있으므로 산과 육수, 해수의 모든 진미를 구비하고 있다. …… 벽화로 유명한 강서 고분도 이곳에 있으며 일찍이 낙랑, 고구려 문화의 중심지이기도 하다. 이제는 다시가 보기 어려운 망향의 꿈의 대상이 되어버린 것이 한스럽기만 하다. 원래 풍토가 좋으니 인물도 역시 많았다. 민족적 지도자로서 숭앙받는 조만식 선생, 안창호 선생이 모두 강서군 태생이며, 일찍이 기독교의 교화를 받은 관계로 미국 유학이 성행했으며, 신학문 교육열이 대단하여 개화가 빨랐던 곳이기도 하다. (『단암 이필석 회고』)

단암은 네 살 때부터 『천자문』을 배우며, 아홉 살까지 서당에서 『맹자』와 『논어』를 공부하다 열 살에 보통학교에 들어간다. 부친은 한학자였으며, 모친은 근검절약으로 유명한 분이었다. 단암이 다니던 보통학교는 집에서 10킬로미터나 떨어진 곳에 있어서 어린 나이에 매일 40리를 걷는 것이 힘들었던 듯하다.

키가 3미터가량이나 자란 수수밭 사이를 혼자 지나갈 때는 혹시 승냥이가 나올까 몹시 두렵기도 했다. 하학길에서 소 먹이는 목동들이 작당하여 희롱하는 일이 많아 학교 다니기가 무서웠던 것이다. (『단암 이필석 회고』)

단암은 그보다 네 살 위인 형이 진남포상공학교에 입학하게 됨을 계기로 120리 떨어진 진남포로 전학한다. 그는 5년 동안 자취 생활을 하면서 두 차례나 월반하여 1927년에 진남포상공학교 상과에 입학한다. 이 학교 재학 시의 성적은 전 학년을 통하여 1·2등을 다투나 2학년 때 2등에서 1등을 차지하는 단암의 승부근성이 돋보인다.

나와 1·2등을 다투던 황이라는 학생이 있었는데 그는 하숙을 하고 있었고 나는 자취를 하고 있었기 때문에 매일 2시간여가 취사에 소모되어 그 시간에는 공부를 할 수 없게 되어 그만큼 성적 다툼에 불리했다. …… 결국은 수면 시간을 단축하는 수밖에 없다고 생각하고 나의 성적 적수인 황 군이 투숙하는 하숙집을 혼자 엿보기 위해 야간과 새벽녘에 수차 찾아가 몇 시에 취침 소등하며 몇 시에 기상하여 불을 켜는가를 조사한 후 그보다 늦게 자고 일찍 일어남으로써 자취에 소요되는 시간적 손해를 회복할 수 있었다. 이것이 내 나이 열다섯에 있었던 일이지만 나는 모든 승부에서 남에게 지는 것을 몹시 싫어하는 성격이었다. (『단암 이필석 회고』)

단암은 상업학교 졸업반 때 비로소 자취를 그만두고 하숙을 하며 상급학교 입시에 몰두한다. 그는 120명 정원에 한국인은 12명만 뽑은 경성고등상업학교(서울대 상대 전신)에 무난히 합격한다. 그는 하숙 생활에서 장래가 촉망되는 학생으로 소문나 17세 때 15세의 진남포고녀 1년생 최응학과 약혼하며, 5년 후 결혼한다.

단암은 1935년에 경성고상을 졸업하며, 이듬해 조선신탁 평양지점에 입사한다. 그는 해방 직전에는 조선신탁의 한국인 책임자 3명 중의 한 명으로 꼽힐 만큼 대표적인 금융인 반열에 오른다. 해방을 맞아 단암은 조선신탁 평양지점장이 되어 운영책임자가 된다. 그는 김일성에 항의하여 북조선 중앙은행 설립을 반대하고 월남하는 첫 번째 금융인이 된다.

1946년 월남한 단암은 한국신탁은행 은행부장에 취임한다. 당시 좌익의 성토대회가 무서워 모든 은행이 문을 닫았으나, 단암만이 좌익 스트라이크에 맞서 금고문을 열고 은행 업무를 수행해 미군정 당국 재무부장의 칭찬을 받는다. 이때 그는 무용가 최승희에게 대부해주어 예술활동을 돕기도 한다. 그는 최승희의 무용은 재생시켜야 한다는 확신으로 자신의 단독책임으로 30만 원을 대부해준다. 그러나 바로 그때 이북에서 그녀의 남편이 최승희가 미군 위로공연을 하려는 것이 이북에서의 그의 활동에 방해가 된다면서 데려가 버렸다.

> 그녀는 두 남매의 어머니로서 남편을 따르느냐, 아니면 예술을 살리기 위해 남편의 뜻을 거부하느냐의 갈등으로 연일간 울며 싸우다가 결국 안막을 따라 이북으로 도주했다. 최승희는 이 선생에게 대단히 미안하지만 그 은혜는 반드시 갚겠다는 말을 남기고 떠났다. (『단암 이필석 회고』)

1947년 단암은 한국신탁은행 대구지점장으로 전근한다. 바로 전해 10월 1일 대구 지역에서 이른바 10·1사건으로 알려진 좌익 난동사건이 일어난 직후인 데다 전혀 연고도 없는 객지 발령이어서 단암은 가족을 서울에 둔 채 단신부임을 한다. 1946년 10월 1일 경북 영천읍에서 발생한 좌익 난동사건으로 다수의 인명 살상과 재산 파괴를 가져왔으며. 이 불행한 사건은 대구 시내까지 파급되어 민심이 흉흉한 상황이었다. 그러나 단암 특유의 뚝심을 발휘하여 이러한 역경을 뚫고 1년 안에 예금고를 10배로 올리는 전례 없는 기록을 세워 전화위복의 기회로 삼는다.

그는 부임하자마자 '질서의 존중'이라는 행훈을 자필로 써서 벽에 걸게 한다. 지금은 어느 직장을 막론하고 사훈에 질서를 강조하는 것은 우스운 일일 정도로 상식에 속하는 일이지만 당시 사정은 달랐다.

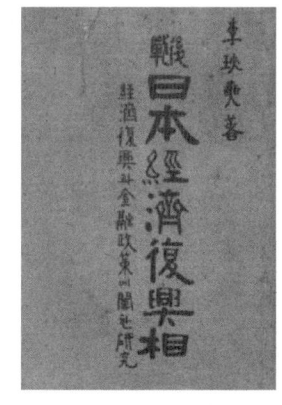

이필석이 집필한 『전후일본경제부흥상-경제부흥과 금융정책에 관한 연구』.

> 그때 나는 34세였는데 부지점장 및 지점장대리가 모두 50세를 넘었고 또 서무 및 대부의 각 주임이 45세를 넘은 분들이었으므로 모두 나보다는 10년 이상 연상이었다. 그 당시는 종래의 장유유서의 서열감이 강했으며, 특히 그곳이 보수색 짙은 대구였기 때문에 연장자가 어른 행세 하는 것이 상례였으며, 그것도 10년 이상 차이면 세대가 다른 것으로 생각하고 행동하려 했었다. 간혹 외래객이 인사차 지점장석까지 왔다가는 착각했던 것으로 판단하고 부지점장석으로 가는 일도 종종 있었다. 그러므로 지점 운영과 장차 업무 발전을 위해서는 우선 상명하종(上命下從)의 질서 강요가 근본이라고 생각했고, 따라서 질서의 존중을 행훈 제1로 하는 난센스를 연출했다. (『단암 이필석 회고』)

당초 신탁은행은 다른 은행에 비해 예금량도 크게 적은 데다 대구 사람들이 보수성이 강해 한 번 거래한 은행을 바꾸려 하지 않으며, 그는 향토색 짙은 평안도 사투리를 쓰는 청년이니 배타심이 강한 이곳에서 먹혀들지 않았다. 그는 지역 원로와 유지들을 매일 심방을 거듭하여 이들을 감동시켜 부임 1년 만에 인계받은 예금고의 10배인 2억 2000만 원을 후임자에게 물려주고 서울 본점 영업부장으로 개선한다.

단암은 1950년 6·25전쟁 중에도 피난을 가지 않고 은행을 지킨다. 그는 공산당의 무자비한 비판교육에 질린 데다 자기비판서를 쓰라는 강요를 받으며, 체포위기를 피해 친척 집을 전전하면서 피신하다가 9·28수복을 맞이한다. 수복 후에 단암은 부역자심사위원회 위원으로 위촉되어 피난하지 못하고 적치하에서 잔류하여 근무한 이른바 부역은행원 다수를 앞장서서 구제한다. 당시 도강파 심사위원들은 강경한 입장이었으나 단암은 병자호란의 교훈에 따라 부역 동료 전원 구제에 성공한다. 병자호란 때 인조는 남한산성에 피신했으나 다수의 부녀자가 오랑캐군 점령 하의 서울에 잔류하여 농락당했다. 왕이 수복하여 보니 잔류 부녀자들의 정절을 의심하며 욕설로 대하므로 인조는 왕명을 내려 전 부녀자들에게 홍제원 연못가에서 목욕을 하게 하고 그 후 일체의 의혹을 대사했다는 일화를 원용한 것이다.

단암은 피난 시절인 1951년 한국신탁은행 영업부장 겸 부산지점장이란 요직을 맡으며, 이듬해 이사로 승진한다. 하지만 단암은 단순한 금융인의 차원을 넘어 전쟁으로 피폐한 전후 국가의 재건을 걱정하는 마음이 앞서 안락한 은행원의 일상을 접고 일본 유학을 결행한다. 우리와 가장 유사한 경제구조를 지녀온 데다 제2차 세계대전에서 막 일어난 일본의 부흥상을 우리의 경제 재건 모델로 연구하고자 한 것이다.

전쟁 중이어서 직장의 유학제도 자체가 전무한 데다 무급출장 형식으로 1953년 6월 10일 일본 유학길에 오른 것이다. 단암은 과거 8년간의 신문을 수집하여 일본 부흥의 발자취를 샅샅이 훑었으며, 도쿄 간다 고서점가를 헤매면서 퇴적된 문서철을 뒤지기도 한다. 한국은행 도쿄지점을 비롯하여 일본은행 조사부, 미쓰비시 경제연구소, 《동양경제신보》 조사부 등을 탐방하여 방대한 자료를 수집하고 알찬 자문을 받았다. 2개월쯤 후에는 연구 주제와 내용 목록의 방향을 설정할 수 있었다. 그 후 약 6개월간 숙소에 들어앉아 전후 '일본 경제 부흥상'이라는 주제로 원고지 2000장을 써 내려갔다. 그의 연구에 의하면 일본은 미국으로부터의 외자도입에 급급하면서 제2차 세계대전 이전의 경공업 국가에서 중화학공업 국가로 대전환을 시도하고 있었다. 은행의 기업에 대한 지원도 대단히 적극적이어서 큰 상사는 거의 은행 관리 하에 금융지원을 받고 있었으며, 특히 중화학공업에 대해 중점적인 금융지원을 아끼지 않았다. 이 모두가 당시 한국 경제계에는 새로운 자료여서 단암의 책은 경제 서적으로는 드물게 곧 재판에 들어가기도 했다.

단암은 책을 낸 이듬해인 1955년에는 미국 워싱턴대학에 유학하여 미국 금융제도도 연구한다. 그는 당시 워싱턴 스미소니언박물관에 진열된 한국인 거지 모형에 분개하여 항의하고 비단옷 한복을 입은 한국인 모형으로 바꾸게 한다.

"일본은 사무라이 귀족의 살림, 중국은 궁정복식의 귀인 살림이 전시돼 있었는데 한국은 어찌 된 일인지 아이누족, 티베트족을 좌우로 그 중간방에 긴 담뱃대를 물고 더러운 옷을 입은 거지 모양의 남녀가 진열하여 있었다. …… 나는 처가 보내준 한복과 함께 강경한 내용의 항의문을 박물관장에게 보냈다. 결국 나의 항의는 바로 수락되어 한국 거지는 즉각

철거됐고, 박물관장으로부터 감사의 편지도 받았다."(『단암 이필석 회고』)

단암은 귀국한 후 1956년 흥업은행 상무 시절에는 정액 자기앞수표를 처음 도입한다. 이 정액보수제는 10만 환, 5만 환, 3만 환, 1만 환 등 4종의 보증수표를 미리 인쇄해두었다가 요청하는 고객에게 즉각 내줌으로써 보수작성 희망자의 약 7할에 해당하는 고객에게 종래 40분씩이나 소요되던 시간을 10분 이내로 단축시킨 획기적인 방법이었다.

단암은 1960년 상업은행장으로 승진하며 이듬해 5·16군사정변 후에는 유능한 금융인으로 천거되어 산업은행 총재가 된다. 그러나 그는 반혁명사건에 장도영 국가최고회의 의장과 같은 평안도가 고향이라는 이유만으로 마포교도소에 수감되었다가 오해가 풀려 40일 만에 석방된다.

단암은 구속에서 풀려난 후 군사정부의 증자지시를 받아 단시일 내에 이를 완수해야만 했던 이한원 국제화재해상 대표의 권유로 국제화재 경영에 참여한다. 그 후 이한원 씨가 지분을 회수해 가 오너가 된다. 그가 서울 남대문 앞에 세운 국제화재보험빌딩은 지상 28층의 연건평 1만 1000평 규모로 당시로서는 서울에서 최고의 고층빌딩이었다. 단암은 이후 금융통화 위원, 대한소년단 총재, 손해보험협회 회장 등을 역임한다. 1984년에 단암장학회를 설립했으며, 1995년부터는 서울대 도서관 도서 구입비로 매년 1억 원씩 10년간 10억 원을 출연했다.

단암은 2000년 3월 8일 서울 성북구 성북동 1가 134번지 자택에서 별세하며, 경기도 이천시 모가면 송곡리 선영에 안장된다.

단암은 최응학과 사이에 2남 1녀를 두었다. 장남 봉서(75·단암그룹 회장) 씨는 능률협회 회장으로 송원자(71·미 버지니아 메리워싱턴대학 졸) 씨와 결혼하여 3자매를 두었다. 장녀 미영(47·서울대 영문과 2년 수료, 하버드대학 심리학과 졸업 후 하버드 경영대학원 졸업, 체이스모건은행 근무) 씨는 경영학과 동기생인 네일 심킨스(Neil Simpkins, 미국 블랙스톤 투자회사 파트너로 근무) 씨와 결혼했다. 차녀 티나(45·서울대 불문과, 컬럼비아대학 경영대학원 졸) 씨는 미국에서 투자회사를 경영하는 최규남(48·스탠퍼드대학 MBA 졸) 씨와 결혼했으며, 3녀 원영(39·숙명여대 졸) 씨는 이정연(미 Penn대학 경제학박사, 이회창 전 총리의 아들, 연세대 교수) 씨와 결혼했다.

단암의 차남 경서(73·단암전자 회장 역임) 씨는 한사미(71·이화여대 졸, 한인선 내무부 건설국장의 딸) 씨와 결혼하여 1남 2녀를 두었다. 아들 성혁(41·서울대 경제학과 졸) 씨는 행정고시에 합격 후 미국 유학을 거쳐 단암데이타를 운영하고 있다. 장녀 선영(45·이화여대, 미 파인매너대학 졸) 씨는 유철(48·서울대 국제경제학과 졸, 케네디 행정대학원 졸, 임광원 한국종합전시장 사장의 아들) 씨와 결혼했으며, 차녀 진영(39·서울대 인류학과 졸) 씨는 김주진 AMKOR 회장의 차남과 결혼했다. 단암의 딸 온실(64·이화여대 졸) 씨는 신현철(67·미 유타대학 경제학박사, 한국수출입은행 이사 역임, 신태환 전 통일원 장관 아들) 씨와 결혼하여 재욱(연세대 경제과 졸, LG애드 부장)과 정인(와튼 MBA 졸, 모니터 그룹에 근무) 씨 형제를 두었다.

내가 본 단암 이필석

나는 단암 선생님이 1975년 서울대 상대 동창회장으로 계실 무렵부터 대학 선배로 여러 차례 뵌 적이 있다. 당시 나는 모교 교수이기도 하여 그분의 애틋한 모교 사랑을 곁에서 지켜볼 수 있었다. 평소 스스로를 노랭이라고 자칭하시면서도 보람 있는 일을 하려 하셔 장학재단을 설립하고 모교 후배들을 지원하셨다. 어려서부터 근검절약이 몸에 배어서

특출한 자녀교육으로 보기 드문 성공 사례를 남기셨다. 장남은 미국 하버드대학 박사로 상공부장관을 지냈으며, 차남도 MIT 박사로 우리나라 미사일 개발에 기여한 국보급 인재이다.

얼마 전 청계천 고서점에서 단암 선생의 희귀 저서였던 『전후 일본 부흥상』을 마침 구입해 장남 이봉서 전 장관에게 보냈더니 매우 기뻐했다. 생전에 단암 선생께서는 아들이 장관이 되자 "이 교수, 평생 아들을 장관 시키고 싶었어" 하면서 어린애처럼 기뻐하시던 모습이 새삼 떠오른다. 그처럼 순수한 면을 간직한 분이셨다.

이현재(전 국무총리, 삼성문화재단 이사장)

단암 이필석

1914년	2월 4일, 평남 강서군 신정면 연하리에서 태어남
1935년	경성고등상업학교 졸업
1936년	조선신탁은행 평양지사 입사
1946년	한국신탁은행 은행부장
1951년	한국신탁은행 부산지점장
1954년	한국신탁은행이사 겸 조사부장
1960년	상업은행장
1961년	산업은행 총재
1963년	대한소년단 총재
1980년	국제해상화재 회장
2000년	3월 8일, 서울 성북동 자택에서 별세

35
미석 박수근

미석(美石) 박수근(朴壽根)은 선한 서민을 친근하게 그려온 국민 화가이다. 그는 '한국의 밀레'라고도 칭송된다. 12세 되던 해 밀레의 〈저녁종〉 복사판을 보고 감동했던 것이 화가의 길에 들어선 결정적인 계기였다. 초등학교밖에 나오지 못한 학력이라는 역경을 딛고, 우뚝선 독학 화가로서 한국을 대표하는 '서민 화가'의 꿈을 이뤄낸 불굴의 인물이다.

쓰라린 세월의 고통과 신음소리까지도 화강암 질감 같은 화폭 속으로 가라앉혀서 따뜻한 긍정과 선의의 세계를 열었던 미의 순교자였다. (『김병종의 화첩기행』)

"박수근은 그의 인생뿐만 아니라 예술에서도 전형적인 서민상을 보여주었다는 점에서 작가상 역시 '서민의 화가'이다. 이는 박수근 앞에도 없었고 뒤에도 없는 오직 박수근 한 분만의 작가상인 것이다." (유홍준, '박수근의 삶과 예술' 강연회, 2003년 5월 10일)

"나목(裸木)으로 상징되는 박수근의 작품 세계를 통해 우리는 새로운 세기를 살면서 상실하기 쉬운 휴머니즘의 가치를 새롭게 되새겨 보는 기회를 가질 수 있을 것이다. 또한 가장 한국적이면서 동시에 가장 국제적인 화가로 자리 잡은 그의 조형적 실천을 재평가함으로써 국제화의 미로 속에서 길 찾기에 여념이 없는 오늘날 우리 미술계가 정체성의 숙제를 풀어나가는 데 하나의 지침을 삼을 수 있으리라는 바람이 있다."
안소연 삼성미술관 책임연구원의 말이다.

박수근은 자신의 시각과 언어로 시골 생활을 그렸다는 점에서 다른 화가들과 본질적으로 다르다. …… 겨우 보통학교 때의 지식을 토대로 오직 선전(鮮展)을 통해 남의 그림을 접하고 자기의 실력을 쌓을 수밖에 없었는데, 이처럼 불리한 조건이 어느 면에서는 그의 주체적 시각을 확고히 해주는 계기가 되었는지도 모른다. (『한국현대회화사』, 김윤수)

미석은 1914년 2월 21일 강원도 양구군 양구면 정림리에서 박형지(朴亨智)와 윤복주(尹福珠)의 3남 3녀 중 맏아들로 태어났다. 그가 태어나기 전 80 노령의 조부와 부모 딸 3자매가 부농가로 단란하게 살고 있었으나, 아들이 없어 조부는 다른 며느리를 얻어서라도 손자를 보기를 원했다. 하지만 독실한 기독교도였던 부친은 이를 허락하지 못하던 중 미석을 갖게 되어 애지중지했다.

미석은 5살 때 마을 서당에서 한문을 배우며, 7살 때 양구공립보통학교에 입학한다. 집안은 농사를 짓고 장사도 하여 부유한 편이었으나 이즈음 부친이 광산에 손을 대 큰 손해를 본 데다가 홍수로 전답마저 물에 잠겨 졸지에 집안살림이 곤궁해진다. 지금 정림리의 생가는 헐려 밭이 되었으며, 뒷동산에는 군인아파트가 들어섰다.

학교에서는 그림에 재능을 보여, 어느 날 밀레의 〈저녁종〉 복사판을 보고 '나는 이담에 커서 밀레 같은 화가가 되겠다'는 다짐을 한다.

그림을 그려서 선생님께 제출하면 꼭 벽에 붙곤 했다. 그래서 늘 도화 시간만 기다리셨고 그 시간이 그렇게 좋을 수가 없었다고 한다. …… 그때 교장 선생님이 일본 사람이었는데 성남 아버지의 그림 솜씨를 알고 항상 격려를 해주시고 가끔 집에 찾아오셔서 그림연필과 도화지도 사 주시며 그림을 열심히 그리라고 당부하시곤 하셨단다. (「아내의 일기」, 박수근의 처 김복순)

미석은 18세 되던 1932년, 조선미술절람회(약칭 '선전')에 〈봄이 오다〉를 출품하여 입선되자 큰 용기를 얻는다. 그림에 나오는 농가는 그의 생가였다고 한다. 그러나 이듬해부터 연속 3년간은 낙선의 고배를 마시고, 가정적으로는 모친이 별세하고 부친은 얼마 안 되는 가산을 정리하여 금강산 마을인 금성으로 들어간다. 미석은 춘천에 홀로 남아 극심한 곤궁의 나날을 보내며, 도화연필을 살 돈마저 없어 직접 뽕나무를 잘라다 태워서 목탄을 만들어 그린다. 다시 1934년에는 〈일하는 여인〉으로 선전에 입선한다. 신인들에게 공모전은 곧 자기검증의 기회이고 자신감을 갖게 되는 계기여서 미석은 이후 선전이 끝나는 1943년까지 해마다 출품하여 입선하면서 화가의 길을 다진다.

춘천에서 포천으로 다시 서울로 떠돌이 생활을 하던 미석은 1939년에 재혼한 부친이 동생들과 살고 있던 금성에 갔다가 이웃의 부잣집 처녀 김복순(金福順)을 사귀며, 이듬해 금성감리교회에서 결혼식을 올린다.

결혼하고 3일째 되던 날 우리는 금강산으로 신혼여행을 떠났다. 신혼여행의 그 사흘 동안 그이는 하모니카로 반주를 하고 나는 반주에 맞춰 노래를 부르던 일이 꿈결같이만 느껴진다. 그 후부터 그이는 선전(鮮展) 작품을 그리기 시작했다. 나는 몇 시간씩 그의 그림의 모델이 되어주곤 했다. 그때 내가 모델을 한 건 주로 맷돌질하는 여인이었다. 처음 모델을 하는 거라 참으로 힘이 들었으나 나는 하느님께 이 작품이 잘 그려져서 선전에 낙선하지 않게 해주세요, 하고 기도하곤 했다. (「아내의 일기」)

미석은 신혼 3개월 만에 평남도청 사회과의 서기로 취직되어 아내와 떨어져서 살게 된다. 이듬해 아내를 평양으로 데려와 다시 신혼의 나날을 보내면서 최영림, 장리석, 황유엽 등 평양의 화가들과 주호회(珠壺會)를 만들어 교유하며 전시회에 출품도 한다. 당시 미석의 생활은 궁핍했다.

그이가 타오는 봉급 32원으로는 방세를 떼고 나면 항상 적자였다. 두 동생의 봉급에서 얼마간 쪼개고 나머지는 내가 도울 수밖에 없었다. 비행기 조종사가 쓰는 비행모(털실로 짰음)의 일감을 맡아 20원을 모아 그해 겨울 김장을 무난히 해낼 수 있었다. 겨울을 채 나기도 전에 시댁에 있던 시누님의 아들 둘, 그리고 시어머님의 조카까지 얹혀 식구가 7명으로 불었다. 그러나 살림은 말이 아니었다. 좁은 단칸방에 살림도구와 그림도구, 게다가 7명의 인원이 북적대니 밤의 잠자리는 몸을 뒤척일 수 없을 정도로 불편했다. (「아내의 일기」)

해방이 되자 미석은 도청 서기직을 버리고 금성으로 돌아와 금성중학

교사가 된다. 1950년 6·25동란이 일어나자 미석은 가족과 함께 금성에서도 몇십 리 떨어진 두메산골로 피난한다.

> 빨갱이들이 우리가 피신해 있는 집에 들이닥쳤다. 그이는 낮에는 산에 숨어 있다가 밤에만 내려와 주무셨는데…… 따발총을 멘 두 사람이 들어오면서 남편을 내놓으라고 야단이다. …… 그이 대신 내무서로 연행되어 온갖 고문을 받으며 수모를 견뎌야 했다. 2살짜리 애기를 품에 안은 채, 그이는 산에 있는 왜정 때 징용을 피하려고 누군가 만들어놓은 무덤같이 생긴 방공호에 몸을 숨기고 며칠을 버티었다. 나는 다른 사람들의 눈을 피하면서 매일매일 밥을 날라다 드렸다. (「아내의 일기」)

미석은 1·4후퇴 때 가족을 남기고 홀로 남하하며 그 와중에 셋째 아들을 잃는다. 그는 군산까지 내려가 부두에서 노동하며 살아간다. 이듬해 가을 서울 창신동 큰처남 집에 와서 처자의 행방을 수소문하다가 남매를 데리고 그리로 찾아온 남하한 아내를 극적으로 만난다.

이 무렵 가족과의 새로운 생계를 위해 혜화동에서 화가 이상우가 운영하던 화방의 주선으로 싼값으로라도 그림을 팔려고 나다닌다.

1953년 이상우의 소개로 미군 CID(범죄수사대)에 그림 그리는 일자리를 얻어 다니다가 미8군 PX(지금의 신세계백화점 건물)에서 미군들에게 초상화를 그려주는 그림 품을 팔면서 생계를 꾸려간다. 이때 PX에서 경리를 보던 아가씨가 소설가 박완서 씨였다. 박완서의 『나목』은 바로 박수근을 소재로 한 소설이고, 「초상화를 그리던 시절의 박수근」이라는 박완서 씨의 증언은 당시 박수근의 모습을 생생하게 떠올려준다.

박수근의 〈빨래터〉(50.5×111.5cm, Oil on canvas, 1950년대 후반).

어느 날 그가 그 화집을 한 권 옆구리에 끼고 출근했다. 나는 속으로 '꼴값 하고 있네. 옆구리에 화집 낀다고 간판장이가 화가 될 줄 아남' 하고 비웃었다. 순전히 폼으로만 화집을 끼고 나온 것은 아닌 모양이었다. 그가 화집을 펴 들고 나에게로 왔다. 얼굴에 띤 망설이는 듯 수줍은 듯한 미소가 어찌나 인상적이었던지 지금까지도 선명하게 떠올릴 수가 있다. 마치 선생님에게 칭찬받기를 갈망하는 초등학교 학생처럼 천진무구한 얼굴이었다. 그가 어떤 그림 하나를 가리키며 자기 작품이라고 했다. 촌부가 절구질하는 그림이었다. 선전에 입선한 그림이라고 했다. 당시 나는 일제 시대의 관전(官展)을 그렇게 대단하게 여겼던 것 같지 않다. 그러나 간판장이 중에 진짜 화가가 섞여 있었다는 건 사건이요 충격이었다. 나는 부끄러움을 느꼈고, 내가 그동안 그다지도 열중한 불행감으로부터 문득 깨어나는 기분을 맛보았다. 그리고 나의 수모를 말없이 감내하던 그의 선량함이 비로소 의연함으로 비쳐지기 시작했다. (「초상화 그리던 시절의 박수근」)

이 무렵 미석은 초상화를 그려 모은 35만 원으로 창신동에 조그마한 판잣집을 마련하고, 작은 마루를 제작공간으로 삼아 작품에 몰두한다. 1953년 휴전 후 속개된 제2회 국전에 출품하여 〈집〉은 특선, 〈노상에서〉는 입선을 한다.

1954년에는 〈풍경〉과 〈절구〉가 국전에서 입선되며, 대한미협전에 회원으로 〈산〉과 〈길가에서〉를 출품한다. 이후 1956년까지 국전에 계속 출품하여 입선하면서 남한 사회에서도 화가로서 입지를 굳힌다.

그러나 1957년 제6회 국전에 100호 대작의 〈세 연인〉을 출품하나 낙선하자 미석은 크게 실망하여 슬픔에 빠져 폭음하는 일이 잦아지며, 이듬해 국전에는 아예 출품조차 하지 않는다. 다만 반도화랑을 통하여 주로 미국인 미술 애호가들이 그의 그림을 구입함으로써 근근이 생계를 유지할 수는 있었지만 마음의 상처를 위로받을 길은 없었다.

가끔 미군들이 집으로 찾아와 그림을 감상하고 사 가기도 했다. 그때 한 미군이 그이를 돕겠다고 일본에 가서 화구와 붓과 캔버스를 많이 사다 주었다. 그때부터 PX를 그만두고 그림만 그리셨다. 미 대사관 문정관 부인이 그의 친구들을 데리고 우리 집에 오셔서 그림을 상설 전시할 수 있는 화랑을 만들었으면 좋겠다고 했고, 그 부인들이 주선해서 반도호텔에 반도화랑을 설치하게 되었다. 그리하여 매일 소품을 그려 반도화랑에 내가곤 했다. 그때 한국에 왔다 미국으로 돌아가는 미국인들이 가끔 작품을 사 가지고 가곤 하여 그것으로 우리는 생계를 이어갔는데 생활고가 말이 아니었다. (「아내의 일기」)

당시 박수근의 모습은 갤러리현대 박명자 사장이 반도화랑 시절을 회고한 글 속에도 생생하게 드러난다.

나중에 미망인으로부터 들은 얘기지만 박수근 선생님이 반도화랑에 자주 오신 것은 세 가지 이유가 있었다. 첫째는 작품이 팔렸으면 생활비를 가져가려는 것이었고, 둘째는 저녁에 술자리라도 있는가 궁금해서이고, 셋째는 몸이 부어서 용변을 보기 힘든데 반도호텔에는 양변기가 있어서 편하기 때문이었다. (「나의 삶, 나의 생각」, 박명자, 《경향신문》, 1994년 6월 24일)

그러나 이 무렵 미석은 더욱 확실해진 표현적 특질과 가난한 서민 생활에 사랑의 눈길을 집중시키는 정신적 주제의 일관성과 독특한 조형성으로 놀라운 예술 세계를 실현하고 있었다.

"그 스스로 미석(美石)이란 아호를 가지고 있으면서 화강암 조각을 늘 곁에 두고 그 질감을 재현하려 노력했던 박수근은 기름기가 제거된 유화물감을 오랜 시간을 두고 거듭해서 바름으로써 회화적 재현의 공간을 넘어 물질적 현존의 공간을 구축해냈다."

안소연 씨의 말이다.

미석의 그림에 등장하는 인물들은 일하는 여인, 장터의 여인, 할아버지와 손자, 아기를 업은 소녀, 공기놀이하는 소녀, 할머니, 행인 등 모두 서민의 일상 모습이다. 미석의 그림에 나오는 벌거벗은 나무의 의미 역시 그의 인물과 비슷할 것이다. 박완서의 『나목』에서 그 고목의 뜻을 읽게 된다.

나무 옆을 두 여인이, 아기를 업은 한 여인은 서성대고, 짐을 인 한 여인은 총총히 지나가고 있었다. 내가 지난날, 어두운 단칸방에서 본 한발 속의 고목(枯木), 그러나 지금의 나에겐 웬일인지 그게 고목이 아니라 나목이었다. 그것은 비슷하면서도 아주 달랐다. 김장철 소스리바람에 떠는 나목, 이제

막 마지막 낙엽을 끝낸 김장철 나목이기에 봄은 아직 멀건만 그 수심엔 봄에의 향기가 애달프도록 절실하다.

미석이 창신동에 살 때 이야기다. 여름날 비가 오기에 부인이 우산을 가지고 동대문 버스정류장에 나가서 기다렸다.

버스에서 내리시는 그이와 같이 오는데 노상에서 우산을 받고 앉아서 과일을 파는 아주머니 세 분이 나란히 앉아 계신다. 그 옆을 지나시다 아이들 과일을 사다 주자고 하시면서 한 아주머니에게 몇 알, 다음 아주머니에게서 몇 알 사시기에, 내가 비 오는데 한 군데서 사시지 뭘 그렇게 여기저기서 사시느냐고 했더니 "한 아주머니에게서만 사면 딴 아주머니들이 섭섭해하지 않아?" 하시면서 세 아주머니에게서 골고루 사셨다. (「아내의 일기」)

1958년에는 〈노변의 행상〉이 샌프란시스코에서 열린 유네스코 미국위원회 기획 동서미술전에 출품된다. 반도화랑의 창설자였던 미국인 여성 화상 겸 수장가였던 실리아 지어맨의 컬렉션이었던 작품이다. 뉴욕의 월드하우스 갤러리에서 열린 한국 회화전에도 〈모자(母子)〉, 〈노상(路上)〉, 〈풍경〉을 출품한다.

1959년 미석은 국전 당국으로부터 추천작가 결정을 통고받아 이해의 8회 국전에 〈한일(閑日)〉과 〈앉아 있는 여인〉을 출품한다. 조선일보사 주최 3회 현대작가 초대전에 〈봄〉, 〈쉬고 있는 여인〉, 〈노인과 유동(遊童)〉을 출품한다.

1962년 국전 서양화부 심사위원으로 위촉되며, 〈소와 유동(遊童)〉을 출품한다. 그러나 미석은 국전 막후의 심사과정에 갈등을 느낀 것 같다.

1962년 제11회 국전에서 심사를 하고 들어오시던 날 "나는 심사위원이 되더라도 다시는 심사 안 하겠어. 모르고 한 번 했지만 두 번 다시 할 것이 못 돼. 내가 알았으면 안 하는 건데" 하셨다. 나는 아직도 그분의 말씀에 의혹이 많다. (「아내의 일기」)

미석은 여러 가지 내면적인 고독을 이기려고 과음을 계속하던 끝에 신장과 간이 나빠진다. 그 때문에 발병했던 왼쪽 눈의 백내장을 앓으면서도 수술 비용이 없어 악화된 뒤에야 수술을 한다. 수술 결과가 나빠 다른 병원에 가서 시신경을 끊는 재수술로 한쪽 눈을 아주 못 보게 된다. 그 후로는 오른쪽 한 눈으로만 그림을 그려야 했다.

미석은 1965년 5월 6일 간경화와 응혈증으로 서울 전농동 자택에서 별세하며, 경기도 포천군 소홀면 동신교회묘지에 안장된다.

미석은 김복순과 사이에 4남 2녀를 두었으나 장녀 인숙(68·세종대 미술과 졸업) 씨와 차남 성남(65·협성신학대 중퇴) 씨가 생존해 있다. 인숙 씨는 인천여중 교장을 정년퇴임했으며, 천명운(75·연세대 대학원 영문학과 졸업, 인천 검단중 교장 정년퇴임) 씨와 결혼하여 아들 형제를 두었다. 장남 천정국(42·단국대 경영학과 졸업) 씨는 한양증권 과장으로 박지경(38·경북대 가정학과 졸업, 연수고교 교사) 씨와 결혼했으며, 차남 천정현(39·신구대 공예과 졸업) 씨는 포토그래퍼이다. 성남(화가) 씨의 장남 진흥(39·인도 델리 미대 졸업, 호주 웨스턴시드니대학 시각예술학석사) 씨는 정미영(39) 씨와 결혼했으며, 차남 진영(37·스위스 레로쉬대학 호텔경영학과 졸업) 씨는 피카소 아틀리에 매니저이다.

인숙 씨와 성남 씨 남매와 진흥 씨는 미석 박수근의 3대 작품전을 6년 전 양구 박수근미술관에서 가진 데 이어 금년 10월에 서울에서 열어 화단의 주목을 끌었다.

내가 본 미석 박수근

박수근이 주로 그렸던 것은 평범한 서민의 일상과 우리 주변에 널려 있는 소박한 풍경들이었다. 그가 지향한 소재는 가난한 서민들의 모습이요 생활이었다. 절구질하는 여인, 맷돌 가는 여인, 빨래하는 여인, 시장바닥에 좌판을 벌여놓고 있는 여인, 길거리에 나앉아 담소를 즐기는 종로의 남정네들, 흰 솜바지와 저고리를 입은 남정네들……. 이제는 추억으로 아련히 떠오르는 풍경들이다. 박수근의 작품이 한 시대의 기록으로서도 훌륭한 가치를 보이고 있는 예이다.

서양화의 방법이란 문맥에서 분류한다면 그를 서양화가라고 할 수 있지만 그가 도달한 조형의 세계는 그러한 상식적인 분류 개념을 극복한 상태이다. 그의 그림을 두고 서양화라고 한다면 이야말로 엄청난 모순을 저지르는 것이다. 한국인에 의해 그려진 한국화라고 했을 때 가장 어울리는 표현을 얻게 된다. 아마도 그를 가장 한국적인 작가라고 하는 심미적 배경에는 이 같은 사정이 함축되어 있는 것이 분명하다.

오광수(미술평론가)

미석 박수근

1914년	2월 21일, 강원도 양구군 양구면 정림리에서 태어남
1921년	양구공립보통학교에 입학
1932년	조선미술전람회에 〈봄이 오다〉가 입선됨
1940년	김복순과 결혼

1941년	최영림, 장리석, 황유엽과 '주호회'를 결성
1945년	금성중학 교사에 취임
1953년	제2회 국전에 〈집〉은 특선, 〈노상에서〉는 입선됨
1958년	유네스코 미국위원회 기획 동서미술전에 〈노변의 행상〉을 출품
1962년	국전 심사위원에 위촉됨
1965년	5월 6일, 서울 전농동 자택에서 별세

36
월송 유기천

　월송(月松) 유기천(劉基天)은 서울대 총장 시절 학원 탄압에 맞서 자유와 정의를 지킨 지성으로 칭송받고 있다. 그는 4개국어를 두루 구사하며, 미국·독일 일본학계에 정통했던 세계적 수준의 형법학자이기도 하다. 부친 유계준(劉啓俊)은 고당 조만식과 함께 평양 산정현교회 장로로서 공산체제에 맞서다 처형당한 순교자이다. 그의 아호 월송은 시인 모윤숙이 자신의 아호 영월(嶺月)에 맞춰서 지은 것이다. '달빛 아래 소나무처럼 단아하면서도 절개를 지키는 선비로 살아가라'는 뜻이 담겼다.

　월송은 1915년 7월 5일 평남 평양시 염점동 33번지에서 유계준과 윤덕준(尹德俊) 사이에 6남 2녀 중 4남으로 태어났다. 그의 부친은 평남 안주에서 부농의 아들로 태어나 부친이 별세하여 13살 때 평양으로 나왔다. 이어 외가 안동 김문의 부자 무역상에 사환으로 들어가 장사를 배웠다. 평양 대동문 밖 대동강변에서 시작한 장사는 진남포에서 중국 산동성, 텐진을 왕래하며 청염과 시탄, 장작 등을 교역하는 무역선, 수상선 10여 척의 큰 배들을 부리는 큰 무역상으로 발전했다. 대지 500여 평에 무역사무소와 창고, 숙소 등이 이어지는 대저택에 살았다. 유계준은 "민족의식을 함양하기 위해서는 사립학교에 다녀야 한다"면서 아들·딸 구별 않고 8남매를 모두 사립학교에 보냈다. 더 구체적으로 "종합병원을 세워 동포들에게 봉사하자"면서 자녀들에게 전공을 달리하는 의학을 공부하게 하여 8남매 중 7남매를 의사와 약사로 키웠다.

애초 유계준은 미국인 선교사 사무엘 모펫이 평양 시내에서 전도하는 것을 보고, 턱에 흉터가 생길 만큼 구타하는 등 선교를 방해했으나 그렇게 맞고서도 예수를 믿으라고 권유하는 그에게 설득되어 기독교에 귀의한다. 그 후 한석진, 길선주, 주기철 목사와 조만식, 오윤선 장로, 도산 안창호 및 도산의 맏형인 안치호 장로 등과 교유한다. 특히 조만식, 오윤선과는 평양 기독교계의 상징인 산정현교회(주임목사 주기철)의 3장로로, 형제처럼 절친하게 지냈다. 그는 상하이 임시정부의 기관지 《독립신문》의 반포 책임자로 일하기도 했다.

주기철 목사가 일제의 신사참배를 거부, 1944년 4월 감옥에서 순교할 때까지 5년 4개월 동안 옥고를 치렀는데, 일경의 협박 속에서도 그의 옥바라지와 가족의 뒷바라지를 유계준이 맡아 해냈으며, 그가 순교하자 일제의 금지령을 어기고 사회를 맡아 성대한 장례식을 치러줬다. (「신 명가」, 《조선일보》, 1995년 5월 29일)

맏딸 기옥(91) 씨는 "주기철 목사가 순교를 앞두고 비장한 모습으로 부친을 집으로 찾아와 가족들의 생계를 부탁하셔 부친께서 기꺼이 응락하고 격려하는 현장을 목격했다"고 전했다.

유계준은 많은 재산을 숭덕학교, 숭인상업학교를 설립하는 데 출연하고 재단의 재정관리와 경리를 책임졌다. 이 학교 출신으로 박재창 전 평남지사, 김성환 전 한은 총재, 양호민 전 《조선일보》 논설위원, 시인 박남수 등이 있다.

유계준은 해방 후 공산정권이 교회를 적산가옥이라고 압수하자 자신의 집을 예배장소로 제공했고, 3남과 장남의 투옥을 지켜보다 "죽어서 천당에 가서 다시 만나자"며 부인과 자녀들 모두 남하시켰다. 혼자 남아 교회를 지키다가 평소 자녀들에게 일러온 '한 알의 밀알이 되라'는 가훈대로 6·25 때 퇴각하던 공산군에 의해 1950년 10월 처형당했다.

유계준의 장남 기원(基元, 별세)은 1907년 태어나 국립의료원장을 지낸 하버드대학 의학박사다. 유년주일학교 때 고당에게 가르침을 받았다. 조동수 전 연세대 부총장과 함께 숭덕학교 보통과 고등과를 수학했고, 경신학교로 옮겨 졸업한 후 세브란스의전을 나왔다. 원용덕 전 헌병사령관, 테너 이인선, 문창모 전 국회의원 등이 동기다. 일제강점기 때 평양연합기독병원에서 함께 근무하던 장기려가 일군에 징발되지 않도록 돕기도 했다. 해방 후 공산군에 구속됐으나 고당의 제자였던 최용건(전 북한 부수상)의 도움으로 함께 구속됐던 동생 기선을 구출하여 월남했다. 이어 미군정청고문, 석공 장성병원장을 거쳐 서울복음병원장 등을 역임했다. 최은엽 씨와 사이에 5남 2녀를 두었다. 장남 정철(77·서울공대 졸, 오란도건축설계사무소 운영) 씨는 김수자(74·이화여대 졸) 씨와 결혼했으며, 차남 정훈(75·고려대 대학원 졸) 씨는 김경희(73·덕성여대 졸) 씨, 3남 정욱(72·한양대 공대 졸, 삼성건설 상무 역임) 씨는 이영자(66·이재곤 전 서울공대 교수의 딸) 씨와 결혼했다. 4남 정남(69·인하공대 졸, 제일감정법인 경영) 씨는 나숙영(62·이화여대) 씨, 5남 정식(67·인하공대 졸, 재미) 씨는 양성욱(67·숙명여대 졸) 씨와 결혼했다. 장녀 정희(82·이화여대 졸) 씨는 런던올림픽 출전 육상선수인 이윤석(고려대 졸) 씨, 차녀 정혜(79·이화여대 졸) 씨는 이한빈 전 부총리 겸 경제기획원장관(하버드대학 경영대학원 졸)과 결혼했다.

유계준의 차남 기형(基亨, 별세)은 서울대 치대·연세대 교수와 기독교 의사회 회장을 역임했으며, 김화선(공주사대 졸) 씨와 사이에 2남 4녀를 두었다. 장남 정호(67·부산대 의대·서울대 대학원 졸, 신경내과 전문의) 씨는 양연수(65·숙명여대 졸) 씨와 결혼하여 미국 시카고에 살고 있으며, 차남 정칠(53·부산대 졸) 씨는 케임브리지대학 생물학박사이다. 유기형의 장녀 정간(76·이화여대 졸) 씨는 조봉윤(78·서울약대 졸, 세븐스타케미컬 대표 역임) 씨와 결혼했으며, 차녀 정극(작고) 씨는 임대지(80·연세대 졸, 청와대 민원비서관 역임) 씨와 결혼했다.

3녀 정실(69·부산대 의대 재활의학과 전공) 씨는 김동백(부산대 의대 소아과 전공) 씨와 결혼하여 미국 로스앤젤레스에서 부부 의사로 활약하고 있다. 4녀 정해(62·한양대 졸) 씨는 유충걸(65·서울법대 졸, 대우 상무·요하네스버그지사장 역임) 씨와 결혼했다.

유계준의 3남 기선(基善, 작고) 씨는 경성약전, 서울의대, 서울법대 등 학부를 세 군데나 다닌 이색 학력의 소유자이다. 그는 해방 직후 부친의 동지인 고당을 도와 반탁운동에 앞장섰다가 소련군에 구속되었었다. 장형 기원의 도움으로 곧바로 남하, 서북청년단 등으로 반공전선에서 활약했다. 다음은 그가 떠올린 일제 말 고당과 선친의 교유 모습이다.

고당 선생은 오윤선 장로 사랑방에서 오 장로님과 나의 아버지(유계준 장로)와 세 분이 항상 삼형제와 같이 동고동락하시며 전국(戰局)의 동향과 세계 정세며 교회 일 등을 협의하곤 하셨는데…… 연령으로는 아버지가 고당보다 3년 위였고 오 장로보다는 조금 아래였기 때문에 의견 교환도 맏형 격인 오 장로의 의견 진술이 있은 후에 나의 아버지가, 그리고 고당의 순서로 간담상조(肝膽相照)하며 격의 없는 의견들을 주고받는 것이 상례였다. (고당 조만식 회상록)

기선은 박화선(94·일본 도시샤대 졸) 씨와 사이에 2남 2녀를 두었다. 장남 정걸(72·고려대 의대 졸, 흉곽외과 전문의 미오하이오 주에서 개업) 씨는 최순자(72·이화여대 졸) 씨와 결혼했으며, 차남 정근(별세·서울법대 졸, 동원탄좌 상무 역임) 씨는 이주배(68·이화여대 졸, 이연 동원탄좌 회장의 딸) 씨와 결혼했다. 기선의 맏딸 정은(70·이화여대, 캘리포니아대학 졸, 고려대 문학박사, 아주대 교수 역임) 씨는 윤승영(76·서울법대 졸, 서울고법원장 역임) 씨와 결혼했으며, 차녀 정순(66·이화여대 졸, LA 퓨리턴 주립대학 교육학박사) 씨는 강병욱(70·서울의대 졸, 정형외과 전문의) 씨와 결혼했다.

유계준의 5남 기진(基鎭, 작고·세브란스의전 졸)은 미국 시카고 일리노이병원에 근무 중 알게 된 여동생 기옥의 대학 1년 선배 고란경(작고·동경여자의대 졸, 서울여대 창립자 고황경의 동생) 씨와 결혼하여 딸 정애(66·이화여대, 시카고대학 졸) 씨를 두었다. 6남 기묵(基默, 83·세브란스의전 졸, 내과 전문의, 캘리포니아대학 교수 역임, 재미) 씨는 미국인 부인 사이에 딸 정미(61·UCLA의대 졸, 할리우드병원 소아과의사) 씨가 있다. 유계준의 장녀 기옥(基玉, 91·도쿄여자의대 졸, 누가의원장 역임)은 차조웅(88·고려대 졸, 일성냉동 부사장 역임) 씨와 사이에 아들 한(54·서울의대 졸, 가천의대 교수) 씨와 딸 송이(55·서울여대 졸, 서울여대 교수)를 두었다. 차녀 기숙(基淑, 89·도쿄제대 약대 졸, 뉴욕생화학연구소 약리사 역임)은 미국인 플리쳐(93·오스트리아 빈의대 졸) 씨와 사이에 아들 미로(54·프린스턴대학 교수) 씨를 두었다.

월송은 기독교 집안이라 어린 시절부터 성경과 기독교 의식에 익숙했다. 그는 특히 고당 조만식을 지극히 따랐다. 월송은 장로교 계통의 숭덕소학교에 다녔다. 공부를 잘하고 당찬 학생으로 이름이 높았다.

부당한 핍박이나 의롭지 못한 일을 보고는 참고 넘기는 일이 없었다. 키가 작다고 깔본다든가 힘으로 억누른다든가 얕보고 건드리면 물불 가리지 않고 대항했다. 누구든 끌끌한 형들을 상대할 각오 없이는 선생님을 홀대할 수 없었다. 그러므로 어릴 때부터 안전지대에서 자랐다. (『유기천의 삶』, 오성식)

월송은 이어 선교사가 세운 숭실중학교로 진학한다. 키가 가장 작아 맨 앞줄에 섰으나, 공부는 제일 잘했다.

의사 발표가 분명하고 리더십이 강하다 보니 급장을 맡아 수고했다. 그러다 보니 졸업할 때까지 줄곧 반장으로 반을 지휘통솔한 것으로 유명하다. 숭실은 선생님의 기초학력 연마의 요람이었다. 여기에서 기독교 신앙이 자라고 민족의식이 원숙하게 연단되었다. (『유기천의 삶』)

월송은 1936년 일본 히메지(姬路)고교에 입학한다. 당시 함께 일본 유학길에 나섰던 누이동생 기옥 씨는 창씨개명을 하지 않아 특별조사를 받고서야 맨 나중에 겨우 승선할 수 있었다고 회상했다. 그는 신입생들에게 권하는 과외활동으로 유도를 택해 유단자가 된다. 그러나 강제 훈련에 빠지니까 집단 기합을 주려 하자 이에 당당히 맞선다.

"내가 이 고등학교에 들어온 목적은 공부하기 위해서이다. 유도를 전공하러 온 것이 아니다. 심신을 공히 단련하고자 유도부에 들어왔다. 공부에 지장을 주는 유도 연습은 할 수 없다. 주장 선배께서 유도 연습을 해야 한다고 하면 나는 유도부를 탈퇴하겠다. 분명히 밝혀주기 바란다" 하고 유도부 전원 앞에서 소신을 개진했다. 그러자 지금까지 집단 기합을 주려던 주장과 선배들이 물을 끼얹은 듯 조용해지더니 "네 말이 옳다. 시간이 있을 때 연습하라"고 했다는 것이다. (『유기천의 삶』)

월송은 1939년 도쿄제국대학 법문학부에 입학한다. 그는 형법은 법인 동시에 도덕·윤리·종교·철학, 인간의 삶 그 자체이므로 전공으로 택했다고 했다. 1943년 졸업과 함께 월송은 재학 중 전인격적인 교류를 해온 단도 시게미츠(團藤重光) 교수의 추천을 받아 그의 장인인 센다이 도호쿠제국대학 법학부 가츠모토(勝本正晃) 교수의 조수로 간다. 이곳에서 해방을 맞은 그는 센다이 지역 교민대표로 주둔 미군과 교섭에 나서기도 한다. 1946년 귀국해서는 서울대학교 법과대학의 창설 멤버로서 강의를 시작한다. 당시 국대안 반대를 내건 좌익 학생들이 월송의 연구실 진입을 몸으로 막자, 그는 힘으로 맞서 이겨내기도 했다.

"너희들이 나의 가는 길을 방해하여 못 가게 하면 나도 할 수 없이 힘을 가지고 너희들을 뿌리치고 내 연구실에 갈 수밖에 없다"면서 어깨에 힘을 주자 그들이 길을 터주었다. 고교 시절 단련해 쌓은 유도 실력(2단)의 자신감이 발휘된 셈이다.

월송은 1952년부터 예일대학과 하버드 로스쿨에서 연구하며, 1958년 예일 로스쿨에서 법학박사 학위를 취득한다. 이어 서울대 교무처장직을 맡는다.

월송 유기천과 그의 부인 유대인 헬렌 실빙 교수.

    1959년 6월 1일 월송은 연구동료로 여러 해 사귀어오던 '미국 형법학의 여왕'으로 지칭되던 헬렌 실빙(Helen Silving) 교수와 뉴욕대학의 스토다드 부총장 댁에서 결혼한다.
    1961년에는 서울대 법대 학장에 취임하며, 이듬해 서울대 사법대학원도 창설하여 원장을 맡아, 오늘의 법학전문대학원(로스쿨)의 바탕을 다진다.
    1965년 9월 한일 국교정상화와 관련한 학생시위 문제를 둘러싸고 박대통령과 담판을 벌이고, 월송은 세 가지 조건을 수락받고 서울대 총장에 취임한다.

유기천: "총장직을 수행하는 데 세 가지 조건을 제시하고 싶습니다. 내 첫 번째 관심사는 대학의 기능을 제대로 수행하게 하는 것입니다. …… 대학은 사회과학 및 자연과학 분야에서 창조적이고 과학적인 진보를 이룩하기 위해 만들어진 기관입니다. 이 목적을 달성하려면 학생과 교수 모두에게 학문의 자유를 주어야 합니다. 두 번째 조건은 아주 개인적인 것입니다. …… 이

달 말에 학장 임기가 끝나기 때문에 저는 학문 연구에 더 전념할 것을 생각해왔습니다. 이러한 이유로 총장 일과 함께 학생을 가르치고 연구하는 일도 병행하고 싶다는 것입니다. 세 번째 조건은 제가 이 자리를 수락한다면, 각하와 직접적인 통로를 갖고 싶다는 것입니다. 결단코 각하의 보좌관들의 회합을 갖는 선에서 그치고 싶지는 않습니다."
이 조건들에 대한 박 대통령의 반응은 매우 놀라웠다.
"조건을 수락하지요." (헬렌 실빙 박사 자서전)

월송은 불안한 학원사태 속에서도 한일 국교정상화와 대학의 자유 확립을 위해 온 힘을 쏟았다. 그러나 얼마 지나지 않아 박 대통령은 월송을 청와대로 소환했다.

어느 날 나는 대통령 집무실로 호출됐다. 내가 들어서자마자 대통령은 소리쳤다. "뭘 하는 거요? 학생들의 불법적인 행동을 멈추게 하기로 하지 않았소? 그런데 시위는 아직도 계속되고 있단 말이오. 이 문제를 평화적으로 해결할 수 없다면, 군대를 보내 서울대를 점령하여 질서를 회복시킬 밖에!" …… "이제 소리 다 지르셨습니까?" 이런 대답을 그는 상상도 못 했을 것이었다. 나는 계속했다. "소리를 다 질렀다면 이제 제가 말씀드리겠습니다. 서울대에 군대를 보내겠다는 식의 발언은 참을 수가 없습니다. 겨우 몇 주 전에 한 약속을 벌써 잊으셨습니까? 제게 책임을 맡기고 방해하지 않겠다고 하지 않으셨나요? 저는 지금까지 대학을 진정시키는 일을 계획대로 아주 잘 해내고 있습니다. 자, 군대를 보내고 싶으면 어서 보내보십시오!"
나도 화가 나 있었기 때문에 목청껏 소리를 질렀다. "저는 약속을 지키지 않는 사람과 함께 일할 수 없습니다. 총장직을 당장 물러나겠습니다." 이렇게 말하고 나는 대통령 집무실을 나서서 긴 복도를 걸어갔다. 대통령이 나를 죽일지도 모른다는 생각이 얼핏 들었다.

……20초쯤 지났을까. 나는 뒤쫓아 달려오는 발소리를 들었다. 박 대통령이었다. 그는 내 왼팔을 붙잡으며 말했다. "화나게 해서 미안합니다. 할 말이 있어요. 내 집무실로 돌아갑시다!"

"제가 왜 돌아가야 합니까? 우리의 합의사항을 하나도 이행하지 못하고 있는 것 같은데……." (헬렌 실빙 박사 자서전)

이런 실랑이를 한동안 벌이다가 학원사태에 대한 대학의 상황을 설명해주었다. 박 대통령은 점심을 함께 하자고 해 "선약이 있어 실례해야겠다"고 말했으나 "대통령은 다른 어떤 사람보다 우선권이 있다"고 주장하며 함께 식사하자고 고집했다.

그러나 월송은 1966년 11월 30일 서울대 총장직을 물러난다. 이후 그는 유신체제를 예언하는 등 박 정권과 정면으로 맞서다 미국으로 망명한다. 1980년 이른바 '서울의 봄'을 맞아 귀국하여 서울대 법대에서 잠시 강의하다 5·17 신군부독재 이후 다시 도미한다.

월송은 1998년 6월 27일 미국 샌디에이고에서 심장수술 후유증으로 별세하며, 경기도 고양시 오금동산 137의 1 산정현교회 묘지에 안장된다.

내가 본 월송 유기천

월송 선생님 집안과 우리 집안은 일찍부터 세교로 트고 지내는 사이였다. 그분의 부친인 유계준 장로와 산정현교회에서 교유해오신 오윤선 장로가 곧 우리 집안의 할아버지셨다.

선생은 서울대 법대 창설 멤버로 한평생 운명을 함께하셨다고 해도 과언이 아니다. 1951년 피난하여 부산 대신동 구덕산 기슭에 판잣집을 짓고 법과대학을 개교할 때 선생님께서 학장서리였다. 패기만만한 선생께서 교문에 철제 아치를 세워 '하늘이 무너져도 정의는 세워라'라고 모토를 내세웠다. 학생들로 하여금 어려운 시기에 원칙을 지키라는 것으로 긍지를 갖고 용기를 주려는 선생님의 뜻인 것으로 안다.

1966년 서울대 총장직을 사임하고 미국에 망명하셔서도 샌디에이고 자택의 뜰에 3·1운동의 33인을 기린다고 33그루의 무궁화를 심고 가꾸시던 선생님의 애국심을 우리 모두가 본받아야 할 것이다. 인생을 살아보니 바로 선생님 스스로 몸소 온갖 고난과 위협을 무릅쓰고 '하늘이 무너져도 정의를 세우신 사표'임을 보여주신 것이다. 이처럼 큰 스승을 대학생 때부터 가까이서 모실 수 있었음은 내 인생의 더없는 행운이요 보람이었다고 생각한다.

오성식(인제대 연구교수)

월송 유기천

1915년	7월 5일, 평남 평양시 염점동 33번지에서 유계준과 윤덕준 사이에 6남 2녀 중 4남으로 태어남
1936년	일본 히메지고등학교에 입학
1939년	도쿄제국대학 법문학부에 입학
1946년	서울대학교 법과대학 창설 멤버로서 강의를 시작
1958년	예일대학 로스쿨에서 법학박사 학위 취득, 서울대 교무처장에 취임
1959년	6월 1일, 헬렌 실빙 교수와 미국 뉴욕에서 결혼
1961년	서울대 법과대학 학장에 취임

1962년	서울대 사법대학원장에 취임
1963년	법을 통한 세계평화회의 한국 대표로 참석
1965년	서울대 총장에 취임
1998년	6월 27일, 미국 센디에이고에서 별세. 경기도 고양시 오금동산 137의1 선영에 안장

37
김홍섭

김홍섭(金洪燮)은 민중과 가장 친숙했던 법관으로 기억되고 있다. 서소문에 법원이 있던 시절 누구든지 덕수궁 뒷골목에 서 있으면, 매일 아침 법원에 출근하는 김홍섭 판사를 만날 수 있었다. 검은 코르덴 바지에 점퍼 윗도리, 흰 고무신에 늘 들고 다니던 도시락 종이봉투가 그의 트레이드마크였다.

죄수들에 대한 헌신적인 사랑으로 인해 '수인(囚人)들의 아버지' '법복을 입은 성직자' '사도법관(使徒法官)'으로 불렸다. 「한 법관의 심정」이란 글에서 그는 법관이 지켜야 할 자세에 관하여 다음과 같이 천명하고 있다.

① 재직하는 동안 직장이나 동료에게 폐가 되거나 불명예를 끼치는 일은 한사코 하지 않도록 할 것 ② 내 수고로 받는 정당한 보수 이외에 어떤 불의의 이익을 탐하거나 또는 특권의식을 부려 국민에게 빈축을 받는 일은 한사코 회피할 것 ③ 모쪼록 빠른 시일 내로 내 기질과 역량에 맞는 자리를 골라 옮기도록 할 것.

김홍섭은 1915년 8월 28일 전북 김제군 금산면 원평리 한 농가에서 김재운(金在雲)과 강재순(姜在順)의 외아들로 출생했다. 그는 일곱 살 때 원평보통학교에 입학한다. 학교 공부에 뛰어날 뿐 아니라 사리에 밝고 기품 있는 행동으로, 친구들에게는 늘 형 노릇을 했다고 한다. 졸업 때는 최고의 영예인 도지사상을 받았다. 그러나 가난하여 진학을 못하고 할아버지께서 가르치는 서당에서 한문을 배웠다. 그리고 자기를 극진히 사랑하는 고모의 인도로 예배당에 열심히 다니게 되었다.

　16살 되던 해에 김홍섭네는 원평을 떠나 오수로 이사를 가게 된다. 얼마 안 되는 농사 세간을 다 팔아 조그만 상점을 내었다. 그는 이 가게에서 아버지의 일을 도왔다. 그러면서 틈틈이 밤낮을 가리지 않고 책을 읽는 데서 즐거움을 찾았다. 그러던 어느 날 링컨의 전기를 읽고 깊은 감명을 받는다. 법률 공부를 하여 링컨이나 간디 같은 인물이 되겠다고 결심한다. 갓 스무 살에 전주로 나와 변호사 사무실을 찾아간다. 이때 만난 히사나가(久永) 변호사는 자기 밑에서 잔심부름을 하게 해주었다. 근 4년간 애쓴 보람으로 히사나가 변호사는 일본에 건너가 법률 공부를 하라고 권유했다.

　김홍섭이 일본대학 전문부에 입학한 것은 1939년 4월. 온 정력으로 공부에 몰두하여 이듬해 8월 조선변호사시험에 합격했다. 합격 동기생은 이병린, 조재천, 오평기 등 18명.

　김홍섭이 귀국하자 가인 김병로가 안국동 로터리 사무실에서 함께 일하자고 권유해 왔다. 거기에는 양회경(전 대법원 판사) 변호사도 같이 있었는데, 양 변호사의 추억에 의하면 수입도 거의 없이 민족의 억눌린 사정들을 변호해주는 데는 남모르는 애로사항도 많았다고 한다.

　김홍섭은 가인의 주선으로 1944년 7월 낭산 김준연의 3녀 김자선과 결혼한다. 낭산은 《조선일보》 모스크바 특파원, 《동아일보》 편집국장을 지냈으며, 5선의원에 법무부장관을 지낸 인물이다. 후일 '스님 같은 사위'라고 불렀던 낭산은 처음부터 김홍섭의 비범성을 투시했는지도 모른다.

"그때 아버님은 손기정 선수의 일장기말소사건으로 《동아일보》를 그만두고 전곡에서 인촌 선생의 농장을 대신 경영해주고 계실 때였지요. 저는 그분을 한 번도 뵌 일이 없었는데 가인 선생님과 고하 선생님이 놀라운 청년 법률가라고 아버님을 흔들어 놓으셨대나 봐요. 아버님께서는 두말 말고 결혼을 하라는 거예요. 결혼을 하고 나서도 저는 친정에 그대로 있고, 그분께서는 서울서 혼자 하숙을 하면서 변호사 생활을 하셨지요."

자선 씨의 말이다.

해방 후 1945년 10월 서울지검 검사로 발령 난다. 검사 김홍섭의 이름이 세상에 널리 알려지게 된 것은 1946년 5월의 세칭 조선정판사사건 수사를 맡게 되면서부터다. 김홍섭은 조재천 검사와 함께 이 사건을 맡아 국가 공안의 일선에서 투쟁했다.

이 사건은 광복 후 혼란기를 틈타 조선공산당이 남한의 경제를 교란하고, 당비를 조달할 목적으로 일으킨 사건이었다. 공산당 기관지를 발행하는 《해방일보》 권오직 사장과 공산당 재정부장인 이관술이 일제 말 조선은행권을 인쇄하던 치카자와(近澤)인쇄소의 후신인 조선정판사 사장 박낙종에게 위조지폐를 발행케 했다. 이후 총액 1300만 원의 위조지폐를 인쇄, 시중에 흘렸다가 경찰에 발각되어 피의자들이 체포된 사건으로, 미군정 당국이 공산주의자에 대하여 강경책을 펴는 계기가 되었다.

김홍섭은 소신껏 수사권을 지휘했다. 법률을 행사하는 이상 법의 정신을 살려보려고 했던 것이다. 그러나 이런 때에는 언제나 정치권력의 위험이 따르기 마련이다. 법을 법대로 운영하자는 데에 정치 술수가 개입하려 한다. 당시 김홍섭과 가깝게 지내던 최철해 정음사 사장의 말.

그렇게도 침착하고 조용하신 분이 하루는 안색이 좋지 않은 표정으로 흥분해하시면서 정음사에 들렀어요. 그날은 내가 말을 걸지 않는데 막 흥분하시며 뭔지도 잘 모르게 '재판에까지 간섭하려 하다니! 재판에까지!' 하면서 안절부절 못하는 것이었어요. 내가 묻는 것이 실례가 될까 싶어 뭣이냐고 캐어묻지를 아니했어요. 그는 전에도 몇 번 검사 생활이 싫다고 얘기했어요. (『사도법관 김홍섭』, 최종고)

김홍섭은 법의 운영에 정치권력의 개입을 허락하지 아니했다. 그러나 법에 끼어드는 정치권력의 횡포에 저항하려고 나서면 나설수록 법조인은 고달프고 외롭기 마련이다.

"당시 저희는 검찰청 옆 관사에 살고 있었는데 고함치는 소리가 집에까지 들릴 정도였어요. 정판사사건을 맡았을 때, 집에 돌멩이도 날아들고 해서 경찰들이 항상 지켜야 했어요. 그분은 피신까지 한 일도 있지요. 어쨌든 그분은 성격상 검사직이 맞지 않는 것같이 생각되었고 그분 스스로도 그런 말씀을 하셨어요."

부인 자선 씨의 말이다.

그 후 김홍섭은 끝내 검사직을 그만두고, 아예 뚝섬으로 집을 옮겼다. 자연과 대화하며 한평생 살고 싶었다. 가축을 기를 뿐 아니라 씨앗도 뿌려야 했다. 자연에의 낭만을 넘어 자연을 일궈 생계를 꾸려가야 했다.

그러나 뚝섬의 농부 생활은 그해를 넘기지 못했다. 그가 생활고에 시달리고 있다는 것을 안 김병로 대법원장은 "사법부의 할 일이 얼마나 많은데 혼자만의 세계에서 고생하고 있느냐"고 호되게 나무랐다. 1946년 12월 김홍섭은 서울지법 소년부지원장으로 임명된다. 그는 어린이에 대한 깊은 관심을 가져왔으므로 소년부를 맡게 된 것이다.

"그분께서는 자주 판사 노릇 못하겠다고 입버릇처럼 얘기하셨지만, 하루는 더욱 심각하게 그만두시겠다는 거예요. 그래서 내가 '그럼 뭘 하시겠습니까?' 하니 '고아원엘 가고 싶소' 하시는 거예요. '고아원엔 왜요?' 하니까 '부모 없는 그 애들을 내 무릎 위에 앉혀서 키워보고 싶소' 하지 않겠어요. 나는 다시 '그러시면 집 아이들은 어떡하고요?' 하고 다그쳤더니 '그 애들도 모두 함께 살면 되지 않겠소' 하시는 거예요."

서정원 전 대법원 도서실장의 말이다.

1950년 6·25남침의 뉴스를 듣고 김홍섭은 피난할 겨를도 없이 부모와 가족들을 이끌고 뚝섬의 옛집으로 들어갔다. 닭장 밑에 토굴을 파고 석 달 동안 숨어 지냈던 그는 9·28수복 후 1·4후퇴 때는 당시 법무부장관이던 장인 낭산과 함께 부산으로 피난 갔다. 그는 부산고법 판사로 임명되었다.

전국에서 몰려든 피난민들이 와글거리는 임시수도 부산. 이곳에서 그는 헐벗고 굶주린 동포들을 보고는 절대자의 구원에 대해 깊이 생각했다. 일찍이 개신교와 불교를 통해 신심을 닦아온 그가 가톨릭에 귀의하게 된 것도 이즈음이다. 피난의 어려움 속에서 방을 빌려준 주인 하종오(가수 하춘화의 부친) 씨가 가톨릭 신앙을 간곡히 권면했다고 한다. 이무렵 김홍섭은 육당 최남선을 가끔 만나 신앙의 문제를 담론한 일이 있었다. 육당 같은 당대 지성에게 종교의 근본 문제를 물어보면 무언가 실

사형을 당한 대자(代子) 허태영의 묘를 찾아 기도하는 김홍섭.

마리가 잡히지 않을까 해서였으리라. 육당은 김홍섭에게 가톨릭을 권유하고, 그 스스로도 결국 가톨릭에 귀의했다. 1953년 3월 그는 명동성당에서 온 가족과 함께 세례를 받았다. 그의 영세명은 바오로이고, 그의 대부는 개종을 권유한 이홍규(이회창 자유선진당 대표의 부친) 변호사였다.

1956년 김홍섭은 서울고법 부장판사로 승진한다. 이때만 해도 이승만 대통령의 정치권력이 거의 절대적이어서 사법부의 권위는 큰 시련에 봉착해 있었다. 김병로 대법원장과 이승만 대통령이 노골적인 불화를 드러내곤 했던 시점이었다. 어쨌든 정치권력의 강화 앞에서 법관으로서 지녀야 할 가장 근본적인 자세는, 정치의 논리와 법치의 논리를 엄정하게 자기 소화하는 일이다. 김홍섭은 세칭 장충단 선거연설 방해사건에 임했을 때도 정치적 중립의 태도에 준엄했다. 김병로 대법원장이 "앞으로 대법원장 될 사람은 김홍섭뿐이야"라고 하던 것도 김홍섭의 이러한 투철한 사법정신을 두고 한 말이었다고 생각된다.

김홍섭의 법관으로서의 독특한 모습이 다시 한 번 세상에 널리 알려진 사건이 발생한다. 세상을 떠들썩하게 했던 이른바 육군특무대장 김창룡 소장 살해사건의 주범으로 사형선고를 받은 허태영 대령을 만난 것이다. 자유당 치하에서 천하를 주름잡던 김창룡의 살해범 허태영을, 김홍섭은 그 사건과 관련된 증인으로 불러내게 되어 우연히 대면한다. 그의 눈에 비친 허태영은 중형수답지 않게 태연자약했다. 그는 몇 차례 서대문교도소를 찾아가 면회하고 대화를 나눴으며, 마침내 김홍섭은 허태영의 천주교 대부가 되었다. 비록 신앙의 문제라고는 할지라도 당시의 독재자 이승만의 총신(寵臣)을 살해한 사형수의 대부가 된다는 것은 결코 아무나 할 수 있는 일이 아니었다.

허태영은 다섯 통의 편지를 대부 김홍섭에게 전달하고 9월 24일 대구의 교외에서 총살형을 당했다. 사형수 허태영은 이날 아침 공범 이유회(운전병)와 함께 형장으로 끌려갈 때 "유회야 가자, 애국가를 부르며 가자"고 하면서 애국가를 소리 높이 불렀다. 당시 사회에서는 허태영에 대하여 '사나이 중에 사나이'라고 했으며 또 모두들 그의 죽음을 애석해했다. …… 허태영은 마지막 길에서 김홍섭에게 은혜를 지고 간다는 인사를 남겼다. (『사도법관 바오로』, 이치백)

1959년 김홍섭은 전주지법원장으로 임명되어 청운의 꿈을 키웠던 고향에 내려왔다. 소년 시절에 일본인 변호사의 사무실에서 법률가가 되려고 틈틈이 공부하던 옛 땅에 사법의 어른으로 금의환향한 셈이다. 그러나 법원, 검찰청 관사에 판검사들이 가까이 살면서도 서로 말도 안 하고 지내는 냉랭한 분위기였다. 그러던 분위기가 김홍섭의 따뜻한 인간성이 작용하여 완전히 녹아버리고 말았다. 꼭 1년 후 대법원 판사로 다시 서울로 올라올 때는 모두 울면서 이별을 애석해했다.

1960년 1월 그는 대법원 판사로 전임되었고, 9월에는 대법관 직무대리를 맡았다가 이듬해 9월에 광주고법원장으로 간다. 4·19의 사회적 혼란 속에서 김홍섭은 법관으로서의 자세에 추호도 흔들림이 없도록 마음을 추스른다. 지난날의 잘나가는 자리에서 호의호식했던 사람들은 모두 반민족행위자라 하여 엄중처단해야 한다는 세론이 들끓었다. 그러나 김홍섭은 근시안적 세론에 휩쓸리지 않고 결국 반민족행위자의 재판에는 참여할 수 없다는 결심을 굳힌다. 4·19혁명과 5·16군사정변이라는 역사의 소용돌이 속에서 세상사의 무상을 지켜보면서 마음의 정리에 전념했던 것으로 보인다.

김홍섭의 평소 삶은 청빈 그 자체였다. 1960년대 초 그는 한 법조 전문지에 관용차의 사용화(私用化)를 나무라는 글을 썼다.

기름 한 방울 나지 않는 나라에서 장관이나 대법관이 8기통 세단차를 타고 다니는 것이 국민들에게 어떻게 비칠까? 당장 필요한 행정을 하는 데도 예산이 부족해 어려움을 겪는 실정에 고관들만 편하자고 호화 승용차를 타고 다녀서야 되겠는가. 더구나 고관 가족들이 관용차를 사용화해서야 말이 되는가?

보수적인 법조계에서는 당장 파문이 일었다. 현직 법관이 사법부 최고위직인 대법관들을 몰아붙였기 때문이다. 결국 그가 "대법관을 비난하기 위해 쓴 글이 아니다"라고 대법원장에게 해명하는 선에서 사태는 수습되었다.

그가 서울고법에 근무할 때는 줄곧 단무지 한 가지만을 반찬으로 넣은 도시락을 가지고 출근했다. 그래서 점심시간이면 다른 직원들이 모두 나간 뒤 혼자서 먹곤 했다. 그는 자신의 수필 하야장(夏夜長)에서 사립대학 강사 H씨가 퇴근 후 죽 한 그릇과 밥 반 그릇이 놓인 저녁상을 놓고 겪는 마음의 갈등을 희곡 형식으로 그리고 있다. H씨는 밥이 먹고 싶어 밥상 주변에 다가앉은 네 어린 자녀들에게 반쯤 먹다 남긴 밥상을 물려 주고 "조금만 기다려라. 다음 월급날에는 토마토라도 한 관 사서 실컷 먹여주마"라고 약속한다. 그러나 이런 약속은 수없이 되풀이되지만 지켜질 수 없었다는 내용이다. 이것은 사실 그 자신의 얘기였다. 또 성좌도(星座圖)라는 글에서는 서점에서 3만 원 하는 천문학 사전 한 권을 사기 위해 몇 차례나 그 앞을 지나치다가 끝내는 가불한 돈으로 그 책을 사 들고 집에 들어가지만, 감기 기운이 있어 칭얼대는 어린 자식 약값도 못 준 자신을 후회하고 있기도 하다.

김홍섭에게도 물론 양복이 있기는 하지만, 그것은 남대문시장에서 구입한 중고품이거나 아니면 장인이 입던 윗도리를 얻어다가 몸에 맞게 줄인 것이었다. 그가 전주지법원장으로 부임할 때에는 주위의 권유에 못 이겨 모처럼 남대문시장에 나가 외투와 모자까지 중고품으로 구입한 일이 있었다. 그러나 새 양복을 맞춰 입은 적은 한 번도 없었다고 한다. 그가 전주지법원장으로 부임할 때는 기관장들이 축하연을 베풀었는데 "어디서 돈이 생겨 이런 자리를 마련했느냐"고 따지고 그 자리를 물리치기도 했다.

"만년에 병고로 시달릴 때 한번은 병원에 가면서 관용 지프를 탄 일이 있었는데 무심결에 제가 같이 타려다가 불호령을 들은 적도 있었지요."

부인 자선 씨의 말이다.

김홍섭은 1964년 서울고법원장으로 임명돼 근무하면서 간암에 걸려 투병 생활하다가 이듬해 3월 16일 서울 사직동 자택에서 별세, 경기도 양주군 별내면 영복묘지에 안장된다.

 부인 김자선(86) 씨는 서울 여의도 시범아파트에 살고 있으며, 매달 김홍섭의 대자 10여 명의 위패가 안장되어 있는 인덕원을 찾는다. 장남 정훈 씨는 경기고를 거쳐 1974년 가톨릭 신학대학을 졸업한 후, 오스트리아 인스브르크대학으로 유학했다. 1977년 신학석사 학위를 받고 친구들과 등산 중에 추락사했다. 그를 귀여워해준 김수환 추기경이 유럽에 와서 서품하기로 된 시점이었다. 차남 계훈(53·서울시립대 교수, 환경원예학) 씨는 이명주(52·홍익대 산업미술대학원 교수) 씨와 결혼했으며, 3남 승훈(50·대우건설 부장) 씨는 이혜란(49·법률사무소 근무) 씨와 결혼했다. 맏딸 철효(66) 씨는 미술사가로 삼성미술관 수석연구원이었으며, 차녀 금효(61) 씨는 독일 기센대학 식품영양학박사이다. 3녀 난효(58·주부) 씨는 김영일(59·중앙대 교수) 씨와 결혼했고, 4녀 경효(53·소아과 의사) 씨는 김명진(56·소아과 의사) 씨와 결혼했으며, 5녀 정효(48·특수학교 교사) 씨는 김동수(53·사업) 씨와 결혼했다.

내가 본 김홍섭

 나는 그분이 전주지법원장으로 계실 때, 가까이서 뵈올 기회가 있었고 서울지검검사 시절에는 내 방과 그분이 집무하던 서울고법원장실이 같은 2층에 있었기 때문에 자주 뵈었었다. 한결같이 검소 이하의 외관을 하고서 표정만은 늘 근엄·심각하셨다. 그분이 강원도 버스 여행 중에 검문경찰이 행색을 보고서 무엇하는 사람이냐고 물었다. "판사입니다" 했더니 "판사가 무슨 판사야! 신분증을 내놔!" 하고 다그쳤다. 그 신분증을 보고 대법원 판사임을 알게 된 경찰관이 혼비백산했다고 한다.

경주호사건 공판 때의 삽화에서도 그분의 지극한 겸허의 일면은 잘 나타났다. '아무개, 아무개를 사형에……'라고 극형을 선고하면서 재판장인 그는 목이 메었고 한참이나 머리를 숙여 묵념한 다음 이렇게 말했다. "하느님의 눈으로 보시면 어느 편이 죄인일는지 알 수 없는 노릇입니다. 불행히 이 사람이 능력이 부족하여 여러분을 죄인이라 단언하는 것이니 그 점 이해하여 주시기 바랍니다."

한승헌(변호사, 전 감사원장)

김홍섭

1915년	8월 28일, 전북 김제군 금산면 원평리에서 김재운과 강재순 사이에 독자로 태어남
1926년	원평보통학교 졸업
1939년	일본대학 전문부 입학
1940년	조선변호사시험 합격
1941년	김병로, 양회경과 변호사 생활
1944년	김준연의 3녀 김자선과 결혼
1945년	서울지검 검사
1950년	서울고법 판사
1959년	전주지법원장
1960년	대법관 직무대리
1964년	서울고법원장
1965년	3월 16일, 서울 사직동 자택에서 별세. 경기도 양주군 별내면 영복묘지 안장

38
해강 김수근

해강(海崗) 김수근(金壽根)은 광복 후 연탄을 대량 보급하여 연료혁명에 앞장선 에너지 전문 기업인이다. 장작 대신 연탄을 땔감으로 쓰게 하여 헐벗은 민둥산에 겨워하던 전국의 산야를 짙푸른 녹지로 변모시킨 산림녹화의 기수로 꼽히는 인물이다. 그는 연탄사업으로 출발해 석유, 도시가스, 산업가스, 해외유전 개발, 열병합발전 등 에너지 사업 일념으로 입지한 에너지맨이다. 정경유착의 유혹을 물리치고 한 우물만 판 그를 전경련은 '한국 기업인의 표상'으로 자리매김하신 분'이라고 기리고 있다. 그의 아호는 바닷속에 잠겨 있는 산등성(崗)이란 뜻이다.

우리가 세계적으로도 유례가 드물게 빠른 시일 내에 이처럼 녹화사업에 성공한 것은 정부의 산림보호정책과 맞물려 연탄산업이 주도한 에너지 혁명 덕택이었다. 해방 전에 주로 국내 일본인들이 사용하던 연탄은 해방 후 잠시 사용이 중단됐다가 이승만 정부가 산림보호정책으로 연탄 사용을 장려하면서 6·25전쟁을 전후해 점차 소비가 늘어난다. 해방 후 해강은 최초로 민족자본에 의한 연탄공장을 세운다. 그는 1947년 5월

'연료대책이 시급하고 더 이상 산림이 황폐화하는 것을 두고 볼 수 없다'는 결단으로 연탄 판매 및 제조업체인 대성산업공사를 설립한다. 그를 포함한 직원 2명에 작업 인부 10명의 작은 업소였다. 대구 칠성동 한 모퉁이 제재소 땅 50평을 얻어 수동식 기계를 설치하고 하루 수백 장의 연탄을 찍어 판매했다. 가루석탄을 구멍 뚫린 형틀에 넣어 찍어내는 방식이었다.

해강은 1916년 8월 28일 경북 대구시 남산동 320번지에서 김두윤(金斗潤)과 기묘임(奇妙任) 사이에 3남 1녀 중 장남으로 태어났다. 차남 의근(義根) 씨와 삼남 문근(文根) 씨는 대성에너지 그룹을 떠받치는 3형제 버팀목 역할을 한다.

해강의 수안(遂安) 김씨 집안은 신라 경순왕의 4남인 대안군(大安君)의 차남 김숙승이 시조이다. 고려 때 명재상이며 맹장이었던 김방경(여·원 연합함대를 이끌고 일본 정벌에 나섰음)이 중시조이다. 조선조 말 해강의 증조부 상훈(尙塤)은 열심히 일했다. 새벽 일찍 일어나 들에 나가 쇠똥을 주워 모아 거름을 만들었다. 수중에 들어온 것은 쓰지 않고 모으니 재산이 불어났다. 조부 대에 이르러서는 만석꾼이라는 부자 소리를 듣게 됐다. 해강의 외가는 유명한 유학자 집안이다. 퇴계 이황과 이기(理氣) 논쟁으로 유명한 고봉(高峰) 기대승(奇大升)의 숙부 가운데 기준(奇遵)이란 분이 있었다. 그는 왕도정치를 실현하려는 영남학파의 거두 정암 조광조와 정치적 노선을 함께 하다가 멸문지화를 당한다. 행주 기(奇)씨 중 고봉과 일부는 그 통에 전라도로 피신한다. 뒷날 정유재란 때 전라도에 있던 고봉의 차남이 고령에 와서 정착하며, 해강의 모친이 바로 그곳 소생이다.

어린 시절 해강은 조부에게 『천자문』과 『동몽선습』을 배운다. 그러나 부족함이 없던 해강의 행복은 10세 전에 끝난다. 6세 때 조부를 잃은 데 이어 부친마저 10세 때 작고한다. 대구보통학교 3학년 때였다. 식구는 모친과 누나, 3년 터울의 남동생 둘뿐. 그는 졸지에 다섯 식구를 책임지는 소년가장이 되어버렸다. 어른이 없는 집안 형편은 급속히 어려워갔다. 월사금조차 거르게 됐다. 담임선생님이 50원을 쥐어주며 격려를 했고, 해강은 마음의 평정을 찾아 이를 악물고 밤새워 열심히 공부한다. 학교 성적은 줄곧 수석이어서 졸업생을 대표해 답사를 한다.

1929년 해강은 대구상업학교에 입학한다. 바로 전해에 첫 졸업생(52명)을 낸 이 학교는 금융기관, 철도, 전매청 등 당시로서는 일류 직장에 졸업생을 전원 취업시켜 선망의 대상이었기 때문이다. 하지만 대구상업에 입학한 해강은 당장 학비 조달의 어려움에 직면한다. 그는 삯바느질하는 모친 몰래 신문 배달에 나선다. 하루 세 차례씩 20~30리 길을 달려야 하는 중노동이었다. 당시에는 신문이 조석간으로 나오는 데다 학교 수업 또한 엄격히 진행되어서 아르바이트하기가 매우 힘들었다. '새벽 4시 30분 조간 배달, 오후 석간 배달, 밤 11시 내일 아침 신문 수령'이란 꽉 짜인 일정표가 너무 과중했다. 연속되는 잠 부족과 중노동으로 더 이상 버틸 수 없는 지경에 이르렀다.

용하게도 3년을 버텨왔으나 그의 초췌한 몰골과 떨어지는 성적을 보고 모친은 휴학을 시킨다. 1년쯤 지나 건강을 회복한 해강은 17세 때 삼국석탄공사 대구지사에 외판사원으로 입사한다. 처음에 그는 이 회사를 찾았으나 문전박대를 당한다.

"조센징은 안 돼! 여긴 일본인 회사란 말이다."

말 한마디 붙여보지 못하고 첫날은 쫓겨나다시피 했다. 날이 밝자 그는 다시 갔다. 또 쫓겨났다. 이런 일이 한동안 반복되었다. 갑자기 자신이 초라하게 느껴졌다. 이제 그는 오기가 발동했다. 회사에서도 그는 이미 화젯거리가 되고 있었다. 그러던 어느 날이었다.

"요시(좋아)! 이리 와 앉게! 공끼(근기(根氣))가 있는 친구로군!"

냉랭하기만 하던 지사장이 드디어 해강을 임시직원으로 채용해 외판 업무를 담당하도록 허락한다. 그를 돌려보내면서 지사장은 혼잣말로 중얼거렸다.

"저놈은 가죽고리(쇠심줄)다. 우리 회사를 위해서도 필요한 아이다."

그가 뒷날 회사를 창업하고 국내 기업들과 본격적인 경쟁을 벌일 때에도 '가죽고리'로 불리는 그의 끈기는 상대방을 물리치는 힘으로 작용한다. 해강이 자전거로 실어 나르는 석탄은 일본, 중국으로부터 가져온 것으로 각 가정에서 난방용이나 목욕물을 데우는 연료로 쓰였다. 전량 스토브에 사용되고 있었다. 얼마나 열심히 자전거로 달렸던지 자기 집 앞을 지나면서도 들르지 않았다. 그는 일본인 회사 간부들로부터 두터운 신임을 받게 된다. 얼마 안 돼 서무, 경리 등 사무까지 맡게 된다. 뿐만 아니라 지사장은 소학교 6학년이 된 아들을 불러내 해강에게 배우게 하고, 해강을 가정교사로 채용한다.

그는 낮에는 외판 업무에 나서 거래선을 구축하고 밤에는 경리가 해야 할 서류 정리까지 맡아 끝내곤 했다. 어떤 때는 밤을 새우기도 하고 사무실 한 귀퉁이에 꼬부라져 새우잠을 자는 모습이 출근자들에게 발견되기도 했다.

"지독한 친구다." "가죽고리 같은 친구다." 지사장은 혀를 차곤 했지만 그때마다 그에 대한 신임도는 더 높아졌다. 입사 1년 미만의 햇병아리가 어느덧 경리책임자 역할을 하고 있었다. 사무실에서 밤잠을 자는 일도 잦았다. 아침 출근길에 그 모습을 본 지사장은 "쉿" 하며 다른 직원들이 해강의 잠을 깨우지 못하도록 조심하게 했다. 그러던 어느 날 지사장은 상여금이 든 봉투를 해강에게 주었다. 봉투가 너무 얇아 액수가 얼마 안 되는 것으로 생각하고 집에 와서 그대로 어머니께 드렸다. 그런데 그것은 1000원짜리 수표 두 장이었다. 당시 봉급이 500원 정도이던 때라 그는 뭔가 잘못됐다고 생각하고 이튿날 지사장에게 그 돈을 다시 가져갔다. 그러나 그 돈은 틀림없는 그의 상여금이었다. 다만 그 액수가 다른 사람보다 3배쯤 많은 특별 능력급이었다.

그의 성실성이나 능력은 이미 대구 시내 업계에서도 소문이 나고 있었다. 특히 경쟁업체에서는 그를 스카우트하기 위해 회유책까지 쓰고 있던 터라 상여금을 최고로 높여준 것이다. 거액의 보너스를 받은 해강의 얘기는 대구 시내에서 유명해졌다. 그는 마침내 모친이 다니던 교회 교인의 딸 여귀옥과 1941년에 결혼한다. 장인 여용섭은 하루 100석을 한다는 부자였다. 농토가 많았던 데다 정미소가 두 개 있었고, 집도 여덟 채나 되었다. 함양 여(呂)씨 경파(京派)로, 조선왕조 선조 때 성세(盛勢)를 누렸고, 건국 전후 독립운동가·정치가로 이름난 여운형이 일가이다. 음악에 재능이 있는 집안으로 훗날 아들과 조카들은 전자음악, 성악, 작곡 등 분야에 이름을 남겼다.

1939년 해강은 일본대학 법학과에 입학한다. 재학 중에 전국대학생 법률토론대회에 나가 3등을 차지한다. 조선 학생의 신분임을 감안하면 사실상 1등을 한 셈이었다. 이듬해 그는 《도쿄 니치니치신문》(현 《마이니치신문》) 기자시험에 합격한다. 하지만 경성지국으로 발령을 낸다고 해서 불응하고, 곧이어 조선총독부 재무국에서 실시한 금융조합 이사시험에 응시하여 수석으로 합격한다. 1943년에 대학을 졸업하고 영주 금융조합 부이사로 근무한다.

해방 후 1946년 해강은 금융조합을 그만두고 대동석탄공사 이사로 취임한다. 소년 시절 근무한 삼국석탄의 경험을 살려 '대동'을 살리는 데 크게 기여한다. 그는 이듬해 대성산업공사를 설립하며, 1949년에는 연탄공장 한편에 흑판공장도 차린다. 그런데 이듬해 6·25전쟁이 나면서 바로 이 흑판공장이 효자 노릇을 했다. '대성'은 대기만성(大器晩成)에서 따온 것으로 항상 초심으로 완성을 향해 에너지를 발산해야 한다는 해강의 굳은 의지를 담고 있다.

김수근이 근무하던 시절의 대성그룹 본사 사옥.

마침 학교들은 불타거나 군에 징발당한 판이라 흑판의 수요는 급증했다. 현찰을 받고 파는 장사였는데도 없어서 못 팔 정도였다. 대성산업공사의 초기 정착 단계에서 흑판이 차지한 자금의 비중은 이처럼 대단했던 것이다. (『가보니 길이 있더라』, 해강 김수근 일대기)

해강은 1952년 조선연료공업을 인수하여 연탄을 대량으로 생산하기 시작한다. 이 회사는 당시 최신 장비인 전동식 장비를 갖추고 있어 하루 수천 장씩 대량생산 체제에 돌입했다. 바로 이 시기부터 연탄의 대량생산·유통·소비 시대가 펼쳐진다.

1950년대 우리나라 산림의 임목 축적률은 정보당 10평방미터 안팎으로 40% 가까이 헐벗은 민둥산이었다. 전쟁의 포화에 산이 깎이고 집집마다 땔감으로 벌목하고, 낙엽과 잔가지까지 박박 긁어 가는 바람에 온 산이 벌겋거나 군데군데 볼썽사납게 패어나간 꼴이었다. 바로 이런 시절 정부는 치산 계획을 세우면서 연탄 생산 및 사용을 적극 장려하고 나섰다. 1951년 정부는 산림보호임시조치법을 공포하고 처음으로 산림녹화 의지를 표명했다. 1958년에는 전국 20개 도시의 장작아궁이 폐쇄령을 내리고 임산연료의 도시 반입을 아예 금지시켰다. 주요 산들에 대해 입산금지령을 내리는 한편 낙엽 채취마저 엄금했다. 여기에 연탄 생산 및 보급을 가속화한다는 방침도 포함됐다.

대구에서 자리를 잡은 해강은 서울로의 진출을 시도한다. 1956년 서울에 올라온 그는 동대문구 마장동 제재소 터였던 1000평의 대지를 매입하여 공장을 건설하고 서울 진출의 교두보로 삼는다. 이어 고교 시절 그가 첫 직장으로 몸담았던 삼국석탄공사의 제1공장으로 전쟁 중 폐허가 된 왕십리 연탄공장을 인수한다. 감개무량한 순간이었다. 공장을 재건하고 연탄 생산을 정상 궤도에 진입시킨다.

1960년에는 문경탄광을 인수해 탄광개발에 직접 나선다. 그러나 문경탄광은 적자에 허덕이는 문제투성이였다. 당장 채탄은 꿈도 꿀 수 없는 상태여서 실의에 빠진 광부들이 음주, 도박, 싸움을 하느라 말썽이 끊이는 날이 없었다. 해강 스스로 현지에 체재하며 현장 근로자, 폭력배들과 술잔을 나누고 조직을 추스르는 일이 그에게 주어진 첫 번째 숙제였다.

"사장님은 술이 굉장히 센 분이었습니다. 직원들을 그룹별로 데리고 나가 술을 사시는데…… 당신 스스로도 정종 한 되는 거뜬히 잡수셨지요. 주석(酒席)이 있을 때마다 그랬습니다. 장군풍의 체격, 인상에다 구변도 좋았고 무엇보다도 사장님은 진정으로 사람들을 대했기 때문에 모두들 쉽게 한덩어리가 되었지요."

윤한욱 전 대성광업 사장의 말이다.

그 후 문경탄광에서 캐낸 석탄은 월 연탄 2000만 개를 만들 수 있는 엄청난 분량으로 대구, 부산, 서울, 광주 등 전국으로 운반되었다. 그 대신 안동, 영양, 봉화 등지에서 채취된 나무가 하루 2만 5000재(材)씩 갱도의 버팀목으로 사용됐다.

"92만 개의 갱목 무더기는 완전한 산 높이였는데 30년간 사용한 갱목의 양은 천문학적이라고밖에 할 수 없지요. 그분은 갱목을 위해 조림을 계획했고…… 그 결과 산들을 구입하게 되신 겁니다. 당시 국가의 정책이 조림을 전제로 벌채를 허가한 것도 있었고요."

윤한욱 사장의 말이다.

나무를 베어내고는 그 자리에 어린나무를 심는 일이 30년간 계속되었다. 그 기간에 해강은 우리 국토의 600분의 1에 해당하는 임야를 소유하게 된다. 유명한 문경의 주흘산도 조림용지 확보 차원에서 이때 구입한 것이다.

5·16군사정변 이후 정부가 강력한 산림녹화정책을 펴 장작의 연료사용을 금지하면서 서울의 경우 전체 가구의 90%가 연탄을 연료로 사용하게 된다. 이런 추세 속에 노란 상표의 대성연탄은 곧 전국적으로 연탄의 상징으로 연상될 정도였다.

한편 해강은 연탄가스 사망사고가 빈번하자 전국 최초로 회사 내에 전담 연구소를 설립하고 가스발견탄을 개발하여 보급하기도 한다. 그는 에너지산업이 곧 경제개발을 일구는 젖줄임을 깨닫고 호남정유와 제휴한 대성산업(석유 판매), 서울도시가스, 대구도시가스와 대성산소 등을 설립하여 명실상부한 한국 굴지의 에너지 전문 그룹으로 키워 재계의 주목을 받게 된다.

해강은 2001년 2월 20일 서울 연세대 세브란스병원에서 별세하며, 경기도 남양주시 진건읍 사능리 영락동산에 안장된다. 해강은 여귀옥과 사이에 3남 3녀를 두었다. 장남 영대(69·서울법대, 서울대 경영대학원 석사) 씨는 대성그룹 회장으로, 2011년 10월에 서울 영등포구 신림동에 디큐브시티를 완공했다. 대지 10만여 평의 옛 대성연탄 공장 부지에 건립된 종합 매머드 건축물로 디큐브백화점을 비롯하여 디큐브아트센터, 쉐라톤호텔, 뽀로로파크, 테마 식당가, 디큐브 오피스, 디큐브 파크 등이 함께 어우러진 야심작이다.

"연탄저탄장으로 찌들었던 곳에 최첨단 뮤직홀이 들어서고, 젊은 연인들의 데이트 장소도 생겨났으니 선친께서 기뻐하실 것입니다. 선친께서는 한 번 인연을 맺으시면 끝까지 가셔 지금 저와 함께 근무하는 전성희 비서실장은 이사 대우를 받고 있으며, 국내에서는 최장수 비서(30년 근속)라는 기록도 갖고 있지요. 한국비서협회 회장직도 맡고 있는 참으로 유능하고 성실한 분이지요."

김영대 회장의 말이다.

영대 씨는 차정현(62·서울음대 졸, 피아노 전공. 한옥지킴이 회원) 씨와 결혼하여 3남을 두었다. 장남 정한(39·런던대학 MBA) 씨는 대성산업 부사장이며, 전성은(38·예일대학 음대 석사, 동덕여대 교수) 씨와 결혼했으며, 차남 인한(38·고려대 정치외교과 졸, 버지니아 주립대학 정치학박사) 씨는 이내리(34·고려대 정치외교과 졸) 씨와 결혼했고, 삼남 신한(36·미시건대학 컴퓨터공학석사) 씨는 대성산업 전무로 한조희(30·경희대 졸) 씨와 결혼했다.

해강의 차남 영민(66·서울대 사학과 졸) 씨는 서울도시가스 회장으로 민영옥(56·서울대 성악과 졸) 씨와 결혼하여 은혜(31), 요한(29), 종한(22) 씨 세 자녀를 두었다. 해강의 3남 영훈(59·서울법대 졸, 하버드대학 국제경제학 석사) 씨는 대성홀딩스 회장으로 김정윤(43) 씨와 결혼하여 의한(17), 은진(14), 의진(11), 은정 씨 네 자녀를 두었다.

해강의 장녀 영주(63·서울대 회화과 졸, 미 클랜부룩대학 미술대 석사) 씨는 모나코왕실 주최 국제현대미술전에 입선한 화가로 신정현(66·알파서비스 사장) 씨와 결혼했으며, 신정희(36·연세대 법과대학원 재학), 신명철(34·인디애나 주립대학 졸) 남매를 두었다. 해강의 차녀 정주(62·이화여대 졸) 씨는 대성홀딩스 사장이며, 해강의 3녀 성주(55·연세대 사회학과 졸, 런던대학 대학원 국제협력관계 전공, 미 앰허스트대학 명예인문학박사) 씨는 성주그룹 회장으로 디자인사업 분야에서 다양한 활동을 벌이고 있다.

내가 본 해강 김수근

나는 1995년에 해강 김수근 회장님께서 에너지기술도입선인 쉬럼버저 독일 기업과 국제협상을 돕는 과정에서 그분을 처음 뵙게 되었다. 대성그룹의 창업자이신 해강 선생님의 장남인 김영대 현 회장과 서울대 법대 동기동창이기도 해서 부자 분과 함께 법률 문제를 협의하게 된 것이다. 해강 선생님은 헌칠한 체격에 온화한 표정으로 마치 아들에게 이야기하듯이 대성그룹을 일궈오신 과정을 자상하게 들려주셨다.

일본대학에서 법학을 공부하고 금융조합에 근무하면서 안정된 직장생활을 해왔으나, 해방 후 경제정책에 관여했던 가까운 선배가 "한국에 에너지사업이 시급하니 그 부분에 힘쓰는 것이 좋겠다"는 권유를 해서 사업 방향을 굳혔다고 하셨다. 해강 선생은 그 후 연탄사업으로 산림녹화에 힘썼으며, 주유종탄(主油從炭)을 내세운 에너지정책에 따라 해외 유전 개발사업에 나섰으며, 도시가스사업 그리고 전력사업으로 확장해 오신 한국에너지업계의 선구자로 꼽히고 있다. 선친의 사업을 계승한 김영대 회장은 유통(디큐브복합시티) 및 건설 해외 에너지 개발, 열병합 발전 사업 등에서도 두각을 나타내 한국 재계의 기린아로 떠오르고 있다.

김성수(한국에너지법연구소장)

해강 김수근

1916년	8월 28일, 경북 대구시 남산동 320번지에서 태어남
1929년	대구상업학교에 입학
1939년	일본대학 법학과에 입학
1941년	여귀옥과 결혼
1943년	영주 금융조합 부이사에 취임
1947년	대성산업공사 설립
1960년	문경탄광 인수, 탄광개발
1970년	영등포공장 준공
1981년	대성산업 회장 취임
1983년	대구도시가스와 서울도시가스 설립
2000년	대성산소 문막공장 준공
2001년	2월 20일, 서울 세브란스병원에서 별세

39
대향 이중섭

대향(大鄕) 이중섭(李仲燮)은 한국을 대표하는 천재 화가이다. 그는 향토색 짙은 우리 고유의 미감이 풍부한 그림 속에 반 고흐와 비견되는 화풍을 표출한 글로벌 아티스트로 평가받고 있다.

그는 기왕에 널리 알려진 것처럼 고구려 벽화나 고려청자의 무늬뿐만 아니라 조선 초기의 분청사기와 조선 후기 김정희의 서예 등 여러 종류의 민족문화 유산에서 유래되는 기법을 구사하여 수준 높고 민족색이 풍부한 화면을 만들어냈다. …… 온고지신(溫故知新), 법고창신(法古創新) 같은 덕목들은 사실 8·15해방 이후 지금까지 모든 문화예술 부문의 창작과 비평에서 가장 중요한 화두인데, 이중섭은 이를 앞선 시기에 이미 일정 부분 탁월하게 이루어내고 있었다. (『이중섭 평전』, 최석태)

대향은 1916년 9월 16일 평남 평원군 조운면 송천리 742번지에서 이희주(李熙周)와 안악(安岳) 이씨 사이에 2남 1녀 중 막내아들로 태어났다.

부친 쪽 윗대는 세종 때 쓰시마 정벌로 이름난 이종무 장군이 시조이다. 증조부 이동규는 자작 농토에 소작지까지 많이 빌려 억척스럽게 일하여 100칸이나 되는 집을 소유했다. 모친도 평양의 부유한 상인 이진태의 딸이었다. 그는 일본과의 무역으로 번 많은 자산을 증권에 투자해 크게 성공한 평양의 민족자본가가 됐다. 애국계몽단체인 서북학회에 가담해 활동했으며 ㈜평안무역, ㈜조선소주를 경영하기도 했다.

대향의 부친 이희주는 1886년 이창희의 셋째로 태어났다. 그는 그의 조부와 달리 문약하고 우울한 성격이었던 듯하다. 소작인들의 추수를 살펴보라고 탈곡장으로 보내면 현장에서 멀리 떨어진 들가에서 저녁노을을 바라보다가 돌아오곤 했다. 뚜렷한 병명도 없이 시름시름 앓다가 대향이 5살 때 작고했다. 따라서 모친은 집안의 모든 일을 혼자서 처리해야 했다. 부유한 집안에서 귀하게 자란 탓에 가사에는 서툴렀으나 말을 잘하고 아는 것이 많아 만물박사라고 불렸다. 주산과 바느질에 능했고 과자 따위를 만드는 솜씨도 좋았다. 그녀에게는 친정에서 물려받은 100석의 재산과 함께 700석이 넘는 농토와 과수원이 남겨져 살림은 넉넉했다.

대향이 아기였을 때 12살 연상의 형(仲錫)이 결혼하여 그는 모친과 형수의 보살핌을 함께 받으며 자란다. 평양으로 간 대향은 1923년 종로공립보통학교에 입학한다. 후일 대향과 함께 일본에 유학했던 평생 친구 김병기는 졸업 때까지 내내 한 반에서 보낸다. 동급생으로는 채병덕(초대 육군참모총장 역임), 이용문 장군이 있다. 또 친하게 지낸 동네 친구로 극작가 오영진, 소설가 김이석이 있다. 고향 친구인 시인 양명문, 소설가 황순원과도 훗날 가까이 지내게 된다.

어린 시절 대향은 자치기와 달음박질 같은 놀이와 운동 그리고 그림 그리기를 좋아한다. 음식을 잘 먹어 그의 조카딸은 대식가로 기억한다. 그러나 먹을 것을 받고서도 곧바로 먹지 않고 그림을 그리곤 할 정도로 그림 그리기에 몰두하여, 고학년 때에는 학교에서 그림이라면 첫손가락에 꼽힐 정도였다. 6년 내내 한 반이었던 김병기(후일 함께 도쿄 유학)네 집에 자주 가서 그의 부친 김찬영의 화구와 미술 서적을 구경하기도 한다. 일본에 유학했던 이름난 유화가인 김찬영은 당시 평양 미술단체 삭성회를 이끌기도 했으므로 대향에게 자극과 영향을 주었을 것이다. 하루는 김병기가 수채붓을 보여주자 대향이 붓에 물감을 찍고 물을 묻히더니 입으로 쭉 빨아낸 후 종이에 죽 그으면서 "이렇게 하면 물감이 흐르지 않고 잘 그려진다"고 말했다. 김병기는 상당히 구체적인 기술을 알고 있는 대향을 놀라서 바라보았다.

대향은 성적에는 관심이 없었다. 일본 유학 중이던 형이 방학 때 돌아와 공부하지 않는다고 꾸짖기도 했다. 나이 차이가 컸으므로 부친을 대신했던 형이 매우 어려운 존재였던 것 같다. 그와 김병기는 방학이면 형에게 붓글씨 수업을 받았다. 후에 대향이 그림뿐 아니라 편지나 엽서의 주소나 이름자 표기에 유별난 집착을 보인 것도 형의 그런 성향 탓인 듯하다.

1929년 대향은 정주 오산고보에 입학하여 하숙 생활을 한다. 오산학교에서 그는 조선인으로서의 민족적·문화적 정체성 또는 입체감을 익힌다. 그는 잊을 수 없는 은사 임용련을 만난다. 진남포의 지주이자 기독교도 아들인 임용련은 배재중학 3학년 때 3·1운동에 참가했다가 경찰에 추적당해 미국 선교사들의 도움을 받아 시카고 아트 인스티튜트라는 미술학교에서 역사화와 벽화를 공부했다. 그는 이후 예일대학을 졸업하고 파리로 건너가 재 프랑스 화가 백남순과 결혼했다. 이들은

1930년《동아일보》전시장에서 부부전을 여는데, 부부 모두 서양화의 본거지에서 공부했다고 해서 상당한 관심을 끌었으며 이듬해 오산학교로 부임한다.

임용련은 대향의 재능을 발견하고 이끌어준 교사였다. 그는 대향의 그림을 수업 때 학생들에게 보여주며 장래의 거장이라고 칭찬했다. 새로운 사조를 소개했을 뿐 아니라 민족적인 감각과 형상을 이끌어내도록 유도했다. 대향보다 한 해 선배인 우일근(전 서울대생약연구소장) 씨의 회고담을 옮긴다.

> 임용련이 도화 시간에 학교 본관을 그린 이중섭의 수채화를 들고서 논평하기를 "지붕 앞줄의 기와가 줄지어 있는 부분을 잘 연결했는데 이것을 하나하나 낱낱이 그리지 않으면서도 무리 없이 표현할 수 있었던 것은 이중섭 군의 새로운 발견이다"라고 했다. (『이중섭 평전』)

임용련은 아내에게 대향의 재능을 자랑했으며, 장래 대화가로 예약이 되어 있다고까지 극찬한다. 대향은 수채화를 열심히 그리며 새로운 재료로써 실험적인 시도도 하는데, 임용련의 자유로운 미술교육에 힘입은 것이었다. 두터운 한지에 먹물을 칠하고 철필이나 펜촉으로 긁어내어 흰 바탕이 드러나게 하는 방식으로 그리기도 했는데, 훗날 담배 은박지에 끝이 뾰족한 쇠로 선을 긋고 오목한 부분에 물감이 배게 하여 완성하는 대향 특유의 창의적인 그림도 이 시절의 자유로운 재료 사용 경험에서 유래한 것이었다. 백남순도 대향에게 큰 영향을 준다. 이광수는 임용련 부부의 전시평에서 백남순을 사실적이고 라틴적·남구(南歐)적이며 자유·경쾌하다고 했는데, 이런 요소가 후일의 대향에게도 나타난다.

대향은 1935년 도쿄의 데이코쿠미술대학에 입학하여 스케이트를 타다가 크게 다쳐 요양한다. 이듬해 복학을 포기하고 3년제의 분카가쿠잉에 입학한다. 교수가 그의 그림을 피카소의 모방이라고 비판하자 이에 항의하는 등 갈등을 빚는다. 그는 많은 학생이 모인 가운데서도 당당하게 조선말 노래를 유창하게 부르며, 작업으로 어질러진 하숙방에서도 난초를 키우는 정갈함을 보여 급우들의 찬탄을 받는다. 이 무렵 민족 차별을 하지 않는 쓰다 세이유 교수를 만나 급속히 가까워진다. 쓰다는 한지에 먹물을 칠하고 긁어서 형상을 그린 대향의 손바닥만 한 그림을 보고 아주 좋은 평을 내리기도 하며, 큰 화가가 될 것이라고 격려한다.

대향은 1938년 도쿄를 근거지로 활동하는 미술가들이 창립한 자유미술가협회 전람회에 3점의 '소묘'와 2점의 '작품'을 첫 출품해 협회상을 받는다. 유럽에서 일어난 초현실주의를 일본에 소개하고 보급한 미술평론가인 다키구치 슈조는 "대향이 환각적인 신화를 묘사하고 있다. 소품이지만 큰 배경을 느끼게 한다. 옛 신비 속에서 생생한 악마가 꿈틀거리고 있다"라고 평한다. 1940년 지유텐(自由展)에 출품한 대향의 작품들에 대해 김환기는 《문장》지에 "이 한 해에 있어 우리 화단에 일등으로 빛나는 존재였다. 정진을 바란다"는 글을 실었다.

대향은 일찍부터 소를 열심히 그렸다. 오산학교 시절 어찌나 소를 열심히 그렸는지 학생들 사이에 "이중섭은 소와 같이 산다. 소와 입 맞춘다"는 이야기까지 나돌았다. 훗날 원산 시외인 송도원에서 소를 하루 내내 관찰하다 소 주인에게 도둑으로 몰려 고발당하기도 한다. 김환기는 "작품 거의 전부가 소를 취재했는데 침착한 색의 계조(階調), 정확한 데포름, 솔직한 이메주, 소박한 환희, 좋은 소양을 가진 작가이다. 쏟쳐오는 소, 외치는 소, 세기의 음향을 듣는 것 같다. 응시하는 소의 눈동자,

이중섭의 〈흰 소〉(30×41.7cm, 합판에 유채, 1954년경, 홍익대학교 박물관 소장).

아름다운 애린이었다"고 격찬했다.

이중섭의 '대향(大鄕)'이라는 아호는 1942년에 애인의 모습을 담은 연필화 〈여인〉에 처음 등장한다. 오산학교의 설립자 이승훈이 펼친 '대이상향 운동'과 관련지어 그것의 줄임말에서 유래한 듯하다.

1940년 대향은 2년 후배인 야마모토 마사코(山本方子)와 사랑에 빠진다. 그녀가 대향과 가까워지게 된 계기를 말한다.

학교 가운데 뜰에서 쉬는 시간에 남학생들이 배구를 하고 있었는데, 그 가운데 마음에 드는 한 학생이 있었습니다. 키가 헌칠하고 잘생긴 청년이었죠. …… 그는 못하는 운동이 없었어요. 권투도 잘했고, 철봉·뜀박질 등을 멋있게 해냈죠. 그뿐 아니라 노래도 잘 불렀죠. 아마 저뿐이 아니라 다른 여학생들도 그에게 관심이 있다는 눈치였습니다. 그러던 어느 날 실기수업이 끝나고 붓을 빨게 되었는데 옆에서 그도 붓을 빨고 있었죠. 그때 우리는 단둘뿐이었습니다. 그가 자연스럽게 말을 걸어왔어요. 그때부터 다방 같은 데에서 자주 만나기 시작했습니다. (『이중섭 평전』)

　마사코는 일본에서는 드문 가톨릭 출신 여성으로 자유롭고 개방적인 분위기에서 자랐다. 그녀의 부친은 재벌기업인 미쓰이 계열사의 사장이었다. 마사코와 사랑에 빠진 대향은 1940년 말부터 관제엽서에 그림을 그려 그녀에게 보낸다. 1940년 1점으로 시작하여 1941년에는 80여 점이나 그렸다. 4년간 모두 100여 점에 이른다.

　1943년에 대향은 제6회 지유텐에서 출품작 〈망월(望月)〉로 특별상인 태양상을 받는다. 원산에 돌아온 후 수년간 같은 방을 썼던 조카 이영진(79·서울대 미학과 졸업) 씨에 의하면 대향은 여러 해에 걸쳐 두고두고 손질하면서 작품을 완성했다고 한다.

　1945년 4월 마사코가 천신만고 끝에 배를 타고 서울을 거쳐 원산으로 왔다. 5월 결혼하고 아내의 이름을 이남덕으로 바꿨다. 8·15해방을 맞아 미도파백화점 지하실에 벽화를 그린다. 이때 명동에서 친구가 조폭에게 뭇매를 당하자 맞서 싸우다가 순찰 미군 헌병에게 방망이로 맞아 머리가 터졌다. 이듬해 원산에서 첫 아들이 태어났으나 곧 죽었으며, 고아원에 가서 아이를 돌보는 자원봉사를 한다.

　1947년 북조선문학예술동맹에서 《응향》에 실린 시와 표지화에 인민성과 당성이 결여되어 있다고 맹렬하게 비판받았다. 이해 8월 평양에서 열린 해방기념 미술전람회에 〈하얀 별을 안고 하늘을 나는 어린이〉를 냈다. 이 작품을 소련인 평론가 나달이 극찬한다. 그러나 이듬해 원산에 온 소련의 미술가와 평론가 3인이 대향의 그림을 보고 천재이기 때문에 '인민의 적'이라고 비판한다.

　1950년 6월 전쟁이 일어난 직후 가장인 형이 행방불명되었다. 대향은 부인, 두 아들, 조카 영진과 함께 남하하여 부산으로 온다. 피난민수용소에서 신상 조사 후 출입이 허용되면서 부두에서 짐 부리는 일을 한다. 이때 널빤지를 훔친 껌팔이 소년을 마구 때리는 헌병을 말리다가 그들이 휘두른 곤봉에 맞아 큰 상처를 입는다.

이듬해 악화된 전세에 따른 당국의 종용으로 가족과 제주도로 건너간다. 여러 날 걸어 서귀포에 도착하며 〈피난민과 첫눈〉은 이때의 체험을 그린 작품이다. 변두리의 작은 방을 배정받아 식량배급을 받기도 했으나 가족 수에 비해서는 턱없이 모자랐으므로 자주 바다로 나가 게를 잡거나 해초를 뜯어 와야 했다. 이곳에서 오랜만에 평온한 눈빛을 지닌 소를 목격하고 다시 소 그리기에 열중한다. 얼마 후 조카 이영진이 찾아왔다. 서귀포로 근무지를 옮긴 그는 먹을 것을 구해 자주 가져다주곤 했다. 그가 가져온 통조림 깡통으로 그릇을 대신할 만큼 극심한 빈곤은 계속되었다.

대향은 서귀포에 1년 가까이 머물면서 물질적으로는 엄청나게 어려웠지만 정신적으로는 한없이 행복했던 장면을 화폭에 담아 〈서귀포의 환상〉과 〈섶섬이 보이는 풍경〉과 같은 주목할 만한 그림을 남겼다. 〈서귀포의 환상〉은 제목 그대로 평화와 풍요가 꿈을 넘어서서 환상의 모습을 담고 있다. 그림 한가운데에는 어린아이가 평화롭게 전투기가 아닌 새를 타고 푸른 서귀포 앞바다를 날고 있다. 해안에는 어린아이들이 풍요롭게 먹을 것을 나르거나 한가하게 누워 있다.

서귀포는 대향과의 소중한 인연을 놓치지 않고 1998년 이중섭거리를 조성했고, 이중섭예술제를 시작했다. 2004년에는 이중섭미술관을 세웠고 그 취지에 공감한 갤러리현대 박명자 사장과 가나아트 이호재 회장이 이중섭의 작품 9점을 기증했다. 조선일보사는 매년 이중섭미술상을 시상해 올해(2011년)로 23회째를 맞고 있다.

1951년 겨울 대향의 가족은 부산으로 건너오며, 이듬해 부인이 폐결핵에 걸려 각혈을 하고 아이들 건강도 악화되어 부인과 아이들은 일본으로 건너간다.

이듬해 일본에 간 부인이 보낸 일본 서적을 팔아 생활비를 보태고자 했으나 대향은 책값을 떼이고 큰 손해를 보았다. 또 일본에 밀항했다가 체포된 대향의 친구가 부인에게 보증금과 여비를 빌리고는 돌려주지 않아 막대한 빚을 진다.

1954년에 통영 일대를 다니면서 풍경화를 그리는 데 몰두하여 〈푸른 언덕〉, 〈충렬사 풍경〉, 〈복사꽃이 핀 마을〉 등을 남긴다.

이듬해 그는 초 서울 미도파화랑에서 개인전을 연다. 유화 41점, 연필화 1점, 은박지 그림을 비롯한 소묘 10여 점을 냈다. 대향은 전시기간 내내 사람들과 어울려 술을 마시는 등 무리를 했고, 전시가 끝난 후에는 그림값도 제대로 못 받는 등 아내의 빚을 갚아보려는 애초의 목적을 이루지 못한다. 남은 그림을 대구로 가지고 가서 대구 미국문화원 전시장에서 개인전을 연다. 그러나 작품은 거의 팔리지 않았으며, 실망과 분노한 데다 영양부족까지 겹쳐 극도로 쇠약해졌다. 왜관의 구상(具常) 집에서 요양했으며, 이 무렵 단란한 구상의 가족을 쳐다보는 자신이 포함된 〈구상네 가족〉을 그린다. 그들 가족이 부러웠던 듯하다.

대향은 대구로 올 때부터 노이로제 환자라는 소문이 돌았다. 그는 여관의 손님 신발을 모두 거두어 씻기도 하고 청소를 하기도 하여 친구들로부터 정신병자라는 말을 듣는다. 한 달 동안 대구 성가병원에 입원하며, 자신이 정신병자가 아니라는 것을 보여주기 위해 연필로 사실적인 자화상을 그린다.

대향은 1955년 9월 서울에 올라왔으나 다시 친구들이 수도육군병원 정신과에 입원시킨다. 그 후 성베드로병원으로 옮기며, 늦가을에 퇴원해 화가 한묵과 정릉에서 지낸다. 이때 극심한 황달 증세를 보인다. 이듬해 영양실조와 간염으로 고통을 겪으며 다시 음식을 먹지 못하게 되었다. 봄에 청량리 뇌병원 무료 입원실에 입원하나, 원장 최신해가 정신 이상이 아니라 극심한 간염이라는 진단을 내려 즉시 퇴원한다.

그러나 그 후 상태가 극히 나빠져서 서대문 적십자병원 내과에 다시 입원한다. 입원한 지 한 달 만인 1956년 9월 6일 대향은 별세한다. 3일 뒤 이 사실을 안 친구들이 장례를 치른다. 화장된 뼈의 일부는 서울 망우리 공동묘지에, 다른 일부는 일본에 살던 부인에게 전해져 그 집 뜰에 안장된다. 대향은 형제를 두었다. 모두 일본에 살고 있으며, 장남 태현(64) 씨는 화구상을 하고 있으며, 차남 태성(62) 씨는 건축디자인업을 하고 있다.

내가 본 대향 이중섭

대향 이중섭은 평양 종로보통학교를 함께 다니고 일본에서도 같은 미술학교를 다닌 절친한 친구다. 대향은 키도 크고 미남이었다. 일본 애들 앞에서 애국적인 노래를 거침없이 불렀다. "낙화암 낙화암 왜 말이 없는가……." 그때 한국에 관한 노래는 다 애국적이었다.

대향은 커서도 꼭 인력거꾼이 입고 다니는 것 같은 반코트 차림이었는데, 주머니에는 골동품상에서 주워 모은 목각 도자기 파편이 가득했다. 대향은 한 인간이 극한 상황 속에서 그림 하는 태도를 보여주고 갔다. 아내와 애들이 있는 일본에 갔다가 그냥 돌아왔다. 형제가 싸우는데 어디 피란 가 있느냐는 것이었다. 대향의 포인트는 반커머셜리즘이었다. 누구한테 팔려는 생각 없이 그냥 그렸다.

그의 주검을 내가 발견했다. 적십자병원에 만나러 가니까 침대에는 없고 시체실에 있었다. 대향은 은박지 골필화, 데생으로 6·25전쟁이라는 리얼리티를 누구보다 더 생생하게 대변했다.

김병기(화가, 전 서울대 미대 교수)

대향 이중섭

1916년	9월 16일, 평남 평원군 조운면 송천리 742번지에서 태어남
1923년	평양 종로공립보통학교에 입학
1929년	정주 오산고보에 입학
1935년	도쿄 데이코크미술대학에 입학
1936년	분카카쿠잉에 입학
1938년	도쿄의 자유미술가협회 협회상 수상
1945년	야마모토 마사코와 결혼
1951년	제주도 서귀포로 피난, 왕성한 창작활동
1955년	서울 미도파화랑에서 개인전
1956년	9월 6일, 서울 적십자병원에서 별세

40
유민 홍진기

유민(維民) 홍진기(洪璡基)는 건국 후 최초로 대일손해배상청구작업을 이승만 대통령에게 건의한 지사적 관료이다. 그는 6·25전쟁 후 제네바 회담 대표로 참석하여 남북평화통일의 원칙을 마련하기도 했다. 자유당 말기 격동기에 역대 각료 중 최연소인 42세의 법무부장관을 지낸 데 이어 내무부장관 재직 중 4·19혁명으로 옥고를 치른 좌절을 떨치고,《중앙일보》창간과 TBC방송을 함께 묶어 종합 매스컴의 바람직한 전형을 제시한 탁월한 언론기업인으로 추앙받고 있다.

유민은 1917년 3월 3일 서울 성동구 왕십리1동 41번지에서 홍성우(洪性佑)와 이문익(李文益) 사이에 형제 중 장남으로 태어났다. 가계는 남양 홍씨 남양군(南陽君)파이며 모친은 전주 이씨다.

유민 집안은 선대엔 관직에 오른 분이 많았으나 조선조 후기에 들면서 정치와는 무관한 포의의 선비로서 서울 근교의 전원생활을 했던 듯하다. 조부가 부지런하고 이재에도 밝아 정미소도 운영해 가산을 일으켰다. 하왕십리

집은 대지가 1천 평이 넘는 저택이었다. (『유민 홍진기 전기』, 중앙일보사)

외아들이었던 유민의 부친은 호방한 성격에 친구와 술을 좋아했다. 그는 가업인 정미소보다는 금광 같은 큰 사업에 뜻을 두어 나들이가 잦았다. 그럴수록 조부는 손자의 교육에 힘을 기울여 유민을 열심히 가르쳤다. 술 마시는 법도도 엄격히 가르쳤다. 자세는 바로 하고 취하지 말며 언제나 적정선에서 술을 조절할 줄 알아야 한다는 것이었다.

유민의 부친은 조부가 일으켜놓은 가산을 지키지 못했다. 추풍령 부근의 금광에 투자해 번번이 실패했다. 67세로 작고하여 재산도 거의 없애 모친이 집안을 관리했다. 조부와 마찬가지로 모친도 엄격했다. 모친은 모든 부문에서 절제할 줄 알고 사리가 분명할 것 등 다른 사람의 모범이 되는 생활을 가르쳤다.

유민은 여섯 살 때 사숙에 다니며 한학을 공부하다 이듬해 왕십리공립보통학교에 입학하며 1930년에 경성제일고보에 입학한다. 당시 집안 형편은 매우 어려웠던 것 같다.

"할머니께서는 아버지가 학교 다니실 때가 가장 어려웠다고 말씀하셨지요. 여름에는 동복이 전당포에 가 있고, 겨울에는 하복이 전당포에 가 있었다고 하셨어요."

4남 석규 씨의 말이다.

하지만 어려운 살림살이는 오히려 유민의 면학열을 더욱 자극했다. 하루빨리 모친에게서 가사의 짐을 덜어드려야 한다는 효심으로 공부를 게을리하지 않았다. 수재들의 집단에서도 전 학년 성적이 전교생 200명 가운데 10등 내외를 차지한다.

1934년에 유민은 경성제대 예과에 입학한다. 이 무렵 모친은 남은 가산을 정리하고 경성제대 예과가 있는 청량리로 집을 옮긴다. 생활의 방편으로 하숙을 쳤다. 계창업(변호사 역임)과 문홍주(문교부장관 역임)는 대학의 전 기간을 이곳에서 보냈다. 예과 1년 후배인 황산덕(문교·법무부장관 역임), 김봉관(농림부차관 역임), 2년 후배인 선우종원(국회사무총장 역임)도 이 하숙집에 들어왔다. 경성제대 예과의 모범생들이 하숙하던 유민의 청량리 집은 일종의 문화살롱이었다. 유민은 프랑스 문학에 심취하여 항상 보드레르 시집을 들고 다니고 앙드레 지드를 특히 좋아해 그의 대표작 『좁은 문』은 거의 외울 정도였다. 『좁은 문』과 관련한 황산덕의 말이다.

"유민과 『좁은 문』에 관해 얘기를 나눈 적이 있다. 나는 중간도 못 읽었는데 유민은 그걸 다 이해하고 있는 게 이상했다. 나는 분명 『좁은 문』 일역본이 조선에 깔리자마자 구입했고, 당시 유민은 책을 살 돈이 없었다. 나중엔 결국 샀겠지만 알고 보니 유민은 서점에서 그 책의 처음, 중간, 끝 부분을 부분적으로 보고 전체를 이해한 것이었다."

유민은 음악과 영화와 미술에도 관심이 많았다. 그는 계창업과 함께 클래식 음악을 들려주던 다방 전원(田園)에서 많은 시간을 보냈다.

유민이 조선어학회 인사들과 교류한 증언도 있다. 유민의 차남 석조 씨는 "아버지께서 최현배 선생이 강의하는 한글강습소에 우리말 공부를 하러 다녔다고 말씀하신 일이 있다"며 "강습소가 경성제일고보가 있던 화동과 인근 재동 사이에 있었다고 들었다"고 했다.

경성제대에는 두 개의 교가가 있었다. 일본어로 된 공식 교가와 조선 학생들만이 비밀리에 부르는 민족의 얼을 북돋는 우리말 교가였다. (『경성제국대학』, 이충우)

일제의 차별 교육을 받으면서도 그때 학생들 사이에서는 세계문학전집, 세계사상전집 등을 독파하는 게 크게 유행했다.

"아버지가 나한테 분명히 말씀하셨어요. '내가 부잣집 아들로 태어났으면 법대는 절대 안 갔지. 나는 훌륭한 문학가가 꿈이었다. 바이올리니스트도 해보고 싶고…….' 아버지는 그렇게 낭만이 있으셨던 분이었고 사랑도 멋지게 하셨어요. 자세히 밝힐 수는 없지만 청년 시절 두 번의 뜨거운 연애를 하셨어요."

장녀 라희 씨의 말이다.

유민은 술도 좋아했다. 훗날 아들들에게 "홍씨 가문은 반주 정도는 해야 한다"며 식사 중에 술을 권할 정도였다. 차남 석조 씨는 "경성제대 시절 아버님께서 하도 취하셔서 차도와 인도 사이의 턱을 베개 삼고 주무신 적이 있다고 들었다"고 했다. 눈 오는 날 술에 취해 길에서 잠을 자다 동사할 뻔한 적도 있었다.

유민은 1937년 본과로 진학하여 법학과를 선택한다. 그는 "어느 땐가 조선이 독립될 것이라는 민족에 대한 희망 같은 것이 있었다. 나는 준비를 하고 있어야 한다고 스스로 믿었다"고 말했다.

1940년 유민은 경성제대를 졸업한다. 라희 씨는 이런 말을 들려준다.

"할머니께서 아버지 졸업식 직전에 빚을 내어 새 교복을 장만하셨다고 해요. '우리 아들에게 낡은 교복을 입혀서 내보내고 싶지 않았기 때문에 내가 빚을 얻어서 새 교복을 장만한 거다.' 나중에 아버지가 나에게 '너희 할머니가 그런 분이시다'라고 하셨어요."

유민은 법문학부 법학과 조수(助手)로 근무한다. 조수에서 강사, 조교수로 올라가는 것이 정해진 코스였다. 조선인이 조수가 되는 것은 아주 어려웠다.

이듬해 유민은 고등문관시험 사법과에 합격한다. 그러나 유민은 출세의 최대 관문을 통과하고도 대학교수가 되어 학문을 하고 싶었다. 상법의 권위자인 니시하라 교수의 자상한 지도와 배려에 힘입은 것이다. 하지만 조선인 조수 중에 공산당 사건과 연루된 자가 있어 조선인 조수제도가 아예 없어져 유민의 꿈은 깨지고 말았다.

1942년 유민은 아쉬운 차선책으로 경성지방법원 사법관 시보가 된다. 그러나 대학을 떠났어도 그의 논문은 학계의 주목을 받는다. 하늘같이 높은 도쿄대학 다나카 교수가 그의 논문을 인용하여 도쿄제대 학보에 실었다. 유민에게는 다시없는 영예였다.

1942년 12월 27일 김신석(조흥은행 상무)과 남의현의 맏딸 김윤남(金允楠, 이화여전 졸업)과 결혼한다. 전주지법 판사 시절이다.

1945년 광복을 맞은 유민은 조선 해방의 국제법적 의미를 골똘히 생각한다. 해방이라는 정치현상은 기존의 국제법을 초월하는 새로운 정치현상이다.

이러한 거시적 안목으로 유민은 미군정청과 새 정부의 내각에서 실무적으로 건국사업에 참여하는 것이 최선이라는 다짐을 한다. 그는 미군정청 사법부 법전편찬부서기관으로 임명된다. 조선의 법전을 정리하고 새 나라의 법률을 제정하는 데 필요한 기초작업을 하는 것에 큰 보람을 느낀다.

법무부 조사국장 때 유민은 이승만 대통령에게 대일강화회의 준비위원회를 만들어 일본에 대한 손해배상청구작업을 서둘러야 한다고 건의한다. 그는 해방의 논리에 입각한 '원상회복의 원칙'을 내세운 증빙 자료로 방대한 3권짜리 대일 배상청구조사서를 작성한다. 이 자료는 후일 대일 청구권의 유일한 기초 자료로 활용돼 유민은 엄청난 국익을 챙기게 한 장본인인 셈이다. 그뿐 아니라 1951년 미 국무성이 대일 강화조약을 체결하기 위해 그 조약안을 만들었을 때, 유민은 그 초안에 한국에 관한 조항이 누락된 사실을 발견하고 외무부에 통보하는 한편 경무대에 보고하여 내각에 불호령이 떨어졌었다. 비상이 걸린 외무부는 뒤늦게나마 혼신의 힘을 써서 그 조약안에 대일 청구권, 귀속재산 처리건, 재일교포 법적 지위 문제 등 한일 간의 제 문제 조항을 첨가하도록 대미 교섭을 벌여 우리 입장을 관철시켰다.

또 법무국장 때 유민은 한일회담 대표로 참가해 일본 대표의 오만불손한 구보타(久保田) 망언을 정면으로 반박하여 일대 논쟁을 벌이며, 끝내는 취소하고 사과를 받아내는 쾌거를 달성한다. 유민은 미리 공부해 둔 해방의 논리를 펼친 것이다. 김동조(훗날 외무부장관 역임)는 "구보타 대표의 논지는 제2차 세계대전 후의 새로운 국제질서 형성과 그에 따른 법질서의 필요를 외면하는 것이었다. 이에 대해 법률가인 홍 대표는 해방의 논리라는 제2차 대전 후 국제정치에서의 새로운 현상을 들어 논박했다"고 증언한다.

> 해방이라면…… 과거 제국주의자들의 폭력에 기초를 둔 식민통치나 적국의 점령 상태가 전적으로 불법이라는 것을 전제로 하여, 이에서 벗어나 자유로위진다는 뜻입니다. 이렇게 불법에서 벗어나 정상 상태를 회복한다는 참뜻을 일본은 고의적으로 외면하려 한 것입니다. 《월간중앙》 1977년 5월호, 홍진기)

1954년 유민은 법무부차관으로 승진한다. 김영삼 전 대통령은 당시 국회 법사위 소속 위원으로 유민을 자주 만난 기억을 하고 있다.

당시 나는 20대의 최연소 국회의원이었고, 홍진기 씨는 30대의 젊은 차관이었다. 법사위 의원들과 법무부 관계자가 술자리를 가질 때면 장관 대신 홍 차관이 주로 나와 의원들과 대작했다. 홍 차관은 술이 셌다. 그때는 술잔을 돌리던 때라 엄청 마실 수밖에 없었는데 홍 차관은 자세 하나 흐트러지지 않았다. (『이야기 홍진기』, 김영희)

휴전 이듬해 제네바회담 대표로 임명된 유민은 대한민국의 '법적 동일성'에 기초한 평화통일 방안을 마련해 오늘에 이르기까지 흔들림 없는 한국의 평화통일 방안으로 정착시킨다. 이때 변영태 외무부장관은 유민을 외무부차관으로 오라고 제의하나 유민은 사양한다.

1958년 유민은 법무부장관에 임명되어 국무회의의 핵심 관료로서 국정을 이끌어간다. 하지만 혼미를 거듭하는 자유당 정권 말기 유민은 이승만 대통령의 막후지시로 조병옥 야당 당수와 만나 정권교체에 관한 협의를 하나 여·야 강경파의 방해로 성사시키지 못한다.

유민은 1960년 3·15부정선거의 책임을 지고 물러난 최인규 장관의 후임으로 내무부장관에 옮겨 앉으며, 이어 4·19혁명을 맞아 발포 명령의 원흉이라는 정치적 지탄을 받는다. 경무대 앞의 발포 명령자는 경호실장 곽영주로 밝혀졌으나 그 밖의 서울 시내 일원의 발포 명령자는 밝혀지지 않는데도 내무장관과 치안국장에게 그 굴레가 씌워졌다.

4·19 법정에서는 증거희박으로 무죄가 선고되었다. 그러나 5·16군사정변이 일어나자 재수감되어 계엄령 하의 군사법정에 회부된다. 4·19혁명 재판에서 유민에게 무죄판결을 내린 재판장까지 체포하는 판국에 이성을 잃은 군사재판은 유민에게 사형을 선고한다. 형 확정 때 그나마 무기로 감형돼 옥고를 치러야 했다. 유민이란 아호도 옥중에서 얻은 것이

었다. 이중재 전 경성전기 사장(자유당 기획위원으로 구속됨)이 『시경』에서 따온 유방(維邦)으로 쓰라고 했으나 "저는 늘 백성을 사랑하며 살겠다"며 유민으로 했다. 군부세력이 흥분을 가라앉히고 이성을 회복하자 법조계 재야인사들이 그가 국익을 위해 공헌한 업적이 지대하다며 형집행정지 처분을 탄원한다. 그는 1963년 12월 16일 석방된다.

1972년 《중앙일보》 창간 7주년을 맞아 유민 홍진기 회장(왼쪽)이 호암 이병철 회장(오른쪽)과 함께 윤전기를 살펴보고 있다.

이듬해 유민은 이병철 삼성그룹 회장의 간곡한 요청으로 라디오서울 사장에 취임하며, 동양TV 방송을 개국한다. 1965년에는 《중앙일보》 부사장에 취임하여 9월에 창간한다. 1967년에는 장녀 라희 씨가 호암 이병철의 3남 건희 씨와 결혼한다. 1968년에 《중앙일보》 사장, 1969년에 동양방송 사장에 취임하며, 1970년에 한국신문협회 부회장에 취임한다. 유민의 절제되고 합리적인 태도가 동료 신문경영인들에게 좋은 인상을 주었다.

홍 사장은 1980년 언론통폐합으로 사임할 때까지 12년 동안 고락을 같이 하면서 언론계 정화에 기여했다. 풍부한 법률론과 냉철한 사고로 협회 내에서 '홍판사'로 불려진 그의 중용지도를 오늘의 후배들이 교훈으로 삼아야 할 것이다. (『조선일보와 45년』, 방우영)

유민은 혼신의 힘을 다해《중앙일보》를 빠른 시일 내에 정상급 신문으로 부상시키며, 이와 함께 동양TV를 보도·교양·오락 면에서 모두 앞서는 한국 최초의 바람직한 종합언론매체로 발전시킨다. 하지만 1980년 신군부가 언론통폐합 조치로 TBC방송을 폐사시켜 유민은 그의 분신을 잃고 만다. 유민은 삼성전자의 반도체 개발사업 등에도 크게 기여한 경영전문가로서도 평가받고 있다. 유민은 1985년 세계 최대 규모의 중앙일보사 신사옥을 개관하고 이듬해 7월 13일 서울 성북동 자택에서 별세하며, 경기도 양주군 회천읍 옥정리 선영에 안장된다.

바로 유민이 근무하던 그 집무실에서 만난 장남 홍석현 회장(중앙미디어네트워크, 《중앙일보》)은 과거 부친의 유지를 이어 방송을 다시 부활하는 감회가 벅차오르는 듯했다.

"제 나이가 지금 62세이니 부친께서 종합언론에 한창 매진하셨던 바로 그때가 아닙니까? 다시는 방송을 하지 못할 줄 알았는데 기회가 왔으니 온 심혈을 쏟아부어야겠지요. 당시 경영책임자였던 홍두표 사장님도 강한 의욕을 보이시고, 무엇보다도 아직 시퍼렇게 살아 있는 수많은 TBC 가족들의 의기와 노하우가 가장 든든한 버팀목이 되어주고 있지요."

석유공사 사장, 한국산업리스·동양증권 회장을 역임한 유민의 동생 은기(서울대 상학과 졸업) 씨는 2010년에 별세했다.

유민의 장남 석현(62·서울대 전자공학과 졸업, 스탠퍼드대학 경제학박사) 씨는 세계은행 이코노미스트, 세계신문협회(WAN) 회장, 주미 대사를 역임했고, 한때 유력한 유엔사무총장 물망에 오르기도 했다. 현재 세계문화오픈 조직위원장을 맡고 있다. 자부 신연균(58·이화여대 사회학 학사 및 석사) 씨는 신직수 전 법무부장관의 장녀로, 재단법인 아름지기 이사장이다.

유민의 장녀 라희(66·서울대 응용미술학과 졸업) 씨는 삼성미술관 리움 관장, 한국메세나협의회 부회장이다. 차남 석조(58·서울대 법학과 졸업, 하버드대학 법학석사) 씨는 법무부 검찰국장, 광주고검장을 역임했으며, 보광훼미리마트 회장으로 양경희(양기식 씨의 차녀) 씨와 결혼했다. 3남 석준(57·서울대 사회학과 졸업, 노스웨스턴대학 경영학석사) 씨는 삼성SDI 경영기획실장(부사장)을 거쳐 보광창업투자 회장으로 정경선(정석원 씨의 장녀) 씨와 결혼했다. 4남 석규(55·서울대 외교학과 졸업, 존스홉킨스대학 국제대학원 외교학석사) 씨는 외무부 기획조사과장을 거쳐 보광·휘닉스커뮤니케이션스 회장으로 이계명(이장헌 씨의 차녀) 씨와 결혼했다. 차녀 라영(51·이화여대 불문학과 졸업, 뉴욕대학 예술경영학석사) 씨는 삼성문화재단 상무를 지냈으며, 삼성미술관 리움 총괄부관장으로 노철수(노신영 전 총리 장남) 씨와 결혼했다.

유민의 장손 정도(34·미 웨슬리언대학 경제학과, 스탠퍼드대학 경영대학원 졸업) 씨는 액센츄어 컨설턴트, 《중앙일보》 전략기획실장, 《중앙일보》 지원총괄(COO)을 거쳐 JTBC 기획·지원 총괄전무로 재직 중이며, 장손녀 정현(31·이화여대 불문학과 졸업) 씨는 이화여대 미술사학석사이고, 중손 정인(26·프린스턴대학 졸업) 씨는 보스턴컨설팅그룹에 근무하고 있다.

유민의 장외손 재용(43·서울대 동양사학과 졸업, 게이오의숙 대학원 경영관리석사) 씨는 현재 삼성전자 부회장이고, 외손녀 부진(41·연세대 아동학과 졸업) 씨는 호텔신라 사장·삼성에버랜드 사장·삼성물산 상사부문 고문이며, 서현(38·미국 파슨스디자인학교 졸업) 씨는 제일모직 패션사업총괄 부사장, 제일기획 기획담당 부사장이다.

내가 본 유민 홍진기

1961년 가을 서울구치소 기결감 마당에서 운동을 하던 시간, 홍 회장님이 다가와 "자네 미스터 류 아닌가? 자네 아버지하고 익히 알던 사이네" 하면서 말을 걸어왔다. 나의 선친(류응호(柳應浩))은 경성제대에서 1년간 수학한 뒤 도쿄제대로 옮아갔는데 경성제대 1년간의 수학기간 동안 홍 회장님과 함께 이왕직장학금을 받고 있었던 관계로 교분이 있었다. 뜻하지 않게 그분이 관심을 가져주어 몹시 반갑고 격려가 되었다. 그런데 얼마 뒤 우연히도 내가 홍 회장님의 옆방에 한동안 있게 되었다. 홍 회장님과 우리들 두 방 사이에는 벽 위쪽에 구멍이 뚫리고 전구가 달려 있어 전등 하나가 두 방을 밝혀주는데, 그 구멍으로 옆방의 대화를 들을 수 있었다.

홍 회장님 방에는 임철호 씨 등 4~5명이 있었는데 잡담 같은 건 거의 없고 토론을 즐겼다. 문학과 예술에 관한 것, 때로는 아인슈타인의 상대성원리 등에 관한 토론을 들었던 기억이 난다. 홍 회장님께서 가끔씩 음식을 사서 우리 방에 넣어 주던 일 등 모두가 잊을 수 없는 기억들이다.

류근일(전 《조선일보》 주필)

유민 홍진기

1917년	3월 13일, 서울 성동구 왕십리1동 841번지에서 태어남
1930년	경성제일고보 입학
1934년	경성제대 예과 입학
1940년	경성제대 법문학부 법과 졸업. 법문학부 조수
1941년	고등문관시험 사법과 합격

1943년	전주지법 판사
1948년	법무부 조사국장
1951년	제1차 한일회담 대표
1954년	법무부차관, 제네바회담 대표
1958년	법무부장관
1960년	내무부장관, 5월 17일 투옥
1964년	라디오서울 사장 취임
1968년	《중앙일보》 사장 취임
1975년	《중앙일보》, 동양방송 대표이사 사장
1986년	7월 13일, 서울 성북구 성북동 자택에서 별세

41
장준하

　장준하(張俊河)는 일제 말 학병으로 끌려갔다가 탈출하여 광복군이 된 독립투사다. 그는 잡지 사상계(思想界) 발행으로 문화 발전과 민권쟁취의 선도자가 되는가 하면, 박정희의 유신독재와 맨몸으로 맞서 싸웠다. 옥처럼 맑고 티없는 귀공자 타입의 전형적인 백면서생으로 보이는 그가 어떻게 그다지도 대조되는 '투사의 삶'을 살게 되었는지가 궁금하다.

　장준하는 1918년 8월 27일 평북 의주군 고성면 연하동에서 기독교 목사인 장석인(張錫仁)과 김경문(金京文) 사이에 4남 1녀 중 맏아들로 태어났다. 부친은 이듬해 3·1운동에 참여하며, 일제의 핍박을 피해 1920년에 평북 삭주군 청계동의 심산유곡으로 이사한다. 장준하는 1933년 대관보통학교를 졸업하고 평양 숭실중학에 입학하며, 이듬해 부친이 선천 신성학교 교목으로 부임함에 따라 이 학교로 전학한다.

　"이즈음의 장준하는 이웃 대목산 산정을 일요일마다 뛰어오르고, 많은 독립투사 자제들과 어울려 검산성의 임경업 장군의 기개를 숭모하면서 청운의 뜻을 길렀다"고 어린 시절의 친구 김용묵 씨는 회고했다.

또한 대운동회 때는 '여자가 없다면'이란 가장행렬을 구상해서 연출하기, 수학여행 때는 금강산 코스 세우기, 때로는 일본 교과서 찢기 데모 등 기상천외한 활동을 펼쳤으니, 거의 그의 발상이요 필자는 조언·협조자로서 뒤치다꺼리에 바빴다. (「나의 친구 장준하의 어린 시절」, 『광복 50주년과 장준하』)

1941년 장준하는 일본 동양대학 철학과에 입학했다가 이듬해 일본신학교로 전학하여 신학을 전공하게 된다. 당시 대학 동창 박봉랑 전 한신대 교수의 회고이다.

장준하 형을 만난 것은 이러한 신학도의 공동체 생활 속에서였다. 그때도 얼굴은 희고 안경을 썼었다. 그는 내가 다닌 숭실중학교의 기숙사에서 사감 선생님으로 수고하시던 장석인 목사님의 자제라는 것이었다. 나는 개인적으로는 장 목사님을 잘 몰랐지만 목사님께서 그때에 학생들에게 존경을 받고 계셨기 때문에 적어도 그 이름은 잘 알고 그의 인격을 존경하고 있었던 것이다. …… 그 후 노교 숭딕교회에서 주일학교 일을 같이 맡아 했다. 장형과 나는 매주 아침 일찍이 전철로 30분 정도 걸리는 시나가와구에 가서 교포 애들을 데리고 와서 가르치고, 또 애들의 손목을 잡고 데려다 주는 그런 일을 얼마 동안 계속했다. 아마도 이런 극성스런 생각은 장 형의 머리에서 왔던 것 같다. 일이 되기 위해서는 그렇게 해야 된다는 것이었다. (《씨울의 소리》, 1976년 8월)

장준하는 1943년 11월 학도병 입대를 앞두고 김준덕과 노선삼의 맏딸 김희숙과 결혼한다. 친구 김용묵 씨는 당시 결혼의 사연을 이렇게 전했다.

그는 몹시 침통한 표정으로 자신의 감정을 솔직하게 털어놨다. 그것은 고향에 있는 제자이며 귀여운 로자(부인 희숙의 천주교명)의 신변 문제였다. 정주에서 필자와 같이 지낸 하숙집 주인 비리스타 아주머니는 경건한 신도로 존경받는 신앙인이었다. 그러나 그 부군이 망명함으로써 가세는 쇠락했고 일본 경찰의 마수는 선천 보성여고를 중퇴한 소녀 로자를 정신대 아니면 공장으로 가라고 재촉하던 시기였다.

…… "귀엽고 불쌍한 로자를 맡아 안정시켜 놓고 출정할 것이다"라고 고백하는 그의 의지는 확고해서 나는 친지로서 애타는 입술을 깨물기만 했다. 그의 의리와 담력을 잘 아는 나로서는 결국 '장한 결의요'라고 손을 잡았다. (「나의 친구 장준하의 어린 시절」)

이듬해 1월 그는 평양 일군에 입대하여 중국 서주에 주둔한 쓰가다 부대에 배속된다. 7월에 4명의 동지와 함께 목숨을 건 탈출을 감행한다. 8월에 광복군 제6징모처가 있는 안휘성 임천에 도착, 중국군관학교 한국광복군 훈련반에 입소하여 군사교육을 받는다. 여기서 김준엽, 윤재현과 함께 《등불》 1, 2호(필사본)를 발간, 나중에 발행하는 《사상계》의 워밍업 작업이 된 셈이다. 1945년 1월 장준하 일행은 험준한 파촉령을 넘어 대한민국 임시정부가 있는 충칭에 도착하여 대대적인 환영을 받는다. 이들은 광복군에 편입되면서 소위로 임관된다. 이어 OSS(미군전략첩보대) 특수훈련을 받기 위해 서안으로 가서 광복군 제2지대에 배속되는 한편 중위로 진급한다. 3개월간의 훈련을 마치고 8월 4일 국내에 진입하려고 대기 중 일제의 무조건 항복으로 국내 진공이 좌절된다. 8월 18일 장준하는 이범석 장군을 따라 김준엽, 노능서와 함께 미군기를 타고 여의도 비행장까지 왔으나 일본군의 제지를 받고 중국으로 돌아가야 했다.

바로 30년 전의 오늘 새벽 5시에 서안 비행장을 떠나 7시간 반의 비행 끝에 몽매에도 그리던 여의도 비행장에 착륙했고, 그날 밤 반 백발의 일본 시브자와 대좌가 무릎을 꿇고 약관의 우리에게 맥주를 권할 때 형은 방 한구석에서 성경을 읽고 있었지요. 이 승리의 술은 마시고 설사 죽는 한이 있더라도 마셔야 된다는 나의 말에 형은 고집을 꺾고 난생처음으로 입에 술을 대시지 않았습니까. 해방 후 해마다 이날을 기념하느라고 8월 18일이 되면 우리는 모여 앉아 그 감격의 날을 추억하는 자리에서 형은 반드시 나에게 큰 절을 하고 술을 권하지 않았습니까? (「고 장준하 형의 영전에」, 김준엽 고려대 교수, 《동아일보》, 1975년 8월 19일)

장준하는 1945년 11월 김구 주석 등 임정요인들을 따라 미군기 편으로 귀국하며 김구 비서, 비상국무회의 서기 및 민주의원 비서 등을 역임한다. 이어 이범석이 이끄는 조선민족청년단에 참가하여 중앙훈련소 교무처장을 맡기도 한다.

"해방 후 귀국하셔서는 참 바쁘신 나날을 보냈지요. 집 한 칸 없이 호텔방 임시 거처로 따라다니면서 정신없이 지냈지요. 백범 선생님이 사랑하셔서 차시던 금시계를 풀어 주셨는데 아랫사람이 결혼한다고 하자 보태 쓰라고 금방 내놨지요. 우리 결혼 때도 아무런 연회 없이 시아버지께서 주례를 서셨지요."

부인 희숙 씨의 말이다.

1950년 문교부 국민정신계몽담당관이 되며, 1952년 9월 국민사상연구원(문교부 산하)의 지원으로 피난수도 부산에서 월간지 《사상》을 발간하나 이해 12월까지 4호를 낸 후 재정난으로 중단된다. 당시 일을 함께 했던 서영훈 전 적십자 총재의 회고이다.

《사상》지의 산모요 보모인 장 선배는 참으로 놀라운 솜씨를 발휘했다. 그는 쉴 줄을 몰랐다. 항상 생각하고 계획하며 움직였고, 많은 사람들을 만나며 설득했다. 일을 위한 동지를 만들고 일을 위해 인간관계를 맺었다. 사람을 많이 만나도 한담하거나 잡담을 하는 일이 없었다. …… 그는 일을 위해 태어난 사람이었다. 그러니 그는 항상 움직이고 항상 뛰어야 하며 항상 앞서 가야 했다. 앉아서도 움직이고 눈을 감고도 움직였다. 그는 언제나 뚜렷한 목적과 목표를 가지고 길을 찾고 방법을 연구했으며, 계획을 짜고 조직적으로 행동했다. (「광복 50년과 장준하」)

서 씨의 회고에 의하면 《사상》지는 이승만 대통령의 신임이 가장 두터웠던 이기붕 씨의 부인 박마리아 여사의 음해로 폐간됐다는 것인데, 이런 보고를 받고서도 장준하는 조금도 화를 내거나 원망하지 않고 오히려 서 씨를 위로했다는 것이다.

1954년 4월 장준하는 드디어 본격적인 월간 종합지 《사상계》를 창간한다. 중국 망명지에서 만들던 《등불》과 《제단》 그리고 《사상》지의 맥을 이은 것이었다. 장준하는 《사상계》를 통하여 1950년대 말 자유당 독재정권의 부정과 부패를 공격하면서 민중의 깨우침에 앞장섰다. 1959년 2월호의 「무엇을 말하랴, 민권을 짓밟는 횡포를 보고」라는 백지 권두언은 독재정권의 아성에 날린 '압권적 발상'이었다. 1960년 4월 19일 학생과 교수 그리고 깨어난 시민들의 힘으로 민주혁명을 이룩했다. 그때 《사상계》는 3판에 8만 부 발행이라는 최고 부수를 기록했다.

휴전 후 별로 읽을거리가 없던 당시 대학생들에게는 유명 지식인이 필진으로 망라된 《사상계》야말로 교과서 대용의 필독서였으며, 《사상계》의 기획도 이에 걸맞게 시대사조를 선도하는 참신한 내용을 담아갔다.

이러한 기획을 이끈 장준하는 편집위원회에 중점을 두는 독특한 운영 방식으로 《사상계》를 키워갔다. 주로 저명한 교수들로 위촉한 편집위원의 수당이 전임강사의 월급 이상이었다니 파격적인 예우를 한 셈이다. 이들 중 역대 4명의 총리가 나오기도 했다. 《사상계》가 발간되던 종로 한청빌딩은 당시 연세대 백낙준 총장이 학교재단건물을 쓰도록 도운 것인데, 지나다니던 지식인들의 사랑방 구실을 하는 명물로 짙게

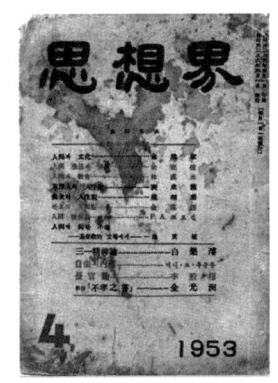

장준하가 창간하고 이끌었던 잡지 《사상계》 창간호(1953년 4월).

기억되기도 한다. 동인문학상도 신설하여(1955년) 김성한, 선우휘, 오상원 등 작가들의 발굴로 문단 발전에 앞장서기도 한다.

1960년 장준하는 장면 정부의 '국토건설단'에 기획부장으로 참여, 지휘함으로써 국토건설 기반조성 사업에 진력한다. 그러나 1961년 군인들이 정권을 장악하자 장준하는 또다시 《사상계》를 앞세워 반독재 투쟁에 앞장선다. 박정희 정권과 첨예한 대치 중에 1962년 8월 필리핀의 막사이사이 언론상을 수상하여 아시아의 민주언론 지도자로 평가받게 된다.

한일수교와 베트남 파병을 에워싼 군사정권과 격렬하게 맞서온 《사상계》는 집중적이고도 가속화된 '고사작전'에 휘말리고, 장준하도 《사상계》를 떠나 맨몸으로 민주화 투쟁에 나서게 된다.

1965년 8월의 어느 날 언제나 같이 작업이 한창 돌아가고 있었는데 시경 정보과 형사가 제본 작업장에 들어섰다. 그는 신분증을 제시하면서 《사상계》 간지로 끼우게 될 광고지 4만여 매 중 5매만 달라는 것이었다. 그것은 당시

시국에 대한 격문 광고물이었다. …… 다음 날 아침 해당 기관에서 밤새 압수영장을 발급받아 정식으로 압수해 간 것이다. 나는 허탈감이 들었다. (『광복 50년과 장준하』, 문정제책 박종호 회장)

이처럼 공장에서의 제작 과정에서부터 압수작전을 쓰는가 하면, 서점으로 하여금 책을 주문케 하지만 팔지는 못하게 하고 창고에 쌓아놓게 했다가 월말에는 그 책을 전부 반품케 하는 교활한 고사작전도 썼다. 자금 회전이 안 되고 부채와 고리는 늘어만 가니 당해낼 재간이 없었다는 것이다. 1970년 5월 《사상계》는 김지하의 담시 「5적」을 게재한 것을 문제 삼아 폐간된다.

한편 정계에 진출한 장준하는 1967년 초 야권의 힘을 결집시키기 위해 유진오, 백낙준, 이범석, 윤보선 등 4자회담을 주선하며 그로써 형성된 단일 야당인 신민당에 참여하여 7대 국회의원선거에서 '옥중당선'된다. 당시 박순천, 함석헌 등이 찬조연사로 나서 동대문을구는 전국적인 관심을 끄는 선거구로, 압승을 거둔다.

"저도 찬조연설을 하라고 해서 '꼭 뽑아달라'고 인사하고 내려와서 성당이랑 시장에 들렀더니 열기가 대단해요. 당선되고 나서 석방되셔서는 '고맙다'고 한마디 하시고는 그뿐이지요. 생활비는 통 내놓지 못하시니 동네 가게에 외상투성이고, 성당에서 염하는 자원봉사로 생계에 도움을 받기도 했으니까요. 한번은 이태영 여사와 법정 스님 등 손님 5분이 오신다고 저녁 마련을 하라면서 '할 수 있겠소?' 그뿐이에요. 아무것도 없는데…… 여기저기서 빚지고 살았지요. 동생들이 계를 들어서는 변통해주면서 '그 영감님 어떻게 살아가시느냐'고 걱정도 해주었고. 언젠가는 이태영 여사께서 '김장 담갔느냐'고 물어 '잘 담갔다'고 하고 영감님께 그 말을 전했더니, '3만 원 받았는데 누가 사정이 딱해 줘버렸다'고 실토하시더라고요. 상봉동에 살 때는 김옥길 이화여대 총장께서 지게꾼을 시켜 밤중에 담 너머로 쌀가마니를 보내주신 것을 유신 때 정부요인이 추궁했다니 참으로 캄캄한 시대를 산 셈이지요."

1972년 7·4남북공동성명이 발표되자 장준하는 이를 적극 지지하나, 10월 유신이 선포되자 민주수호국민협의회에 참가하여 유신체제에 항거한다. 이어 민주회복운동을 지속적으로 주도하여 함석헌, 백낙준, 유진오 등 재야 인사들과 민주 회복을 위한 백만인 서명운동을 벌인다. 1975년 1월 대통령 긴급조치 1호 위반 혐의로 구속된 장준하는 심장협심증과 간경화 증세가 악화되어 형집행정지로 출감된다.

이처럼 암울한 난세를 살아온 장준하는 1975년 8월 17일 경기도 포천군 약사봉 등산 도중 '의문의 실족'으로 사망, 경기도 파주군 광탄면 신산리 천주교 묘지에 안장된다.

"박해당하는 모습을 죽 지켜보면서 자란 저로서는 아직 한을 지우지 못하고 삽니다. 집 없이 살면서 39번이나 이사했으니까요. 세무사찰 한 번 받아도 기업이 거덜 난다는데 《사상계》는 세 번씩이나 받았으니…… 밀수를 한 것도 아닌데. 1976년에는 제가 한밤중에 테러당해 턱뼈가 부서져 경희대의료원에 입원해 있다가 치료비가 밀려 야반도주해서 말레이시아로 도망갔다가 6년 전에야 귀국했지요. 지난 대선 때 박근혜 씨가 어머니를 찾아와 사과한 것은 다행이지만, 용서는 할 수 있어도 잊을 수는 없어요."

맏아들 호권 씨의 말이다.

장준하는 3남 2녀를 두었다. 맏아들 호권(62·사상계사 대표) 씨는 어머니 김희숙(87) 씨와 함께 서울 강남구 일원동 도시개발아파트 102동

1518호에 살고 있으며, 신정자(61·홍익대 미대 졸) 씨와 결혼했다. 둘째 아들 호성(59·사업) 씨는 문주자(60) 씨와 결혼했으며, 셋째 아들 호준(46·미국 목사) 씨는 권혜원(46·미 커네디컷 주 목사) 씨와 결혼했다. 맏딸 호경(56) 씨는 한영상(작고) 씨와 결혼했으며, 둘째 딸 호연(47·이화여대 장식미술과 졸) 씨는 양충원(53·사업) 씨와 결혼하여 제주도에 살고 있다.

장준하기념사업회(이사장 임현진)가 그동안 장준하의 학병탈출을 기리는 '아! 장준하 구국장정 6천리'라는 젊은이들 출정행사(체험여행)를 23차례 가졌으며, 최근에는 북한 어린이 의료를 위한 성금을 모으기도 했다. 이준영 운영위원은 금년 광복 66주년을 맞아 "광복군의 진공 착륙지였던 현 여의도공원 안에 기념비를 세우도록 서울시와 보훈처에 건의할 것"이라고 말했다.

내가 본 장준하

장준하 형과 처음 만난 것은 1944년 7월 일본 군대를 막 탈출해서 내가 있던 유격대로 왔을 때였다. 나는 3월에 그곳에 먼저 와 있었다. 우리 동지들은 낯선 중국 땅에서 조국 광복을 위해 몸바치기로 하고, 무서운 훈련을 받아왔다. 그러다 결전의 순간, 일본의 무조건 항복으로 해방을 맞았다.

그러나 우리를 기다리는 조국은 혼란과 분단의 조국이었다. 장준하 형이 선택한 것은 이 혼란 속에서 민주주의를 바로 세우는 것, 그리고 분단된 조국을 통일하는 것이었다. 《사상계》 발행이나 직접 정치에 나선 것도 바로 이런 목표를 실현하기 위해서였을 것이다. 이를 위해 그분은 자신의 모든 것을 버리면서 온몸으로 자신을 불살랐던 것이다. 투철한 민족자주정신과 기독교적 순교정신으로 이 나라, 이 민족을 위해 조국의 제단에 자신의 삶을 바쳤던 것이라고 생각한다.

김준엽(전 고려대 총장)

장준하

1918년	8월 27일, 평북 의주군 고성면 연하동에서 장석인과 김경문 사이에 4남 1녀 중 맏아들로 태어남
1941년	일본 동양대학에 입학, 이듬해 일본신학교로 전학
1943년	11월, 김희숙과 결혼
1944년	1월, 평양에서 일군 학도병으로 입대, 중국 쓰기다 부대에 배속. 7월에 탈출을 감행하여 8월에 광복군 훈련반에 입소
1945년	11월, 김구 주석 등 임정요인들을 따라 귀국
1954년	4월, 《사상계》 창간
1960년	장면 정부의 국토건설단의 기획부장으로 참여
1962년	8월, 막사이사이 언론상 수상
1967년	7대 국회의원신거에서 '옥중당선'
1972년	'10월 유신'에 항거, 백만인 서명운동 주도
1975년	1월, 긴급조치 1호 위반혐의로 구속. 병세 악화로 형집행정지 출감
1975년	8월 17일, 경기도 포천군 약사봉 등산 도중 '의문의 실족'으로 사망. 경기도 파주군 광탄면 신산리 천주교 묘지에 안장

42
김준엽

　일제강점기 광복군으로 활동한 김준엽(金俊燁)은 《사상계》 주간, 고려대 총장 등을 역임하면서 온몸으로 자유와 정의를 지켜온 실천적 지성이다. 그는 일제 말에 학병으로 징집됐다가 탈출해 이범석·지청천 장군 휘하의 핵심 광복군으로 금의환국하며, 자유당 치하에서는 광복군 동료 장준하와 더불어 《사상계》를 발간해 4·19혁명을 이끄는 매체의 주역 구실을 한다. 1980년대 고려대 총장 시절 신군부에 맞서 총학생회 부활 등 학원의 자유를 쟁취한, 용기 있는 학자의 표상을 보여줬다. 역대 정권에서 총리, 장관 등 요직을 권유받았으나 의연히 물리쳐 고고한 선비의 기개를 지켰다.

　김준엽은 1920년 8월 26일 평북 강계군 시중면 외천리동 254번지에서 김종걸(金宗傑)과 홍종식(洪宗植, 남양 홍씨)의 4남 1녀 중 막내로 태어난다. 부계 충주 김씨 시조는 신라 경순왕의 16세손으로 고려 때 문하시중을 지낸 김남길(金南吉)이다. 김남길의 8세손 김양한(亮漢)은 조선조 성종 때 이조판서로 직간하다가 평안도 벽동으로 유배되어 대대로 이곳에 살게 된다. 조부〔김봉구(金鳳九)〕 때 강계로 이사하며, 이때부터 재산이 늘어난다. 부친은 근검 노력하여 강계에서 일등 부자라는 소문난 부자가 된다.

아버지는 전형적인 유교적 선비로서 한학에 조예가 깊었지만 이재에도 밝았던 것 같다. 처음에 아버지는 강계읍에서 직조공장도 경영하고 상업에 종사하시면서 시중(時中) 지역(강계에서 90리, 만주까지 50리)의 땅을 사들였는데, 땅이 늘어가자 공장과 상업을 치우고 시중으로 이사했다. …… 이 무렵에는 아버지가 벌써 강계 굴지의 부자라는 말을 들었다. 그때 아버지의 나이는 겨우 35세였을 것이고, 가정적으로는 대단히 행복스러웠을 것으로 짐작된다. 아버지는 3대 독자로서 가까운 친척이 없어서 늘 외로워하셨다. (『장정(長征): 김준엽 현대사』)

모친은 성품이 매우 활달하여 그녀가 시집온 후 재산도 많이 늘었고, 4대 독자 가문에서 5남매를 낳았으니 긍지를 가지게 된 듯하다. 대단히 열정적이고 적극적이어서 가난한 사람들에게 쌀말을 자주 퍼주곤 했다.

우리 집에 낯선 사람들이 자주 들르고, 그 사람들이 집을 떠나면 쉬쉬하는 일이 있었는데, 나중에 내가 자란 다음에야 알았지만 아버지가 남만주에서 활약하는 독립군에게 군자금을 대셨다고 한다. (『장정』)

김준엽은 1935년에 시중보통학교를 졸업하고 신의주고보에 입학한다. 그는 형들이 배일사상에 젖어 어려서부터 그를 그 방향으로 옳게 지도해준 것에 고마워하고 있다.

나는 신의주고보에 입학하면서부터 민족사상이 싹트기 시작했는데 이것을 잘 키워준 것은 형들이다. 방 안에 모여서 이야기를 나누기만 하면 전적으로 일인들의 조선 사람에 대한 횡포와 어떻게 하면 속히 왜놈의 압제에서 벗어날 수 있는가 하는 것이 화제였다. 특히 둘째 형님은 급진적이어서 표면상으로는 공부하러 간다고 하고는 만주 하얼빈에서 독립운동의 지하공작을 한 일도 있다. 그러다가 부득불 지병을 얻어 돌아왔는데 왜경의 추궁으로 고생을 했지만 아버지가 그들을 매수하여 무사케 한 일도 있다. 게다가 둘째 형은 아버지에게 간청하여 분가하고는 나누어 받은 재산의 대부분을 소작인들에게 무상으로 돌려주는 일까지 했다. (『장정』)

김준엽은 신의주고보 시절 민족의식을 심어준 교사 중에 공민을 가르치던 한성수(전 대법관, 이회창 전 총리 장인)를 기억하고 있다. 일본 수학여행 중 인솔 교사였던 한 선생은 나이 어린 학생들의 항일적인 언동에 감복했는지 귀교 후 태도가 180도 달라져, 존경받는 선생님으로 꼽혔다는 것이다. 학생들은 천조대신(天照大神)을 모신다는 일인들의 성역인 이세신궁에서 일본 학생들을 두들겨 팼는가 하면, 귀로에 부산에서는 일본 중학교의 조선인 학생들이 일본말을 쓰는 것에 시비를 거는 등 민족적인 무용담을 남겼다.

김준엽은 1940년에 신의주동중(신의주고보)을 졸업하고 일본 게이오대학 동양사학과에 입학한다. 이즈음 그는 독립지사를 부모로 모신 학우(김형기)의 단파방송 청취로 충칭에 간 우리 임시정부나 김구, 이승만에 대한 소식을 알게 된다. 또 도쿄로 온 여운형을 만나 격려를 받고 중국 망명행을 결심한다.

1944년 1월 20일 김준엽은 평양부대에 학병으로 입대한다. 2월 25일 광복군을 향한 탈출 교두보로 바라던 중국 서주 부근 일본 부대에 배속된다. 틈새를 노리던 그는 3월 29일 점호가 끝난 한밤중에 드디어 탈출을 결행한다. 탈출 순간의 장면이다.

> 성을 넘어서 해자로 내려갈 때에는 우뚝 설 수밖에 없었다. 서는 순간 흙이 무너져 해자 속으로 떨어지면서 쏴아 하는 물소리를 내는 것이 아닌가. 그러자 "누구냐!" 하는 소리가 터져 나왔다. …… 들켰으니 뛸 수밖에 없다. 나는 전속력으로 철조망을 넘고 호수에 뛰어들어 갔다. 물의 깊이는 조사했던 대로 과히 깊지가 않아 나의 가슴패기 정도였다. 뒤에서는 "누구냐! 누구냐!" 하는 소리가 계속 들려왔다. 허겁지겁 해자를 건너 맞은편 언덕을 단숨에 기어 올라갔다. 동네 개들이 짖어댔다. 총소리가 곧 울려 퍼질 것이라고 생각하면서 나는 동북쪽으로 죽어라고 뛰었다. (『장정』)

그는 중국군 부대가 있는 방향으로 30분쯤 달리고 4시간을 걸어 드디어 탈출에 성공한다. 학병탈출 1호의 영광스런 인물이 된 것이다. 대단히 운 좋은 학병탈출 사례에 속하나 우리 임시정부를 향한 고난의 '장정(長征)' 길에 오르게 된다.

그는 우선 중국 강소성 서북부의 중국 유격대의 일원으로 항일전에 참가하게 된다. 유격대 사령관의 환영 만찬에 초대되어 융숭한 대접을 받는다.

> 뜯어본즉 한치융유격대 사령관의 초청장인데 "환영, 한국혁명지사 김준엽 동지"라고 써 있었다. …… 한 사령관은 정식으로 나를 주빈 자리에 앉히는 것이었다. 그야말로 진수성찬이었다. …… 사령관은 그 자리에서 나에게 재

화한인(在華韓人) 등에 대한 선전공작을 담당하여 많은 한인들이 일군이나 일본 점령구를 이탈하여 중국군이나 한국독립군에 참가하도록 힘써달라는 것이었다. 나는 탈출 동기를 설명할 적에 우리 임시정부나 독립군에 참가하여 조국 독립을 위하여 목숨을 바칠 각오라는 것을 힘주어 말했다. 한 사령관은 "하오(好)! 하오(好)!"를 연발하며 내가 위대하다고 칭찬해주고 격려하는 것이었다. (『장정』)

김준엽은 약 4개월 동안 이들과 함께 유격대 생활을 한다. 사령관의 배려로 기마훈련을 받는가 하면 중국어도 익힌다. 많은 항일 삐라문도 작성한다. 문안을 간단명료하게 만들고, 삐라도 대소로 갈라서 가끔 색지도 사용했다.

7월 9일 김준엽은 이곳으로 탈출해 온 장준하, 윤경빈(광복회장 역임) 등 4명의 학도병과 극적으로 만난다.

"한국 분들이죠?" 그렇다는 대답을 듣자마자 와락 달겨들어 그들을 차례로 꽉 끌어안았다. 나는 이때처럼 감격에 차고 희열에 넘친 일은 없었다. 이제 한국인의 동지가 생긴 것이다. 조국의 독립을 위해 몸을 바치려는 씩씩한 동지들을 얻은 것이다. 나는 우리 몇몇이라도 백만의 독립군이 조직되는 듯한 느낌이었다. (『장정』)

이날 밤 김준엽은 한 사령관과 함께 바로 그가 탈출해 온 일본 부대장과의 협상 테이블에 앉게 된다. 이 자리에서 일본 부대장은 중국군 포로 30명과 이들 4명을 맞교환하자고 교활한 제의를 하나 한 사령관은 이를 단호히 물리치는 감동 어린 신뢰를 보인다.

1944년 7월 28일 김준엽 일행 5명은 장정 길에 오른다. 이들은 중국 유격대의 안내를 받아 장사꾼으로 변장하기도 하고 벙어리 시늉까지 해가며 온갖 기지와 곡예술을 동원하여 일본군 점령지를 여러 곳 돌파한 후에 9월 10일 광복군 훈련반이 있는 임천에 도달한다. 이곳에서는 김학규 장군 휘하의 70여 명 광복군이 중국군관학교에 속해 교련 중이었으며, 김준엽 일행도 여기에 자동적으로 편입된다.

　이들은 김학규 주임 등의 교련 강의코스가 끝나자 각자 대학에서 배운 전공을 살린 교양강좌를 개설하여 부대 내의 큰 인기를 얻는다. 특히 김준엽, 장준하, 윤재현 등은 이 내용들을 담는 《등불》이란 잡지를 만드는데, 이는 나중에 귀국 후 창간한 《사상계》의 모태가 된다. 이들은 종이와 붓과 벼루를 얻어 지질이 형편없는 마분지 종이 위에 일일이 붓으로 쓴 원고를 묶어 헝겊 표지로 제본했다. 표지 헝겊은 김준엽이 입고 있던 무명 팬티를 빨아 마련한 것이었다. 이 때문에 김준엽은 팬티 없이 이곳에서 지내야 했다. 그러나 2호까지 나온 잡지는 너덜너덜한 넝마가 될 정도로 부대원들 사이에 널리 읽히는 인기물이었다.

　임천에서 70여 일을 머문 후 김준엽 일행은 본래의 목적지인 충칭으로 향한다. 김준엽과 장준하는 유비와 제갈량이 축한 땅으로 헤쳐나가던 바로 그 험산준로를 따라 장정 중에 호랑이와도 마주친다.

내가 앞에 서고 장 형이 뒤에 서서 걸어가는데 무엇인가 난데없이 오른쪽 언덕 위에서 떨어지는 것을 의식했다. 그랬더니 내 앞 약 5미터에 커다란 호랑이가 소리도 없이 사뿐 내려앉는 것이 아닌가. …… 순간 아무 말 못하고 그 자리에 서니 장 형도 발을 멈추었다. 너무나도 큰 놀라움으로 나의 가슴 안에서는 무엇이라고 부르짖었으나 끝내 입을 열지 못했다. (『장정』)

1945년 1월 31일 김준엽은 일본군을 탈출한 지 10개월 만에 충칭 대한민국 임시정부에 도착한다. 김구 주석의 감격 어린 환영사에 이어, 김 주석은 곧 좌우의 임정 각료들을 한 분 한 분씩 소개해주었다. 충칭에 머물던 약 3개월 동안 김준엽은 임정이나 광복군을 비롯한 중국 여러 단체의 열렬한 환영회에 연일 참석하며, 찾아오는 중국이나 연합국의 여러 기자, 정보기관원들을 만난다. 또 김구, 김규식, 조소앙 등 임정 원로 분들의 '교양강좌'를 듣는다.

　김준엽과 장준하는 김구 주석의 판공실장인 민필호를 찾아가 《등불》 잡지를 속간할 등사판과 지류 일체를 지원받게 된다.

　1945년 4월 김준엽은 광복군 제2지대장 이범석 장군의 부름을 받아 서안으로 가 그의 부관이 된다. 그는 이곳에서 미국전략정보기관(OSS)과 합작하여 벌이는 국내 진공작전 제1기 정예공작원(50명)으로 선정되어 특수진공훈련을 받는다. 이 사이 이범석 장군 부관실에 함께 근무하던 민필호의 딸 영주 씨와 장준하 주례로 약혼식을 올리며, 6월 29일 아침 이범석 장군이 조회 때 "오늘부터 김준엽 동지와 민영주 동지는 부부가 된다"고 선포하여 극적인 결혼식을 올린다.

　민영주의 외조부 신규식은 중국 망명 시절 손문과 함께 중국의 신해혁명에 참여하여 이들과 돈독한 관계를 이끌어 상하이 임시정부를 수립하고, 그 기틀을 다진 인물이다. 그는 임정의 법무총장, 외무총장, 국무총리서리 등을 역임하면서 중국의 손문 정부가 우리 임정을 승인하도록 한 공로자로, 이범석·김홍일 등 많은 독립투사를 키우기도 했다.

　민영주의 부친 민필호는 신규식의 딸 신명호와 결혼하여 비서 일을 보다가 신규식이 별세한 후에는 임정 재무부장인 이시영의 비서로 활동하는 한편 상하이 교민단의 학무위원으로 교민들의 교육사업에 힘쓴다.

이어 일본의 기밀통신을 탐지하라는 임정의 명을 받고 중국 교통부의 통정사(通政司)가 되었다. 이시영, 윤기섭 등이 그의 식객이 된 것도 이때의 일이다. 김구 주석의 판공실장이 되어서는 충칭의 임정 청사를 마련하며, 이범석과 함께 광복군을 창설한다.

1945년 8월 18일 김준엽은 이범석, 장준하와 함께 광복군 선발대로 여의도 비행장에 착륙하나 일본군의 방해로 다시 기수를 중국으로 돌린다. 그는 11월 광복군총사령관 지청천 장군이 부관이 되나, 귀국을 미룬 채 중국국립대학 대학원에서 중국사를 연구하면서 난징의 동방어문전문학교에서 한국어를 가르친다. 당시 그로부터 배운 양통방(楊通方) 전 베이징대학 교수, 허유한 교수(베이징언어문화대학 한국교육문화연구소장) 등 제자들은 중국 내 한국학의 주류로 성장했으며, 1992년 한·중 수교 때도 기여했다.

미국 OSS대원으로 한반도 수복을 위한 침투작전을 준비하던 김준엽(가운데)과 장준하(오른쪽).

김준엽은 1949년 귀국하여 고려대 조교수가 되며, 이어 장준하가 창간한 《사상계》에 편집위원으로 참여하며(1955년), 1959년에 주간직을 맡는 등 자유민권운동에 적극 가담한다. 당시 그의 회고담이다.

이게 상업주의가 아니고 그때는 일종의 문화운동이었거든요. 문화운동 가운데서도 집약을 하면, 내가 보기엔 자유민권운동이에요. …… 편집위원들도 대폭 늘리기로 했죠. 그래서 아마 제일 많았을 때가 근 20명까지 된 걸로 기억하고 있는데요. 그때 한청빌딩(종로 사상계사가 있던 건물) 그 넓은 방에서 국무회의 하듯이 모여 가지고 국사를 논의하곤 했죠. (『광복 50년과 장준하』)

1957년 고려대 아세아문제연구소를 발기하여 부소장, 소장을 맡으며, 이어 중국학회 등을 조직하여 중국학 연구와 독립운동사 연구의 기반을 다진다. "그가 펴낸 『중국공산당사』, 『한국공산주의운동사』 등은 일관되게 '세계 속 한국의 진로'라는 목표에 초점이 맞춰져 있다《조선일보》, 2011년 6월 8일). 그는 스칼라피노, 라이샤워, 글렌 페이지 등 세계적 석학들과 교유한다.

1982년 고려대 총장에 취임한 김준엽은 학원 내에 상주해오던 기관원을 축출하며, 명예박사학위 수여의 남발을 금지시킨다. 그는 해직교수 구제에도 앞장서 모두 복직시킨다. 어용 학도호국단을 해체하고 직선제 총학생회 부활도 관철시킨다. 이처럼 학원의 자유와 자율권의 수호를 위해 단호히 맞서다가 그는 전두환 정권의 압박으로 2년 8개월 만에 강제 사퇴한다.

광복군 출신 학병탈퇴 총장의 장렬한 퇴임에 고려대 학생들은 한 달 동안 '총장 사퇴 결사반대' 시위를 벌였다. 그는 "평생 많은 훈장을 받았지만 그때 학생들의 시위를 최고의 훈장으로 여긴다"고 회고한다.

그는 역대 정권에서 여러 차례 요직 제의를 받았으나 모두 물리친 사실을 자서전(『장정』)에서 밝히고 있다. 1948년에 이범석 장군이 영입 제의를 했으며, 1960년에는 장면 내각에서 주일대사 제의를 해왔다. 5·16군사정변 이후에는 김종필 실세가 공화당 사무총장직 제의를 해왔고, 1974년 박 대통령은 통일원장관 제의를 해왔다.

1988년 1월에는 궁정동 안가에서 노태우 대통령 당선자가 국무총리직을 제안하지만 그는 다섯 가지 이유를 들어 고사한다. "첫째 노 당선자를 그동안 두 번 만났으나 잘 모르고, 둘째 새 헌법에 따라 전두환 씨가 국정자문회의 의장을 맡게 되는데 총칼로 정권을 장악하고 많은 사람을 괴롭힌 그에게 내 머리가 100개 있어도 숙일 수 없고, 셋째 지난 대선에서 야당 후보자에게 투표한 내가 총리가 되면 야당을 지지한 66% 국민의 뜻에 어긋나게 되며, 넷째 민주주의를 외치다 투옥된 많은 학생들이 아직도 감옥에 있는데 그 스승이라는 자가 총리가 될 수 없으며, 다섯째 지식인들이 벼슬이라면 굽실거리는 풍토를 고치기 위해 나 하나만이라도 그렇지 않다는 증명을 보여야 한다"면서 노 당선자의 이해를 구한다.

김준엽은 1989년부터 중국을 찾아가 베이징대학, 복단대학, 절강대학 등에 한국학연구소 설립을 지원한다. 상하이와 충칭의 임정 청사, 상하이 윤봉길 의사 기념비, 항주의 고려사(高麗寺) 등의 복원과 설립을 주도한다.

김준엽은 2011년 6월 7일 서울 고려대 안암병원에서 별세하며, 국립대전현충원에 안장된다. 부인 민영주(88) 씨와 사이에 아들 홍규(65·고려대 불문학과 졸업, 민설계 부회장) 씨가 있다.

내가 본 김준엽

나는 1969년 고려대 대학원 시절 아세아문제연구소 부소장이셨던 김준엽 선생님을 처음 뵈었다. 그분은 당시 워싱턴 주립대학 장학금을 섭외해 오셔 미국 유학생 선발대회를 개최하셨는데, 덕분에 서울대와 연세대 출신 장학생들과 함께 유학을 다녀왔다. 그 후 그분을 스승으로 모시고 중국학을 전공하게 되었으며, 그분께서 고려대 총장이 되셔서는 고대신문 주간, 학생처장으로 보필해왔다. 총장 시절에는 정부와 정면충돌을 감수하면서까지 어용단체였던 학도호국단을 해체하고 고려대가 가장 먼저 직선제 총학생회를 부활시켜 교내외에 엄청난 충격을 주었다.

그분은 "광복군 때 이미 죽었을 내가 고려대 총장을 했으면 됐지 더 연연할 것이 없다"면서 학원의 자유와 자율을 지키는 데 과감히 앞장섰다. 학원 폐쇄령 경고장까지 받으면서 2년 8개월 만에 총장직을 강제퇴직 당하셨다. 뿐만 아니라 그분은 중국에 한국학을 심고, 한국에서 중국학을 발전시킨 공로자이며 사회과학원을 창설하셨다. 우리 후진들이 그분의 큰 뜻을 잘 이어가야 할 것이라고 다짐한다.

서진영(사회과학원 원장)

김준엽

1920년	8월 26일, 평북 강계군 시중면 외천리동 254번지에서 태어남
1935년	신의주고보에 입학
1940년	일본 게이오대학 동양사학과에 입학
1944년	일제 학병에 입대
1945년	광복군 제2지대장 이범석 장군의 부관이 됨

1946년	중국국립동방어문전문학교의 전임강사가 됨
1949년	고려대학교 교수
1952년	고려대 아세아문제연구소 발기인
1959년	사상계사 주간
1982년	고려대 총장에 취임
2011년	6월 7일, 서울 고려대 안암병원에서 별세

43
지훈 조동탁

지훈(芝薰) 조동탁(趙東卓)은 지조를 지켜온 영남 명문 집안의 마지막 선비로 손꼽힌다. 그는 지조론을 설파하고, 스스로 기개 어린 지사(志士) 문인의 삶을 살아왔다. 암울했던 일제 말기에는 오대산 월정사에 은거했으며, 조선어학회사건 연루자로 검거되어 심문을 받기도 했다. 광복 후 해방공간에서는 박두진, 박목월과 함께 자유를 지킨 '청록파(靑鹿派) 시인'이기도 하다. 그는 자유당·군부독재의 회유와 협박에도 끝내 굴하지 않은 저항·지조의 지성으로 칭송되고 있다. 그는 풀 내음 속에 순수한 삶을 살고 싶다는 생각으로 '지훈'을 스스로 아호이자 필명으로 썼다고 한다.

희고 준수한 얼굴에 헌칠한 키, 입은 꼭 다물고, 길어서 약간 흐트러진 리젠트 머리엔 검정 베레모를 썼다. 옷은 대개 원색 줄무늬 와이셔츠에 소매는 두어 번 걷어 올리고, 검은 굵은 테 안경을 쓴 시선은 항상 먼 하늘을 바라보면서 걷는다. 한 손엔 으레 스틱을 쥐고, 또 한 손은 바지 주머니에 아무렇게나 찌른 채 저녁노을 질 무렵이면, 서울 성북동 골짜기를 한가롭게 산책하는 멋진 중년 신사. 이것은 1965년경 만년의 지훈의 모습이었다. (「엄숙한 지성 조지훈론」)

지훈의 수제자로 알려진 홍일식 전 고려대 총장이 떠올린 지훈의 참 인상이다.

지훈은 1921년 1월 11일 경북 영양군 일월면 주곡(주실)에서 조헌영(趙憲泳)과 유노미(柳魯尾) 사이에 3남 1녀 중 차남으로 태어났다. 이곳은 영양읍에서 청량산을 지나 꼬불꼬불 자동차로 15분 정도 가야 닿는 경북 북동부 지역의 깊은 산골짝, 오지 중의 오지인 작은 마을이다.

그의 집안은 개혁관료인 조광조가 기묘사화 때 역적으로 몰려 사사된 후 전국 곳곳으로 흩어진 한양 조씨의 일부로 이곳에 정착하여 명문가로 뿌리를 내리게 된 것이다. 지훈의 조부 조인석(趙寅錫)의 선대 조승기(趙承基)는 1895년 명성황후가 시해되자 창의(倡義)한 유학자 의병장으로, 해방 후 건국훈장 애족장을 받았다.

그러나 아들인 조인석은 1900년경 상경하여 시대의 변화를 읽고 개화의 필요성을 절감한 후 하향하여 동네 주민들에게 신학문을 가르치는 등 개화주의자가 된다. 종가에 영진의숙이라는 학교를 세우고, 스스로 『초경독본(初經讀本)』이라는 청소년 교육용 책자를 저술하여 동네 아이들에게 신학문을 가르친다. 조인석이 이 책에 쓴 「농촌방문기」는 그의 족질인 조동걸 교수(전 국민대 대학원장)에 의해 국민대 한국학연구소 논총으로 발간된 바 있다. 여기에는 몇 수의 시도 들어 있어 지훈을 비롯한 그 자손들의 문학적 재질은 그로부터 비롯된 것으로 보인다. 그는 또 신간회의 영양지회장을 역임하는 등 일제강점기에 꼿꼿하게 지조를 지킨

배일사상의 지도자였다. 종손인 그는 끝까지 창씨개명을 거부하여 문중 사람들이 성씨를 보존하도록 이끌었다. 슬하에 근영(根泳, 문교부 문화국장·국립도서관장 역임), 헌영(제헌국회의원), 준영(俊泳, 초대 민선 대구시장·경북도지사 역임), 애영(愛泳, 시조시인) 씨 4남매를 배출했다.

지훈의 부친 조헌영은 일본 와세다대학 영문학과를 졸업하고, 허헌이 회장이었던 신간회의 도쿄지회장을 지냈으며, 귀국 후에는 신간회 총무간사를 지냈다. 그는 유학 시절 박열 의사가 재판을 받던 중 "일본 판사가 법복을 입는 것같이 자신도 조선의 관복을 입고 법정에 서겠다"고 주장하자, 고향 집의 사모관대를 가져다 주었다고 한다. 그는 신간회가 해산된 뒤 일제의 감시를 피할 겸 생계 수단으로 서울 성북동에 동양의약사라는 한의원을 냈다. 영문학도인 그는 일본인 애인을 구하기 위해 독학으로 『동의보감』을 연구하여 한방에 정통하게 된 것이다.

조헌영은 『동양의학사』, 『통속 한의학 원론』 등 본격적인 한의학서를 저술했고, 동·서의학을 비교연구하는 등 한의학 체계화에 공헌한다. 이 저서들은 훗날 경희대 한의과대학에서 교과서로 사용되었다. 경희대 한의과대 학장 김병운 교수는 이 저서들을 "한의학의 과학성과 민족의학으로서 가치성을 처음으로 이론화한 입문서였다"고 평가하기도 했다. 그는 일제하에서는 조선어학회 표준말 사정위원 및 큰사전 편찬전문위원을 지냈으며, 광복 후에는 임시정부 및 연합군 환영준비위원회 차장을 역임했다. 또 한민당 창당에도 참여하여 선전·지방·조직부장으로 활약하기도 했다. 제헌의원에 당선되었으나 반민특위위원에 선임된 후 한민당과 결별했다. 그 후 6·25동란 때 납북되어 북한에서도 동양의학 연구에 전념하여 최초의 동양의학박사가 되어 동양의학의 체계를 수립하고 후진 양성을 하다 1988년 5월 23일에 별세했다고 북한적십자사에서 알려왔다.

지훈은 6세 때부터 9세까지 조부로부터 한문과 신학문을 함께 배우며, 15세 때부터는 일본 와세다대학 통신강의록으로 독학한다.

열일곱 살이 되기까지 할아버지 밑에서 한문을 익힌 조지훈이 그때까지 일본 제국주의의 정규교육을 받은 것은 겨우 두 해 남짓 동안 다닌 것뿐이었다. 아마도 이 같은 사실

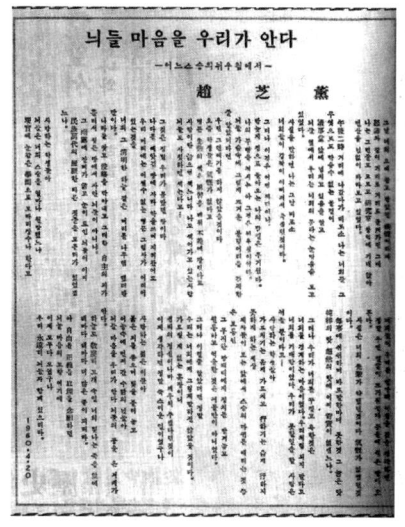

고려대 교수였던 조지훈이 4·19혁명 당시 제자들을 생각하며 쓴 시 「늬들 마음을 우리가 안다」(고려대 학보에 실렸다).

이 뒷날에 조지훈이 동양적이고 한국적인 선비로서의 몸가짐과 지사로서의 인격을 갖추는 데에 크게 작용했던 것 같다. 한문을 배우던 소년 시절부터 그는 시에 뛰어난 재질을 보였을 뿐만 아니라 이를 통해 절의를 목숨보다 더 귀하게 여기는 명분을 몸에 익혔다. 그의 할아버지인 조인석이 손자에게 한문과 시를 가르치다 보니 어찌나 재주가 뛰어나던지 '이놈도 또한 내 슬하에 머물러 있을 놈이 아니로구나' 하고 탄식했다는 일화가 있다. (『구자균과 조지훈』, 홍일식)

지훈은 17세 때 상경하여 고향의 선배 시인인 오일도가 주관하던 문예잡지 시원(詩苑)사에 머물면서 현대시를 익히는 한편, 조선어학회에도 드나들면서 한글에 대한 현대적인 문법체계에 관심을 기울이기도 한다.

1937년 3월에는 서대문감옥에서 옥사한 독립투사 김동삼의 시신을 한용운이 거두어 그의 집이었던 서울 성북동 꼭대기의 심우장에서 장례를 치를 때에 지훈은 부친과 함께 그곳에 찾아가 애도하기도 했다. 그는 1939년 4월 혜화전문학교(현 동국대)에 입학하며, 이즈음 그의 첫 번째 추천시 「고풍의상(古風衣裳)」이 정지용의 추천으로 문예잡지 《문장》에 발표된다. 이어 11월에 「승무(僧舞)」가, 이듬해 2월에는 「봉황수(鳳凰愁)」가 추천되어 시인으로 문단에 나선다. 다음은 그의 진지한 시작(詩作)에 얽힌 스토리다.

"「승무」를 쓰시기 전에 아버지는 한성준의 춤, 그리고 최승희의 춤과 어떤 이름 모를 승려의 춤을 보셨다고 해요. 1938년 가을 수원 용주사의 큰 재에서 승무를 보고 아버지는 재가 파한 후 늦게까지 넋을 잃고 앉아 계셨다고 해요. 이듬해 첫여름 이당 김은호의 〈승무도〉 앞에서 두 시간 가까이 서서 7~8장의 스케치까지 하셨고. 그러나 춤을 세밀하게 묘사하면 혼의 흐름이 살지 않고, 혼의 흐름을 중시하면 춤의 묘사가 죽는 고통을 겪으며 몇 달을 보내야 했다지요."

장남 광렬 씨의 말이다.

1940년 8월 18일 지훈은 김성규(金性奎)의 딸 위남(渭男)과 결혼한다. 결혼 후 그는 부인에게 난희(蘭姬)라는 새 이름을 선사하기도 한다. 장인 김성규도 신간회 영주지회 회원이자 청년동맹집행위원장으로 있으면서, 국제청년기념일을 기해 민족궐기대회를 열려다 체포되어 6개월간 옥고를 치른 독립투사이다.

"저는 결혼해서부터 줄곧 남편이면서도 스승처럼 존경하고 살아왔지요. 그러나 아이들 가정교육에는 아주 대범하셨어요. 그저 솔선수범하셔 행동으로 보여주셨고, 자유분방하게 키우셨지요. '인성 자체가 중요하다'면서 무언의 교육을 하신 것이지요."

난희 씨의 말이다.

혜화전문 문과 시절 지훈의 생활은 자못 자유분방했다. 동서양의 문학작품과 이론서를 두루 섭렵했으니, 21세 때(1940년)에 그는 자기의 한 부분을 이렇게 적어놓았다.

내가 조선에서 자랐을 뿐, 나의 마음의 고향은 한 곳에 고요히 있는 것이 아니다. 괴테와 하이네의 고향도 나의 마음의 고향이었다. 보들레르의 퇴폐, 베르레느의 비애, 랭보의 유현(幽玄), 콕토의 기지가 사는 프랑스의 하늘이 그리워 때로는 내 마음은 새하얀 캡을 쓰고 스틱을 휘두르며 파리장이 되어 푸른 파리의 거리를 헤매는 것이다. (『구자균과 조지훈』)

지훈은 1941년 혜화전문을 졸업한 후 오대산 월정사 불교강원의 외전(外典) 강사로 취임하여 불교계의 거봉인 방한암 스님에게서 가르침을 받는다. 『금강경』, 『화엄경』, 『전등록』 등 불교 서적을 탐독하여 그의 시작에 큰 영향을 받는다. 그는 뒷날 월정사 생활 10개월을 돌이켜보면서 "나의 시가 지닌 바 기교주의는 선(禪)으로부터 오는 무기교주의로써 지양되었고, 주지의 미학은 자연과의 교감으로 바뀌어지기 시작했다"고 말하기도 했다.

지훈은 1942년 조선어학회가 기획한 큰사전 편찬원으로 일하다 조선어학회사건으로 잡혀가 심문을 받고 풀려나자 곧 월정사와 고향 동네 등으로 도피해 지냈다. 광복을 맞자 지훈은 조선어학회의 재건사업으로 《한글》의 속간호를 편집하는 일부터 시작했다. 그는 미군정청 문교부로부터 국사 교본의 편찬작업을 맡기도 했다.

이듬해 경기여고 교사로 취임하여 교가(김순애 작곡)를 작사하기도 하며, 본격적인 작품활동에 나서 박목월, 박두진과 함께 낸 『청록집』을 비롯하여 『풀잎단장(斷章)』 등 시집, 『시의 원리』 등 시론집, 『창에 기대어』, 『시와 인생』 등 산문집을 낸다.

지훈은 1947년 27세의 젊은 나이로 고려대 교수로 발탁된다. 그 사연을 옮겨본다.

윤사순 고려대 교수의 증언에 의하면 이상은 교수와 이종우 교수가 함께 어느 날 지식인들이 자주 드나들던 술집에 가게 되었다. 그곳에서 어느 젊은이를 처음 만났는데 깊이 있는 학문적 지식과 논리, 정연한 화술, 비범하고 당당한 풍모의 그 젊은이에게 두 분이 지대한 관심을 갖게 되었다. 두 분 중 한 분께서 "기가 막히다"며 주위 사람에게 "저 사람이 누구냐?"고 물었다. 그래서 《문장》지 출신 시인이면서 뛰어난 이론가 조지훈이라는 사실을 알게 되었다고 한다. "시인이면서 사회, 과학, 철학 모든 분야를 꿰뚫고 있다"며 깜짝 놀라셨다고 한다. (『승문의 긴 여운 지조의 큰 울림: 아버지 조지훈-삶과 문학과 정신』, 조광렬)

어느 날 좌익 학생이 교수인 지훈을 벽돌로 찍으려고 날뛰었다. 그러나 상대는 지훈의 의연한 자세에 압도당해 제풀에 꺾여 벽돌을 내려놓았다. 지훈은 비겁한 것을 가장 싫어했다. 그는 제자들에게 "죽음을 공부하라" "살찐 돼지보다 깡마른 학이 돼라"고 가르쳤다. 또 언젠가는 "우리는 죽어야 하고 죽음에도 여러 가지가 있겠지만 죽는 까닭과 죽는 태도가 중요하다"고 했다. 지훈은 고려대 교가(윤이상 작곡)도 작사했다.

6·25전쟁이 발발하자 지훈은 대구로 피난해 문인들을 규합하여 '창

공구락부'라는 공군 종군작가단을 조직했다. 그러던 어느 날 콘세트 안에서 술자리가 벌어졌다. 모두 가족들의 생사도 모르는 채 초조와 불안과 무료를 달래던 전시 문인들은 마침내 대취하여 고성방가하기 시작했다. 그 순간 현역 군인 한 명이 쫓아 들어와 천장에 마구 공포를 쏘아댔다. 그러고는 소리쳤다. 지금이 어느 땐 줄 알고 술 마시고 이 짓들이냐고. 모두들 겁에 질려 떨고 있었다. 그러자 지훈이 소리쳤다.

"이놈! 여기가 어딘 줄 알고 함부로 들어와 총질이냐? 너는 애국을 총으로만 하는 줄 아느냐? 총보다 더 뜨거운 애국이 있는 줄 모르는 놈 같으니…… 쏠 테면 쏴라! 이놈!"

그러자 총을 든 군인이 약간 기가 꺾이는 듯한 순간, 지훈은 그 군인의 따귀를 후려쳤다. 드디어 그 군인이 총을 내려놓고 사과를 했다.

지훈의 왼손 손등 오른편에는 푸르스름한 흉터가 있었다. 서울수복 얼마 후 명동성당에서 노기남 대주교 초청으로 당시 문인들과 주교, 신부들이 자리를 함께한 적이 있었다. 칵테일 파티였다. 이 자리에서 어쩌다가 '인간의 의지' 이야기가 나왔다. 주교가 '담배 불만 잠깐 스쳐도 그 뜨거움을 참지 못하는 것이 인간의 의지라고 하면서 지성인의 의지를 폄하했다. 물론 신의 의지를 더 강조하기 위함이었다. 그러자 지훈은 사육신의 실례를 들어 반박했다. 그래도 주교가 별로 공감을 하지 않자, 그러면 내가 이 자리에서 보여주겠노라면서 성냥개비 대여섯 개를 한꺼번에 움켜쥐고 불을 붙여 자기 손등에 올려놓았다. 성냥개비와 함께 지훈의 손등이 지글지글 타들어 갔다. 주위가 숙연해지자 지훈은 오히려 태연자약하게 오른손으로는 술 컵을 들어 마시더란다. 한참 만에 손등의 불이 제풀에 꺼지자 입으로 훅 불어서 타다 남은 성냥개비를 털어버리고는 아무 일도 없었던 것처럼 술을 마시고 밖으로 나갔다.

자유당 말기 온 나라에 부정과 부패가 만연했다. 1960년 3·15부정선거 전야 지훈은 《새벽》지(1960년 3월호)에 「지조론」을 써서 민족정기론을 펼친다.

지조가 교양인의 위의(威儀)를 위하여 얼마나 값지고, 그것이 국민의 교화에 미치는 힘이 얼마나 크며, 따라서 지조를 지키기 위한 괴로움이 얼마나 가혹한가를 헤아리는 사람들은 한 나라의 지도자를 평가하는 기준으로서 먼저 그 지조의 강도를 살피려 한다. 지조가 없는 지도자는 믿을 수가 없고, 믿을 수 없는 지도자는 따를 수가 없기 때문이다. 자기의 명리만을 위하여 그 동지와 지지자와 추종자를 일조(一朝)에 함정에 빠뜨리고 달아나는 지조 없는 지도자의 무절제와 배신 앞에 우리는 얼마나 많이 실망했는가. (「지조론」)

지훈은 시인일 뿐만 아니라 국학자로서도 큰 기여를 했다. 그가 고려대 초대 민족문화연구소장으로 있으면서 저술한 『한국문화사 서설』, 『한국민족운동사』 등은 역저로 꼽힌다.

그는 또 《사상계》 편집위원을 역임했으며, 1959년에는 민권수호국민총연맹 중앙위원, 공명선거전국위원회 중앙위원 등으로 선임돼 자유당 독재를 규탄하는 데 앞장섰으며, 4·19혁명 때는 한국교수협의회 시국선언문을 집필하는 등 교수시위를 주도했다.

지훈은 1968년 5월 17일 서울 메디컬센터에서 별세하여 경기도 양주군 마석리 송라산에 안장된다. 지훈은 김난희와 사이에 3남 1녀를 두었다. 장남 광렬(66·미 조지아 대학원 도시계획학과 졸) 씨는 재미 건축가로 계간지 《문예운동》을 통해 한국 문단에 등단했다. 고부숙(66·홍익대 공예과 졸) 씨와 결혼하여 딸 윤정(35·미 뉴욕대학 발레과 졸) 씨와 투자은행 펀드매니저인 장남 용범(32·호프스트라대 졸, 금융) 씨와 패션디자이너인 차남 용준(31·미 파슨스스쿨 패션디자인과 졸) 씨를 두었다.

지훈의 차남 학렬(63·동국대 경영학과 졸) 씨는 성신양행 전무를 역임한 개인사업가로 이명선(59·성균관대 생활미술과 졸) 씨와 결혼하여 민정(31·한동대 산업디자인과 졸, LG텔레콤 과장), 민균(30·패션디자이너) 씨 남매를 두었다. 지훈의 3남 태렬(56·서울법대, 옥스퍼드 대학원 졸) 씨는 외교부 차관보(통상교섭조정관), 스페인 대사와 한국인 최초로 세계무역기구 분쟁패션의장(재판장) 및 정부조달위원회 의장을 역임했다. 김혜경(54·서울대 응용미술과 졸) 씨와 결혼하여 은정(27·미 버지니아대학 졸, 미술사 동아시아 관계론), 상균(22·미 존스홉킨스대학 분자생물화공학과 재학, 군입대) 남매를 두었다.

지훈의 딸 혜경(59·성균관대 심리학과 졸) 씨는 삼성중공업·럭키엔지니어링 차장을 거쳐 개인사업을 하고 있는 김승교(63·서울대 기계공학과 졸) 씨와 결혼하여 나영(31·이화여대 심리학, 홍보영상학과 졸, 홍보대행사 커뮤니케이션즈플러스 과장), 종욱(28·호서대 영문학과 졸) 남매를 두었다.

│ 내가 본 지훈 조동탁

나는 1955년 고려대에 입학하면서부터 지훈 선생을 줄곧 스승으로 모셔왔다. 그분의 성품은 실로 다모다양했다. 호방한가 하면 치밀·섬세하고, 강직·절박한가 하면 온아·순후하고, 엄격·분명한가 하면 너그럽고, 휘고 감기는 멋이 있는가 하면 부지런하고, 소탈한가 하면 근엄하여 함부로 소인배들이 접근하지 못했다. 이것은 그가 언제나 정사(正邪)와 시비와 선악과 미추를 판별하는 데 준엄했고, 이 판별에 의한 행동이 또한 과감했기 때문이다.

그분께서 민족문화연구소장으로 200여 개의 분류사가 넘는 '한국민족문화사대계'의 방대한 기획을 추진했을 때, 당시 유진오 총장께서도 과연 시인다운 몽상에서만 나올 수 있는 작업이라고 일면 의아하시면서도 찬탄하셨다. 그 후 급서하신 지훈 선생께서는 당시 총간사를 맡았던 소제에게 이 작업을 꼭 완결하도록 유언을 남기셨다. 이처럼 지훈 선생의 혼신의 결정(結晶)으로 완성된 『한국문화사대계』는 오늘날 불후의 한국학 역저로 평가되고 있어 남다른 감회에 젖곤 한다.

홍일식(전 고려대 총장)

지훈 조동탁

1921년	1월 11일, 경북 영양군 일월면 주곡에서 조헌영과 유노미 사이에 3남1녀 중 차남으로 태어남
1925-1928년	조부로부터 한문 수학, 영양보통학교에 다님
1939년	《문장》3호에 시 「고풍의상」으로 추천받음
1940년	8월 18일 김성규의 딸 김위남과 결혼
1941년	혜화전문학교 졸업
1942년	조선어학회사건으로 검거되어 심문받음
1946년	경기여고 교사. 박두진·박목월과 『청록집』 간행
1947년	고려대 교수에 취임
1960년	4·19혁명 교수시위 주도, 교수협의회 시국선언문 집필
1963년	고려대 민족문화연구소 초대 소장
1968년	5월 17일, 서울 메디컬센터에서 별세. 경기도 양주군 마석리 송라산에 안장됨

44
후석 천관우

후석(後石) 천관우(千寬宇)는 한국 언론을 바로잡은 주역의 한 분으로 꼽히는 인물이다. 그는 거물다운 헌헌장부의 풍모를 지닌 데다 두주불사인 호방·강직한 인물로 기억되고 있다. 《동아일보》는 후석을 '치열한 역사의식과 함께 호방하면서도 강직한 성품을 지닌 언론인, 역사학자'라고 추모했다. '서서 죽을지언정 무릎을 꿇지 않겠다'는 자세로 불의와 대결한 것이 그의 치열한 역사의식이다.

동료나 후배와 어울리면 소주를 대여섯 병씩 두주불사로 마시는 호방한 성격이고, 그러면서도 가족 문제나 예의 문제에 있어서는 너무나도 엄격한 유교적 선비이다. (『한국언론인물사화』, 남재희)

후석은 신문윤리강령을 기초했으며, 박정희 정권의 언론윤리위원회법에 반대하는 '전국언론인대회 선언'을 기초하여 자유언론의 기틀을 지켰다. 《조선일보》 논설위원 및 편집국장, 《민국일보》 편집국장, 《서울일일신문》 주필,《동아일보》편집국장 및 주필 등을 역임하다가 1968년 《신동아》 필화사건으로 언론계에서 물러났다. 이어 민주화운동에 적극 참여하여 1971년 민주수호국민협의회 공동대표와 1974년 민주회복국민회의 공동대표 등을 지냈다. 그는 서구의 민주화·근대화 정신을 우리의 민족주의 정신으로 살찌우는 데 심혈을 기울였다.

"천관우 선생은 언론인, 사학자, 민주화 운동가로 올곧은 인생을 살았고, 우국적인 한말 언론인의 사상과 행동을 계승한 논객이자 문장가로 규정할 수 있는 풍모를 지녔던 인물이다."

정진석 한국외대 명예교수의 말이다.

후석이란 아호도, 올곧은 선비의 표상으로 살아 온 일석(一石) 이희승에서 따온 것이라고, 생전에 가까이 지낸 후배 언론인 남재희 씨가 전했다. 일석은 후석의 서울대 문리대 은사이자, 후석이《동아일보》주필 시절 사장으로 모시기도 한 사이이기도 하다.

후석의 본관은 영양(潁陽)이고, 1925년 8월 10일 충북 제천군 금성면 북진리에서 농업을 하는 천명선(千命善)과 여흥 민씨 사이에 2남 3녀 중 막내로 태어났다. 그의 집안은 임진왜란 때 명나라의 이여송 장군과 함께 왜적을 물리치기 위해 파병됐다가 귀화한 천만리(千萬里) 장군의 후손이다. 군수사령관 겸 전투사령관으로 참전했던 천 장군을, 우리 조정에서는 그의 전공을 일등공신으로 격찬하여 정2품 벼슬에 충장공(忠壯公)이라는 시호까지 내렸다. 후석의 조부 천인봉(千仁鳳)은 중추원 의원을 지낸 동리 유지로 성망이 높아 제천시의 청풍문화단지에는 그의 공을 기리는 송덕비가 남아 있다.

"저의 증조부의 동생이 숙부님(후석)의 조부님이시고, 전부 외아들로 이어오고 있으니 사실 제가 가장 가까운 아들 같은 조카인 셈이지요. 숙부님이 제 결혼식 때 오셔서는 친척 대표로 인사 말씀을 하셨는데, 넥타이를 매고 오시지 않았다고 일부 친척들이 쑥덕거리기도 했지만 저는 잘 이해합니다. 워낙 소탈하신 데다 당시 《동아일보》 편집국장 시절 기사마감 시간 때 막 빠져나오시느라고 경황이 없으셨겠지요. 제가 검사에 임용되어 인사하러 찾아가 뵈었더니 오히려 제 신상을 걱정하시며 다시는 찾아오지 말라고 당부하시는 거예요. 민주화운동을 하시는 숙부 탓에 제게 누가 끼치지 않도록 배려하신 것이지요. 숙부님의 윗분(천중우)으로 일제 때 《조선일보》 기자를 하신 분이 있어, 아마도 후에 언론계로 진출하시는 데에 영향을 주셨을 것입니다."

조카 기흥 씨의 말이다.

후석의 생가터는 충주댐 건설로 수몰되었으며, 그가 네 살 때 이주한 제천군 청풍면 읍리도 수몰되었다. 다섯 살 때 조부로부터 한문을 배우면서 이듬해 1930년 청풍공립보통학교에 입학한다. 그의 한문 실력과 붓글씨는 초등학교 재학 중에 인근에 널리 알려져 천재라는 칭찬을 들어, 그의 이름이 신문에 소개될 정도였다. 그가 3학년 때인 1934년 2월 17일자 《동아일보》는 '글씨 잘 쓰는 천관우 9세, 5세부터 독서 가능해'라는 제목으로 사람들의 칭찬이 자자하다는 기사에 곁들여 후석의 사진과 '송죽(松竹)'이라고 쓴 붓글씨를 게재했다.

후석은 1937년에 청주제일고보에 입학하여 1942년에 졸업한다. 졸업 후 경성제대에 응시하나 2년 연속 불합격한다. 남재희 씨에 의하면 첫 번째는 경성제일고보 보습반(현 경기고), 두 해째는 경성제2고보(현 경복고)에서 대학입시 준비를 했다고 한다. 중학 시절 세계문학전집과 같은 독서에 심취한 나머지 입시 과목을 가르치는 학교 공부에 소홀했기 때문이다.

후석은 1944년 경성제대 예과 문과 을류(인문계)에 입학하여 1946년 예과를 수료하고 서울대 문리과대학 사학과에 진학하여 이병도, 손진태, 이인영, 유홍렬 등 당대 일류 교수진의 가르침을 받는다. 대학원생들과 함께 홍기문의 집에서 『대전회통(大典會通)』 연습 강의를 듣기도 하는데, 조선왕조사 이해에 큰 도움이 되었다고 한다. 홍명희의 아들인 홍기문은 월북하여 조선왕조실록을 국역하는 사업을 주도한 인물이었다.

선생이 역사에 관심을 갖게 된 것은 육당 최남선의 역사책과 기행문 때문이라고 하면서 육당은 "나에게 한국사 개안의 길을 터준 분"이라 했고, 정인보 선생은 "후일 나의 실학 공부에 지침이 되어준 분"이라고 했다. 선생은 또 실학을 공부하게 된 계기로 "안재홍 선생에게서 실학에 대한 단편의 귀동냥을 얻어둔 일이 있기 때문"이라고 했다. 선생은 해방 직전에 서울에 있는 일가집 6조 방에 안재홍 선생과 기거하면서 가르침을 받은 일이 있었다고 했다. …… 여기에다 선생은 이선근, 김영호, 김정균, 신수범(단재의 아들), 이은상, 홍이섭과 함께 『단재 신채호 전집』(을유문화사, 1972) 간행위원으로 참여했다. 그 참여 정도가 어느 정도인지는 알 수 없으나 적어도 전집 간행 전부터 관여했다면 선생은 단재 선생의 저술, 특히 고대사에 접하면서 단재의 고대사 인식을 이해하게 되었을 것으로 추측할 수 있다. (『천관우 선생을 생각한다』, 이만열)

재학 중에 후석은 《경성대학 예과신문》을 편집한다. 타블로이드 2면 체제인 이 신문은 1946년 3월 6일에 순간(旬刊)으로 창간되어 발행되었다. 한운사도 신문 발행에 동참하여 좌익 학생들과 함께 맞선다.

후석은 1949년에 서울대 문리대 사학과를 졸업한다. 그의 학위논문은 「반계(磻溪) 유형원(柳馨遠) 연구」이다. 이 논문이 어떤 평가를 받았던가는 일찍이 이기백 교수가 "천 형의 졸업논문은…… 창간 초기의 역사학보에 게재되어 해방 후에 하나의 붐을 이루다시피 한 실학 연구에 결정적인 영향을 발휘했다. 이 논문을 지도한 은사 이병도 선생은 군계일학(群鷄一鶴)이란 말로 이를 칭찬하여 마지않던 기억이 새롭다"고 한 데서 알 수 있다.

1952년 역사학회를 발기할 때 한국사, 동양사, 서양사 세 분야에서 각각 세 사람의 대표를 내었다. 전해종·고병익·정병학이 동양사학계를, 민석홍·안정모·이보형이 서양사학계를, 후석은 한우근·김철준과 함께 국사학계를 대표하여 참석했다.

후석은 졸업 후 무급 조교로 연구실에 남으며, 6·25전쟁이 일어나기 전까지 경기중학 교사로 재직한다. 1951년 1·4후퇴 때 부산으로 피난 가서 《대한통신》 기자로 언론계에 첫발을 디디게 된다. 당시는 당장 하루 세끼 끼니를 때우기에 급급한 상황이었던 것 같다.

그때 나는 부산역전(지금은 헐린, 옛날 본역) 40계단 밑에 자리 잡고 있던 어느 통신사의 합숙소에서 누구나 겪은 그 피난살이의 설움을 맛보고 있었다. 무엇 하나 마음먹은 대로 되는 것은 없어, 정신도 피로할 대로 피로해 있었고…… 이 2층 건물은 아래층이 통신사 편집실이요, 편집실 구석 층계를 올라선 위층이 합숙소로 되어 있었다. 층계는 대낮에도 장등(長燈)을 켜지 않고는 앞을 분간 못할 만큼 우중충했다. 2층에는 한가운데 복도의 좌우로 다다미방이 대여섯씩 붙어 있는, 여관방 같은 구조였다. 그리고 그 컴컴한 층계를 올라서서 제일 거리가 먼, 복도 끝의 방에 내가 거처하고 있었.
(『유령』, 천관우 산문집)

천관우 선생 추모문집간행위원회가 엮은 『巨人 천관우: 우리 시대의 '言官 史官'』(2011년).

그는 이때 "몇달 동안의 외근 수습을 내놓고는, 이 통신이 맡고 있던 UP통신 번역을 주로 하면서 지냈다"(「60자서」)고 회고했다. 정일형이 사장을 맡은 이후에 그의 부인 이태영이 고등고시를 준비할 때는 후석이 국사 과목에 도움을 주기도 했다.

이듬해 후석은 유네스코 기금으로 미국 미네소타대학에서 신문학을 공부한 후 귀국한다.

1952년 나는 외삼촌이 살고 있는 청풍에 간 일이 있었다. 나의 외삼촌 댁과 천관우의 자당은 동네 친구로 자주 만나 지내는 처지인데 그때 천관우가 미국 유학 중이라며 칭찬이 대단했다. 청풍(5세 때 청풍면으로 이사)이 낳은 신동이고 그가 고향에 돌아온 어떤 때는 초등학교 밴드까지 동원되어 환영한 일이 있을 정도란다. 앞으로 대단한 인물이 될 것이라는 게 고향의 공론이었다. 그가 미국 유학 후에 쓴 「그랜드 캐년」이라는 기행문은 대단한 명문으로서 학교 교과서에 실리기까지 했다. (『한국언론인물사화』, 남재희)

후석은 1952년 9월부터 이듬해 6월까지 유학을 마치고 돌아왔다. 전쟁 중에 미국에서 연수받은 최초의 언론인이 된 것이다. 1954년 《한국일보》가 창간될 때 그는 조사부차장으로 창간사원이 된다. 5개월 후에는 29세의 젊은 나이에 논설위원이 된다. 이듬해 3월부터《한국일보》고정칼럼〈지평선〉을 집필하기 시작한다. 창간 당시 조풍연이 써오던 것을 미혼의 30세 후석이 이어받은 것이다. 1955년 5월에 후석은 최정옥(崔貞玉)과 결혼한다. 논설위원을 하는 동안에도 대학강의를 계속하면서 역사논문도 꾸준히 발표한다.

1950년대에 발표한 논문으로「갑오경장과 근대화」(《사상계》1954년 12월),「여말(麗末) 선초(鮮初)의 한량(閑良)」(이병도 박사 회갑 기념논총),「홍대용의 실학사상」(문리대 학보, 6-2),「60년 전에 될 뻔했던 국회」(《신태양》, 1958년 5~6월) 등이 대표작이다.

서울대 문리대에서 1963년에 후석의 강의를 수강했던 국사학자 이만열은 그 시절의 강의실 풍경을 이렇게 떠올렸다.

선생은 강의실에 들어오시면 먼저 책보에 싼 보따리를 풀어제끼고 담배 한 대를 급하게 퍽퍽 피우신다. 그러고는 이것저것 자료를 꺼내놓고 때로는 소개하면서 강의를 시작했다. 그의 강의는 무엇에 쫓기듯 빨랐고, 판서 글씨는 신문사에서 급하게 원고를 작성할 때의 단련된 듯한 초서형 달필이었다. …… 한문을 줄줄 내려 쓸 때에 강의안이나 원고를 보는 일이 없었다. 한 강좌 강의에 칠판을 아마도 대여섯 번은 지우는 것 같았다. 그럴 때에는 분필가루가 펄펄 날리기도 하여 윗옷 소매를 털기도 했다. 그러다가도 생각이 나시면 담배를 또 꾸어댔다. (『천관우 선생을 생각한다』)

1956년 후석은《조선일보》논설위원으로 옮겨 가 고정칼럼〈만물상〉을 개설하여 집필한다. 1958년에는《조선일보》편집국장을 맡는다.

지금은 작고한 천관우는 생전에 어느 날 "잠깐 봅시다"라는 방 대표(방일영)의 전갈을 받고 갔더니 뜻밖에 편집국장을 맡으라는 통고였다며 "내 터수도 모르는 채 중책을 맡았으니 내심 겁을 먹을 수밖에 없었다"고 했다. 방일영은 나이 어리고 경험이 적은 천관우의 고충을 미리 짐작하고 있었다. 대선배인 유봉영에게 편집고문이란 직책을 새로 만들어주고, 편집국장 바로 옆에 자리를 마련해 대소사를 의논하게 했고, 신문제작의 베테랑으로 이름이 높았던 유건호와 조동건을 편집부국장으로 앉혀 보좌하도록 했다. (『방일영과 조선일보』)

당시는 조·석간 시대여서 24시간 동안 국장과 부국장 셋 중 누군가가 국장석을 지켜야 했다. 후석은 두 명의 부국장들에게 돌아가며 3교대로 하자고 했으나 두 사람은 주간은 매일 국장이 맡고, 야간은 두 사람이 격야 교대를 하겠다고 고집했다. 부국장들은 이렇듯 협조적이었으나 그 밑 편집국 내부의 반발과 동요는 적지 않았다. 일부 연조가 오랜 간부들은 그동안 형성되어 온 내부의 질서가 허물어질까 봐 상당한 위기의식마저 느끼고 있었다. 방일영 대표는 천관우에게 힘을 실어주기 위해 1959년 초 제2기 수습기자 9명을 공채로 선발했다. 그때 입사해 나중에 정치부장과 편집부국장을 지낸 이종식 씨는 천 국장 밑에서 수습을 지냈다. 그는 "천 국장은 우리 동기들 중에서 인기가 있었다"면서 후석에 대해 이런 인물평을 남겼다.

과묵하면서도 퍽 괄괄한 성격이었다. 편집국장석에 가득히 신문을 펴놓고 거기다가 붓으로 낙서를 하고 있을 때는 뭔가 구상을 하고 있을 때다. 종일 어떤 형태로든 움직여야 직성이 풀리는 성격 탓으로 신문도 움직이고 있었다. '현장주의'와 '기사는 발로 써야 한다'는 훈련 방법 때문에 엊그제 입사한 견습기자들에게 르포기사를 요구하기도 했다. '24 파동'을 실감 있게 보도하고 이를 규탄했다고 해서 천 국장의 실력이 널리 펴져 있었고, 그의 명성이 기자 사회의 체온 속에 유지되고 있었다. 그래서 그가 정론의 화신처럼 느껴지기도 하던 때였다. (1969년 6월 1일 《조선일보》 사보)

1959년 9월 18일 후석은 다시 논설위원으로 물러앉고, 논설위원 송지영이 편집국장이 된다. 방우영 명예회장(당시 《조선일보》 기자)이 쓴 『조선일보와 45년』에는 편집국장이 갈리게 된 배경 설명이 나온다.

천 국장은 성격이 거칠고 매사에 거부반응이 두드러져 편집국의 화목을 이루는 데 문제가 많았다. 노상 담배를 입에 물고 이야기를 하면서도 손을 대지 않고 입으로 재를 불어버리는 묘기(?)의 소유자였다. 덥수룩한 머리에 노타이 차림에다 상의만 걸치고 다녔고, 어떤 때는 고무신을 신고 나오는 경우도 있었다. 10개월 동안 편집국장을 맡았는데, 처음 기대와는 달리 이렇다 할 제작상의 변화도 없이 평범하게 일하다가 어느 날 밤늦게 술에 만취해 편집국에 들어와 무엇이 마음에 들지 않았는지 전화기를 부수고 나가버렸다.

당시 사회부 기자였던 수습 1기 조동오는 천관우 국장 시대를 이렇게 증언했다.

천 국장 체제는 《조선일보》의 청년화 시대를 염두에 둔 방일영 사장의 다목적 포석으로 보였다. 그런 만큼 구질서의 한 축을 이루고 있던 편집국 선배들의 반발도 만만치 않았다. 천 국장은 편집국장 기밀비를 봉투에 넣어서 나눠 주는 등 새로운 관례를 만들고, 나름대로 인화단결에 애를 썼지만 역부족이었다. 노장파들이 협조를 안 해줘 애를 많이 먹었던 것이다. (『방일영과 조선일보』)

이후 후석은 다시 《한국일보》 논설위원으로 갔다가 1960년 6월 《세계일보》로 가서 제호를 《민국일보》로 바꾸고, '신문인의 신문'이란 꿈의 실현을 위해 심혈을 쏟는다. 《민국일보》 편집부장이던 김경환 씨의 회고이다.

몇몇 원로, 중견 신문인들 간에 '신문인의 신문'을 만들어보자는 움직임이 있었다. 그때만 해도 오늘과 같이 경영진이 신문제작을 좌우하는 풍토는 아니었지만 4·19의 대변혁을 겪으면서 '신문은 역시 신문인이 만들어야 올바른 신문이 될 수 있다'는 생각이 많은 현역 언론인들 가운데 은연중에 공감의 대를 이루게 했던 것 같다. 그 움직임으로, 중심인물은 내가 아는 한 석천(오종식)과 후석(천관우) 두 분이었다. (「보람 있었던 순간」, 《기자협회보》, 1970년 10월 30일)

《민국일보》는 '독자와 더불어 호흡하는 신문'을 표방하고 참신한 독립지를 지향했으나 경영난으로 뜻을 접는다. 이듬해 후석은 《서울일일신문》 주필이 된다. 4·19와 5·16으로 언론이 격동기를 맞으면서 후석은 《동아일보》 편집국장과 주필 일을 하는 한편, 편집인협회 활동으로 독재체제 하의 언론자유를 지키기 위해 안간힘을 쓴다. 후석은 신문편집인협회 부회장(1966년 4월~1969년 1일)에 피선되어 기자협회와 함께 언론자유를 수호하기 위한 공동투쟁을 벌인다.

이런 와중에서 후석은 《동아일보》 주필로 《신동아》 1968년 12월 '차관 특집' 필화사건으로 언론계를 떠나게 된다. 《동아일보》를 퇴사한 이듬해 '한국언론의 가스중독론'을 펼쳐 주의를 환기시킨다.

한국 특유의 비극적 가스중독 같은 것이 있다고 할까. 잠든 사이에 스며든 가스에 취하여 비명 한번 못 질러보고 어리둥절하고 있는 상태에 비할 수 있을 법한 것이었다. 돌이켜보면 가스가 스며들기도 하루, 이틀 저녁 일이 아니었던 것 같다. 신문이 자유보다 자율을 외치고 신문의 저항정신보다 협동정신을 외치면서부터 가스는 스며들기 시작했던 것이다. 자유의 저항정신을 잊어버리고도 안일하게 나날이 지나가는 것을 합리화시켜 준 사이비의 언론자유와 사이비의 협동정신이 가장 큰 독소였다. 우선 나 자신부터 창을 열고 맑은 바람을 받아들여 내 정신을 가다듬어야 하겠다. (《기자협회보》, 1969년 1월 10일)

후석은 1971년 4월 민주수호협의회 창립 당시 공동대표로 피선되나 이듬해 정부는 그의 활동을 정지시켰다. 그러나 1974년 12월 유신체제 아래 민주회복국민회의를 창설하고, 이듬해 4월까지 공동대표를 지낸다.

1974년 11월의 어느 날 밤중에 우리 집으로 김정남 씨가 찾아왔어요. 이걸 그때 국민선언의 초안을 나에게 보여줬을 겁니다. '초청장'의 형식을 해 가지고요. 초청장에는 민주회복이란 단어는 쓰지 않고 있습니다. 초청인으로는 김홍일, 이희승, 함석헌, 이태영, 강원룡, 천관우 이렇게 되어 있습니다. 그런데 실제로 이 중에서 적극적인 역할을 하고, 이 모임에도 나오고 한 분은 함석헌, 이태영, 천관우 강원룡 이런 분들이었지요. 이인, 김홍일, 이희승 이분들은 워낙 원로하셔서 선생님 이름을 여기에 올리겠습니다. 좋다 올려라 그렇게 된 거지요. (『인권변론 한 시대』, 홍성우)

말년의 후석은 1981년 전두환 정권 당시 민족통일중앙협의회 의장 자리를 받아들여 재야 지식인들과 멀어진다. 후석은 '통일에는 여야가 없다'는 입장이었고, '할 말이 없는 것은 아니로되' 역사학자로서 사설을 늘어놓지 않겠다고 말한 바 있다.

그의 삶은 1991년 사망까지 전체적으로 언론자유 쟁취의 투쟁으로 점철되어 왔다.

조맹기 교수(서강대)는 그의 저서 『한국언론인물사상사』에서 이렇게 매듭지었다.

후석은 1991년 1월 15일 서울 불광동 자택에서 별세하며 천안 공원묘지에 안장된다. 부인 최정옥 씨는 양딸이 사업을 하다 집을 날려 충주에서 기초노령연금으로 어렵게 살고 있다. 후석과 가장 가까운 인척인 조카 기흥(69·서울법대 졸, 법무법인 한얼 고문) 씨는 서울지검 검사를 거쳐 대한변협회장을 역임했다. 엄영희(69·숙명여대 약대 졸) 씨와 결혼하여 2남 1녀를 두었다. 장남 석범(45·서울공대 졸, 한국IBM 전무) 씨는 박은혜(42·고려대 교육학과 졸) 씨와 결혼했으며, 차남 명범(37·외국어대 졸, 한진해운 차장) 씨는 조수현(36·이화여대 영문과 졸) 씨와 결혼했고, 장녀 현주(43·이화여대 교육과 졸) 씨는 여운국(44·서울법대 졸) 씨와 결혼했다.

내가 본 후석 천관우

나는 1957년에 언론계 진출을 협의하기 위해 후석 선생을 처음 만났다. 그분은 청주고교 선배이기도 하고, 집안끼리도 가깝게 지냈다. 나의 외삼촌 댁과 후석의 자당은 동네 친구로 자주 만나 지내는 처지였다. 동료나 후배와 어울리면 소주를 대여섯 병씩 두주불사로 마시는 호방한 성격이고 그러면서도 가족 문제나 예의 문제에 있어서는 너무나도 엄격한 유교적 선비다.

그분이 언론인으로서 가장 진가를 발휘한 시기는 《민국일보》 편집국장 시절일 것이다. 야전침대를 방에다 두고 전력투구를 하다시피 제작에 몰두했다. 언론인, 사학자 못지않게 그는 거의 그와 같은 비중으로 민주투사라고 할 수 있다. 그는 참으로 치열한 민주화투쟁을 했다. 민주수호국민협의회 등의 공동대표로 활약한 모습은 당시 신문에 잘 보도되었다. 지금 와서 생각하면 그가 말년에 민족통일중앙협의회 의장을 맡지 않았더라면 하고 아쉽게 느껴진다. 그의 거인적 풍모에는 역시 옥의 티라고 보이기 때문이다.

남재희(언론인, 전 노동부장관)

후석 천관우

1925년	8월 10일, 제천군 금성면 북진리에서 태어남
1949년	서울대 문리대 사학과 졸업
1952년	역사학회 발기 대표
1953년	미네소타대학에서 언론학 수학 후 귀국
1954년	《한국일보》 창간 멤버, 논설위원
1965년	5월, 최정옥과 결혼

1958년	《조선일보》 편집국장
1960년	《민국일보》 편집국장
1963년	《동아일보》 편집국장
1965년	《동아일보》 주필
1971년	민주수호국민협의회 공동대표
1981년	민족통일중앙협의회 의장
1991년	1월 15일, 서울 불광동 자택에서 별세

45

경리 박금이

경리(景利) 박금이(朴今伊)는 26년간에 걸친 생애를 건 치열한 집필로 민족의 대서사시 『토지』를 완성한 휴머니스트 국민작가로 추앙받는 인물이다. 1969년 집필을 시작해서 1994년에 완성한 『토지』는 개인적 비극의 묘사로부터 출발한 박경리 문학이 그 이전의 장편소설(『김약국의 딸들』, 『파시』, 『시장과 전장』)에서 개인과 사회와 민족 비극의 형상화로 확대했다가 그 모두를 수렴·종합해 이룩한 기념비적인 작품이라고 할 수 있다.

한 작가가 40대에 쓰기 시작하여 60대 후반에 완성을 보게 된 이 작품은 문자 그대로 '필생의 역작'이라는 이름에 값하는 작품이다. 26년이라는 세월 동안 5부 16권의 대작을 완성한 작가의 집념은 우리 역사상 그 유례를 찾아볼 수 없는 치열한 작가정신의 표현이고, 전권이 독자로부터 큰 호응을 받은 것은 우리의 독서 풍토에 새로운 기록을 세웠으며, 무엇보다도 집필기간이나 작품의 길이에도 불구하고 끝없는 인물 유형의 창조와 새로운 긴장의 유지는 우리 소설의 문학적 승리로 표현해도 지나치지 않다. (『광복 50년 한국을 바꾼 100인』, 김치수, 《월간중앙》 1995년 신년호 별책부록)

박경리의 『토지』는 광복 이후 한국 문학이 거둔 최대의 수확으로 평가받고 있다. 『토지』에 등장하는 인물만 800여 명, 원고지 3만 1200매라는 기록은 아직 깨지지 않고 있다. 1971년 유방암 수술을 받고 붕대로 수술 자리를 동여매고도 박경리는 집필을 멈추지 않는다.

지금도 잊지 못하는 기억은 오래전 어느 연말 송년의 어수선함 속에서 고적했던 밤의 통곡이다. 마음 바닥으로부터 치밀어 오르는, 마치 창자가 끊어질 듯, 가슴이 터져버릴 듯 통곡하시던 그 음산한 밤을 나는 잊지 못한다. 그 무렵 어머니는 작가로서 별처럼 반짝이며 떠오르고 있었고, 그것이 질시의 표적이 되었던 것으로 기억하는데, 말로 표현하기 어려운 험한 말을 들으셨던 것이다. …… 지금 생각해보면 그 상처, 아픔들이 어머니의 스승이었다. 마치 부서져버릴 듯 통곡하시고 난 다음 어머니는 단정하게 앉아 모질게 원고지 앞에서 펜을 들고 계시곤 했다. (『곁에서 본 토지』, 딸 김영주 씨)

『토지』는 우리 문학에 대하소설의 물꼬를 튼다. 홍성원의 『남과 북』, 황석영의 『장길산』, 김주영의 『객주』, 김원일의 『불의 제전』, 박완서의 『미망』 등이 꼬리를 잇는다.

『토지』야말로 우리 문학에서 대표적으로 볼 수 있는 '총체소설(total roman)'로서 농민과 중인을 중심으로 양반으로부터 노비에 이르기까지의 사회 모든 계급을 망라한 우리 인구 전체의 삶의 모습을 재구성했으며, 별의별 갖가지 인물들과 성격들을 재현하고 창조함으로써 인간사의 모든 것을 모아들여 또 하나의 거대한 실존적 세계를 만들어냈다는 것……. 언어가 창조할 수 있는 삶의 세계의 실재를 파노라마적으로 전시했다는 소설의 거대성을 나는 평가하고 있는 것이다. (《현대문학》, 김병익, 2008년 6월)

박경리는 1926년 10월 28일(음력) 경남 통영시 문화동 328번지에서 박수영(朴壽永)과 김용수(金龍守) 사이에 맏딸로 태어났다.

어머니는, 어머니의 말을 빌리자면
두 눈이 눈깔사탕같이 파아랗고
몸이 하얀 용이 나타난 꿈
그것이 태몽이었다는 것이다.
하여 어머니도 주위 사람도
아들이 태어날 것을 믿었다고 했다.
(시「나의 출생」)

박경리의 부친은 낭만적이고 예술가적 기질을 지녔으며, 모친은 실질 검박하고 생활력이 강했던 듯하다.

남의 것 탐내거나 부러워한 적 없었고
쉬어서 못 먹는 밥도 씻어서 끓여 먹고
가을에는 일 년치의 땔감 양식을 장만하지 않고는 잠이 안 오는 성미
하여 태평양전쟁 말기, 육이오전쟁 때도
우리는 죽 아닌 밥을 먹었다

그리고 돈은 어머니의 신앙이었다.
…… 장에 갈 때는 장바구니를 들었지만
평소에는 쓸 만큼 손수건에 돈을 싸서
어머니는 그것을 꽉 쥐고 다녔다
(시「어머니의 사는 법」)

박경리는 1941년 통영초등학교를 졸업한다. 초등학교 시절 유난히 책 읽기를 좋아하여 책상 밑에 소설책을 숨겨놓고 읽었다. 소박맞은 모친이 바느질 등을 하여 근근이 생계를 이어갔지만 언제나 당당하고 궁색한 법이 없었다고 한다.

초등학교 때 수업료 때문에 몇 번씩 집에 쫓겨가야 했던 일은 오랫동안 잊혀지지 않는 부끄러움이겠습니다만 우연히 장롱 속에서 수업료의 천 배가 넘는 백 원짜리 지폐들을 접어서 넣은 전대를 발견했을 때의 슬픔, 돈을 보았노라 했을 때 나를 보던 어머니의 험악한 눈은 타인의 눈이었습니다. (수필「십이년 만에」)

초등학교를 졸업한 박경리는 1941년에 진주고등여학교에 입학한다. 이즈음 일본 소설과 시, 일본어로 된 서양 소설 등을 책방에서 쫓겨날 때까지 읽는다.

박경리는 진주고녀를 졸업한 이듬해인 1946년 경남 통영군 지석리에서 김행도(金幸道)와 결혼하며, 1948년에 남편이 인천 전매국에 취직하여 인천 금곡동으로 이사한다. 박경리는 이때 책방을 운영하면서 단란한 시간을 보낸다.

인천으로 이사한 뒤 조그마한 책방을 냈어요. 그때 책을 헐값에 많이 사들였지요. 책을 근으로 달아서 사는 것이 당시에는 즐거움의 하나였는데, 온갖 종류의 책이 묻어 들어왔지요. 나는 여고 시절 공부도 신통치 않았던 터라 눈에 뜨이지 않는 평범한 학생이었지만, 사학만큼은 잘했어요. 인천 시절의 책 읽기에서 차츰 역사의식을 깨치게 되었지요. (인터뷰 '삶에의 연민, 한의 미학')

박경리는 1948년에 서울 흑석동으로 이주하며, 1950년에 황해도 연안여중 교사가 되었다가 6개월 만에 전쟁으로 인해 집으로 돌아온다. 남편은 부역 혐의로 서대문형무소에 수감되며, 6·25전쟁 중 남편과 사별하고 고향 통영으로 내려가 수예점을 하면서 생활한다.

박경리는 1954년 1월부터 이듬해 2월까지 한국상업은행(현 우리은행) 서울 용산지점에 근무하면서 습작을 한다. 1954년 6월에 한국상업은행 사보인 《천일》 9호에 박금이라는 본명으로 16연 159행의 장시 「바다와 하늘」을 발표한다. 퇴사 후인 1955년 10월에 발간된 《천일》 11호에도 소설 『전생록』을 게재한다.

이즈음 박경리는 고향 친구가 세들어 살던 김동리 집에 찾아가 글솜씨를 인정받는다. 학생 시절에 썼던 단편 「불안시대」를 김동리의 지도로 몇 차례 고쳐 쓴다. 이 작품은 박경리도 모르는 사이 박경리라는 필명의 「계산」이라는 제목으로 1955년 8월 《현대문학》에 게재된다. 김동리의 추천이었다. 이후 박경리라는 필명을 사용하며, 이듬해 8월에는 단편소설 「흑흑백백(黑黑白白)」이 2회 추천을 받아 문단에 등단하여 본격적인 문학활동을 시작한다. 이때부터 한국상업은행을 그만두고 돈암동에 조그만 식료품점을 열고 창작에 몰입한다.

어느 날 선생님께서 시보다 소설을 쓰는 것이 어떻겠느냐 하셨다. 학교 시절 잡지에 응모하려고 일본어로 소설을 써본 일도 있고 해서「불안시대」라는 제목의 단편을 써서 선생님께 갖다 드렸다. 원고를 보신 선생님은 평소와는 완연히 다른 태도로, 그 어느 때보다 확실하게 소설을 쓰는 편이 낫겠다고 말씀하셨다. 나는 열심히 몇 작품을 계속해 썼고 돌려받은 원고에는 철자법 고친 곳이 많았다. 차츰 희망이 보이기 시작했다. (수필「선생님에 대한 추억」)

1956년 아들 김철수가 사고로 병원치료 중 숨진다. 이 일을 소재로 한 자전적 단편소설「불신시대」로 1957년에 제3회《현대문학》신인문학상을 받는다.

이듬해 첫 장편소설『애가』를《민주신보》에 연재하는 것을 시작으로 장편소설 창작에 몰입한다. 1959년에 장편『표류도』를 발표하여 제3회 내성문학상을 수상하며, 1960년에는 장편『성녀와 마녀』를《여원》에 연재한다. 1962년에는 전작 장편『김약국의 딸들』을 을유문화사에서 간행하며, 1964년에는 장편『파시』를《동아일보》에 연재하고, 현암사에서 간행한다. 이듬해 전쟁 시기 자신의 이야기를 담은 장편『시장과 전장』을 발표하며, 이 작품으로 제2회 한국여류문학상을 받는다. 1966년에는 그동안 틈틈이 발표해왔던 글들을 모아 수필집『Q씨에게』,『기다리는 불안』을 간행한다.

"『김약국의 딸들』은 솔직히 말해 가지고 통영의 떠도는 얘기를 모아서 재편집했다. 이렇게 볼 수 있고, 작가의 입장에서는 나를 거기에다 투영했다기보다는 철저하게 객관성을 유지한 것이『김약국의 딸들』이라고 저는 보고 있는데, 그런데 앞의 단편들이 모두 다『김약국의 딸들』에도

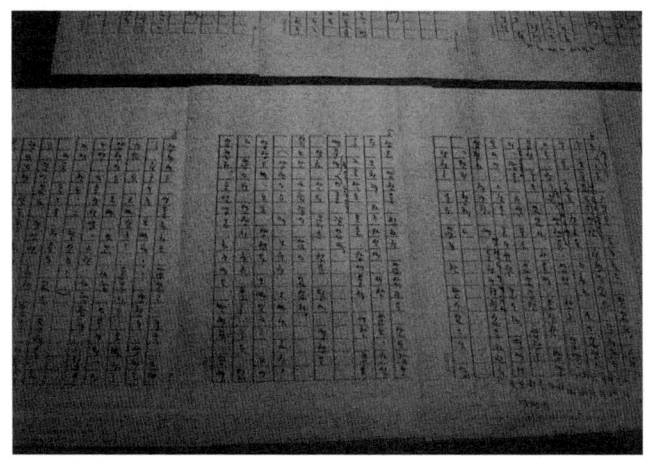
박경리 육필 원고(강원도 원주시의 박경리 문학의 집 소장).

들어가고 『시장과 전장』에도 들어가고…… 이런 것처럼 『시장과 전장』과 『김약국의 딸들』 이것을 종합한 것이 『토지』예요. 토속적인 거, 근대적인 거…… 이런 게, 그러니까 솔직히 말해서 내 자신이 겪었던 일은 초기의 단편 몇 편 그거지." (인터뷰 〈사회학자 송호근의 '작가 박경리론'〉)

박경리는 1968년 중편소설 「약으로도 못 고치는 병」을 《월간문학》 창간호(11월호)에 발표한다. 이 소설은 강청댁과 용이, 월선이의 삼각관계를 그린 것으로 뒷날 『토지』에 나올 사건들의 편영을 보여준다. 이듬해 9월부터 대하소설 『토지』 1부를 《현대문학》에 연재하기 시작한다(1969년 9월~1972년 9월). 그러나 1971년 8월 유방암 수술을 받고, 보름 만에 퇴원한 그날부터 가슴에 붕대를 감은 채 『토지』 원고를 다시 쓰기 시작하여 1부의 연재를 마친다.

분홍빛 내리닫이 입고

딸에게 친구들에게

손 흔들어 작별하고

수술실에 들어갔었던 그해 여름

눈을 떴을 때

하루 사이

세계지도같이 기미가 쓴

딸의 얼굴이 보였다

글쓰는 굴레 벗어버리고

고뇌와 분노의 굴레 벗어버리고

미움과 절망도 다 벗어버리고

그해 여름은 불행하지 않았다

(시 「그해 여름 3」)

    1972년 10월 《문학사상》 창간호부터 『토지』 2부를 연재하기 시작한다(1972년 10월~1975년 10월). 이해에 『토지』 1부로 제7회 월탄문학상을 받는다. 이듬해 딸 김영주가 시인 김지하와 결혼하며, 『토지』 1부를 삼성출판사에서 간행한다.

    "당시 유신체제 하에서 긴급조치가 내려 정릉 집으로 김국태 씨 등 문인들이 김 시인을 데려왔어요. 잡히면 고문당해 죽을 것이라면서 숨겨달라고 했어요. 어머니는 처음에는 반대했어요. 미망인과 처녀 단둘이 사는 집에 어떻게 외간 남자를 들일 수 있었겠어요. 그래 언덕 밑까지 바래다 줬는데…… 택시를 타는 모습이 외등 밑에 보이는 것이에요. 순간 쫓기는 몸이 참 불쌍해서 숨겨주게 되었지요. 그러다가 청혼도 결국 받아들이게 된 것인데 인간적 연민에서라고 할까. 제 팔자이자 운명이지요. 제가 태어날 때 조부께서 복덩이라고 하셨다는데 제 복의 절반만 나눠 주자. 그렇게 살고 있는 것이지요. 그분은 참 똑똑하고 제 할 일은 잘하고 있다고 생각합니다."

김영주 씨의 말이다.

1973년 여름 박경리는 『토지』의 서평 취재를 위해 정릉 집으로 찾아온 《동아일보》 문화부 기자와의 면담을 두 차례나 사절하는 '무례'를 범한다. 당사자였던 김병익 기자가 박경리에의 헌사에서 사연을 밝히고 있다.

여러 달 후 우리는 함께 식사를 하며 여러 이야기들을 편하게 나눌 수 있었다. 그때 박 선생은 내 면전이어서 그랬겠지만, 『토지』에 대한 여러 글들 중에 내 서평이 가장 마음에 든다고 했다. 그리고 말했다. "그때 김 선생을 맞아들이지 않은 것은 가장 영향력이 큰 신문사에서 오신 때문이었지요. 내가 여기서 약해지면, 그래서 여기서 무너지면 회복하기 어렵다고, 그러니 절대 안 된다고, 모진 각오로 인정이며 예의를 버려가며 자신을 매섭게 달구었던 거지요." 한쪽 가슴을 암으로 잘라내면서까지 집필을 계속하며 혼신을 다해 창작의 의지를 달구어온 그에게서 한 치라도 매스컴의 환호에 오염되지 않으려는 완강하면서도 고결한 정신을 그때 나는 또렷이 보았다. 《현대문학》, 2008년 6월)

『토지』 2부를 연재하는 중에 1974년 2월부터 12월까지 장편 『단층』을 《동아일보》에 연재한다.

『단층』은 자제의 소산은 아니다. 몽중이 아니면 누가 불러주어 쓴 글인지 모른다. 소설은 엉망진창이었고 독자와 동아일보사에 오직 면목이 없을 뿐이다. 그럼에도 불구하고 어찌 펜을 놓지 않고서 끝을 맺었을까. 그것은 나 자신도 알 수 없다. (수필 「비리가 진실되는 이치」)

1977년 『토지』 3부는 순 문예지를 떠나 성격이 전혀 다른 두 잡지 《주부생활》과 《독서생활》에 동시에 연재되다가, 다시 《한국문학》으로 옮겨 연재된다(1977년 1월~1979년 12월). 1979년에는 『박경리문학전집』(전 16권)이 지식산업사에서 간행된다. 이해 11월부터 1980년 8월까지 『토지』 1~3부가 KBS에 처음으로 드라마로 방영된다.

1980년 서울 정릉 집을 떠나 원주시 단구동 742번지로 이사한다. 남편이 옥에 갇히고 혼자 마음고생하고 있는 딸에게 의지가 될까 싶어 짐을 싼 것이다.

딸아이와 손자가 남편도 없이 애비도 없이 시가에 살고 있었기에 울타리가 되어주자고 서울 살림을 걷고 원주로 내려왔던 것입니다 .…… 어떤 분은 내가 글쓰기 위해 원주로 왔다고 생각하는 모양이지만 그건 내게 사치스러운 것이었습니다. 나는 문학이 인생만큼 거룩하고 절실하다고 생각하지 않습니다. (산문집 『가설을 위한 망상』)

1981년 『토지』 4부는 《마당》에 연재되다가 중단했고(1981년 9월~1982년 7월), 다시 1983년 7월에는 《정경문화》로 옮겨 연재하다 다시 중단된다(1983년 7월~12월). 이해에 『토지』 1부가 일본어판으로 번역, 출간된다. 1984년 3월부터 9월까지 《중앙일보》에 연재한 『박경리시평』을 묶어 이듬해 『박경리의 원주통신: 꿈꾸는 자가 창조한다』(지식산업사)를 간행한다. 1987년에는 충무시 문화상을 받는다.

'노동'과 '글쓰기'와 '나'는 삼발이 같은 것이었다. 글을 쓰다 막히면 밭에 나가 풀을 뽑고 그러다 보면 생각이 떠오르고 막혔던 것이 뚫리는 것이었다. 그리고 자연의 이치, 사람 살아가는 이치를 조금씩 깨닫게 되었으며 불평등은 인간의 소위로서 자연에 의한 것이 아니라는 생각, …… 삶의 궤적은 한 치 오차 없이 동등하다는 것, 자연의 공평함과 오묘함, 실로 돈으로는 환산할 수 없는 내 세계, 나와 더부 살았던 많은 생명들의 세계, 이미 그것은 내 소유에서 떠나버렸다. (수필「천지에 충만한 생명의 소리」)

1987년 8월 연재가 중단되었던『토지』4부를《월간 경향》에 다시 연재하나 중단된다. 이듬해『토지』1~4부를 삼성출판사에서 간행한다. 1992년 9월 1일《문화일보》에『토지』5부가 연재된다. 1994년 8월 15일 집필 26년 만에『토지』를 탈고하고 8월 30일, 만 2년 만에《문화일보》연재가 끝난다. 이어 전 5부 16권으로 첫 완간본『토지』가 솔출판사에서 출간된다. 그 사이『토지』1부가 영어·프랑스어·독어판으로 출간되며, 2002년에는 21권으로 된 완간본『토지』(나남출판)가 나온다.

1996년에 토지문화재단을 창립하고 박경리가 이사장에 취임한다. 그 후 토지문화관을 개관하고, 문화예술인의 창작을 지원하기 위한 창작실을 만늘어 운영하고 있다. 현재 외동딸 김영주 씨가 관장직을 맡아, 금년에 세계 문학인을 대상으로 한 박경리문학상을 제정하는 등 모친의 유업을 이어가고 있다.

박경리는 2008년 5월 5일 서울 풍납동 아산중앙병원에서 별세하며, 경남 통영시 산양읍 미륵산 기슭에 안장된다. 박경리의 외동딸 영주(65·

연세대 사학과 졸업, 불교미술사 전공, 사학석사) 씨는 시인 김지하(70·서울대 문리대 국문학과 졸업) 씨와 결혼하여 형제를 두었다. 맏아들 김원보(37·서울예대 문예창작과 졸업) 씨는 SF 판타지 소설 작가이며, 차남 김세희(30) 씨는 영국 윔블던대학에서 조각을 전공 중이다.

내가 본 박경리

선생님을 뵈온 지 30여 년이 지나는 동안 선생님의 나에 대한 호칭이 오정희 씨에서 정희야로, 너로 바뀌었다. 선생님께서는 종종 내게 소설을 쓰지 않는다고 나무라시고, 장편소설을 쓰라고 다그치시다가도 "그냥 행복하게 살아라. 그게 제일 중요한 것이지"라고 말씀하시곤 했다.

언젠가 춘천에 다녀가실 때 터미널에서 원주행 시외버스에 태워드리고 승강장에 그대로 서 있는 나를 향해 들어가라는 손짓을 두어 번 해 보이시더니 등받이에 몸을 기대고 눈을 감으셨다. 버스가 떠날 때까지 오 분 정도의 시간에 선생님이 신경 쓰실까 봐 나는 눈에 띄지 않는 곳으로 몸을 비켜섰다. 버스가 홈을 빠져나가려고 차체를 돌리는 찰나 내 켠을 바라보시는 선생님과 눈이 마주쳤다. 뒷날, 부담을 줄까 봐 서로 모른 척하던 그날의 일을 말씀하시며 선생님께서 한바탕 웃으셨다.

"너는 내가 신경 쓸까 봐 숨어버렸고, 난 눈을 감았잖니? 너는 참 촌사람이고 나도 그렇다."

오정희(작가)

박경리

1926년	10월 28일(음력), 경남 통영시 문화동 328번지에서 태어남
1941년	통영초등학교 졸업
1945년	진주고녀 졸업
1948년	인천에서 책방 운영
1950년	연안여중 교사
1956년	《현대문학》신인상 수상
1969년	『토지』1부 연재(《현대문학》) 시작
1980년	원주시 단구동 742번지로 이사
1994년	『토지』전 5부 16권 완간
1996년	토지문화재단 창립하고 이사장에 취임
2008년	5월 5일, 서울 풍납동 중앙아산병원에서 별세

46

백남준

　백남준(白南準)은 한국이 낳은 걸출한 세계인이다. 상식과 비상식을 뛰어넘는 끊임없는 파행으로 세계를 놀라게 한 백남준은 시대를 50년쯤 앞서 살아간 선각자로 기억되기도 한다. 현대미술에서 당연시하는 '과학과 미술의 만남'을 그는 이미 반세기 전에 보여줬기 때문이다. "주변의 모든 물건과 경험이 예술로 태어날 수 있다"는 새로운 창세기의 장(場)을 펼친 것이다. 텔레비전과 레이저, 인공위성을 붓과 물감, 팔레트로 삼고, 전 세계를 아틀리에로 꾸민 그의 거침없는 예술에 세계는 경악했다. 이처럼 데뷔 때부터 현대미술의 흐름들을 이끈 선구자였으므로 그가 전시를 할 때마다 세계 미술계는 술렁거렸다. 뉴욕 구겐하임 미술관의 존 헨하르트 수석 큐레이터는 "백남준은 20세기의 가장 위대한 인물 중 한 분이었으며, 조각·설치·TV 프로젝트 비디오 등 수많은 장르를 넘나드는 작가였다. 그의 창의력과 철학은 후대 작가들에게 큰 영향을 끼쳤다"는 헌사를 보내기도 했다.

　지난 1월 29일에는 백남준을 기리는 5주기 추모제가 서울 삼성동 봉은사와 경기도 용인시 백남준아트센터에서 열렸다. 백남준의 유분이 안치된 봉은사에는 이날 오전 미국에 살고 있는 그의 장조카 하쿠다 캔 백(白健) 씨 등이 참석하여 불교의식으로 진행했다. 오후 백남준아트센터에는 황병기, 최경한, 이경희, 송정숙 씨 등 생전의 지인들이 참석하여 '유세차……' 재래식 제사를 지냈으며 추모 동영상 상영도 했다.

백남준은 1932년 7월 20일 서울 종로구 서린동 45번지(서린호텔 자리)에서 거부 백낙승과 조종희의 3남 2녀 중 막내로 태어났다. 조부 백윤수(白潤洙)는 19세기 초부터 가업으로 내려오던 종로 육의전의 선전(비단가게)을 물려받아 청나라 비단을 독점수입, 판매하여 성장시켰다. 당시 한성은행의 자본금이 100만 원이었는데, 그의 재산은 300만 원이었다. 부친 백낙승은 일본 메이지대학 법과와 니혼대학 상과를 졸업, 재산을 물려받아 한국 최초의 재벌로 불리던 대창무역·태창방직을 설립, 근대적 기업가로 변신했다. 그러나 박흥식 등과 함께 비행기 제조회사를 만들고 일제에 비행기 1대와 거액의 국방비를 헌납했기 때문에 광복 후 반민족행위처벌법의 피의자로 체포되었으나 보석으로 풀려났다. 이어 맏아들 남일이 이런 시련을 안고 기업을 승계했다. 그는 6·25전쟁 중 한때 재정위기에 처했던 《조선일보》의 부채를 갚아주기도 했다.

1952년 4월…… 머잖아 누적되는 부채를 감당 못해 신문사가 문을 닫거나 소유권을 남에게 넘겨줘야 할 판이었다. …… 고민 끝에 방일영은 친구인 백남일을 찾아갔다. 백남일은 방일영의 제일고보(경기중·고) 동창이었는데, 그 당시 태창방직 사장과 자유신문사 사장직을 겸임하고 있었다. 재력도 있고, 신문사 사정에 대해서도 잘 아는 친구였다. 일영의 전후 사정을 다 듣고 난 백남일은 더 이상 물어보지도 않고 자금을 돌려주겠노라고 했다.

상세한 이야기나 조건도 없었다. 무이자로 현금 5억 환을 빌려주겠으니 《조선일보》의 부흥에 쓰라는 것이었다. (『격랑 60년, 방일영과 조선일보』)

뉴욕 맨해튼의 록펠러센터에는 백남준의 최근작 〈20세기를 위한 32대의 자동차: 조용한 모차르트의 레퀴엠 연주〉가 설치되어 있다. 그는 작품 의미를 "내 유년 시절의 추억"이라고 설명했다.

2차대전이 끝났을 때 집에 자동차가 7대 있었는데 차들이 수시로 고장이 났지. 그래서 차량 정비사 2명이 집에 항시 대기하고 있었지. 당시에는 휘발유가 없어서 목탄(숯)을 이용했거든(웃으면서). 1935년식 '목탄 리무진' 말야. 《조선일보》, 2002년 7월 12일)

어린 시절 서울 창신동 한동네에 살면서 명동성당 앞 애국유치원을 함께 다녔던 이경희(수필가) 씨의 회고가 정겹게 느껴졌다.

"초등학교 입학하며 헤어졌다가 1984년 그가 귀국해 '유치원 친구 이경희를 만나고 싶다'고 한 것을 신문에서 읽고 재회했다. 수십 년 만에 전화 통화를 하면서 그가 한 첫 마디가 '경희, 이마 다친 것 어떻게 되었지?'였다. 유치원 때 그의 집에서 놀다가 이마를 다쳤던 것을 이야기한 것이다. 전화번호를 수첩에 적지 않을 정도로 기억력도 비상했지만 정이 많고, 한 번 한 약속은 꼭 지키는 친구였다. …… 마지막 만난 것은 지난 2004년 12월 마이애미에서였다. 해변이 보이는 식당에서 아침을 함께 했는데 유난히 어렸을 때 이야기를 많이 들었다."

백남준은 어려서부터 피아노 치기를 좋아했으나 아버지가 음악가가 되는 것을 반대하여 피아노를 못 치게 했기 때문에 땅을 두드리며 소리를 어림잡아 쳤다고 한다. 7살 때였으니 그의 천재성이 이미 발휘된 셈이다. 1945년 경기중학에 입학하여서는 신재덕, 이건우에게 피아노 등 음악을 배우다가, 홍콩으로 유학 가서 1949년 로이든 스쿨을 졸업한다.

"경기중학을 다니면서 여러 자극을 받아 내 예술과 인생에 큰 이익을 봤어요. 졸업은 못했지만 (옛 경기고가 있던) 화동 시절이 늘 그립습니다."

2000년 경기고 100주년을 기념해 보낸 영상 메시지에 담긴 백남준의 말은 어눌했지만 눈빛만은 생생했다. 그의 육성 화면은 모교를 진정으로 걱정하는 쓴소리로 빛났다.

"경기고가 이제는 관리 양성기관을 그만두고 한국 사회의 진보적 세력으로 커가길 간곡히 바랍니다. 내가 곧 서울에 나가니 죽기 전에 대폿잔이나 기울입시다." 그의 모교 사랑이 물씬 풍기는 마지막 인사였다. 《중앙일보》, 2006년 2월 4일)

백남준이 17세 때 일본으로 건너간 이후 작품 만든다고 피아노를 부수고, 거기에다 계란을 던진 사건은 이미 유명한 일화였다.

기자가 "그때 가족들의 반응은 어땠냐"고 묻자, 대수롭지 않다는 듯이 "어떻게 하겠어, 이미 엎질러진 물인데……"라고 답했다. 《뉴욕타임스》, 2002년 7월 10일)

그는 "당시 나는 급진 마르크스주의자였어. 정치적으로 내가 원하는 것을 할 수 없었고, 그래서 그건 내 정치적 행동을 대신하는 것이었지"라고 말했다.

백남준의 비디오 아트 작품 〈다다익선〉(과천 국립현대미술관 소장).

도쿄대학에서 미학 및 미술사, 음악사를 전공한 후 1956년 독일로 유학 간다. 뮌헨대학에서 음악사를 배우고 프라이부르크 음대에서 저명한 독일 작곡가 볼프강 포르트노에게 사사 받는다. 이듬해 그는 현악 4중주를 첫 작곡하며, 1958년에는 전위작곡가 존 케이지와 윤이상을 만난다. 1959년에 케이지에게 헌정된 그의 최초의 해프닝 작품이 공연되어 혜성처럼 아방가르드 스타로 등장하게 된다. 해프닝 이벤트 등으로 불리는 '퍼포먼스'는 전통적인 장르 개념으로는 충족할 수 없는 표현 욕구를 신체를 이용해 표현하는 예술행위다. 현대예술에서는 1952년 존 케이지가 4분 33초 동안 아무 연주도 하지 않은 채 끝낸 《4분 33초》를 선구적 사례로 꼽는다.

백남준은 1959년 말 독일 뒤셀도르프 '갤러리 22'에서 피아노를 파괴하는 것으로 퍼포먼스에 뛰어든다. 1960년에는 공연하다 말고 객석으로 나아가 케이지의 넥타이를 칼로 잘라버려 '음악적 테러리스트'라는 악명(?)을 얻기도 한다. 1962년에는 바이올린을 부수는 퍼포먼스를 벌이자 객석에서 "바이올린을 살려주라"는 고함이 터져 나왔다. 뒤셀도르프 관현악단 바이올린 주자였다. 그는 자신의 생명줄인 악기가 이름 모르는 동양인에게 박살 나는 것을 지켜볼 수 없었다. 그러자 객석에서 또 다른 고함이 터졌다.

"이봐, 콘서트는 방해하지 마!"

한 건장한 사내가 나서서 바이올린 주자를 바깥으로 쫓아냈다. 덕분에 공연이 무사히 끝났고 사내가 백남준에게 다가와 자신을 소개했다. 조만간 대표적인 개념미술가로 이름을 날릴 요셉 보이스였다. 보이스는 낯선 독일에 살던 백남준을 극진히 보살피며 공동 퍼포먼스를 벌여 자신과 동등한 위치에서 예술가의 길을 가도록 지켜줬다. 백남준은 훗날 회고했다.

내 생애의 하나의 행운은 케이지가 대가이기보다 아직 하루살이로 여겨졌을 때 케이지를, 보이스가 뒤셀도르프의 은자(隱者)였을 때 보이스를 만난 것이다. 해서 나는 이들이 스타덤에 올랐을 때 이들과 동급에 설 수 있었다.
《조선일보》〈만물상〉, 2006년 1월 31일)

보이스가 이끌던 전위그룹 '플룩수스'에 백남준도 동참했다. 이 말은 '흐름' '끊임없는 변화' '운동'을 의미하는 중세 라틴어이며, 이 명칭은 불발로 끝나버린 아방가르드 계열의 잡지의 이름에서 유래한다.

날 자꾸 서양에서 다 배운 사람인 줄 아는데 나 사실 인생을 결정지은 사상이나 예술의 바탕은 이미 내가 한국을 떠나기 전에 한국에서 모두 흡수한 거거든. 우리나라 일제 시대 때 한국 예술가들 수준이 당대의 서구라파나 일본의 아방가르드적 수준에 조금도 뒤지지 않았다우. 난 쇤베르크나 스트라빈스키도 이건우 선생한테서 유학 가기 이전에 다 배운 거고. 신재덕 선생이나 이건우 선생 같은 분이 가르쳐주신 수준이나 내가 김순남 선생을 사사한 수준이 내가 독일 가서 작곡가 노릇 할 수 있었던 바탕을 다 만들어주셨던 거거든. 역사를 자꾸 단절적으로 보면 안 돼. 우리는 일제 시대 때 문화도 말이지, 전통문화고 서구문화고 다 높은 수준으로 그대로 가지고 있었거든. 난 그걸 흡수한 거야. 그리고 내가 내 속에 가지고 있었던 전통문화하고 서양의 아방가르드가 결국 비슷한 거란 것을 내가 나중에 발견한 것뿐이지. (『석도화론』, 김용옥과의 대화)

백남준은 1963년 세계 최초의 비디오 아트 전시로 평가되는 첫 개인전 〈음악의 전시-전자 텔레비전〉 전시를 부퍼탈에서 연다. 장치된 피아노 3대, TV 13대와 함께 피가 뚝뚝 떨어지는 갓 잡은 황소 머리를 전시했고 관객들 앞에서 피아노 1대를 깨부숴 버렸다.

1965년 미국 최초 개인전을 뉴욕의 뉴스쿨에서 열며, 첫 휴대용 캠코더인 소니사의 포타팩으로 교황 바오로 6세의 뉴욕 방문 기념 행진을 촬영한 후 카페 오 고고에서 상연한다. 그의 레이저 광선에 대한 관심도 이 무렵부터 시작되었다. 그는 이를 이용하여 비디오 이미지를 공중에 띄우는 영상작업으로 발전시켜 전혀 색다른 미의 인식을 경험하게 해주었다.

그는 과학의 힘을 예찬한 예술가였다. 1984년에는 조지 오웰의 소설에서 아이디어를 얻은 위성 프로젝트 '굿모닝 미스터 오웰'을 통해 과학이 세상을 얼마나 밝고 아름답게 만들 것인지를 증언하고자 했다. 그 작품은 인공위성으로 서울-뉴욕-파리를 동시에 연결하는 거대한 TV쇼였다. 조지 오웰은 소설 『1984년』에서 기술이 인간을 지배하는 미래사회를 어둡게 그렸지만, 백남준은 이를 거부하며 "발달된 과학기술이 전 세계를 하나의 네트워크로 묶는 것을 가능하게 해 준다"고 작품으로 웅변했다(《조선일보》, 2006년 1월 31일).

이때 그는 이미 전 세계에서 비디오 아티스트로서 확고한 위치를 굳혀 《뉴욕타임스》와 미국 미술잡지 《아트 뉴스》 등 모든 매스컴이 일제히 새로운 첨단 전자예술로 대서특필했다. 이때부터 국내에서도 그의 세계적 존재를 어렴풋이 이해하기 시작하여 처음 소개되었다. 백남준은 1984년 35년 만에 그의 일본 부인 구보타 시게코와 모국에 금의환향한다. 55세 때 귀국하면 대길할 것이란 점괘를 믿고 그에 따랐다고 했다.

"우리나라가 국제적으로 팔아먹을 수 있는 예술은 음악, 무용, 무당 등 시간예술뿐이다. 무게가 없는 예술만 전승 발전시킬 수 있다. 예술이란 원래 고등사기다. 전위예술은 신화를 파는 예술이다"라는 독특한 예술론과 기행으로 참신한 화제를 뿌렸다. (《월간중앙》 1995년 신년호 부록)

올림픽이 열린 1988년에는 과천 현대미술관 원형공간에 1300개의 모니터로 초거대 나선형 탑을 구축한 〈다다익선〉을 영구설치했다. 당시 하드웨어는 김원 광장 대표가 담당해 백남준과 호흡을 잘 맞췄다는 평을 들었다. 구겐하임 미술관에서 2000년 〈백남준의 세계전〉을 열었을 때 토마스 크렌스 관장은 "백남준은 지난 세기 미디어 예술에 심오하면서도 지속적인 영향을 끼친 예술가"라고 말했다. 그 전시에서 백남준은 나선형으로 높게 솟은 내부 공간을 어둡게 한 뒤 레이저를 위아래로 쏘는 작품을 펼쳤다. 겹겹이 휘어지는 복도를 따라 1960년대부터 1990년대까지 그의 비디오 대표작들이 둥지 틀 듯 자리를 잡았다. 세계 화단은 "그의 작품들이 지난 세기에 이어 새 세기에도 세계 미술인들을 놀라게 했다"고 극찬했다.

1996년 뇌졸중으로 쓰러져 몸 왼쪽 부분이 자유롭지 못한 상태에서도 그의 예술혼은 식을 줄을 몰랐다. 2004년 10월에도 뉴욕 소호에 있는 자신의 스튜디오에서 피아노에 물감을 칠한 뒤 힘껏 밀어버리는 퍼포먼스 〈존 케이지에게 바침〉을 했다. 그는 2006년 1월 29일 플로리다 주 마이애미에 있는 그의 아파트에서 타계했다. 한 시대를 앞서 갔던 비디오 아트의 대가 백남준을 떠나보내는 자리는 그의 예술 세계처럼 자유분방하고 파격적이었다. 3일 뉴욕 맨해튼 프랭크 캠벨 장례식장에서 열린 조문 행사에서는 예상 밖의 깜짝 퍼포먼스가 벌어지기도했다. 수백 명의 조문객들이 백남준이 생전에 연출했던 퍼포먼스를 흉내 내 '넥타이 자르기'를 재현한 것이다. 2010년 부인 구보타 씨는 회고록을 냈다. 평생 '바람 같은 남자'의 마음을 얻기 위해 지고지순한 사랑을 바쳐왔던 그녀는 말년에야 백남준을 온전하게 소유하게 된다. 투병 생활이 길어지면서 끊임없이 아내의 손길이 필요하게 된 백남준에게 그녀는 이렇게 말했다.

"참 이상해요. 남준, 예전에 당신은 내가 혼자서 차지할 수 없는 바람 같은 남자처럼 보였는데, 지금은 남편 정도가 아니라 아예 응석받이 아들인 것만 같아요."

내가 본 백남준

내가 백남준 선생님을 처음 뵌 것은 1980년 그분의 10주년 해프닝 공연 때였다고 기억된다. 바이올린과 축음기를 깨부수는 역사적 작품을 재현하는 순간이었다. 그때 나는 바닥에 널린 파편들을 주워 사인을 받으려 했으나 "공짜로 해줄 테니 스튜디오로 가지고 오라"고 해서 갔더니, 조각마다 '백' '남' '준'이라고 일일이 사인해주시고는 "보석함에 보관하라"고 하셨다. 나는 남편(천호선)이 뉴욕한국문화원 문정관이어서 그분을 함께 만나곤 했으나, 당시 KCIA에 대한 선입견으로 한국인에 대한 인상이 좋지 않아 처음 한동안은 가까이 지내기가 어려웠다.

백 선생님은 비디오 아트의 창시자일 뿐만 아니라 예지력 있는 비전을 가진 세계적인 천재 예술가라고 생각한다. 파격할 수 있는 용기가 곧 그분의 예술혼이다. 백남준아트센터 등 우선 기관이 나서 그분의 작품 카탈로그부터 작성하고, 또 그분의 예맥을 잇는 후진 양성에도 힘써야 할 것이다.

김홍희(백남준연구가, 전 경기도미술관 관장)

백남준

1932년	7월 20일, 서울 서린동 45(서린호텔 자리)에서 백낙승과 조종희의 3남 2녀 중 막내로 태어남
1945년	경기중학 입학
1950년	일본으로 건너가 도쿄대학에서 미학 및 미술사, 음악사를 전공
1956년	독일로 유학. 뮌헨대학에서 음악사, 프라이부르크 음대에서 작곡 사사
1958년	전위음악가 케이지와 윤이상을 만남
1959년	최초의 해프닝 작품 공연
1963년	세계 최초로 비디오 아트 전시
1965년	미국 최초의 전시회, 뉴욕의 뉴스쿨에서 개최
1984년	부인 구보타 시게코와 35년 만에 귀국
2006년	1월 29일, 플로리다 주 마이애미에서 별세

47
이휘소

이휘소(李輝昭)는 한국이 낳은 세계적인 천재 물리학자이다. 그는 새로 전개되는 소립자(素粒子) 물리학 이론의 선두에 선 세계 정상급 물리학자로 노벨물리학상 수상 반열에 올랐던 과학자였다. 비운의 교통사고로 1977년 42세로 요절했으나, 그가 제시한 게이지 이론의 재규격화는 소립자 물리학의 표준모형을 확립시켜 그의 연구 결과는 와인버그, 살람(1979년)과 트후프트, 벨트만(1999년), 그로스, 윌첵, 폴리터2004년) 등이 노벨상을 받게 했다. 1974년 이휘소는 참 쿼크와 관련한 획기적인 논문을 발표하여 참 쿼크가 존재할 경우 이들이 결합할 때 나타나는 입장들의 성질을 규명했고, 그해 11월 제이/프사이 입자를 발견한 리히터와 팅이 역시 1976년 노벨상을 받게 했다.

이휘소가 별세한 뒤 게이지 이론은 표준이론이 되어 '전기'와 '자기' 현상을 통합 설명하는 맥스웰 이론에 버금가는 물리학 이론으로 자리 잡고 있다. 이휘소는 이 방면에서 세계적으로 다섯 손가락 안에 드는 물리학자로 꼽힌다. 또 그는 이론물리학자이지만 실험물리학에도 비범함을 나타내「참 입자의 탐색」과 같은 그의 현상론적 논문은 실험물리학자들에게 좋은 지침서가 된다.

그는 한때 한국의 핵 개발을 추진한 베스트셀러 소설 속의 주인공으로 등장하여 '이휘소 열풍'을 몰고 와 화제의 꽃을 피우기도 했다. 1990년대 초 그를 소재로 다룬 김진명의『무궁화 꽃이 피었습니다』는 400만 부 이상 팔린 슈퍼 베스트셀러가 되었다. 이 소설은 미국에 유학하여 핵물리학으로 입지하여 세계적 물리학자가 된 주인공이 박정희 대통령과 비밀리에 접촉하여 한국에 핵무기를 개발하려 하다가, 미국 정보기관의 개입으로 뜻밖의 사고를 당해 사망한다는 이야기로 전개된다. 이 소설은 영화화되리만치 유명세를 타기도 했으나 지나치게 도를 넘어서 필자가 친족들로부터 명예훼손으로 고발을 당하기도 했다.

"형님은 그분의 학문적 업적이나 철학과는 무관하게 우리나라에서 왜곡된 모습으로 알려져 있어요. 1970년대 중반 주한미군 철수 정책에 불안을 느낀 박정희 정부가 핵무기 개발을 추진한 것은 공공연한 비밀인데, 마치 형님께서 이 사업에 깊숙이 관여한 인물로 부각되고, 미국 정보기관이 교통사고를 가장하여 암살했을 가능성이 사고 당시 언론에 제기되기도 했지요. 그 후 1989년에『핵물리학자 이휘소』라는 책이 출판되어 이를 기정사실화했으며……. 1993년에는 형님을 소재로 한 소설이 베스트셀러로 되면서 형님의 이미지는 더욱더 왜곡되었지요. 비록 픽션이라고 하지만 뼈대는 사실이라면서, 주인공으로 가명을 썼지만 이휘소의 작품명이라는 등 그럴듯하게 꾸며댄 것이지요."

동생 이철웅 씨의 말이다.

널리 알려진 바와 같이 핵무기 개발은 이휘소가 전공한 소립자 물리이론과는 사실상 전혀 무관한 것이다. 핵무기 개발 초기 단계에서는 과학적 데이터가 중요했으므로 핵물리학자들이 참여했으나, 이들은 이미 공개된 과학정보이고 핵무기 개발의 핵심은 핵연료 농축 등 제작공정과 관련된 기술이므로 그와는 더욱 무관한 것이다.

이휘소는 서울 용산구 원효로에서 1935년 1월 1일 부부의사인 이봉춘(李逢春)과 박순희(朴順姬) 사이에 3남 1녀 중 장남으로 태어났다. 부모의 성격이 모두 온화하면서 서로 조화를 이뤘으며, 부친이 한때 소학교 교사로 재직하던 시절 사제지간으로 모친을 만나 나이 차이는 9살이나 되었지만 낭만적인 결혼을 이룬 셈이다. 이런 부부 사이여서 부친은 늘 근엄한 편이었고, 모친은 매우 순종적이었다. 하지만 생활 면에서는 오히려 반대였다. 부친은 말수가 적으면서 자신을 별로 드러내지 않는 전형적인 선비형인 데 비해 모친은 차분한 성격이면서도 실제 생활에서는 보다 적극적이었다.

부친은 원래 물리학 지망생이었으나 결혼 후 의학을 공부하여 의사면허를 취득했다. 그러나 그는 어려운 환자들로부터 돈을 받고 치료하는 것을 못마땅하게 여겨 개업의 활동을 하지 않았다. 이휘소의 집에 놀러 온 친구들은 그의 부친을 조용히 독서에 몰입하는 '왠지 어려워 보이는 아버지'로 떠올린다. 이휘소의 경기중학 동창인 허용이 기억하는 이봉춘의 모습이다.

> 우리 고모부가 춘원 이광수인데, 휘소 아버님을 보면 꼭 고모부를 보는 것 같았어요. 길게 말하는 법이 없는 데다 항상 책에 파묻혀 있어 얼굴조차 자세히 보기 힘들었지요. 그리고 늘 집에만 계셔서 나는 무슨 글 쓰는 분인 줄 알았지 의사인 줄은 전혀 몰랐어요. (『이휘소 평전』, 강주상)

이휘소가 연구회원으로 열정적으로 활동했던 프린스턴 고등연구원 건물.

반면 모친은 수시로 아이들을 모아놓고 가곡을 불러주기도 하는 등 집 안에 낙천적인 생기를 불어넣었다. 이휘소가 태어날 당시 모친은 원효로의 자혜병원에 근무하고 있었다. 가족들은 병원 뒤에 딸린 한옥 사택에서 살았다.

이휘소는 1941년에 경성사범학교 부속 제1국민학교에 입학한다. 이때부터 그는 급우들과 서로 놀리고 장난치면서도 독서에 몰두했다. 동네 친구 집에서 수시로 책을 빌려 보았다. 그 집에는 전집류를 포함한 온갖 어린이 책들, 특히 과학 책들이 많았다. 이휘소가 가장 심취한 책은 월간 잡지 《어린이 과학》이었다. 화성에 인간이 산다는 공상과학소설부터 독일 전투기가 급강하, 급상승하는 방법을 자세히 설명한 군사과학 정보까지 잡지를 모두 샅샅이 읽었다.

문학류로는 일본 아동문고, 소학생 전집을 닥치는 대로 읽었고, 『걸리버 여행기』, 『이상한 나라의 앨리스』 같은 상상력이 풍부한 소설과 『괴도 루팡』,

『셜록 홈즈』 같은 탐정소설을 즐겼다. 아직 어린 나이이기에 만화책도 물론 좋아했다. 하지만 어른스럽게 『논어』, 『노자』, 『불경』 등 동양서를 읽기도 했다. (『이휘소 평전』)

운동 쪽으로는 별 관심도 소질도 없는 듯했다. 동생 철웅은 운동신경이 둔했다는 사실을 이렇게 말했다.

"탁구를 치다 보면 공이 탁구대 아래로 굴러 들어가는 경우가 많잖아요? 그러면 대개는 공의 위치를 확인한 다음에 잽싸게 들어가 꺼내 오거나 손만 뻗어서 탁구 채로 밀어버리거나 하는데, 형은 그런 동작 하나도 얼마나 굼떴는지 몰라요. 무조건 밑으로 들어가서는 엉금엉금 기다가 한참 만에야 공을 주워 올라오곤 했지요."

이휘소는 1947년 경기중학에 2등으로 입학한다. 그와 중학 동창인 허용은 '국가대표 공부선수'라고 평했다. 중학교 때 화학반이었던 이휘소의 신화가 전해진다.

당시 화학반에는 화학 선생을 능가할 정도로 실력이 출중한 4년 선배 한 사람이 있었다. 자부심 강하고 엄격하기 그지없던 그 선배도 휘소만큼은 인정할 정도였다. 실험실습 시간에 화학 선생이 그 선배에게 자문을 구하면 선배는 다시 이휘소를 불러 의견을 나눌 정도였다. 다른 학생들에게는 선생보다 더 어려운 선배였지만, 이휘소는 그 선배와 대등한 위치에서 서로 주장을 펼치며 토론을 벌이곤 했다. (『이휘소 평전』)

그의 집 2층 공부방 한쪽에는 화학실험을 위한 조그만 기구와 유리그릇들이 가득 진열된 작은 실험실이 있었다. 예체능만 빼고는 모든 과목에서 거의 만점을 받았다. 상급반으로 올라가면서 그의 학구열은 더욱 높아졌다. 집에서나 전차 안에서나 늘 책을 놓지 않았다.

"어디서 구했는지 항상 책을 들고 계셨지만 평소 별로 어렵게 공부하지 않는 것 같아 보이면서도 성적이 뛰어났지요. 타고난 재질이셨던 것 같아요. 밖에서 책을 읽을 때도 양지바른 곳에 쪼그려 앉아 무엇인가 끄적거리며 책을 읽곤 하셨지요. 중학생 때 이미 주위에서 천재 소리를 들었지요."

철웅 씨의 말이다.

6·25전쟁 후 1·4후퇴 때 이휘소 가족은 부친의 고향인 공주를 거쳐 마산으로 피난 간다. 모친은 이곳에서도 며칠 만에 바로 병원을 열었다. 부친도 인근의 창원보건소장으로 취직했다. 하지만 취업 1년쯤 지난 1951년 12월 어느 날 밤 귀가 중에 개울 둑에서 실족하여 사망했다. 이즈음 경기중학교가 부산으로 내려와 이휘소는 이곳으로 통학하기 시작한다. 새벽 4시에 일어나 세 시간 넘게 기차 통학해 컴컴한 밤에야 귀가해서 혼자서 늦은 저녁 식사를 해야 했다. 고등학교 2년 과정을 마친 그는 검정고시에 합격하여 1952년에 서울공대 화학공학과에 수석입학한다.

이휘소는 공대 3학년 때 물리화학을 가르치는 전완영 교수와 함께 화공과 교과목에도 없는 양자역학을 공부하기 시작한다. 그러던 어느 날 미국의 물리학자가 쓴 양자역학 원서를 읽다가 계산이 이상한 문제를 발견한다. 몇 번이나 계산하고 논리 관계를 따져본 결과 문제가 잘못되었다고 확신한다. 전 교수에게 책을 보여주며 자기 생각을 말하자 그도 동감이라고 했다. 이휘소는 독후감과 함께 자신이 발견한 문제에 대한 의견을 적어 저자가 근무하는 대학으로 편지를 보낸다. 얼마 후 저자로부터 답장이 왔다.

> 당신의 지적이 맞습니다. 내 책에 관심을 가져주고 오류까지 찾아주어 고맙습니다. 열심히 공부하기 바랍니다. (『이휘소 평전』)

이휘소는 너무 기뻐 그 답장을 학우들에게 보여주며 자랑한다. 그는 아예 물리학과로 전과하려 하나 물리학과는 문리과대학에 속해 있으므로 전과는 사실상 불가능했다. 그러나 얼마 후 좋은 기회가 찾아온다. 한국전 참전 미군 장교 부인회가 후원하여 장학금을 지급하는 유학생 선발에 응시할 학생을 추천해달라는 문교부의 공문이 온 것이다. 최우수학생인 그는 당연히 시험에 합격했다. 유학 갈 학교는 오하이오 주 마이애미대학이었다. 1956년에 입학할 당시 이 학교의 한국 유학생은 10명 정도로, 그중에는 서울대 화공과 동기인 정의명과 나중에 현대자동차 사장을 지낸 정세영도 있었다.

차를 타고 통학할 필요가 없는 기숙사 생활이었지만 이휘소의 유학생활은 눈코 뜰 새 없이 바빴다. 아침 7시 이전에 일어나 7시 10분에 식사를 하면 8시에 바로 수업이 시작되었다. 과목마다 숙제가 엄청나게 많아 수업이 끝난 후 도서관에서 숙제를 마치고 기숙사로 오면 자정을 넘기 일쑤였다.

이휘소는 미식축구를 구경하고 흠뻑 매료되기도 한다. 응원단 규모가 퍽 화려하면서도 엄격한 규칙에 따라 열정을 다하는 선수들의 모습에서 미국의 투혼을 보는 듯했다. 그 느낌이 어찌나 강했던지 꿈에 나타날 정도였다.

마이애미대학에서 마지막 학기에 이휘소는 물리학 외에 현대대수학

강의를 들었다. 수학에 능한 그도 이 강의를 따라가기란 쉽지 않았다. 한 달도 안 되어 20여 명이었던 학생이 절반으로 줄었다. 두 달쯤 지나자 이휘소 혼자만 남았다. 학기 시험에서 현대대수학을 포함한 세 과목 모두 A를 받았다. 드디어 모든 교수들이 이휘소의 실력을 알게 되었다. 유학 온 지 1년 반 만에 최고 우등으로 졸업한다.

1958년 피츠버그 대학원에 입학한다. 입학허가와 함께 교육조교 장학금 통지를 받는다. 수업료가 모두 면제되고 생활비까지 지급되는 장학금이었다. 이 무렵 여름방학 중에 홀가분한 마음으로 어머니에게 편지를 쓴다.

요사이는 밤에 자기 전에 『바람과 함께 사라지다』를 읽습니다. 미국 남북전쟁 당시의 사정이 어쩌면 그렇게 한국의 과거 수년과 똑같은지, 마치 저 자신의 이야기인 것 같습니다. 그중에서도 꿋꿋이 싸워오신, 그리고 아직도 싸우시는 어머님의 거룩한 모습은 저로서는 자랑이요, 힘의 근원입니다. 이 소설을 읽으며 알지 못하던, 그리고 알려고 해본 일이 없던 사실 하나를 안 것 같습니다. 즉 여성의 힘, 심리 그리고 도덕입니다. …… 아름답고 거룩한 어머님 모습이 눈앞에 아른거립니다. "재건이야말로, 전쟁 이상으로 쓰라린 시기이다"라고 이 책에는 씌어 있습니다.

이휘소는 고도의 직관력이 필요한 복잡한 수리해석과 그것을 명쾌하고도 체계적으로 정리해내는 능력을 지녔다. 그런 정밀한 서술력이 돋보여 석사논문으로는 드물게 물리학과에서 외부 계약연구로 발행하는 연구보고 논문집에 게재하여 책으로 출판하기로 결정된다. 이 논문은 현재의 수준에서도 훌륭한 석사논문으로 평가받고 있다. 이휘소의 전공인 소립자 물리학이란 우주를 구성하는 가장 기본적 알갱이인 소립자를 연구하는 학문이다. 이들이 무엇이며 또 어떻게 상호작용하는가를 공부하는 것이다.

이휘소는 1960년에 펜실베이니아 대학원에서 박사 학위를 획득하고, 1961년에는 프린스턴의 고등연구원 연구회원으로 활동한다. 고등연구원은 순수 기초연구를 수행하는 기관으로, 아인슈타인이 미국으로 망명해 와 타계할 때까지 몸담았던 연구소로 유명하다. 괴델, 오펜하이머, 파노프스키, 폰 노이만, 바일 등 거장의 학자들이 거쳐 간 곳이기도 하다. 이휘소는 한국인으로는 고등연구원 자연과학부의 첫 번째 연구위원이 된 것이다. 연구원들 사이에서 이휘소는 '팬티가 썩은 사람'으로 통했다. 술자리 같은 사적 모임에 일절 참석하지 않고 밤낮없이 연구실에만 붙어 앉아 생긴 별명이었다. 오펜하이머도 이휘소를 좋아했다. 늘 한 발 앞서 가며 새로운 방법론을 제안하는 그와의 대화는 오펜하이머에게도 긴장과 활력을 불어넣었다.

이휘소는 이듬해 말레이시아 출신의 중국인 동갑인 심만청(沈蔓菁)과 결혼한다. 그녀는 머크사 연구소의 세균학자로 여자 의과대학 입학 준비를 하고 있었다. 이후 펜실베이니아 교수로 근무하면서 그는 《물리평론》, 《물리평론 속보》 등 저명한 국제학술지에 거의 매달 새로운 글을 발표한다. 발표하는 글마다 학계의 주목을 끌었다.

이휘소는 1년에 절반 이상은 학교를 떠나 지냈다. 세계 각국에서 열리는 중요한 물리학회를 비롯해 여러 대학과 연구소에서 강연 초청이 줄을 이었기 때문이었다. 유명한 학자들이 대거 모이는 학회 등에서도 이휘소는 늘 토론의 중심에 있었다. 물리학계의 중요한 현안 과제 대부분을 누구보다 날카롭게 꿰고 있던 그였으므로 사람들은 그와의 대화를 통해 자기 연구의 영감을 얻으려 했다. (『이휘소 평전』)

이후 구겐하임재단 연구회원, 브룩헤븐 국립연구소 고에너지 물리자문위원, 페르미 국립가속기연구소 이론물리학부장 등 요직을 역임한다. 이휘소는 1969년 8월 샌프란시스코에서 열린 고에너지 물리학회에서 처음으로 분과장을 맡는다. 분과장은 세미나 과정 전반을 주도하며 학회에서 발표되는 이론들을 통합하여 정리해주는 매우 중요한 위치여서 세계 정상급 학자들만 맡을 수 있는 직책이었다.

시카고대학 물리학과 교수를 겸임했던 이휘소는 1977년 6월 16일 페르미연구소 연구심의회 참석을 위해 콜로라도로 가던 중 교통사고로 별세하며, 미국 글렐엘렌 자택 부근 공동묘지에 안장된다. 영결식에서 윌슨 페리미 연구소장은 "이휘소는 세계적으로 명성이 알려진 매우 창의적인 이론물리학자로서, 근대의 물리학자 20인을 거명한다면 반드시 포함시켜야 할 인물입니다. 현재 펼쳐지는 물리학의 황금기는 이휘수가 큰 공헌을 했고, 우리는 이를 높이 평가하는 것입니다"라고 애도했다.

이휘소는 심만청과 사이에 천(泉)과 연(蓮) 남매를 두었다. 이휘소의 동생 철웅(71·연세대 경영학과 졸) 씨는 인산산업 대표이며, 누이동생 영자(74) 씨는 일본 도쿄에 거주하고 있다.

"형수님과 조카들 모두 미국에 거주하고 있지요. 형수님이 외국 분이니까 말이 잘 통하지 않아 자주 내왕하지를 못하지요. 조카 천(제프리)은 고고학이 전공이지요. 우리 집 막내 동생 무언(작고)이는 독일 프라이브르크대학에서 철학을 전공했지요."

철웅 씨의 말이다.

내가 본 이휘소

나는 이휘소 박사와 중·고교와 대학 생활을 함께한 동문이다. 이 박사는 재학 중 학년당 5명에 불과하던 우등생으로 수석을 다투었고, 서울공대에는 수석으로 입학했다. 이 박사의 영문 이름 벤자민은 미국 독립 초기에 활약한 '양키즘의 아버지'로 추앙받는 벤자민 프랭클린에서 따온 것이다. 서울공대 재학 당시 학생들 사이에 프랭클린 자서전이 큰 인기였다. 과학기술부와 한국과학기술한림원은 2005년 이 박사를 명예의전당에 헌정했다. 장영실을 포함한 역대 한국 과학자 19명이 선정되었던 영광스런 반열이다.

이 박사는 도미 후 20년 만인 1974년 9월 일시 귀국한 일이 있다. 그때 대학 시절의 친구 몇 명과 북창동에서 저녁을 함께한 일이 있는데, 학창시절과 다름없던 명랑활달한 모습은 아직껏 잊혀지지 않는다. 이 박사는 당시 서울대 과학교육 증진을 위한 AID 차관사업을 적극 추진했고, 1978년 일본 도쿄에서의 고에너지 국제학술회의 직후 세계 석학들을 한국에 초청하는 중요한 학술회의를 추진 중에 비운의 교통사고를 당했다. 국보급의 세계적 과학자를 순식간에 잃었으니, 국가적 손실이요 참으로 애석한 일이다.

이훈택(전 한국엔지니어링클럽 사무총장)

이휘소

1935년	1월 1일, 서울 용산구 원효로에서 태어남
1941년	경성사범 부속국민학교에 입학
1947년	경기중학에 입학
1952년	서울공대 화공과에 입학

| 1956년 | 미국 마이애미대학에 입학
| 1958년 | 피츠버그 대학원에 입학
| 1960년 | 펜실베이니아 대학원에서 물리학박사 학위 획득
| 1961년 | 프린스턴 고등연구원 연구회원이 됨
| 1962년 | 심만청과 결혼
| 1973년 | 페르미 국립가속연구소 이론물리학부장이 됨
| 1977년 | 6월 16일, 키와니 부근에서 교통사고로 별세

48
이종욱

　이종욱(李鍾郁)은 세계보건기구(WHO) 사무총장으로, 전 세계 질병퇴치전선 사령탑을 맡아 진두지휘하다 장렬하게 순직한 '인류의 주치의'이다. 그는 사회적 약자를 위한 배려와 나눔을 실천한 '참 의료인'으로, 국제보건 및 국제협력·봉사 분야에서 헌신한 분이다. 그는 한국인으로서는 최초로 국제기구 선출직 수장(首長)이 되어 뒤어어 반기문 유엔사무총장을 탄생시키는 선도자가 된 셈이다. 세계의 저명인사들이 이종욱의 위대한 업적을 크게 기리고 있다.
　"이종욱 총장은 조류인플루엔자가 나타날 당시 선두에 서서 대책을 세웠고 에이즈와 결핵에 이르는 다양한 질병을 물리치기 위해 최선을 다했다." (코피아난 제7대 유엔사무총장)
　"이종욱 총장은 보건계의 수장이었다. 그의 지도력은 전 세계 수백만 명의 삶을 변화시켰고 보다 건강하고 보다 평등한 세계를 만드는 데 그가 기여한 공헌은 인류의 영원한 유산이 될 것이다." (빌 게이츠 마이크로소프트 설립자)

"그는 세계 모든 이들의 건강을 위해 헌신한 보기 드문 위인이었다. 겸손하고 품격 있는 그가 더 나은 세상을 바라며 품은 비전에 많은 감동을 받았다."(지미 카터 전 미국 대통령)

"이종욱 총장은 모든 이들에게 진정한 감명을 준 지도자였다. 개발도상국에서 쌓은 경험을 바탕으로, 전 세계에 가난하고 소외된 이들을 괴롭히는 결핵과 같은 질병에 맞서 싸워 승리한 분이다. 그는 따뜻한 마음과 붙임성 있는 성격을 지닌 분으로 모두의 사랑을 받았다."(폴 월로위츠 전 세계은행 총재)

"이종욱 총장은 세계 최고의 보건 관료로서 수백만 명의 건강 증진을 위해 끊임없이 싸워온 분이다. 그는 21세기 인플루엔자의 대유행과 같은 문제에 맞서 엄청난 리더십을 발휘했다. 덕분에 전 세계 지도자와 기관들은 공중 보건을 위협하는 질병이 얼마나 파괴적이고 위험한 것인지 알게 되었다."(조지 W. 부시 전 미국 대통령)

"이종욱 사무총장은 한평생 WHO에 몸담으며 에이즈, 소아마비와 같은 인류를 위협하는 질병을 물리치는 데 크게 기여했다. 우리 국민들은 그가 남긴 것을 오래도록 기억할 것이다."(반기문 유엔사무총장)

이종욱은 1945년 4월12일 서울 서대문구 북아현동에서 이명세(李明世)와 이상간(李商簡) 사이에 5남매 중 셋째로 태어났다. 부친은 직업공무원으로 4·19혁명 때 서울시 종로구청장을 지냈으며, 일석 이희승과 한 집안(전의 이씨)이다. 이종욱의 누나 종원(68·이화여대 약학과 졸) 씨는 약국을 경영했으며, 밑의 동생 종오(63·서울상대 졸, 독일 마브르크대학 사회학박사) 씨는 명지대 교양학부 교수로, 2003년 초 대통령직인수위원회 국민참여본부센터장을 지내며 교육부총리 후보로 거론되기도 했다. 막내 동생 종구(57·서울대 사회학과 졸, 도쿄대학 사회학박사) 씨는 성공회대 교수이다.

이종욱은 다섯 살 때 6·25전쟁을 가족들과 함께 서울에서 맞는다. 아침 일찍 일하러 시청에 간 부친이 황급히 귀가했다.

"시청에 온통 붉은 기가 나부끼고 있더구나. 날 붙잡으려 할 테니 내가 따로 피하는 게 가족들에게 더 안전할 거야."

공산군은 모친을 끌고 가 협박을 하기도 했다.

"남편이 어디 있는지 말해. 말하지 않으면 죽일 수도 있어."

"나도 모르니 당신네가 찾아주오. 나도 혼자서 어린 것들하고 먹고살려니 힘드오."

모친은 당당하게 맞섰다. 원래도 곧은 성격이었지만 어린 자식들을 책임지려면 더 강해져야 했다.

"이 물건은 더 이상 너희 것이 아니야. 함부로 손대지 마라."

공산군은 집안의 모든 물건에 빨간 압류 딱지를 붙였다. 공무원의 집인 때문이었다. 부친은 반동으로 몰려 잡혀갔다가 효제초등학교에서 총살당하기 일보 직전에 이웃 효제파출소 폭격을 틈타 간신히 탈출했다. 3개월 후 서울수복 때 부친도 돌아와 이종욱 가족은 대구로 피난 간다.

어렸을 때 이종욱은 빨간 불자동차를 탄 소방관이 되겠다고 했다. 그러나 모친은 의사가 되기를 바랐다.

"종욱아, 너는 커서 의사가 되면 좋겠는데, 병원에서 보니까 의사가 참 보람 있는 일을 하더구나. 전쟁 중에도 꼭 필요한 일을 하는 사람이잖니."

이종욱은 1957년에 서울 덕수초등학교를 졸업한다. 당시 생활기록부에는 '사회성' '정직성' '지도능력'이 뛰어나고 영리하며 상식이 많다는 기록이 남아 있다.

이어 경복중학교를 거쳐 경복고등학교를 1963년에 졸업한다. 쭉 반장을 할 정도로 리더십이 뛰어났다. 아들이 진취적이고 적극적인 삶을 개척하기를 바랐던 부친은 중학교 때 이종욱을 보이스카우트에 가입시켰다. 꼬마 이종욱에게 장차 세계 무대에서 활동하겠다는 꿈을 심어준 셈이다. 온 가족이 식탁에 둘러앉는 저녁 시간이면 부친은 신문을 읽어주곤 했다.

"어리다고 해서 세상 돌아가는 일을 몰라서는 안 되는 거야. 늘 신문이나 책을 가까이해야지."

원래 호기심이 많던 이종욱은 세상일에도 관심이 많은 아이로 자란다. 그러나 이종욱이 고교 1학년이 되던 해 부친이 후두암으로 별세하여 가족들은 살고 있던 집에서 이사 가야 할 정도로 살림이 어려워진다. 누나는 교수가 되겠다는 꿈을 접고 약국을 열어 살림을 돕는다. 이종욱은 의대에 지망하나 낙방하여 누나의 권유로 한양대 공과대학에 지원해 합격한다. 하지만 그는 대학에 가는 대신 곧장 군에 입대한다.

"아무래도 안 되겠어요. 의사가 되겠다는 꿈을 포기할 수는 없어요."

누나는 이미 입학금을 냈지만 그냥 지켜볼 수밖에 없었다. 한번 마음먹으면 결코 포기하지 않는 동생의 고집을 누구보다 잘 알기 때문이었다.

1970년 이종욱은 서울대 의대에 진학한다. 27살의 늦은 나이에 신입생이 된 이종욱은 동기생들보다 뒤늦은 출발을 따라잡기 위해 강의실과 도서관, 실험실, 해부실 등을 오가며 불철주야 열심히 공부한다. 그러나 그는 바쁜 중에도 시간을 내어 의료 봉사로 삶의 보람을 찾는다.

"종욱아, 성라자로 마을에 간다면서? 다른 곳도 많은데 왜 하필 위험한 곳에 가니?"

이종욱이 성라자로 마을에 봉사를 간다고 하자 누나가 말리고 나섰다. 그곳은 한센병 환자들이 모여 사는 마을이었다. 문둥병 또는 나병이라고도 불리는 이 전염병에 걸리면 살이 썩어 들어가고 감각이 마비되며, 도지면 코가 주저앉고 얼굴이 일그러지며 손가락과 발가락이 떨어져 나가는 무서운 병이다.

"누나도 알잖아요. 한센병 환자가 약을 먹으면 전염력이 없어져요. 걱정하지 말아요."

이종욱은 누나를 안심시키고 성라자로 마을에서 진료한다. 당시 한국에 8만여 명의 한센병 환자가 있었으나 이들을 직접 치료하는 의사는 단 1명뿐이었다. 그러나 이종욱은 남들이 꺼리는 병도 개의치 않고, 맨손으로 환자들의 썩어 들어가는 상처를 무보수로 만지며 치료한다.

그러나 이종욱은 바로 이곳에서 생애의 반려를 만나 결혼에 골인한다. 어느 날 자그마한 키에 선해 보이는 아가씨가 살포시 웃음 지으며 그에게 말을 걸어왔다.

"정말 환자를 위하는 분 같아요. 저는 일본에서 온 레이코라고 해요."

일본에서 모금한 돈으로 한국에 있는 한센병 환자들을 간호하러 온 레이코라는 아가씨였다.

"남의 나라까지 와서 환자를 돌보는 게 힘들지 않으세요?"

"아픈 환자를 돌보는 일에 내 나라, 남의 나라 구분이 어디 있겠어요."

레이코는 늘 웃음을 띠고 환자를 돌보았으며, 이종욱은 호감을 가지고 대화할수록 더욱 가깝게 느껴진다.

일본 조오지대학에서 영문학을 전공한 가부라키 레이코(鏑木珍子) 씨는 이종욱과 동갑내기로 영어와 독일어를 자유롭게 구사할 만큼 언어에 재능이 뛰어난 재원이었다. 마침 고인으로는 두 번째로 주는 고 이종욱 전 총장에 대한 서울대명예박사학위수여식에 참석하기 위해 페루의 일터에서 내한한 레이코 씨는 두 사람이 처음 만난 순간을 또렷이 기억했다.

"1976년 경기도 의왕시의 한센병 환자촌 라자로 마을에서 봉사활동을 하면서 처음 만났지요. 날짜도 기억해요. 2월 9일 잘생긴 청년이 식당으로 물건을 찾으러 들어왔어요. 그 사람이었지요."

레이코 씨는 이종욱의 청혼을 거절했다.

"제가 한센병에 걸렸을지도 모른다는 두려움이 있었기 때문이었지요. 하지만 그분은 '내가 고쳐주면 된다'고 저를 설득했어요."

이종욱은 레이코 씨와 결혼하기로 결심하고 가족들에게 알린다. 그러나 반응은 부정적이었다.

"일본인이랑 결혼하다니! 말이 통해도 서로를 이해하기가 얼마나 어려운데 신중하게 생각해보렴."

이종욱은 당황한 가족들을 열심히 설득했다. 레이코 씨도 함께 힘썼다. 그녀는 한국에 대해 알기 위해 많은 공부를 하고 한국어도 익혔다. 그들은 1976년 12월 18일 명동성당에서 결혼식을 올린다. 레이코 씨는 라자로 마을 한센병 환자들이 모금해 선물한 반지를 생애 가장 소중한 선물로 꼽고 있다.

이종욱은 1976년 서울대학교 의과대학을 졸업하고, 가족과 함께 공중보건학 공부를 더 하기 위해 1979년 하와이대학으로 유학 간다. 1981년 하와이 보건대학원을 졸업하자 지도교수는 이종욱에게 교수로 남기를 제안했다.

하지만 이종욱은 고민 끝에 남태평양의 외진 섬나라 사모아의 린든 B 존슨 병원으로 간다. 사모아는 아주 덥고 습한 곳이어서 처음 온 사람

WHO 사무총장 취임 후 첫 해외 순방지로 아프리카를 찾은 이종욱이 현지 어린이들과 찍은 사진.

들은 조금만 움직여도 기운이 빠지고 만다. 하지만 이종욱은 낯선 환경에서도 꿋꿋하게 살아간다. 병원에서 일하는 틈틈이 WHO 서태평양 지역사무처에서 꾸준히 한센병 환자를 돌보는 봉사활동을 한다.

"지금 슈바이처 의사가 우리 마을에 오셨대."

"그래? 이종욱 선생님이 오신 모양이구나. 어서 가보자."

사모아 사람들은 이종욱을 '아시아의 슈바이처'라고 부르며 무척 따랐다. 그 당시 이종욱은 일본 센다이에서 열린 국제학술대회에서 '한센병 잠복기 발견을 위한 연구'를 발표한다. 그리고 국제 한센병 저널에 한센병 무증상 감염 발견을 위한 혈청 테스트 연구논문에 이름을 올리면서 한센병 전문가로서 자격을 인정받는다. 그러던 어느 날 뜻밖의 소식이 왔다.

"이종욱 선생님을 WHO 서태평양 지역사무처 한센병 자문관으로 모시고 싶습니다."

WHO에서 일한다면 보다 많은 환자를 효과적으로 치료할 수 있을 것이므로 이종욱의 마음은 설레었다. 1983년 피지로 온 그는 집에 있는 시간이 거의 없었다. 주위 섬에는 의사 없는 곳이 많아서 환자들을 살피러 이곳저곳을 바쁘게 다녀야 했다. 남태평양에는 작은 섬나라들이 많아서 배나 비행기를 타고 출장 다녀야 했다. 그는 의사도, 치료 기구도 없는 섬사람들이 딱해 위급할 때 대처할 수 있는 응급조치법도 가르쳐주었다. 그러던 어느 날 사람들이 약통을 들여다보며 울상 짓는 모습을 보았다. 날씨가 더워서 아까운 약이 서로 엉켜 붙기 때문이다. 그는 골똘히 생각하다가 댑손과 클로파지민을 섞어서 보관하면 엉켜 붙지 않는 방법을 개발해내 섬사람들을 기쁘게 했다. 이 사실은 영국의 의료 전문지에 실려 큰 화제를 불러일으킨다.

그 후 이종욱은 필리핀에 있는 서태평양 지역사무처에 가서 질병관리국장을 맡으면서도 한센병 환자들을 돌본다.

이종욱은 1994년 제네바 WHO 본부 예방백신국장을 맡는다. 그는 단호하게 '소아마비와의 전쟁'을 선포한다. "우리의 미래이고 희망인 아이들에게 목숨을 잃거나 다리가 마비되는 고통을 줄 수 없다"고 단언한다. 1년 후 마침내 소아마비에 걸리는 비율이 인구 1만 명당 한 명 이하로 떨어졌다. 미국 과학잡지 《사이언티픽 아메리칸》은 이종욱을 '백신의 황제'라고 불렀다. 지친 내색도 없이 이리저리 활약하는 이종욱을 WHO에서는 '행동하는 사람'이라고 불렀다.

1999년 브룬틀란 사무총장의 보좌관으로 일하며, 이듬해 결핵국장으로 임명되어서는 국제의약품기구를 설립하여 한꺼번에 많은 약을 사서 지원이 필요한 나라에 공급한다. 이 사이 이종욱은 북한을 두 차례 방문해 결핵환자 6만 명을 퇴치하는가 하면 말라리아 퇴치에도 힘을 쏟는다.

2003년 1월 28일 이종욱은 WHO 사무총장에 선출된다. 그는 이날 제네바에서 32개 집행이사국이 참가한 가운데 진행한 선거에서 7차 투표까지 가는 접전 끝에 17표를 얻어, 15표를 받은 벨기에 출신의 피터 피어트 유엔 에이즈 프로그램 사무국장을 따돌렸다. 1948년에 발족한 WHO는 직원 5000명, 연예산 22억 달러인 유엔 산하 최대 전문기구로 전 세계 192개국이 가입해 있다.

이종욱은 취임 시 2005년까지 300만 명의 에이즈 환자에게 치료약을 공급하겠다고 약속했다. 2004년에는 조류인플루엔자 확산 방지와 소아마비, 결핵 퇴치 등으로 미국의 시사주간지 《타임》에서 선정한 '세계에서 가장 영향력 있는 100인'에 올랐다. 2005년 12월 에이즈의 날에는 100만 명의 에이즈 환자에게 치료제를 공급했다는 결과를 발표했다.

이종욱은 세계를 누비면서도 비행기는 꼭 이등석을 탔다. 국제기구의 사무총장이면 수행원 여러 명과 함께 일등석을 타는 것이 관례이지만, 수행원도 2명으로 줄였다.

일등석과 이등석은 요금 차이가 많습니다. 또 수행원이 많다 보면 출장비도 많이 들고요. 우리가 쓰는 돈에는 가난한 회원국이 내는 분담금도 포함되어 있어요. 먹고살기도 힘든 나라에서 세계인의 보건을 위해 쓰라고 내는 돈입니다. 그 돈으로 호강할 수는 없지요. (『세계의 보건대통령 이종욱』, 박현숙)

이종욱은 자동차도 값싼 하이브리드 차를 탔다.

자동차는 각자 형편이나 상황에 따라 타는 것입니다. 나는 WHO 사무총장이기 때문에 친환경 자동차를 탑니다. 사람의 지위와 자동차를 연관 짓는 것은 우리 사회가 더 성숙해져야 한다는 증거입니다. (『세계의 보건대통령 이종욱』)

틈만 나면 세계 어느 나라 어느 곳에든지 달려가 인류의 질병 퇴치와 건강 증진을 호소하고 모금에 앞장섰던 '세계를 품은 의사' 이종욱은 2006년 5월 22일 WHO 총회 준비 중 뇌출혈로 순직하며, 국립대전현충원에 안장된다. 부인 레이코 씨는 2002년부터 페루의 결핵지원단체인 '소시어스 엔 살루드'에서 빈민 여성에게 뜨개질과 자수를 가르치며, 이들이 만든 수제품을 미국, 일본으로 수출해 빈곤 탈출을 돕고 있다. 외아들 충호(34·미시건대학 법대 졸) 씨는 뉴욕 로펌의 특허전문 변호사로 일하고 있다.

내가 본 이종욱

나는 2003년부터 2006년까지 WHO 본부에 보건복지부에서 파견근무할 때 이종욱 총장님을 모셔왔다. 총장님은 한마디로 행동하는 사람이었다. 그의 직속 부하들이 에이즈 퇴치 정책 등에 대해 '돈이 없어서 안 된다'거나 '아프리카 지역은 기반 시설이 약해 지원이 어렵다'고 하면 그분은 우선 실천을 강조하셨다.

"그 일이 옳은 일인지만 생각하라. 그리고 그 일을 실천하라. 하기도 전에 안 된다고 생각하지 마라. 누구는 말한다. 일을 하기도 전에 일하는 사람이 부족해서, 돈이 없어서, 시간이 부족해서, 도와주는 데가 없어서 일을 할 수 없다고 한다. 만약 그 일이 진정 옳은 일이라면 사람도,

돈도 다 따라오게 된다. 거듭 말하지만 과연 이 일이 세계인들의 건강을 위해서 옳은지만 고민하라. 그리고 옳다면 행동하라."

그는 어느 자리에 있건 늘 검소하고 소박했으며, 항상 책 읽기를 즐기던 행동하던 의사였다. 또한 언제나 한국인임을 잊지 않고 자랑스러워했던 분이다.

권준욱(보건복지부 질병관리본부 감염병관리센터장)

이종욱

1945년	4월 12일, 서울 서대문구 북아현동에서 태어남
1957년	덕수초등학교 졸업
1963년	경복고등학교 졸업
1970년	서울대 의대 입학
1976년	서울대 의대 졸업
1981년	하와이대학 보건대학원에서 한센병 연구로 석사 학위 받음
1983년	WHO 서태평양 지역사무처 한센병 자문관으로 일함
1994년	WHO 본부 예방백신국장이 됨
1999년	브룬틀란 WHO 사무총장의 보좌관으로 일함
2000년	WHO 결핵국장이 됨
2003년	WHO 사무총장 취임
2006년	5월 22일, WHO 총회 준비 중 뇌출혈로 순직

KI신서 4726

한국의 명가 현대편

1판 1쇄 발행 2013년 2월 8일
1판 3쇄 발행 2022년 7월 8일

지은이 김덕형
펴낸이 김영곤
펴낸곳 (주)북이십일 21세기북스

인문기획팀 양으녕 이지연 최유진
디자인 제이알컴
출판마케팅영업본부장 민안기
마케팅1팀 배상현 이보라 한경화 김신우
영업팀 이광호 최명열 e-커머스팀 장철용 김다운
제작팀 이영민 권경민

출판등록 2000년 5월 6일 제406-2003-061호
주소 (10881) 경기도 파주시 회동길 201(문발동)
대표전화 031-955-2100 **팩스** 031-955-2151 **이메일** book21@book21.co.kr

(주)북이십일 경계를 허무는 콘텐츠 리더
21세기북스 채널에서 도서 정보와 다양한 영상자료, 이벤트를 만나세요!
페이스북 facebook.com/jiinpill21 **포스트** post.naver.com/21c_editors
인스타그램 instagram.com/jiinpill21 **홈페이지** www.book21.com
유튜브 youtube.com/book21pub

ⓒ 김덕형, 2013

ISBN 978-89-509-4667-8 03900
     978-89-509-4668-5 03900(SET)
책값은 뒤표지에 있습니다.

이 책 내용의 일부 또는 전부를 재사용하려면 반드시 (주)북이십일의 동의를 얻어야 합니다.
잘못 만들어진 책은 구입하신 서점에서 교환해 드립니다.